넘나듦通涉의 정치사상

넘나듦通涉의 정치사상

1판1쇄 | 2013년 6월 28일

지은이 | 강정인

펴낸이 | 박상훈
주간 | 정민용
편집장 | 안중철
책임편집 | 최미정
편집 | 윤상훈, 이진실, 장윤미(영업 담당)
업무지원 | 김재선

펴낸 곳 | 후마니타스(주)
등록 | 2002년 2월 19일 제300-2003-108호
주소 | 서울 마포구 합정동 413-7번지 1층 (121-883)
전화 | 편집_02.739.9929 제작·영업_02.722.9960 팩스_02.733.9910
홈페이지 | www.humanitasbook.co.kr

인쇄 | 천일_031.955.8083 제본 | 일진_031.908.1407

값 23,000원

ⓒ 강정인, 2013
ISBN 978-89-6437-184-8 94300
　　　978-89-90106-64-3 (세트)

이 도서의 국립중앙도서관 출판시도서목록(CIP)은 e-CIP 홈페이지(http://www.nl.go.kr/ecip)에서
이용하실 수 있습니다.(CIP제어번호: CIPCIP2013009677)

기존에 발표된 논문을 수정·증보하고 새로 집필된 두 편의 논문을 추가해 편집된 이 저서는
2011년도 정부재원(교육과학기술부 사회과학연구지원사업비)에 의한 한국연구재단(NRF-2011-330-B00010)과
2012년도 서강대학교 교내연구비((201210033.01)의 지원을 받아 연구되었습니다.

넘나듦通涉의 정치사상

강정인 지음

후마니타스

| 차례 |

책머리에 9

제1부_정치사상, 어떻게 할 것인가

1장 비교정치사상 방법론에 대한 예비적 고찰: 횡단적, 교차 문화적 대화
1. 다중심적 지구를 위하여 31
2. 횡단성 36
3. 교차 문화적 대화 47
4. 생물학적 비유와 비교의 지평 53
5. 맺는말 58

2장 한국 정치사상, 어떻게 할 것인가: 반성과 대안
1. 글머리에: 서구중심주의의 폐해 61
2. 예비적 고찰 63
3. 한국 정치사상, 어떻게 할 것인가 78
4. 맺는말 97

제2부_동서 비교

3장 덕치(德治)와 법치(法治): 양자의 겸전(兼全) 필요성을 중심으로
1. 글머리에 101
2. 예비적 고찰 105
3. 서양 정치사상사에서 법치사상의 전개와 덕치사상의 겸전 112
4. 동양 정치사상사에서 법치사상의 전개와 덕치·법치의 겸전 119
5. 맺는말 136

4장 동서양 사상에 있어서 정치적 정당성의 비교:
유가의 공론론과 루소의 일반의지론을 중심으로

1. 글머리에 141
2. 유가의 공론론 146
3. 루소의 일반의지론 159
4. 유가의 공론론과 루소의 일반의지론의 상호 비교 165
5. 맺는말: 유가 공론론의 현실적 의의 181

제3부_ 전통 사상

5장 원시 유가 사상에 명멸했던 대동 민주주의: 급진적 회상

1. 글머리에 189
2. 고대 민주정의 상대적 보편성과 아테네 민주정의 특이성 196
3. 대동의 두 가지 개념: 『예기』와 『서경』 205
4. 원시 유가 사상에 명멸했던 대동 민주주의 210
5. 맺는말 230

6장 율곡 이이의 정치사상에 나타난 대동(大同), 소강(小康), 소강(少康):
시론적 개념 분석

1. 글머리에 233
2. 『예기』와 율곡 사상에 나타난 대동과 小康 235
3. 율곡 사상에 나타난 '少康'과 '小康' 245
4. 기존 연구의 검토 265
5. 맺는말 269

제4부_ 한국 현대 정치사상

7장 한국 현대 정치의 이념적 지형: 비동시성의 동시성의 관점에서

1. 글머리에 275
2. 비동시성의 동시성: 이중적 정치 질서의 중첩적 병존과
보수주의의 이념적 모호성 277
3. 비동시성의 동시성과 현대 한국 정치의 이념적 지형: 다른 특징들 287
4. 맺는말 305

8장 민주화 이후 한국 정치에서 자유민주주의와 법치주의의 충돌

1. 글머리에 311
2. 어떤 민주주의인가: 자유민주적 기본 질서와 민주적 기본 질서 312
3. 민주주의와 법치주의의 충돌 325
4. 민주주의와 자유주의의 충돌 340
5. 맺는말 350

제5부_서양 및 일본의 정치사상

9장 루소의 정치사상에 나타난 정치 참여에 대한 고찰:
시민의 정치 참여에 공적인 토론이나 논쟁이 허용되는가?

1. 글머리에 357
2. 루소의 국가 분류: 국가의 부패 정도와 정치 참여의 양상 359
3. 시민의 정치 참여에 공적인 토론이나 논쟁이 허용되는가:
   주요 해석론의 개관 367
4. 부정론에 대한 비판과 대안적인 긍정론의 개진 378
5. 맺는말 391

10장 마루야마 마사오의 정치사상에 나타난 서구중심주의와 일본중심주의:
『일본정치사상사연구』(日本政治思想史研究)에 나타난 '자연(自然)과 작위(作爲)의
이분법적 대립'에 대한 비판적 검토를 중심으로

1. 글머리에 395
2. 「근세 일본정치사상에 있어서의 "자연"과 "작위"」
   (『일본정치사상사연구』 제2장)의 요약 400
3. 『일본정치사상사연구』 제2장에 대한 문제 제기와 비판 411
4. 마루야마 마사오와 후쿠자와 유키치 사상의 비교 424
5. 맺는말: 초국가주의, 곧 일본 파시즘은 근대성의 일탈인가? 431

책을 내고 나서 435
참고 문헌 455

| 책머리에 |

'넘나듦通涉의 정치사상'이라는 다소 특이한 제목으로 지난 10여 년 동안 집필한 논문들을 한데 모아서 책으로 출간하게 되었다. 과거에도 몇 차례 논문을 모아서 책을 출간했는데, 2004년 『서구중심주의를 넘어서』라는 단행본을 펴낸 이후에는 논문 모음집으로 책을 내는 것에 대해 주저하는 마음이 생겼다. 비록 단일 저자가 집필한 다양한 주제의 논문을 독자들에게 선보이는 맛은 있지만, 통일성이나 일관성을 결여하고 있다는 한계를 저자로서 스스로 의식하게 되었기 때문이다.

그럼에도 불구하고 다음과 같은 이유로, 여기 실린 논문들이 나름대로 일관성을 확보하고 있다고 자기변명하면서 이 책을 내게 되었다. 1989년 서강대학교 정치외교학과에 부임한 후 처음으로 안식년을 마치고, 1996년 가을 학기를 맞으면서 학문적으로 두 가지 목표를 추구하게 되었다. 하나는 우리 학문이 서구중심주의를 너무나 깊이 내면화한 데 대한 비판적 문제의식을 명료하게 형상화하고 나아가 이를 타개하고 극복하기 위한 전략을 정치사상 분야에서 체계적으로 모색하는 것이었고, 다른 하나는 저자 자신이 그동안 서양 정치사상 연구에만 몰입해 온 데 대한 자기 반발로 동아시아나 한국의 정치사상에 관심을 갖고 그 분야에 대한 연구를 — 비록 초보적인 차원에서이지만 — 수행하는 것이었다. 그 후 첫 번째 목표에 따른 연구의 결실로 『서구중심주의를 넘어서』라는 단행본을 펴내게 되었고, 그 책은 때마침 '세계사 서술의 유럽중심주의'에 대한 한국 서양사학계의 비상한 관심과 맞물려 정치학계를 넘어 다른 분야에서도 상당한 주목을 받게 되었다. 그리고 두 번째 목표는, 후일 체계적인 성찰을 통해 좀 더 명확하게 느끼게 된 것이긴 하지만, 첫 번째 목표와 긴밀하게 맞닿아 있는 것으로 판명되었다. 그것이 적어도 연구 소재 면에서 탈서구중심주의를 시도한 몸짓이 아니었는가 생각되었기 때문이다.[1]

저자는 지난 10여 년 동안 서양 정치사상은 물론 현대 한국 정치나 동아시아(한국을 포함한) 전통 사상을 연구하면서 이러저런 글을 집필해 왔는데, 이는 '현대 한국 정치의 사상화'(사상적 재구성), '전통 사상의 현대화'나 '동서 정치사상의 비교연구'를 수행하면서, 의식적으로 또는 무의식적으로 '탈서구중심주의'를 추구해 온 과정이었다. 이 점에서 이 책에 실린 대부분

1_물론 이런 생각이 서양 사상은 '타자의 것'이고 따라서 이에 대한 연구는 '타자 지향적'이며, 전통 사상은 '우리의 것'이고 따라서 이에 대한 연구는 '자아 준거적'이라는 단순화된 이분법에 근거한 것은 아니라는 점을 밝혀 두고자 한다. 적어도 지난 150년 가까이 한국 학자들이 열심히 학습해 온 (서양 사상을 포함한) 서양 학문 역시 이제는 '우리의 것'이거나 '우리의 것'이 되어 가고 있다는 점을 부정할 수 없고, 따라서 '우리의 것'과 '타자의 것'이라는 구분은 그 구분이 여전히 유효한 삶의 영역에서도 대부분의 경우 이제는 '정도의 차이'이지 '종류의 차이'라고 말하기는 어렵게 되었기 때문이다. 다시 말해 무교는 물론 (전통 시대에 외부로부터, 그리고 주로 지배계급에 의해 수용된) 유가나 도가 및 불교와 같은 사상이 우리의 것이듯이, 서구에서 유래한 합리주의와 계몽주의 및 그 소산인 자유주의, 사회주의, 민주주의 등 역시 우리의 사상이라는 점을 부인할 수는 없다. 나아가 그런 사상의 역사적 연원을 구성하는 그리스와 로마의 사상 및 기독교 역시 우리의 것이라 할 수 있을 터다.

의 논문들은 명시적으로 서구중심주의를 논하지는 않더라도 서구중심주의의 타개 또는 탈서구중심주의의 지향이라는 일관된 목적에 따라 집필된 것이라 할 수 있다.[2] 다만 그 작업을 소재와 주제를 달리하면서 다양한 시각과 방법에 따라 실험적으로 수행한 것이다. 따라서 이 책에 실린 논문들은 『서구중심주의를 넘어서』(강정인 2004)에서 제기된 문제의식을 직접적으로든 간접적으로든 공유·심화하면서 저자 나름의 대안을 추구해 온 것이며, 그 결과 어느 정도 일관성을 유지하고 있다고 할 수 있다. 독자들 역시 이런 관점에서 이 책에 실린 논문들에 접근하면 저자의 생각을 좀 더 쉽게 이해할 수 있으리라는 생각이 든다.

이 책의 서문에 해당하는 "책머리에"에서 저자는 먼저 이 책에 실린 개별 논문들을 간략히 소개함으로써 독자의 이해를 돕고자 한다. 이어서 이 책에 실린 논문들의 다수가 기존의 학술지에 발표된 것들이기 때문에 그 출처를 밝힐 것이다. 마지막으로 이 책에 실린 개별 논문들의 출간을 전후한 학술 활동과 특이한 일화를 언급하고, 연구·집필·출간 과정에서 도움을 준 여러 분들에게 감사의 말씀을 남기고자 한다.

1.

제1부 "정치사상, 어떻게 할 것인가"에는 『서구중심주의를 넘어서』라는

2_그렇지만 나중에 개별 장의 내용을 소개할 때 드러날 것처럼, 6장의 율곡에 대한 논문, 8장의 자유민주주의와 법치주의의 충돌을 다룬 논문, 9장의 루소에 대한 논문은 '탈서구중심주의'라는 주제와 직접적으로 연관되어 있지 않다.

책을 출간한 이후 저자의 일관된 관심인 '탈서구중심적 정치사상 연구를 어떻게 수행해야 하는가'에 대한 문제의식을 구현하는 개별적이고 구체적인 연구를 수행하기에 앞서, 그에 대한 기본적인 발상과 전략을 제시한 — 아직 체계적으로 정립되지는 않았지만 — 논문 두 편을 담고 있다. 첫 번째 논문은 동아시아 학자로서 동서 비교정치사상 연구를 어떻게 수행해야 할 것인가에 대한 발상과 전략을 담고 있고, 두 번째 논문은 현대 한국에서 한국 정치사상을 어떻게 하는 것이 적절한가에 대한 저자 나름의 고민과 대안을 제시하고 있다. 그러나 이 논문들은 개별적인 연구를 수행한 후에 도달한 최종적인 통찰과 결론을 담고 있다기보다는 본격적인 연구에 앞서 밑그림으로 그려 본 초보적인 구상과 지침을 담고 있기 때문에, 저자 스스로도 여러모로 미흡하다는 느낌을 갖고 있다는 점을 미리 밝혀 둔다.

먼저 1장에 배치된 "비교정치사상 방법론에 대한 예비적 고찰: 횡단적, 교차 문화적 대화"에서는 탈서구중심적 연구 방법의 일환으로 동서양의 정치사상을 대등한 지평과 조건에서 비교하는 비교정치사상 연구를 어떻게 수행할 것인가라는 고민에 대한 실마리를 초보적인 단계에서나마 풀어내 보았다. 이를 위해 먼저 서구중심적인 세계를 좀 더 다중심적인 세계로 전환시킬 객관적 조건을 긍정적으로 전망해 보았다. 그러고 나서 서구중심주의의 해체 및 비교정치사상 연구의 수행을 위한 적절한 지침을 모색하기 위해 '횡단성'transversality(또는 횡단적 연계성), '교차 문화적 대화'cross-cultural dialogue, '생물학적 유비'biological analogy라는 개념과 발상을 검토했다.

2장 "한국 정치사상, 어떻게 할 것인가: 반성과 대안"은 서구중심주의의 폐해를 타개하기 위해, '한국 정치사상을 어떻게 할 것인가'라는 주제로 저자가 오랫동안 고민해 온 내용을 시론적으로 정리·발표한 것이다. 이 장의 학문적 완성도 역시 앞의 글처럼 아직 높지 않지만, 동료나 선배 학자들의 비판과 토론을 통해 논의를 숙성시킬 수 있기를 기대하면서, 곧 학문적 공동체의 협력을 바라며 집필했다. 이 장의 내용은 다음과 같다. 먼저 예비적 고찰로서 "정치사상이란 무엇인가", "세계의 변화와 사상의 혁신간의 관계", "한국 정치사상에서 '한국'이 갖는 함의"를 약술했다. 이어서 본론에 해당하는 "한국 정치사상, 어떻게 할 것인가"에서는 세 가지 차원에서 대안 또는 전략을 제안했다. 첫 번째 차원은 서구중심주의의 폐해를 극복하기 위한 역편향의 의도적 추구라는 관점에서, 두 번째 차원은 동서양 정치사상의 시공간적 교차·수렴이라는 관점(서양 정치사상의 한국화, 동아시아·한국 전통 정치사상의 현대화, 현대 한국 정치의 '사상화')에서, 마지막으로는 보다 일반적으로 "탁월한 정치사상(가)의 출현 과정에 대한 검토를 통한 대안의 모색"이라는 관점에서 적절한 전략을 제시하고자 했다. 이 장에서는 주제의 초점이 서구중심주의의 타개나 극복으로 맞추어져 있기 때문에, 페미니즘의 출현과 함께 현대 정치사상 연구에서 첨예한 문제의식으로 부각되고 있는 정치사상의 '탈가부장주의화' 또는 '여성주의화' 문제를 본격적으로 다루지 못하고 있다는 점은 지속적인 한계와 아쉬움으로 남는다. 그러나 이 과제에 대해서는 페미니즘을 전공하는 국내 학자들이 성공적으로 대처할 것이라고 기대하면서 아쉬움을 달래고자 한다.

제2부 "동서 비교"에서는 정치사상의 핵심 개념을 중심으로 동아시아 전통 사상과 서양 정치사상의 비교를 시도한 두 편의 논문을 실었다. 먼저 3장 "덕치德治와 법치法治: 양자의 겸전兼全 필요성을 중심으로"에서는 성문법의 외형적 준수를 강조하는 법치와 도덕규범의 내면적 준수를 역설하는 덕치는 이론과 현실 양면에서 상호 대립되는 원칙이면서도 상호 보완적으로 사용되어야 하는 원칙이라는 전제에 따라 법치와 덕치의 장점과 한계를 학문적으로 비교·검토하고자 했다. 또한 덕치와 법치의 보완적 겸전을 위해 무엇보다도 (유가 중심의) 동아시아는 덕치, 서양은 법치를 통치 원리로 삼아 왔다는 동서 정치사상사에 대한 종래의 경직된 이분법적 대립 구도를 해체함으로써 덕치와 법치의 겸전을 위한 개방된 지평을 확보하고자 했다. 이런 문제의식을 염두에 두고 이 장은 동서양 정치사상사에서 법치

사상의 전개 과정을 덕치사상과 대비하면서 개괄적으로 제시한 후 현대 민주국가에서도 덕치가 법치를 보완하기 위해 필수적으로 요청된다는 점을 강조하고자 했다.

4장 "동서양 사상에 있어서 정치적 정당성의 비교: 유가의 공론론公論論과 루소의 일반의지론一般意志論을 중심으로"(이상익과 공저)에서는 동서양 정치사상, 양자의 건설적이고 비판적인 대화를 수행하기 위해 동서양 정치사상사에서 '정치적 정당성'을 둘러싼 논의를 유교의 공론론과 장 자크 루소Jean-Jacques Rousseau의 일반의지론을 중심으로 비교 검토했다. 이를 위해 먼저 유교에서 '정치적 정당성의 근거' 또는 '정치적 권위체'에 대한 인식이 '천명론'에서 '민심론'으로, '민심론'에서 '공론론'으로 변천하게 되는 사상사적 맥락을 살펴보았다. 그리고 이 과정에서 송대 주자의 공론 개념이 선진 시대의 천명과 민심을 지양시킨 것이라는 점을 확인했다. 이어서 루소의 『사회계약론』에 나타난 '일반의지'를 구체적으로 분석하고, 그것을 유가의 '공론' 개념과 비교하면서 양자의 유사점과 차이점을 논했다. 마지막으로 유교의 공론론이 현대 자유민주주의 시대에 기여할 수 있는 바가 무엇인지를 탐색했다.

제3부 "전통 사상"에서는 원시 유가 사상과 율곡 이이李珥의 사상을 현대적 관점에서 재조명하고자 했다. 흥미로운 점은 두 편의 논문이 '대동' 개념을 중심으로 연결되어 있다는 사실이다. 먼저 5장 "원시 유가 사상에 명멸했던 대동大同 민주주의: 급진적 회상"은 중국 고대사에 존재했던 것으로 추정되는 원시적 민주주의를 '대동 민주주의'로 개념화하고, 그 흔적을 중국 고전에 대한 고고학적 분석을 통해 탐사하고자 했다. 이를 위해 먼저 서구학계의 연구 성과를 토대로 고대사에서 민주정이 얼마나 광범위하게 존재했으며, 아테네 민주정은 고대 민주정의 역사에서 어떤 독특한 위상을 차지하는지를 검토했다. 이어서 '대동 민주주의'의 개념화를 위해 유교 고전에서 제시된 대동을 '위대한 조화'great harmony와 '위대한 합의'great consensus

라는 두 가지 개념으로 나누어 고찰한 후, 이 장에서 초점을 맞추고 있는 '대동 민주주의'가 '위대한 합의'에 의한 민주주의임을 밝혔다. 그리고 이런 개념에 근거해서 『서경』書經과 『맹자』孟子에 기술된 요堯·순舜·우禹의 이른바 '왕위 선양' 과정에 나타나는 정치적 결정을 대동 민주주의의 원형으로 개념화하고, 이에 대한 공자와 맹자의 사상을 비교 분석해 공자보다 맹자가 대동 민주주의에 우호적임을 지적했다. 마지막으로 그런 대동 민주주의의 흔적이 2000년을 가로질러 조선의 실학을 집대성한 다산 정약용의 두 단편, 「원목」原牧과 「탕론」湯論에서 원형에 가까운 형태로 보존되어 명멸하고 있음을 확인했다.

이어서 6장 "율곡 이이李珥의 정치사상에 나타난 대동大同·소강小康·소강少康: 시론적 개념 분석"에서는 율곡의 정치사상에 나타난 대동大同·소강小康·소강少康 개념을 분석했다. 먼저 『예기』禮記와 『율곡전서』栗谷全書에 각각 나타난 대동과 소강小康을 비교하면서 율곡이 대동·소강小康 개념을 근본적으로 혁신했음을 밝혔다. 이어서 소강小康과 소강少康을 혼용하던 조선시대의 일반적인 언어 관행과 달리 율곡이 소강小康과 소강少康을 명확히 구분해 사용했음을 지적하고 양자가 지닌 의미상의 차이를 해명했다. 이 과정에서 율곡이 '스스로' 소강小康이라는 개념을 직접 사용한 적이 없으며, 율곡이 사용한 소강少康 개념은 주로 패도에 해당하는 치세治世를 지칭한다는 점을 밝혔다. 원래 율곡 사상에 나타난 대동 개념에 대한 논문을 발표한 후 대동 민주주의에 대한 논문을 출간했기 때문에, 6장 율곡에 관한 논문을 읽은 후 대동 민주주의를 논한 5장을 읽는 것이 독자들이 이해하기 더 쉬울 것이라는 생각도 든다.

제4부 "한국 현대 정치사상"은 한국 현대 정치를 정치사상적 관점에서 조명한 논문 두 편을 싣고 있다. 먼저 7장 "한국 현대 정치의 이념적 지형: 비동시성의 동시성의 관점에서"는 해방과 분단 이후 지난 60여 년 동안 형성된 한국 정치의 이념적 지형의 특징을 (주로 민주화 이전에 초점을 맞추어)

보수주의, 자유(민주)주의, 민족주의, 급진주의 등 4대 이데올로기의 전개 과정이라는 관점에서 살펴보았다. 또한 한국 현대 정치사상의 흐름의 특징을 서구 선발국의 경험과 비교하면서 고찰하기 위해 독일의 사회철학자 에른스트 블로흐Ernst Bloch가 고안한 '비동시성의 동시성'이라는 개념을 적용하되, 논문의 목적에 맞게 적절히 수정했다. 이를 통해 민주화 이전 한국 정치의 이념적 지형의 가장 현저한 특징의 하나로 비동시성의 변증법에 따른 '이중적 정치 질서의 중첩적 병존과 한국 보수주의의 이념적 모호성'을 지적했다. 이어서 비동시성의 변증법에서 파생된 한국 정치의 이념적 지형의 여러 특징을 '최종적인 완성물로서 다양한 이데올로기의 수용', '다양한 이데올로기의 조급한 충돌과 자유민주주의의 조숙한 보수화', '탈맥락적으로 갈등하는 이데올로기들' 및 '진정성 논쟁'이라는 소주제를 통해 분석했다. 결론에서는 민주화 이후 20여 년이 지난 현재, 한국 정치의 이념적 지형이 서구의 그것에 수렴하고 동시화하는synchronizing 현상을, 이념적 다양성을 수반하는 정당 체제의 형성이라는 차원에서 조명했다. 마지막으로 비동시성의 변증법이 단순히 세계 체제의 주변부 후발국에서만 관찰되는 것이 아니라 중심부인 서구에서도 관찰되는 현상임을 확인하고자 했다.

    8장 "민주화 이후 한국 정치에서 자유민주주의와 법치주의의 충돌"에서는 민주화 이후 한국 정치에서 흔히 거론되는 자유민주주의와 법치주의의 충돌을 다루고자 했다. 이를 위해 먼저 '헌정 체제'상으로는 '자유민주주의'와 '사회민주주의'를 구분할 커다란 실익이 없다는 점을 지적했다. 이어서 우리 헌법의 해석에 있어서 일반적으로 민주공화국의 '민주', '민주적 기본 질서', '자유민주주의', '자유민주적 기본 질서'의 헌법학적 의미에는 커다란 차이가 없다고 생각되지만, '민주적 기본 질서'와 '자유민주적 기본 질서'라는 구절들이 들어간 헌법 조항들이 명문화된 당시의 입법 연혁(또는 정치사)을 살펴보았을 때, '자유민주적 기본 질서'는 '민주적 기본 질서'에 비해 강한 반공주의를 내포하고 있으며, 오늘날 그 유산이 정치는 물론 법

체계에서도 지속되고 있다는 점을 지적했다. 또한 노무현 대통령 탄핵 사건 및 행정 수도 이전에 관한 헌법재판소의 판결과 관련해 두 사건을 정치학계 일각에서 주장하는 것처럼 민주주의와 법치주의의 충돌로 볼 수 있는지 검토한 후, 이 두 사건을 민주주의와 법치주의의 본격적인 충돌로 보기는 어렵다는 저자의 의견을 밝혔다. 마지막으로 한국 정치에서 저자가 우려하는 민주주의와 법치주의의 충돌을 민주주의와 자유주의의 충돌이라는 관점에서 논했다.

제5부 "서양 및 일본의 정치사상"에서는 프랑스의 근대사상가인 루소와 일본의 현대 사상가인 마루야마 마사오丸山眞男의 사상을 분석한 두 편의 논문을 수록했다. 먼저 9장 "루소의 정치사상에 나타난 정치 참여에 대한 고찰: 시민의 정치 참여에 공적인 토론이나 논쟁이 허용되는가?"에서는 루소의 정치사상에 나타난 정치 참여론의 해석을 둘러싼 서구 학계의 논쟁을 면밀히 검토한 후 저자의 해석을 개진했다. 루소의 시민들에게 공적인 토론이나 논쟁 등 적극적인 정치 참여가 허용되는가에 대해 대다수의 서구 학자들은 그의 주저인 『사회계약론』의 일부 구절에 주목해 부정적으로 해석해 왔다. 그러나 이 장에서 저자는 루소적 민주주의에서 시민들 상호 간에 공적인 토론이나 논쟁이 허용된다는 긍정적 해석론을 전개했다. 이런 주장을 펼치기 위해 먼저 『사회계약론』 제4권 1장에 서술된 국가의 유형을 그 부패 정도와 정치 참여의 양상을 중심으로 유형화해 검토하고, 이어서 루소적 시민의 정치 참여에 공적인 토론이나 논쟁이 허용되는지에 대한 다양한 해석론을 부정론과 긍정론으로 나누어 비판적으로 살펴보았다. 그리고 『사회계약론』, 『폴란드 정부에 관한 고찰』 등 루소의 주요 저작에 대한 분석을 통해 부정적 해석에 비판을 제기하는 동시에 기존의 긍정적 해석의 미비한 점을 보완함으로써, 부정론보다는 긍정론이 루소 사상의 해석에 더 적합하다는 점을 보여 주고자 했다.

마지막으로 10장 "마루야마 마사오의 정치사상에 나타난 서구중심주

의와 일본중심주의: 『일본정치사상사연구』日本政治思想史硏究에 나타난 '자연自然과 작위作爲의 이분법적 대립'에 대한 비판적 검토를 중심으로"(장원윤과 공저)에서는 일본의 현대 정치사상가인 마루야마 마사오의 사상을 비판적으로 검토했다. 마루야마는 그의 주저 『일본정치사상사연구』에서 일본 유학의 전개 과정에서 중국과는 구분되는 "주체적 작위"autonomous invention라는 개념을 발견하고, 이것이 일본 근대성의 뿌리가 되었으며 이런 사상적 요소의 존재 때문에 일본이 중국과 달리 성공적으로 근대화를 달성하고 국민국가 건설을 수행했다는 독창적인 해석론을 전개했다. 그러나 이 장에서 저자는 메이지 시대 후쿠자와 유키치福澤諭吉와 마찬가지로, 전후(또는 '현대') 일본의 사상가인 마루야마 마사오 역시 서구중심주의를 충실히 수용하는 한편 일본중심주의를 전개함으로써 일본 근대화의 필요성과 성공, 그리고 일본의 제국주의적 침략과 지배를 사상적으로 정당화하고자 했다는 입장을 취했다. 이에 따라 마루야마가 이론화한 '주체적 작위'의 개념 역시 천황 중심의 초국가주의로 치달을 수 있는 개연성을 내장하고 있었는데, 그가 의식적이든 무의식적이든 이를 간과했다는 주장을 전개했다. 이런 이론적 입장과 주장을 뒷받침하기 위해, 저자는 먼저 마루야마 마사오의 『일본정치사상사연구』의 제2장(「근세 일본정치사상에 있어서의 "자연"自然과 "작위"作爲」)을 비판적으로 검토하고자 했다. 따라서 『일본정치사상사연구』 제2장의 주요 내용을 요약한 후, 마루야마의 사상을 "일본 유교를 통한 유교의 역류逆流적 일반화", "마루야마 마사오의 초학문적 동기", "마루야마 마사오의 소라이徂徠와 노리나가宣長에 대한 해석의 문제"라는 소주제를 설정해 비판적으로 음미했다. 그러고 나서 마루야마 마사오의 사상을 후쿠자와 유키치의 사상과 대비하면서 양자의 사상을 "단선적 진보사관", "서구중심주의와 일본중심주의 그리고 탈아입구脫亞入歐", "일본예외주의와 오리엔탈리즘의 합성물로서의 일본중심주의"라는 제목으로 비교·분석했다. 마지막으로 "맺는말"에서는 일본의 초국가주의를 근대성의 일탈로 보

는 마루야마의 입장을 비판함으로써 그의 사상에 본원적으로 내재해 있는 제국주의적 성격을 드러내고자 했다.

2.

이 책에 실린 열 편의 논문 가운데 일곱 편은 기존의 학술지를 통해 발표되었던 논문들을 이 책에 수록하기 위해 부분적으로 수정하거나 증보하면서 옮겨 실은 것들이고,[3] 세 편의 논문은 이 책을 위해 새롭게 집필한 것이다.

3_ 이 책에 실린 일곱 편의 원논문 출처는 다음과 같다.
- 2장_"한국 정치사상, 어떻게 할 것인가?: 반성과 대안,"『사회과학연구』15-2호, 서강대학교 사회과학연구소, 2007.
- 3장_"덕치(德治)와 법치(法治): 양자의 겸전(兼全) 필요성을 중심으로,"『정치사상연구』6호, 한국정치사상학회, 2002.
- 4장_"동서양 사상에 있어서 정치적 정당성의 비교: 유가의 공론론(公論論)과 루소의 일반의지론(一般意志論)을 중심으로,"『정치사상연구』10-1호, 한국정치사상학회, 2004(주저자인 이상익과 공저).
- 6장_"율곡 이이(李珥)의 정치사상에 나타난 대동(大同)・소강(小康)・소강(少康): 시론적 개념 분석,"『한국정치학회보』44-1호, 한국정치학회, 2010.
- 8장_"민주화 이후 한국정치에서 자유민주주의와 법치주의의 충돌,"『법학』49-3호, 서울대학교 법학연구소, 2008.
- 9장_"루소의 정치사상에 나타난 정치참여에 대한 고찰: 시민의 정치참여에 공적인 토론이나 논쟁이 허용되는가?,"『한국정치학회보』43-2호, 한국정치학회, 2009.
- 10장_"마루야마 마사오(丸山眞男)의 정치사상에 나타난 서구중심주의와 일본중심주의:『일본정치사상사연구』(日本政治思想史研究)에 나타난 '자연과 작위의 이분법적 대립'에 대한 비판적 검토를 중심으로,"『정치사상연구』14-2호, 한국정치사상학회, 2008(장원윤과 공저).

일곱 편의 논문들을 이 책에 옮겨 싣는 것을 쾌히 승낙해 준 한국정치사상학회, 한국정치학회, 서강대학교 사회과학연구소 및 서울대학교 법학연구소에 깊이 감사드린다. 그러나 이 책에 실린 일곱 편의 논문들을 기존 학술지에 출간된 논문들과 대조해 보면, 그 표현과 내용이 과거의 것들과 반드시 일치하지는 않는다. 먼저 루소에 관한 논문인 9장과 마루야마 마사오의 정치사상에 관한 10장의 두 논문을 제외한 다섯 편의 논문은, 이 책에 싣기 위해 새롭게 검토하면서 표현과 논리에서 미흡하다고 생각되는 부분을 다듬기도 하고, 필요에 따라 나중에 떠오른 논점이나 새로이 발견된 자료를 본래의 논지를 보강하기 위해 각주에 추가하기도 했다. 그 과정에서 미세한 조정이 이루어지긴 했지만, 글의 큰 흐름에서 중대한 수정은 없었다.

한편 루소의 정치사상을 다룬 9장은 본래 완성된 원고를 『한국정치학회보』의 원고 분량 기준에 맞추기 위해 대폭 감축해 게재했으나, 이 책에 옮겨 싣는 과정에서 기존에 삭제했던 부분도 필요한 내용이라 생각되어 복원했고, 그 결과 실제 '학회보'에 실린 것보다 상당한 분량이 추가되었다. 마루야마의 정치사상을 분석한 10장은 책에 싣기 위해 출간된 원고를 다시 읽어 보니 논리와 표현 및 서술에서 부적절한 부분이 너무나 많이 발견되고, 마루야마의 주요 주장을 요약할 때 따옴표 표기 등 인용 처리가 부정확한 부분이 적지 않아서, '어떻게 이런 글을 뻔뻔스럽게 출간했는가'라고 자문하며 부끄러움을 금치 못했다. 일본 정치사상에 대한 지식이 부족하다는 한계를 스스로 인정하면서도, 저자의 실력이 닿는 한도에서 출간본을 대폭적으로 수정·증보·삭제했다는 점을 밝혀 둔다.

나아가 정치적 정당성을 다룬 4장의 논문은 주저자인 이상익 교수와, 마루야마의 정치사상을 다룬 10장은 장원윤과 함께 쓴 논문인데, 두 분의 승낙을 받아 이 책에 옮겨 싣게 되었다. 두 분의 승낙에 감사드린다. 또한 이상익 교수는 6장 "율곡 이이李珥의 정치사상에 나타난 대동大同·소강小康·소강少康: 시론적 개념 분석"을 집필할 때, 초기 단계부터 학문적으로 귀중한 비판과 조언을 아끼지 않은 것은 물론 율곡 사상과 한문에 낯선 저자에게 필요한 자료를 찾아 주고 번역해 주는 등 노고를 아끼지 않았다. 또한 이 논문 집필 당시에 동경대학교 법학정치학 연구과에서 정치학박사 논문을 집필하던 (현재의) 유불란 박사는 『조선왕조실록』에 사용된 소강小康과 소강少康 개념의 의미를 체계적으로 분류해서 정리해 주었다. 두 분의 조언과 가르침이 없었더라면 그 논문을 현재 상태로 완성시킬 수 없었을 것이라 생각하며, 다시 한 번 소중한 도움과 돈독한 우의에 감사드린다.

3.

마지막으로 이 책에 실린 개별 논문들의 집필 배경이나 출간 전후의 역사에 대해 특기할 만한 점을 언급하고, 논문들의 집필과 책의 출간 과정에서 도움을 받은 분들께 감사의 말씀을 남기고자 한다.

먼저 1장 "비교정치사상 방법론에 대한 예비적 고찰: 횡단적, 교차 문화적 대화"는 비교정치사상 연구를 어떻게 수행할 것인가에 대한 고민에 대한 답변을 개괄적으로 탐색한 논문이다. 저자는 한국연구재단이 지원하는 2011년 한국사회과학연구지원SSK사업에 서구중심주의를 타개하고 탈서구중심주의를 모색하기 위한 연구 과제를 신청해 지원을 받게 되었는데, 연구를 본격적으로 수행하기에 앞서 연구 과제의 총괄적인 문제의식과 방법론을 정치사상적 관점에서 체계적으로 정리한 것이다. 이 논문은 유네스코한국위원회가 2011년 11월 개최한 '제1회 세계인문학포럼'에서 영문으로 발표했으며, 2012년 5월 아산정책연구원에서 주최한 '현대 세계와 동아시아 문명'이라는 국제학술회의에서도 발표한 바 있다. 또한 2012년 5월 한국정치사상학회 월례 발표회에서는 한글 논문으로 발표했다. 이 논문의 교차 문화적 대화 부분을 집필하는 과정에서 문화 다양성을 주제로 서강대학교 정치외교학과에서 학위를 취득한 임현묵 박사로부터 귀중한 도움을 받았다. 또 이 논문은 세계경제의 다중심화를 전망하기 위해 유럽연합·북아메리카·동아시아 지역과 브라질·러시아·인도 등의 국민총소득 GNI이 세계경제에서 차지하는 비중의 변화 과정을 20세기 말부터 2010년까지 추적해서 도표로 제시했다. 이 통계를 체계적으로 정리·분석하는 과정에서 서강대학교 정치외교학과 석사과정에서 정치경제학을 전공한 백성국으로부터 커다란 도움을 받았다. 두 분의 도움에 깊이 감사드린다.

5장 "원시 유가 사상에 명멸했던 대동大同 민주주의: 급진적 회상"은 2011년 선정된 한국사회과학연구지원SSK사업 연구 과제 수행을 위한 연구 논문으로 집필된 것이다. 이 논문은 2012년 7월 초에 열린 한·일 정치사상학회 공동학술대회에서 한글과 일본어로 발표되었다. 또한 7월 하순에 한국정치학회가 중국 베이징에서 개최한 '한·중 수교 20주년 기념학술회의'에서도 발표되었다. 이어서 2013년 3월초 일본의 세키구치 재단이 방콕에서 개최한 제1회 '아시아 미래 회의'에서 영문으로 발표되었다. 이 논문의 집필 과정에서 부산교육대학교의 이상익 교수가 학문적으로 귀중한 조언을 해주었다. 서강대학교 정치외교학과 박사과정 조교 장원윤은 본문에서 한글로 논의되거나 인용된 부분에 대한 한문 원문을 각주에 정확히 옮기기 위해 많은 노력을 기울였다. 또한 연세대학교의 고희탁 교수가 논문의 일본어 번역을 위해 귀중한 시간을 할애해 주었다. 일본 동경대학교를 은퇴하고 법정대학으로 자리를 옮긴 와타나베 히로시渡辺 浩 교수 역시 이 논문의 일본어본을 읽고 일본 측 자료를 제공해 주었다. 이분들의 도움에 감사드린다.

7장 "한국 현대 정치의 이념적 지형: 비동시성의 동시성의 관점에서"는 저자가 오랫동안 고민해 온 주제를 다룬 것으로 여러 가지 형식과 조합으로 발표해 온 논문이기도 하다. 먼저 이 논문은 2008년 『아세아연구』 51-4

호(고려대학교 아세아문제연구소)에 게재된 "민주화 이전 한국 자유주의의 이념적 특성과 발현 양상에 대한 고찰"이라는 제목의 논문을 여러 차례 수정해, 최종적으로 2012년의 시점에서 주제와 내용을 대폭 수정하고 확장한 것임을 밝혀 둔다. 그렇기 때문에 두 논문 사이에서는 내용상의 중복이 발견된다. 또한 이 논문은 2010년 5월 한국정치사상학회 월례 발표회에서 "현대 한국(남한) 정치의 이념적 지형: '비동시성의 동시성'과 '민족(주의)의 신성화'를 중심으로"라는 제목으로 현재 버전보다 훨씬 확대된 주제와 심화된 내용으로 발표되었다. 그리고 2011년 8월 한국정치학회 세계학술대회에서도 영문으로 발표되었다. 또한 저자는 한국정치학회의 추천으로 2012년 4월 영국의 벨파스트에서 개최된 영국정치학회Political Studies Association 연례학술회의에 참가해 이 논문을 발표했다. 추천과 초청을 해준 양국 정치학회에 감사드린다.

9장 "루소의 정치사상에 나타난 정치참여에 대한 고찰: 시민의 정치참여에 공적인 토론이나 논쟁이 허용되는가?"는『한국정치학회보』에 출간되기 이전에 논문 심사 과정에서도 흥미로운 일화가 있지만, 여기서는 출간된 이후의 역사에 대해서만 언급하겠다. 저자는『한국정치학회보』에 게재된 논문을 수정·증보해 2011년 3월 말경에 미국 시카고에서 개최된 중서부정치학회Midwest Political Science Association의 연례학술대회에서 서강대학교 정치외교학과 박사과정생 김현아와 함께 발표했다. 발표하기 전에 저자는 루소 관련 논문을 쓰면서 많은 영향을 받은 바 있는 뉴욕시립대학교의 힐라일 길딘Hilail Gildin 교수에게 원고를 이메일로 보냈다. 뜻밖에도 길딘 교수는 논문에 긍정적인 반응을 보이면서 자신이 편집위원장으로 있는『인터프리테이션』Interpretation(미국 정치철학 분야의 학술지)에 실겠냐고 제의했고, 약간의 우여곡절 끝에 이 논문은 루소 탄생 300주년이 되는 2012년 봄/여름호에 게재되는 개가를 올리게 되었다. 그 전에 저자는 이 논문을 2012년 1월 영국 런던대학교UCL 앨버트 윌Albert Weale 교수의 초청으로

동 대학원의 '정치사상 세미나'에서 발표할 기회를 가졌다. 이 논문은 2012년 12월 초에 열린 한국정치학회 정기총회에서 학술상(논문 부문)을 수상하는 영예를 누리기도 했다.

이 책에 실린 논문들과 관련해 연구를 진행하고 집필을 하는 과정에서 율곡 관련 논문인 6장이 '아시아연구기금'의 지원을 받은 것을 제외하고는, 대부분 한국연구재단(구舊학술진흥재단)과 서강대학교 교내 연구비의 지원을 받아 집필되었다. 연구비 지원을 받은 경우 과거에 개별적인 논문을 게재할 때 사사 표기를 했기에 여기서 굳이 다시 밝히지는 않겠다. 다만 이 책에 싣기 위해 새로 집필된 논문들에 대해서는 연구비 지원에 대해 밝히고자 한다. 먼저 1장 "비교정치사상 방법론에 대한 예비적 고찰: 횡단적, 교차 문화적 대화" 및 5장 "원시 유가 사상에 명멸했던 대동大同 민주주의: 급진적 회상"과 관련된 연구와 집필은 2011년도 정부 재원(교육과학기술부 사회과학연구지원사업비)에 의한 한국연구재단의 지원(NRF-2011-330-B00010)과 2012년도 서강대학교 교내 연구비의 지원(201210033.01)을 받아 이루어졌다. 그리고 7장 "한국 현대 정치의 이념적 지형: 비동시성의 동시성의 관점에서"에 대한 연구와 집필은 2012년 정부(교육과학기술부)의 재원에 의한 한국연구재단의 지원(NRF-2012S1A5B8A03043926)과 2012년도 서강대학교 교내 연구비의 지원(201210033.01)을 받아 수행되었다. 그리고 전체적으로 이 단행본의 편집과 출간은 2011년도 정부 재원(교육과학기술부 사회과학연구지원사업비)에 의한 한국연구재단의 지원(NRF-2011-330-B00010)과 2012년도 서강대학교 교내 연구비의 지원(201210033.01)을 받아 이루어진 것임을 밝혀 둔다.

이 책에 실린 개별 논문들을 집필할 때마다 서강대학교 정치외교학과에 적을 두고 있는 가까운 제자들이 원래 집필된 초고의 부족한 논점을 개선하고 부적절한 표현과 구문을 바로 잡는 등 많은 도움을 주었다. 저자가 서강대학교에 몸담아 온 기간이 오래되다 보니, 이제는 하나의 전통으로 정착된 느낌이다. 특히 박사과정에 재학하는 이지윤, 장원윤, 김현아 그리고 지금은 석사 학위를 마치고 졸업한 박준호 등이 노고를 아끼지 않았다. 그리고 이 책을 출간하기 위해 최종적으로 원고를 모아서 수정하고 검토하는 과정에서, 석사과정의 김두훈과 박사과정의 김현아, 장원윤이 많은 도움을 주었다. 또한 고희탁 교수는 출판사에 최종 원고를 넘긴 다음이지만, 바쁜 일정을 쪼개 10장 "마루야마 마사오의 정치사상에 나타난 서구중심주의와 일본중심주의"를 꼼꼼히 읽고 논문의 표현상 또는 논리상의 오류를 지적해 주었다. 출판사에서 보내 준 편집 원고를 검토·수정하는 최종 단계에서 그의 지적을 반영했다. 그저 고마울 따름이다.

김현아는 금년 가을 영국 케임브리지대학교의 박사과정으로 유학을 가기 위한 준비로 무척 바쁜 일정을 보내고 있는데, 이 책에 실린 원고들의 편집과 교정에 귀중한 시간을 할애했다. 그의 노고에 진심으로 감사드리면서, 지도 교수로서 아쉬운 마음과 함께 멀리 떠나보내는 제자의 장도를 축원한다. 그리고 10여 년에 걸친 노력의 결실이라 할 수 있는 이 책의 출간에 마침표를 찍어 준 후마니타스 출판사와 편집진들에게 감사의 말씀을 남기고자 한다. 마지막으로 전장에 나간 병사도 아닌데 연구에 매진한다는 핑계로 빚어진 아버지와 남편의 오랜 부재와 침묵을 묵묵히 감당하면서도 대견스럽게 성장한 세빈과 세윤, 그리고 그 아이들을 잘 키워 준 아내에게 무한한 감사를 느낀다.

2013년 6월
다산관 연구실에서
강정인

제1부

정치사상, 어떻게 할 것인가

| 1장 |

비교정치사상 방법론에 대한 예비적 고찰

횡단적, 교차 문화적 대화

지구화가 급속히 진행되고 있는 오늘날 그 어느 때보다도 비교정치사상이 긴급히 요구되고 있다. 그럼에도 불구하고, 이미 10여 년 전에 프레드 달마이어Fred Dallmayr가 지적한 것처럼, "비교정치사상 또는 비교정치철학은 아예 존재하지 않거나, 기껏해야 유치하고 주변적인 수준의 시도에 머물러 있을 뿐이다"(Dallmayr 1999, 1-2). 이 글에서 필자는 동아시아적 관점에서 비교정치사상의 방법론에 대한 예비적 고찰을 전개하고자 한다.[1] 이 글은

● 이 논문은 2011년도 정부재원(교육과학기술부 사회과학연구지원사업비)에 의한 한국연구재단(NRF-2011-330-B00010)과 2012년도 서강대학교 교내 연구비((201210033.01)의 지원을 받아 집필되었다.

1_물론 이런 서술이 동아시아 이외의 다른 문명이나 지역의 관점에서 수행되는 비교정치사상 연구가 중요하지 않거나 바람직하지 않음을 의미하는 것은 아니다.

정치사상 연구에서 서구중심주의Western-centrism[2]가 지속되는 상황을 타개·해체하기 위해, 동아시아의 지식인들이 비교정치사상이라는 작업을 통해 전통적인 정치사상적 자원을 적극적으로 재해석·재활용하는 것이 긴요할 뿐만 아니라 가능하다고 굳게 믿는다. 이는 다음과 같은 세 가지 이유 때문이다. 첫째, 중국·한국·일본 등 동아시아의 전통적인 정치사상은 인류 공통의 자산으로서의 가치를 지니고 있다는 점에서 서구의 정치사상 — 근대 서구 문명의 패권과 더불어 전 세계를 지배해 온 — 과 잠재적으로 호환 가능하다.[3] 이런 '호환성'은 탐색·확보될 수 있고 또 그렇게 되어야 한다. 둘째, 동아시아 문명은 서구 문명이 보유하지 않은, 잠재적이고 실재적인 귀중한 자원 — 정치사상을 포함한 — 을 보유하고 있기 때문에, 생태학적 비유를 사용한다면 생물 다양성biodiversity의 보존이라는 차원에서, 이런 전통적인 사상적 자원을 전유·쇄신·확충할 필요가 있다. 셋째, 그 유산이 동아시아인들 자신의 정체성의 일부를 구성하며 그들에게 더욱 친숙하기

---

[2]_ 서구중심주의의 개념에 대해서는 강정인(2004, 2장)의 논의를 참조할 것.

[3]_ 새뮤얼 헌팅턴은 중화 문명과 일본 문명을 구분해 인식한다(헌팅턴 1997, 52-53). 그러나 이 글에서 동아시아는 중국(타이완 포함), 한국(북한 포함), 일본을 포함한 지역을 지칭한다. 이 세 나라는 독특한 문화적 전통을 보유하고 있지만, 정치철학으로서 전통 유학의 유산을 (비록 정도의 차이가 있지만) 폭넓게 공유하고 있다는 점을 부정할 수 없기 때문이다. 종래 이 지역은 유럽 중심적 지리 개념에 따라 '극동'(Far East)으로 불리었지만 1960년대 이후 미국 하버드대학교 교수인 존 페어뱅크(John K. Fairbank), 에드윈 라이샤워(Edwin O. Reischauer) 등이 '동아시아'(East Asia)라는 개념을 사용함으로써 그 용례가 보편화되었다. 동아시아는 종종 베트남을 포함하기도 한다. 동아시아의 공통적 기반과 지역적 차이에 대한 논의로는 머피(Murphey 2010, 1-19)와 페어뱅크(Fairbank et al. 1989, 1-16)를 참조할 것. 그렇지만 다음 장에서 '다중심적 지구'를 논할 때에는, 동아시아의 전반적인 경제력을 중시하기 때문에 동아시아의 경제력에 동남아국가연합인 아세안(ASEAN)의 경제력을 포함해 논했다.

에, 동아시아인들은 그것을 좀 더 효과적으로 계발할 수 있는 전략적 위치에 서있다(강정인 2004, 513).

이 글에서는 먼저 서구중심적인 세계를 좀 더 다중심적인 세계로 전환시킬 객관적 조건에는 어떤 것들이 있는지 살펴볼 것이다. 그러고 나서 서구중심주의의 해체 및 비교정치사상의 수행을 위한 적절한 지침을 모색하기 위해 횡단성transversality(또는 횡단적 연계성), 교차 문화적cross-cultural 대화, 생물학적 유비biological analogy라는 발상을 검토하고자 한다.

1. 다중심적 지구를 위하여

먼저 서구중심주의를 해체해 보다 다중심적인 세계로 나아가는 데 유리한 객관적인 조건들을 살펴볼 필요가 있다. 이는 서구와 비서구 사이에 좀 더 대등한 입장에서 횡단적이고 교차 문화적인(혹은 교차 문명적인) 대화가 이루어지고, 이에 기반을 둔 비교정치사상이 연구되는 것을 좀 더 용이하게 할 것이다.

이런 객관적인 조건으로 — 지구화가 초래하는 긍정적·부정적 효과에 대해 열띤 논쟁이 있지만 — 일단 지구화의 긍정적인 측면에 주목하고자 한다. 최근 들어 더욱 가속화되고 있는 정보 기술 혁명(인터넷, 스마트폰의 발명과 전 지구적 확산 등)과 결합된 지구화는 모든 인류가 더불어 사는 '지구촌'the global village이라는 비전을 더욱 실감나게 만들어 왔다. 그런 변화는 근본적인 차원에서 중심(서구)과 주변(비서구)의 구분과 차별에 대한 급진적인 도전을 의미한다. 지구화가 초래한 시공간의 압축과 재조정은 국민국가의 경계를 초월하는 지구적 공동선의 출현 및 인정을 더욱 요구하고 있다.

이와 같은 지구적 공동선의 사례로는, 핵전쟁에 의한 인류 멸망의 위험에 공동으로 대처해야 할 필요성의 자각, 생태계의 심각한 위기에 대한 지구적 차원의 책임 윤리의 부상, 인권의 국제적 보장에 대한 보편적 관심, 세계의 빈곤한 인민들의 사회·경제적 조건을 개선하기 위한 초국가적 노력 등을 들 수 있다. 또한 여기에는 상호 연계성의 심화에 따라 혜택과 위협을 동시에 제공하는 지구적 차원의 경제적 생존 가능성의 문제도 추가할 수 있을 것이다. 사실 우리는 2008년 미국 금융 시스템의 붕괴로 발생해, 걷잡을 수도 없고 예측할 수도 없는 연쇄반응을 일으키며 전 세계로 번져 나간 역사상 최악의 경기 침체를 목도하고 있다. 이런 사례들은 국가주권과 영토에 따라 분할하거나 차별화할 수 없는 불가분적인 '지구적 공동선'의 존재를 인정할 것을 요구하고 있다. 이런 지구적 공동선의 존재는 지구적 의식이 형성될 수 있는 공통의 구심점을 제공한다(Linklater 1990, 151). 핵무기, 생태적 위기, 금융 시스템의 붕괴로부터 오는 위협이 지구상의 모든 국가들에 무차별적으로 적용될 수 있다는 사실을 목격하는 것은 매우 의미심장한 경험이다. 요컨대 피터 테일러가 지적한 것처럼, 지구화의 진행으로 말미암아 "인류는 근대성의 '재화'goods가 모두에게 약속되던 낙관적 상황에서 근대성의 '악재'bads가 모두를 위협하는 비관적 상황"을 맞이하게 되었다(Taylor 2000, 68). 이에 따라 개별 국가의 규모나 국력과 상관없이 어떤 국가도 단독으로는 결코 달성할 수 없는 불가분적인 지구적 공동선을 추구하기 위한 초국가적 협력이 전 지구적으로 시급히 요청되고 있다. 이 점에서 '지구적'global이란 말은 이제 인류 전체에게 보편적인 무언가를 표상하는 개념이 되었다. 따라서 이런 의식을 일깨우는 지구주의globalism는 서구 문명의 지배에 대한 근본적인 도전의 성격을 지니며, 서구중심주의를 근본적인 차원에서 전복할 수 있는 잠재력을 내포하고 있다.

서구중심주의를 극복하는 데 유리한 또 다른 조건으로는 최근 중국을 비롯한 동아시아, 브라질, 인도, 러시아 등 비서구 지역 및 국가들이 보여 준 고무적이고 괄목할 만한 경제적 성과를 들 수 있다. 경제적 성과가 중요한 이유는 서구중심주의를 타개하기 위해 비서구 사회는 자신에게 불리하게 짜인 근대화라는 게임에 참가해 서구와 대등한 정치·경제적 힘을 획득해야 하기 때문이다. 비서구 사회가 게임의 규칙을 서구와 평등한 조건에서 수정하거나 시정할 수 있을 때, 비로소 서구중심주의를 타개할 수 있는 전략을 좀 더 실효성 있게 구상하고 실천에 옮길 수 있다. 그러나 그런 단계에 도달할 때까지 비서구 사회는 먼저 서구중심적인 게임의 규칙에 따라 자신의 생존을 도모해야 한다. 일반적으로 지배 관계에서 불리한 지위에 놓인 집단은 우세한 집단이 짜놓은 게임의 규칙에 따라 게임에 참여할 것을 강제당하고, 그 규칙에 따라 자신의 능력을 입증하도록 요구받기 때문이다. 비서구 사회의 근대화는 바로 그런 게임에 참여하는 것이었고, 그 게임을 수행함에 있어서 서구중심적 시각을, 많건 적건 내면화할 것을 요구받았다.

물론 최근 미국과 그 동맹국들이 이라크와 아프가니스탄 및 리비아를 상대로 벌인 전쟁에서 생생히 드러난 바와 같이 군사적 측면에서 미국이 주도하는 서구 문명의 단일중심적 군림이 갖는 의미를 결코 부정할 수는 없다. 그렇다 하더라도 최근 동아시아,[4] 브라질, 인도, 러시아가 보여 준 역동적인 경제성장 및 성과는 장기적인 관점에서 세계가 보다 다중심적인 방향으로 나아가고 있음을 시사한다. 이를 확인하기 위해 1980년, 2000년, 2010년에 집계된 세계 총 국민소득 대비 주요 국가들(또는 유럽연합을 포함한 주요 지역)의 국민총소득GNI 비중을 표로 만들어 지난 30년 동안 세

4_특히 중국을 꼽을 수 있다. 경제침체에 시달리고 있는 일본은 제외될 수도 있겠지만, 그렇다 하더라도 일본은 여전히 경제적으로 강대국의 위상을 유지하고 있다.

세계 총 국민소득 대비 주요 국가들(또는 지역들)의 국민총소득의 변화 추이

	1980년	2000년	2010년
세계	100	100	100
유럽연합	33.8	28.4	27.4
중국	1.9	3.6	9.1
중국(홍콩, 마카오 포함)	2.1	4.2	9.5
일본	11	13.6	8.6
한국(남한)	0.6	1.4	1.6
중국 + 일본 + 한국	13.7	19.3*	19.7
아세안	1.6	1.9	2.6
중·일·한 + 아세안	15.3	21.0**	22.3
미국	25.9	30.6	23.4
캐나다	2.5	2.1	2.3
멕시코	1.5	1.8	1.6
미국 + 캐나다 + 멕시코	29.9	34.5	27.3
브라질	2.3	2.1	2.9
인도	1.7	1.4	2.5
러시아	–	0.8	2.3
브라질 + 러시아 + 인도	4.0	4.3	7.7

- 위 표는 세계 총 국민소득 대비 각국(또는 국가연합)의 국민총소득 비율을 나타낸 것임(각국 또는 국가연합 GNI/세계 총 GNI).
- 표의 수치는 소수점 둘째 자리에서 반올림한 것임. *와 **표를 붙인 2000년도 한중일 합산치와 동아시아 합산치는 개별 GNI를 합산한 다음에 전체 비중을 구한 것이기 때문에 표에 나온 개별 값의 단순 합산치와 차이가 있음.
- 유럽연합(EU)의 경우 2010년 현재, 27개 회원국을 기준으로 1980년, 2000년의 비중을 소급 환산한 것임.
- 아세안의 통계는 총 10개국의 국민총소득 합산을 통해 구했으나, 미얀마의 경우 국민총소득 등 각종 통계자료가 공개되지 않고 있기 때문에, 아세안 전체의 국민총소득은 미얀마를 뺀 값임. 또한 2010년의 아세안 통계에서 브루나이는 자료가 없어서 포함되지 않음(2009년 자료는 존재함). 1980년도 베트남, 라오스, 러시아, 마카오, 캄보디아의 자료는 존재하지 않음. 1980년도 홍콩의 자료는 GNI가 아니라 GDP에 근거한 것임.

출처: 세계은행(http://data.worldbank.org).

계 주요 국가들(또는 주요 지역)의 상대적인 경제력의 변화 추이를 살펴보면 위의 〈표〉와 같다.

위 〈표〉에 따르면 1980년에 동아시아(중국, 일본, 한국, 아세안)의 국민총소득은 전 세계 총계의 15.3%를 차지했다. 반면, 북미(미국, 캐나다, 멕시코)의 경우 29.9%, 유럽연합(2010년 기준 27개 회원국 포함)의 경우 33.8%였다. 30년 후인 2010년, 미국발 세계적인 금융 위기가 불어닥친 지 2년 후인 2010년에 동아시아의 비중은 전 세계의 22.3%를 차지한 반면, 북미는 27.3%, 유럽연합은 27.4%로 집계되었다. 따라서 지난 30년 동안 동아시아의 상대적 비중은 15.3%에서 22.3%로 괄목할 만한 신장세를 기록했고,

2000년에서 2010년 기간 동안 브라질·인도·러시아 역시 4.3%에서 7.7%로 인상적인 증가세를 보였다. 이와 대조적으로 지난 30년 동안 유럽연합은 감소세는 33.8%에서 27.4%로 — 비록 지난 10년 동안은 28.4%에서 27.4%로 추세가 완화되었지만 — 두드러진다. 북미의 경우 지난 30년 동안은 1980년의 29.9%에서 2010년의 27.3%로 2.6%p만 감소했지만, 2000년에서 2010년 사이에는 34.5%에서 27.3%로 급격한 감소세를 기록했다. 지난 10년 동안 북미가 기록한 7.2%p의 감소 수치는 같은 기간 동안 30.6%에서 23.4%로 미국이 기록한 7.2%p의 감소 수치와 정확히 일치한다. 반면에 같은 기간 동안 중국은 3.6%에서 9.1%로 5.5%p라는 인상적인 증가세를 기록했다. 한편 일본은 13.6%에서 8.6%로 그 비중이 감소했으며, 그 결과 중국이 경제 규모에서 일본을 따라잡게 되었다. 일본의 감소폭 5%p는 결과적으로 동아시아의 비중이 북미나 유럽연합에 뒤지게 된 결정적인 요인이 되었다. 만약 일본이 원래의 비중을 유지했다는 전제하에 일본의 감소폭 5%p를 더한다면, 동아시아의 비중은 27.3%로 유럽연합의 27.4%, 북미의 27.3%와 대등할 것이기 때문이다.[5]

중국의 획기적인 경제성장 및 군비 증강, 그리고 미국의 상대적인 경제 침체에 직면해, '중국 위협론' 및 'G-2'라는 용어는 이제 전 세계적인 유행어가 되었다. 그 누구도 전 세계의 정치·경제적 질서가 장기적으로 어떻게 형성될지 섣불리 예측할 수는 없지만, 이처럼 동아시아와 브라질·인도·러시아가 차지하는 경제력의 비중이 현저하게 증가한 것은, 아직 낙관

5_참고로 "1960년에 일본과 동아시아의 국민총생산 누계는 전 세계의 4%에 불과했으며, 당시 미국·캐나다·멕시코를 포함한 북미의 누계는 37%였다"(강정인 2004, 502). 물론 당시 공산국가였던 중국, 월맹 등을 제외한 수치라는 점을 참작해야 하겠지만, 북미의 국민총생산 규모는 동아시아의 아홉 배에 달했다.

할 수는 없지만, 전체적으로 세계 질서가 다중심적으로 이행하고 있다는 점을 시사한다. 그리고 이는, 나중에 논의할 것처럼 서구중심주의가 누리는 보편성이 '(자연)과학적' 보편성이 아니라 '패권적' 보편성이라고 상정할 경우, 서구 문명의 보편성이 퇴조하고 이로 인해 서구중심주의를 해체할 수 있는 비교정치사상 연구의 지평이 좀 더 확대될 수 있다는 예견을 가능케 할 것이다.

2. 횡단성 Transversality

서구중심주의를 해체하려는 시도는 세계를 '주체와 객체', '이성과 감성', '정신과 물질', '서구와 비서구' 등 이원론적 대립 구도로 배열하고 그 가운데 일방에 특권을 부여하는 '일원론적 보편주의'monistic universalism를 넘어서야 한다.[6] 또한 단지 고립된 차이와 다양성을 확인하는 데 그치는 함정에 빠져서도 안 된다. 이런 난제를 푸는 데는 근대 유럽 문명의 산물인 일원론적 보편주의 개념에 근본적인 문제를 제기하는 '횡단성' 개념을 활용하는

6_비쿠 파레크는 이런 일원론적 보편주의가 근본적으로 서구 철학과 윤리학의 '도덕적 일원론'(moral monism)에서 기원하는 것으로 보고 이를 다음과 같이 통렬하게 지적한다. "오직 단 하나의 진정한 신, 단 하나의 진정한 종교, 그것을 수호하는 단 하나의 진정한 수호자, 오직 단 한 편의 진정한 교리, 오직 단 하나의 최상의 능력, 진정한 지식을 획득할 수 있는 단 하나의 최선의 방법, 오직 단 하나의 참으로 정의로운 정치체제 등이 존재할 뿐이라는 믿음은 실로 서양 사상사에서 반복적으로 나타났다. 이런 점을 보여 줄 수 없는 철학자들은 자신들이 엄밀하고 탐구적인 노력을 충분히 쏟지 않았다고 생각한 것처럼 보인다(Parekh 1996, 127).

것이 유용할 것으로 보인다. 기하학에서는 횡단성을 "어떤 주어진 평행사변형의 두 대각선의 교차"로 정의한다(Jung 2009a, 417). 그리고 캘빈 쉬라그Calvin O. Schrag, 펠릭스 가타리Félix Guattari, 정화열 등 탈근대주의자들의 횡단성 개념을 적극 활용해 지구 시민의 정체성을 새롭게 규정하고자 하는 이동수는 횡단성을 아래와 같이 규정한다.

…… 횡단성이란 개별성을 보존하면서도 그 개별성들 간의 교차, 횡단, 소통을 통해 일련의 연대적, 집합적 공동성을 이루는 것을 말한다. 개별자들의 개체성을 유지하면서도 그 개체들 간의 소통 가능성(communicability)을 높여 상호이해와 어떤 공감대를 형성함으로써, 다양성과 공동성을 동시에 획득하는 것을 일컫는다(이동수 2010, 183).

이 글에서는 횡단성을 논의함에 있어 정치철학에서 서구중심주의의 해체를 위해 이 개념을 광범위하게 유포시킨 정화열의 최근 연구를 비판적으로 검토하고자 한다.[7] 정화열은 횡단성이 "보편으로서의 진리의 투명성 가정에 도전하며 서구 근대성에서 진리에 대한 유럽중심적 준칙에 내재한 보편성의 한계를 극복"하기 위한 개념이라고 언급하면서(Jung 2009a 418), 그 개념을 "상이한 문화들의 경계를 가로지르는 진리의 교차로이며 진리에 대한 교차 문화적 사고방식"이라 정의한다(Jung 1995, 15; 이동수 2010, 183). 횡단성 이론가들 사이에서 강조와 적용 영역을 놓고 의미심장한 편차가 있지만, 횡단성은 무엇보다도 동일성과 차이, 동질성과 이질성

---

[7] 이동수 역시 정화열과 에두아르도 글리상(Eduardo Glissant)의 횡단성 개념을 탈서구중심주의와 관련해 집중적으로 분석하고 있다(이동수 2010, 190-194). 이 글 역시 이동수의 연구에 힘입은 바가 크다.

에 대한 경직된 이분법을 문제 삼는다. 횡단성을 활용하기 위해 우리는 이 개념이 비교정치사상 연구에 대해 지니는 함의를 살펴볼 필요가 있다.

첫째, 횡단성은 서구 근대가 추구하고 주장했던 보편성이 서구중심주의에 기반을 두고 또 이를 대변한 것일 따름이라는 점을 강조함으로써, 서구중심주의에 대한 문제의식을 뚜렷이 표명한다. 이에 따르면 모든 정치사상을 포괄하는 단일의 보편적 정치사상이란 존재하지 않으므로 그 어떤 정치사상도 진리에 대한 특권을 가질 수 없다.[8] 따라서 과거와 현재, 동양과 서양의 어떤 정치사상도 지배적 보편성overarching universality을 독차지할 수 없다. 오히려 서로 다른 문화와 사회의 '서로 다른 목소리'를 경청하고 타자를 그 자체로 인정함으로써 상호간의 소통 가능성을 높이며 이를 토대로 다양성을 보존하는 종합을 이루는 '횡단적 연계성'을 맺는 것이 중요하다.

둘째, 횡단성은 서구와 비서구 사이의 다양성과 차이를 인정하지만, 그렇다고 해서 비서구의 정치사상을 대안으로 내세우지 않는다. 현재 세계에 일원론적 보편성으로 아우를 수 없는 다양성과 차이가 존재하지만, 그렇다고 해서 이런 다양성과 차이만이 강조되고 방치된다면, 세계는 소통을 거부하는 다양성과 차이의 무분별한 독선으로 얼룩질 것이다. 그러므로 횡단성은 다양성과 차이를 하나로 전체화시키는 것을 거부하며, 다양성과 차이를 그대로 내버려두는 것 또한 거부한다(이동수 2010, 194). 횡단성의 관점에서 다양성과 차이를 인정한다는 것은 다양성과 차이를 그대로 고수하는 것이 아니라 변형시키는 것이다. 정화열에 따르면, 횡단성은

8_이 문장은 "모든 철학을 포괄하는 철학이란 없다"는 모리스 메를로-퐁티(Maurice Merleau-Ponty)의 언급을 다소 변형한 것이다(Jung 1999, 277에서 재인용).

다양성과의 상호작용을 통해 "나에게 결여된 것"을 발견하고 그것을 타자에게서 찾아 메움으로써 새롭게 변모한 자아를 재형성하는 과정, 곧 "나와 타자가 만나 내가 또 다른 존재로 생성되는 자기 변화의 과정"을 가리킨다(Jung 2009a, 432).

셋째, 횡단성은 서구중심주의를 극복하려는 시도가 빠지기 쉬운 방법론적 함정(오류)을 벗어나는 데 도움을 준다. 서구적 가치의 일원론적 보편성을 해체하려는 비서구의 시도는 서구와 대비되는 비서구의 차이를 긍정적으로 강조하면서 서구중심주의에 내재된 이원론적 대립 구도를 재생산하는 결과를 빚어낼 개연성이 높다. 문제를 바라보는 시각이 서구와 비서구의 이분법적 구도에 갇혀 있을 경우, 둘 중 어느 한 편에 보편성을 부여하려는 동화적 모델이나 역전적 모델(곧 역오리엔탈리즘 또는 옥시덴탈리즘)을 벗어나지 못하는 것이다. 그러나 횡단성은 문화란 언제나 다원적이며, 진정한 지구적 문화는 각각의 문화가 그 자신의 고유한 뿌리를 잃지 않으면서 다양한 문화와의 활발한 소통 관계를 유지할 때 실현될 수 있고, 역으로 각각의 문화는 횡단성을 토대로 지구적 문화와 매개되면서 발전한다는 점을 알려 준다. 그러므로 이런 관점에서 보면, 서구중심주의의 초월은 오직 다양한 문화의 교차 및 과거와 현재의 횡단이라는 좀 더 거시적인 관점에서 동양과 서양의 정치사상을 탐구할 때에만 가능하다 할 것이다.

요컨대 횡단성의 개념은 보편성과 특수성, 동일성과 차이, 서구와 비서구와 같은 모든 "양극화된 이분법적 대당"(Jung 2009b, 28)을 극복하기 위한 지평을 열고 있는 듯 보이며, 또한 "교차 학문적 연구는 물론 교차 문화적인 수정受精 또는 이종교배異種交配 — 소통 가능성으로서의 진리가 서구나 철학에만 특권을 부여하지도 않으며 역으로 그 어느 쪽에 의해 독점되지도 않는 — 의 명분을 개진한다"(Jung 2009b, 29).

하지만 비서구 학자로서 필자는 차이들과 타자에 우호적인 포스트모더니즘 담론에 관해 몇 가지 의구심을 품고 있다. 서구중심주의가 차이들과 타자를 무시한 반면, 포스트모더니즘 담론은 타자의 차이들을 인식하고 인정할 필요성에 대해 강조한다. 따라서 서구인들의 관점에서 바라보면, 비서구가 지닌 차이들을 인정하라는 이런 강조는 설득력이 있는 것처럼 보인다. 그러나 이는 어떤 측면에서는 서구인이나 비서구인 모두에게 그저 유창한 언변에 불과한 것일 수도 있다. 억압적인 권위주의 체제, 만연한 정치 부패, 가부장적인 여성 억압 및 이와 유사한 현상들이 많은 비서구 국가들에서 발생하고 있으며, 이런 현상들이 필연적으로 비서구의 토착 문화에 얽혀 있는 것을 서구인들이나 다른 비서구인들이 목격할 때, 그들은 과연 어떤 행동을 취해야 할 것인가? 타자의 상이한 문화를 인정한다는 명분하에 그에 대한 비판을 삼가야만 하는 것일까?

한편 비서구인의 관점에서 보면, 또 다른 의문이 발생한다. 비서구인들은 자의든 타의든 간에 서구 문명의 보편성이라는 명분하에 서구 문명이 과시한 차이 — 그들의 계몽주의, 그들의 이성과 철학, 그들의 자유주의, 그들의 민주주의, 그들의 페미니즘, 그들의 과학과 기술, 그들의 산업주의와 자본주의 등 — 를 인정하고 존중하도록 배워 왔다. 이처럼 '그들'의 차이는 서구예외주의에 따라 우월하고 특권적 지위를 누리는 것인 반면, '우리'의 차이는 오리엔탈리즘에 따라 열등하고 일탈적인 것으로 간주되어 왔다. 요컨대 서구와 비서구 사이에 상대방의 차이를 존중하는 문제는 현실에서 평등하고 호혜적으로 이루어지지 않기 때문에, 비서구 문명(문화)에 대한 서구인들의 존중은 고무되는 한편, 서구 문명(문화)에 대한 비서구인의 존중은 '탈신화화'demystification 또는 '지역화'regionalize, Europeanize될 필요가 있다.[9] 물론 서구의 보편성 주장이 지닌 모순들이 탈근대적 세계에서

9_여기서 필자는 '차이'와 '타자성'에 대한 탈근대주의자의 담론에 대해 두 가지 비판적인 논점

는 점진적으로 그러나 분명히 퇴조할 것으로 보이지만, 그렇다고 해서 비서구인들이 서구와 대등한 위치에서 서구의 차이를 인식하고 인정하는 것은 아직까지 결코 쉬운 일이 아니다.

  이 점에서 우리는 '서구 문명은 물론 서구 사회과학이 보편적 지위를 누린다고 할 때 그것이 무엇을 의미하는가?'를 되물을 필요가 있다.[10] 오늘날 국내 학계에서 가르치고 연구하는 사회과학은 서구 근대 문명에서 기원한 것으로 당연히 서구중심주의를 내장하고 있다. 이매뉴얼 월러스틴은

을 제기했다. 문화상대주의와 관련된 첫 번째 논점은 서구 문헌에서도 잘 지적된 바 있다. 그러나 '차이'와 '타자성'의 존중에 있어서 존재하는 불평등 또는 불균형에 대한 비판을 담고 있는 두 번째 논점은 적절히 다뤄지지 않고 있는 듯하다. 예를 들어 대화의 윤리와 '타자의 으뜸성'(primacy of the other)에 대한 책임을 주제로 하는 에마뉘엘 레비나스의 철학에서 강조되는 '타율성'(heteronomy, 타자 지향적 윤리)의 가치에 대해 문제를 제기할 수 있다(Levinas 1999, 97-109). 왜냐하면 그는 지배적인 집단, 곧 서구 사회, 부르주아지, 남성, 백인, 기독교도 및 문화적 다수를 암묵적인 주체로 설정해 자신의 철학을 전개하고 있기 때문이다. 이와 달리 비서구 사회, 노동계급, 여성, 유색인종, 기타 종교적·문화적 소수자들은 그가 강조하는 타율성의 윤리를 일상적으로 수행해 왔고 또 거기에 매우 익숙하다는 점을 상기할 필요가 있다. 전자의 집단에게는 '백인의 책무'(?)의 탈근대적 변형물로서 '타율성의 윤리'를 설교할 필요가 있을 법하지만, 후자의 집단은 타율성의 윤리를 오랫동안 습관으로 내면화시켜 왔거나 또는 힘에 의해 강요받아 왔기 때문이다. 이는 여성에게 보살핌의 윤리를 마치 새로운 미덕인 것처럼 새삼스럽게 설교하는 것이나 마찬가지다. 콰메 A. 아피아는 코즈모폴리터니즘(cosmopolitanism)을 정의하면서, 그 요소로 "인간이란 서로 다르며 우리는 서로 간의 차이로부터 배울 수 있다는 점에 대한 인정"을 포함시켰는데(Appiah 2006, 4), 이런 정의 역시 다양한 집단들 사이에 존재하는 힘의 불평등 또는 불균형을 코즈모폴리터니즘의 핵심적 문제로서 심각하게 고려하지 않는 한 비슷한 오류를 범할 가능성이 있다.

10_ 이하에서 전개되는 서구 사회과학의 보편성에 대한 서술은 필자가 발표한 다른 글에서 논한 바를 압축적으로 옮겨 오면서, 새로운 생각을 덧붙인 것이다. 이에 대해서는 강정인 (2006, 287-292)을 참조할 것.

이 점을 다음과 같이 표현한다. "사회과학은 유럽이 세계 체제 전체에 군림하던 역사적 시점에 유럽이 직면한 문제를 해결하기 위해 출현했다. 따라서 사회과학에서 연구 대상의 선택, 이론화 작업, 방법론 및 인식론이 모두 그것이 탄생했던 당시의 시대적 제약을 반영한 것은 사실상 불가피했다"(Wallerstein 1997, 195).

이처럼 '당시의 시대적 제약'을 감안한다면, 서구 사회과학의 보편성 universality은 자연과학적 지식이 주장하는 보편성과 구분되어야 할 것이다.[11] 자연과학은 진리가 '우주 안에서 동등하게 그리고 원리상 모든 곳에서 관철·적용된다'고 주장하는 데 반해, 사회과학적 진리의 보편성은, 『옥스퍼드 영어 사전』 The Oxford English Dictionary에 나오는 것처럼, "모두에 통용되는" prevalent over all — 의미를 다소 약화시킨다면 "널리 적용 가능한" widely applicable — 이라는 의미로 받아들여져야 한다(Lummis 2002, 69).[12] 이 점에서 서구 사회과학의 보편성은 일종의 '지배적' overarching 또는 '헤게모니적' 보편성이라 할 수 있다. 물론 우리는, 예를 들어 영국이나 프랑스에서의 자본주의나 민주주의의 전개 과정이 한국의 발전 과정에 그대로 적용 가능하지 않다는 점을 익히 알고 있다. 그렇다면 서구 사회과학의 '보편성'이라고 할 때 그것이 갖고 있는 '강한 설득력'(또는 '호소력')은 어디에서 찾을 수 있는가? 이와 관련해서 유럽 사회과학의 보편성 주장에 대한 월러스틴의

11_헤겔(Georg W. F. Hegel) 역시 자신이 발견·구성한 관념철학적 진리를 자연과학적 보편성에 동화시켜 파악했다.

12_『옥스퍼드 영어 사전』을 찾아보면, 자연과학적 보편성에 해당하는 의미는 "Of or pertaining to the universe in general or all things in it; existing or occurring everywhere or in all things"(*OED*, definition A, 3a)이라 할 수 있고, 사회과학적 보편성은 "Extending over, comprehending, or including the whole of something specified or implied; prevalent over all"(*OED*, definition A, 1a)이라 할 수 있다.

다소 혼란스런 서술은 매우 의미심장하다.

> 유럽의 사회과학은 16세기에서 19세기에 걸쳐 유럽에서 일어난 것은 무엇이든 모든 곳에 적용될 수 있는 본을 표상한다고 주장함에 있어서 단호히 보편주의적이었다. 그 이유는 그것들이 역전 불가능한 인류의 진보적 성취이거나 또는 그 실현을 방해하는 인위적 장애물들을 제거함으로써 인류의 기본적 필요의 충족을 표상하기 때문이라는 것이었다. 여러분이 이제 유럽에서 목격한 것은 그 자체가 좋은 것일 뿐만 아니라 모든 곳에서 미래의 얼굴이었다는 것이다 (Wallerstein 1997, 96-97).

월러스틴의 위 인용문에서 첫 번째 문장은 "무엇이든 모든 곳에 적용될 수 있는 본을 표상한다" 또는 "역전 불가능한 …… 성취"라는 구절을 통해 '자연과학적 보편성'을 지시한다. 반면에 그 보편성을 보강하는 듯한 "인류의 기본적 필요의 충족" 또는 "그 자체가 좋은 것"이라는 구절은 '자연과학의 보편성'과는 직접적으로 상관이 없는, '좋음' 또는 '선함'과 관련된 '(인문)사회과학의 보편성'과 관련되며, 이는 헤게모니적 보편성과 연관된다. 그러나 "유럽의 사회과학"이 과학주의에 기초해 자연과학적 보편성을 주장한다면, 그 이유로서 "유럽에서 일어난 것은 무엇이든" 그것이 "인류의 기본적 필요의 충족"에 해당한다거나 또는 "그 자체가 좋은 것"이라는 논점이 추가되어서는 안 될 것이다. 그것이 자연과학적 보편성을 갖는다면, 이런 이유와 상관없이 무차별적인 철칙으로 적용되어야 할 것이기 때문이다. 예를 들어 찰스 다윈Charles Darwin의 진화론이 설파하는 적자생존의 원리나 지구 온실가스의 증가가 가져오는 환경 재앙이 보편적인 과학적 지식에 근거하고 있다면, 그것들은 "인류의 기본적 필요의 충족"이나 "그 자체가 좋은 것"이라는 이유와 상관없이 적용되어야 한다. 다시 말해 나중에 추가된 이유는 유럽 사회과학의 자연과학적 보편성을 (입증하는 것이 아니라) 반증하는 것이며, 오히려 (유럽 근대 문명을 바람직한 것으로 받아들이도록 '동의' 또는 '합의'를 창출해 내는) 헤게모니적 보편성을 시사하고 있다.

달리 말하면 우리가 위의 인용문에서 발견할 수 있는 것은 단선적인 진보사관(진보의 필연성이 가미된)과 서구 문명의 우월성 — 유럽 문명이 인류의 진보에 해당하는 것을 선취했다는 점 — 이다. 여기서 단선적인 진보사관을 서구 보편주의로 본다면, 서구 보편주의와 서구 우월주의에 기초한 서구중심주의로부터 서구 사회과학의 (헤게모니적) 보편성이 당연히 도출된다고 볼 수 있다. 달리 표현한다면 현대 문명의 주요 가치와 제도인 민주주의, 자본주의, 인권 등은 서구 문명에서 예외적으로 발생했고, 그것은 인류의 진보를 표상하며, 여타 문명은 그것을 목표로서 추구해야 하기 때문에, 서구 문명은 근대 세계의 기원origin과 목표telos에서 우위를 점한다고, 곧 비서구 문명에 대해 발생론적genetic이고 목적론적인teleological 특권을 누린다고 할 수 있다. 따라서 비서구 문명과 사회는 자신들의 발전(근대화)을 추구함에 있어서 서구 문명을 준거점으로 설정하지 않을 수 없고, 그 과정에서 그들 문명과 사회가 서구 문명과 다른 차이를 노정한다면 이로 인해 서구 문명의 보편성 또는 서구 사회과학의 보편성이 부정되거나 훼손되는 것이 아니라, 그 개별적인 사례들이 예외와 이탈로 치부되는 현상이 발생하게 된다. 서구중심주의의 마법에 걸려 있는 한, 서구 문명 내의 사람들뿐만 아니라 비서구 문명의 사람들 역시 이를 긍정하게 되는 것이다.

그러므로 유럽 사회과학의 보편성은 서구 문명이 이룩한 인상적인 과학적 방법론이나 논리적 사유보다는 그 문명의 발생론적·목적론적 특권으로부터 파생된 이차적인 것으로 보인다. 요컨대 일반적으로 서구 문명이 지닌 보편성이나 특수하게는 서구 사회과학이 갖는 보편성은 과학적 지식이 가지는 것과 같은 유형의 보편성(보편적 진리)이 아니라 안토니오 그람시Antonio Gramsci가 지적한 일종의 헤게모니적 보편성(일반적 합의), 곧 도덕적·지적 설득력인 것이다.

이런 지적은 서구 근대 문명의 보편적 가치에도 해당된다. 오늘날 우리는 '인권'을 보편적 가치로 받아들인다. 하지만 필자는 인권의 보편성을 '원리상 모든 곳에 적용되는 것'이라는 의미에서가 아니라 "모두에 통용되는" 혹은 "널리 적용 가능한" 것이라는 의미로 파악한다(Lummis 2002, 69). 이때 보편적 가치의 현실적 존재 양식은 보편적 언어로서의 '영어'라든가 보편적 브라우저로서 '인터넷 익스플로러'의 존재처럼 헤게모니적 요소를 강하게 담지하고 있다. 인권 관념에 이를 적용해 보면, 체계적인 가치로서 인권은 무엇보다도 자본주의와 (폭력의 정당한 사용을 독점한) 주권국가의 출현에 대응해 근대 유럽 문명의 보편적 가치로 출현하고 발전했다. 그러므로 "세계인권선언"에 천명된 인권의 구체적 내용이나 보장 방식이 시공간을 초월해 타당한 것은 아니며, 어떤 것들은 세계의 다양한 문명이 보호하고자 했던 인간의 존엄성과 관련된 보편적 가치로서 중첩적으로 합의 가능한 것이고,[13] 다른 어떤 것들은 자본주의와 근대 주권국가의 출현으로 인해 비로소 요청된 필수적 가치들로서 처음에는 근대 서구 문명에서 특유하게 발생한 것이었다.

이 글의 목적과 관련해 여기에서는 후자에 초점을 맞추고자 하는데, 예를 들어 "어느 누구도 자의적으로 체포, 구금 또는 추방되지 아니한다"(세계인권선언 제9조)는 조항은 경찰이나 감옥이 부재한 사회에서는 아무런 의미도 가질 수 없다. 마찬가지로 "노동조합을 결성하고 가입할 권리"(제23조 4항)는 임금노동에 기반을 두지 않는 경제에서는 아무런 쓸모가 없을 것

---

[13] 여기에는 과거 비서구 문명에서 일관되게 보장되지는 않았지만 근대 서구 문명이 혁신적으로 발명한 '만인의 자유와 평등'이라는 가치 역시 추가되어야 할 것이며, 이는 서구 문명의 영향을 받은 현대의 비서구 문명들도 사후적이지만 중첩적으로 합의 가능한 것이라 보아야 할 것이다.

이다. 따라서 주권국가가 존재하지 않은 아프리카의 부족사회나 자본주의가 부재했던 16세기 조선에서 이런 권리는 별다른 의미를 갖지 못한다. 요컨대 현대 세계에서 인권이 보편적 가치로서 ('널리 적용 가능한'이라는 의미에서) 통용되는 것은, 비서구 사회가 식민주의, 제국주의, 폭력적인 정복 및 그와 같은 위협을 통해 또는 합리적인 설득을 통해 자본주의와 주권국가의 길, 곧 주권국가의 정부 후원하에서 이루어진 자본주의적 산업화 프로그램을 수용하게 되었다는 사실로부터 비롯한다.[14]

달리 말해서 서구는 서구의 제도 및 관행, 특히 주권국가와 자본주의를 전 세계에 이식·확산시키고 일반화시킴으로써 비서구 사회의 현실을 서구적인 것으로 변형시켰던 것이다. 그 결과, 비서구 사회는 서구 문명에 필수적인 가치와 아이디어를 보편적인 것으로서 받아들이게 되었다. 쉽게 말해 비서구 세계가 서구화됨에 따라 서구의 풍토병이 전 세계적인 전염병으로 유행했고, 이에 따라 서구의 약품 역시 보편적인 처방이 되었던 것이다. 이는 서구적 근대성의 대부분이 보편화되는 방식이 헤게모니적 과정이었음을 보여 준다. 이처럼 (사후적으로 부여된) 인권의 보편성은 노동조합의 보편성이나 영어의 보편성과 동일한 지위를 누린다. 따라서 필자는 "모두에 통용되는" 또는 "널리 적용 가능한"(Lummis 2002, 69) 것이라는 의미에서 서구적 근대성이 갖는 보편적 성격을 부정하지 않으며, 이 점에서는 일부 포스트모더니즘 이론가들의 횡단성에 대한 주장을 지지하지 않는다. 달리 말하면 필자는 보편적 진리에 대한 근대성의 주장을 거부하지만, 시공간적 맥락에 따라 언제나 수정의 과정 중에 놓여 있는 일반적 합의 ─ 일견 prima facie 보편성으로 받아들여지는 ─ 에 대한 근대성의 주장은 받아

14_ 이 단락의 내용은 더글라스 루미스의 논의(Lummis 2002, 67-68)에 의존한 바가 크다.

들인다.

　횡단성이라는 발상이 비교정치사상과 어떤 관련성을 갖는가라는 주제로 돌아가 볼 때, 정화열과 같은 이론가들은 어떻게 하면 횡단성에 입각한 비교정치사상(혹은 비교정치철학)을 효과적으로 수행할 수 있는가에 대한 구체적이고 실천 가능한 방법론을 아직 제시하지 못하고 있다. 다만 이들의 이론은 상이한 문화와 문명 간의 교차 문화적 대화를 강력히 지지하고 있다. 따라서 이 글에서는 비교정치사상을 위한 좀 더 구체적인 방법론으로 먼저 '교차 문화적 대화'를 검토하고, 이어서 '생물학적 유비'에 따른 비교 방법을 제안하고자 한다.

3. 교차 문화적 Cross-Cultural 대화

서구 학계에서는 다양한 다문화주의 이론들이 활발하게 제기되어 왔다. 자유주의의 전통 내에서는 자유주의적 보편주의(Barry 2001)가 자유주의적 다문화주의(특히 Kimlicka 1989; 1995)에 대해 반박하며 논쟁을 펼치고 있으며, 자유주의의 전통 밖에서는 자유주의의 보편성을 부정하는 가치다원주의(Gray 1995; 1998)가 상호작용적 다문화주의(Parekh 2006)와 경합하고 있다. 이런 논쟁 구도에서 자유주의적 보편주의와 자유주의적 다문화주의는 이론화에 있어서 자유주의를 원칙적으로 보편적이라고 간주한다. 따라서 자유주의를 보편적인 틀로 수용하고 있는 서구의 국가들에서 양자는 일견 타당성을 가질 수도 있다. 하지만 비교정치사상 연구를 위해 일국적 차원이 아니라 지구적 차원에서 횡단적으로 교차 문화적 대화를 수행하고자 한다면 자유주의의 보편성은 당연시될 수 없다. 비서구 세계의 다양한 문화적 양태를 고려할 때 그런 가정은 정당화되기 어렵기 때문이다. 따라서 자유주의의 보편성을 전제하지 않는 파레크의 상호작용적 다문화주의가 이 글의 목적에 부합하며 진지하게 검토해 볼 가치가 있다.[15] 이하에서는 주로 그의 연구에 기대어 교차 문화적 대화에 대한 논의를 전개하고자 한다.

파레크에 따르면, 인간은 삶의 의미와 중요성을 추구하고 능력을 계발하는 과정에서 집단마다 독특한 문화를 일궈 낸다. 인간은 모두 일정한 능력을 공통적으로 갖추고 있지만, 그 능력은 이런 독특한 문화에 따라 다르게 정의되고 발전된다. 그러므로 인간의 보편성이란 문화를 매개로 발현된다. 그런데 개별 문화가 인간의 모든 가능성을 남김없이 실현하는 경우란 매우 드물다. 대개 각각의 문화는 어떤 능력과 감성은 발전시키고 다른 측면들은 무시하거나 주변화시키는 양상을 보이기 때문이다. 여기에 교차 문화적 대화가 필요한 이유가 있다. 특정한 방식으로만 발전한 개별 문화에 갇히면, 인간은 제한된 지평을 벗어날 수 없기 때문이다. 대안적 비전에 접근할 수 없다면 인간은 '우물 안의 개구리'처럼 자신의 문화의 포로가 되어 그 덕목이나 한계를 적절히 감지할 수 없다. 요컨대 다른 문화와의 접촉과 교류야말로 자신의 문화에 대한 지식과 이해를 심화하고 그것을 더욱 풍성하게 만드는 계기를 제공한다. 이런 접촉과 교류는 자신의 문화에는

15_이 글의 목적과 관련해 문화 다양성에 대한 존 그레이(John Gray)의 가치다원주의와 '잠정 협정의 정치' 역시, 자유주의의 보편성을 부정한다는 점에서 비교사상 연구의 방법론으로 검토할 가치가 있는 듯도 보인다. 그러나 그의 이론은 힘과 협상력에서 열세에 있는 약자를 보호하지 못할 위험이 높고, 설령 한 사회의 지배 세력인 다수 집단이 소수 집단의 요구를 수용하고 양보한다고 할지라도 왜 그런 결과가 나올 수 있는지 합리적으로 설명하지 못하는 결함이 있다(임현묵 2012, 148-167). 그의 이론은 일국적 차원에서는 물론이고 국가와 문명 간의 교차 문화적 대화에 있어서도 적실성이 떨어진다. 따라서 이 글에서는 파레크의 다문화주의 이론을 적극 검토할 것이다.

없지만 다른 문화가 발전시킨 매력적인 요소를 차용해 자신의 것으로 통합하는 과정을 촉진시킨다. 즉 교차 문화적 대화는 인간의 삶을 풍성하게 만들기 위한 필수적인 조건이라 할 수 있다(Parekh 1998, 212-213).

파레크는 문화란 획일적이고 정적靜的이지 않으며, 그 내부에는 이질적인 요소들과 서로 다른 해석들이 경합하고 있다고 언급한다(Parekh 2008, 156-157). 모든 문화가 교차 문화적 대화를 통해 다른 문화의 요소를 차용해 자신의 문화에 통합시킬 수 있는 것은, 이처럼 문화가 동질적이거나 고정적인 것이 아니기 때문이다. 이런 관점에서 파레크는 자유주의를 어떤 고정적 교의로 규정하고자 하는 집착에서 벗어나 그것을 일련의 원칙이나 가치로 분해하고 이 가운데 일부만 취해 다른 문화의 요소와 결합하는 지적 탐색 작업을 자유롭게 수행할 것을 제안한다. 사실 그는 자신의 다문화주의론을 그런 지적 탐구의 실례로 제시한다. 거기에서 그는 인간 존엄성, 평등, 비판적 합리성, 타인 존중, 관용 등과 같은 자유주의적 가치를 받아들이되 이를 다른 문화의 관점에서 재해석하고 있다. 예를 들어 그는 합리성의 가치를 인정하면서도 논증적이고 공격적인 형태가 아니라 설득적이고 대화적인 형태를 취하며, 개인을 중시하되 개인의 문화적 연고성embeddedness을 인정하고, 보편적 가치를 강조하면서도 그것이 개별 문화의 매개를 거칠 수밖에 없음을 고려한다(Parekh 2006, 368-369).

파레크는 자신의 상호 문화적인 실험의 소산인 이 이론을 "상호작용적 다문화주의"interactive multiculturalism라고 명명한다. 이런 상호 문화적 실험의 방법론은 다른 문화에 대한 존중, 문화 내부의 이질성과 유동성, 교차 문화적 대화의 중요성 등을 강조하는바, 이를 상호 문화주의interculturalism라고 부를 수 있을 것이다.[16] 파레크는 간디의 사상을 검토함으로써 상호 문화주의의 방법론을 설명한다. 파레크의 설명에 따르면, 간디는 인도의 정통 힌두교 가문에서 태어나 힌두교 전통의 교육을 받으며 성장했다. 그리고 이후 영국과 남아프리카에 체류하면서 기독교와 유대교 및 여타 서구 사상과 접하면서 힌두교 전통에 대한 비판적인 사고를 키워 나갔다. 간디는 힌두교의 비폭력ahimsā 개념에 오랫동안 매료되어 있었다. 그렇지만 그는 기독교의 사상과 실천을 접하면서 힌두교의 이 개념이 타인에게 해를 끼치는 것을 피하기만 할 뿐 타인의 행복에 대해서는 아무런 적극적인 관심을 기울이지 않는 소극적인 것임을 깨닫는다. 여기서 그는 사회 지향성을 갖는 기독교의 카리타스caritas(또는 아가페, 신의 초자연적인 사랑과 이웃에 대한 사랑) 개념을 취해 "이것을 힌두교의 비폭력 개념과 통합해 보편적 사랑의 원칙에서 영감을 받은, 모든 살아 있는 존재에 대한 적극적인 봉사라는 관념에 도달한다." 나아가 그는 "기독교의 카리타스 개념이 지나치게 감정에 치우쳐 있어서" 내적인 평정과 정서적인 충만함을 위태롭게 한다고 보고, "이를 힌두교의 비애착anāsakti 개념에 비춰 재해석하고 수정한다." 이런 교차 문화적 대화 혹은 횡단적 비교를 통해, 곧 힌두교의 비폭력 개념을 기독교의 관점에서 재해석하고 기독교의 카리타스 개념을 힌두교의 관점에서 재해석함으로써, 간디는 "적극적이고 능동적이되 초연하고 감정적이지 않은 보편적 사랑이라는 새로운 개념을 만들어 낸다." 이처럼 간디는 힌두교 전통, 기독교, 자유주의를 이종교배 또는 교차 수정함으로써 새로운 사상을 창조했던 것이다. 그는 "상이한 도덕, 종교, 문화적 전통 간의 대화"를 전개함으로써 "기존의 정체성을 뒤흔들어 새로운 정체성을 창안했다." 물론 그는 힌두 전통에 견고히 자리 잡고 있었지만, "동시에 그 한계를 민감

16_파레크는 자신의 이론을 명시적으로 "창의적이고 상호작용적인 다문화주의"라고 지칭한다(Parekh 2006, 372). 하지만 그는 안정된 경계를 가로지르고, 다른 문화로부터 차용하며, 나아가 한 문화의 요소들을 다른 문화로부터 끌어낸 요소들과 조합하는 것을 특징으로 하는 자신의 이론적 방법에 구체적인 명칭을 부여하지는 않는다. 그는 이런 방법을 예시하기 위해 간디(Mohandas K. Gandhi) 사상의 발전 과정을 서술하면서, 단지 "상호 문화적 실험"이라고만 언급하고 있다(Parekh 2006, 370).

하게 인식하고 있었고 따라서 다른 전통에로 손을 내뻗었던 것이다"(Parekh 2006, 370-372).

이런 교차 문화적 대화를 비교정치사상의 한 방법론으로 파악할 때, 우리는 근대 자유주의의 '인권'과 전통적 유교의 '인륜'에 대한 비판적인 비교를 그 사례로 생각해 볼 수 있을 것이다. 어느 정치 공동체든, 비록 차등적이고 차별적이라 할지라도, 인간의 생명과 존엄에 대한 최소한도의 존중을 구성원들에게 보장해 주어야 한다. 인권과 인륜은 이런 원초적인 문제의식의 지평에서 만난다. 양자 간의 교차 문화적 대화에 기초한 비교정치사상 연구는, 인륜에게는 인권의 입장, 곧 개인의 자유롭고 평등한 권리 보호에 비추어 스스로를 정당화하고 인륜에 내재해 있는 요소 가운데 개인의 자유와 평등이라는 원칙에 반하는 부정적인 요소를 변용하고 재구성할 것을 요청한다. 또한 동시에 이런 연구는 인권에게 인륜이 중시하는 타인에 대한 배려나 책임을 소홀히 한 측면은 없는지 물으면서 공동체의 해체, 권위의 상실, 원자론적이고 고립된 개인주의 등 '권리 담론'rights talk이 초래할 수 있는 폐단을 완화하고 시정할 것을 요구할 것이다. 비교정치사상이 제기하는 이런 교차 문화적 대화는 동서 정치사상의 병렬적 군집과는 전혀 관계가 없으며, 오히려 지평의 융합과 혼융을 지향한다. 이와 같은 비교 연구는 서구중심주의와 동아시아 특수주의를 모두 벗어난 혼성적인 새로운 정치사상의 장을 개척할 것이다.

서구중심주의를 타개하기 위해 동서를 횡단하려는 시도는 이런 교차 문화적 대화의 방법론을 활용할 필요가 있다. 예컨대 우리가 동아시아인으로서 비교정치사상 연구를 수행할 때, 교차 문화적 대화는 우리가 '확장적으로 진화하는 합의'expanding and evolving consensus에 도달하는 것을 가능하게 해준다. 그 첫 단계에서 우리는 서구 사상의 관점에서 동아시아 사상을 탐문·비판하는 한편 동시에 동아시아 사상의 입장에서 서구 사상을 탐문·비판하는 과정을 통해 차이에 대한 상호 이해와 중첩적 합의overlapping consensus의 영역을 구축·확인할 수 있을 것이다. 그리고 다음 단계에서는 첫 단계의 작업에 기초해 서로 다르거나 충돌하는 영역과 요소에 대한 지속적인 대화를 추진하며, 확장적으로 진화하는 합의의 영역을 형성해 나갈 것이다. 찰스 테일러는 그의 "인권에 대한 자발적인 합의의 조건"Conditions of an Unforced Consensus on Human Rights이라는 글에서 이와 유사한 지적을 한 바 있다.

> 어쨌든 간에 인권의 어떤 측면에 대한 합의가 이제 막 이루어졌을 때, [상호 이해와 최소한의 합의라는] 최초의 상황이 전개된다. 이후 상호적인 학습 및 가다머(Gadamer)의 용어로 표현하면 "지평의 융합" 과정이 뒤따른다. 이와 같은 과정을 거치면서 타자의 도덕적 세계에 대한 낯섦은 점차 줄어들게 된다. 여기에서 더 나아가면 상호 간 빌려 오기와 이종교배로 인한 새로운 형태의 창조가 이루어질 것이다(Taylor 1999, 136).

교차 문화적 대화는 동양과 서양 같은 상이한 문화뿐만 아니라 과거와 현재에도 적용될 수 있다. 근대화 과정에서 한국 등 비서구 사회는 서구 문명이 '현재'로 표상되고, 동아시아 문명이 '과거'로 표상되는 현상을 목격해 왔다. 따라서 동양과 서양 사이에 이루어지는 국제적인 (혹은 간문명적인) 교차 문화적 대화는, 국내적인/일국적인 차원에서 진행되는 과거와 현재 사이의 교차 시간적 대화cross-temporal, diachronic dialogue와 유사하다. 이 점에서 이승환은 국내적 차원에서 전통과 현대 사이의 변증법적인 교차 시간적 대화의 필요성을 역설한 바 있는데, 그 발상은 앞서 논의된 바 있는 교차 문화적 대화의 방법론과 기본적으로 일치한다.

> …… 내가 말하고자 하는 전통은 보널스런 외세의 강압 속에서 보신 자기부성과 검증 과정을 거쳐 정련되고 승화된 가치의 '정화'(精華)를 의미한다. '이서

격고'(以西擊古)와 '이금격고'(以今擊古)를 거쳐 불사조처럼 살아남은 '전통'의 화신으로 하여금 다시 '이고격금'(以古擊今)을 감행토록 하는 부정의 변증법만이 '전통'을 전통답게 만드는 떳떳한 길이 될 것이다(이승환 1997, 196).

4. 생물학적 비유와 비교의 지평

비교사상 연구는 공간적으로는 동양과 서양, 시간적으로는 과거와 현재를 가로질러 다양하고 상이한 정치사상들을 비교하는 접근법을 취해야 한다. 이를 위해 우리는 생물학의 진화론에서 고안된 개념을 활용할 수 있으며, 이로써 동양과 서양의 정치사상들 양자 모두의 존재 양식과 진화 과정에 대한 새로운 통찰을 얻을 수 있다. 이와 관련해서는 상동성相同性, homology, 상사성相似性, analogy, 수렴 진화convergent evolution 및 분지 진화divergent evolution 와 같은 생물학적 개념이 유용하다.

생물학에서 상동성이란 진화의 과정에서 같은 조상을 가지고 있기 때문에 나타나는 "이종 유기체의 구조, 생리 혹은 발달상의 유사성"을 지칭한다. 상동성과는 대조적으로 상사성이란 "진화의 과정에서 공통의 기원을 가졌기 때문이 아니라 단순히 유사하게 사용되기 때문에 나타나는 구조의 기능적 유사성"을 의미한다. 따라서 "인간, 박쥐, 사슴처럼 전혀 다른 포유류의 앞다리는 상동기관이다"라고 할 때, 그 의미는 바로 이 포유류들이 진화론상 공통의 조상을 가지고 있다는 것이다(〈Encyclopedia Britannica〉).[17]

17_www.britannica.com/EBchecked/topic/270557/homology

그리고 이들의 앞다리가 지닌 상이한 형태와 기능은 이 기관이 각기 다른 진화적 과정에 적응하는 가운데 상이한 변형 — 곧 분지 진화 — 을 거쳤음을 의미한다. 이와는 대조적으로 곤충과 새의 날개는 상사 구조에 해당한다. 양자 모두 날기 위해 사용된다는 점에서 유사하지만, 진화론상 발달의 초기로 돌아가면 이들은 전혀 다른 기원을 갖는다. 다시 말해 새의 날개는 앞다리에, 곤충의 날개는 피부(또는 껍질)에서 유래한 것으로서 양자는 수렴 진화를 거쳐 유사한 기능을 획득하게 되었다.

초기 진화론은 상동성을 중시했으며, '자연의 속임수'에 해당한다고 간주된 상사성에는 별로 주목하지 않았다. 하지만 근래에 제기된 수렴 진화론은 상이한 계통의 종이 유사한 생태계에 처했을 경우 각각의 진화를 거친 후 동일하거나 유사한 생물학적 특질들을 갖게 된다는 점을 설명하는 데 관심을 갖고 상사성 역시 주목한다. 상동성과 상사성이 다음과 같이 구분된다는 점을 지적하는 것은 상당히 흥미롭다. 상동성이 공통의 조상(기원적 동일성)을 공유하지만 상이한 환경에 적응해야 했던 기관의 분지 진화(혹은 기능적 차별화)를 지칭한다면(기원적 동일성 → 기능적 분화에 따른 분지 진화), 상사성은 공통의 조상을 갖지는 않았으나 유사한 환경에 적응해야 했던 기관의 수렴 진화(기능적 동화 혹은 목적론적 동일성)를 가리킨다(기원적 상이성 → 목적론적 동화에 따른 수렴 진화).

이런 진화의 역동성에 따르면, 동일성과 차이는 서로를 전제하며, 또한 서로를 가로지른다. 즉 상동성, 상사성, 수렴 진화, 분지 진화에 대한 생물학적 통찰력은 쉬라그가 황단성이 차이들 사이에 추구한다고 지적했던 복합적인 개념들, "동시성이 없는 수렴convergence without coincidence, 일치함이 없는 결합conjuncture without concordance, 동화가 없는 중첩overlapping without assimilation, 흡수가 없는 연합union without absorption"(이동수 2010, 184에서 재인용)의 구체적 실례를 보여 준다. 그리고 아래에서 서구 근대의 헌정주의와 유교 헌정주의에 대한 대비적 논의를 통해 제시할 비교정치사상 방법론에

대한 새로운 발상 역시 그런 사례에 해당할 성싶다.[18]

달리 말하면, 앞에서 검토한 생물학적 지식과 비유는 동양과 서양 사이의 기원적인 또는 현상적인(혹은 현재적인) 차이나 동질성에 압도되지 않고, 동양과 서양에서 정치 공동체의 근본적인 필요(혹은 기능)와 자연적·역사적 주변 환경 ─ 생태학적 개념을 사용한다면 '생태계' ─ 및 진화상의 상호작용을 추적해 비교하는 비교정치사상의 새로운 방향과 지평을 우리에게 제공해 준다. 이 글에서는 함재학(Hahm 2000)이 선구적으로 이론화한 '유교적 헌정주의'Confucian constitutionalism 이론을 사례로 삼아 이 점을 예시하고자 한다. 유교적 헌정주의 이론은 근대 서구 헌정주의라는 '인상적인' 이론에 친숙한 사람들에게는 기껏해야 어색하고 당혹스러우며, 최악의 경우에는 심지어 어이없게 비쳐졌을 법하다. 잘 알려져 있다시피 '헌정주의'라는 용어는 본래 서구에 뿌리를 두고 있으며, 우리는 자유주의적 헌정주의와 관련해 법의 지배, 기본권 보장, 권력분립, 사법 심사, 탄핵 제도 등을 보통 연상한다. 그렇기 때문에 동아시아 정치사상사에는 헌정주의라는 관념이 없었으며 따라서 유교나 다른 철학에 입각한 자의적이고 전제적인 통치만이 존재했다는 해석을 쉽게 받아들여 왔다.

그러나 우리가 서구 정치사상사에서 헌정주의의 기원을 아리스토텔레스Aristotle나 마르쿠스 키케로Marcus T. Cicero까지로 거슬러 올라가 본다면, 헌정constitution이란 서구의 근대적 헌정주의의 제도적 배치라기보다는 본래 "온건하고 균형 잡힌 정부의 형태" 또는 "혼합 정부"를 지칭했던 개념이었음을 발견하게 된다. 칼 프리드리히에 따르면, 헌정주의에 대한 발상은

18_앞에서 간략히 대조된 '인권'과 '인류' 역시 상동성과 분지 진화의 관점에서 비교될 수 있을 것이다.

"지배자를 어떻게 통제할 것인가?"How to rule the rulers?라는 질문으로 간결하게 압축될 수 있다(Friedrich 1968, 320). 이는 기본적으로 정부의 통치행위에 대한 제어·억제 시스템으로 정의된다. 즉 우리가 원초적인 문제의식으로 돌아가 본다면, 헌정주의는 모든 정치 공동체가 하나의 생존 가능한 정치 공동체로서 자신의 존재를 유지하기 위해 당면했고 몰두했던 필수적인 문제의식 가운데 하나라고 할 수 있다. 절대적인 권력은 절대적으로 타락하고, 그 결과 통치자와 정치 공동체 모두를 위태롭게 만들기 때문에, 통치자의 권력을 견제하는 모종의 제도적 장치를 가지지 못한 정치 공동체는 자멸할 수밖에 없다. 이는 브레이크 없는 자동차가 탑승자와 보행자뿐만 아니라 운전자 자신까지도 죽일 수 있다는 것과 일맥상통한다.

이와 같은 통찰에 따라 유교 정치 공동체에서 유교적인 통치자를 통제했던 제도적인 장치가 무엇이었는지를 묻게 되면, 유교의 예禮(의식/의례)가 도덕과 법 사이의 중간적인 규범이었으며 특히 통치자의 권력을 규율함에 있어서 헌정주의적 기능을 행사해 왔다는 점이 드러난다. 함재학이 이론화한 유교적 헌정주의는 유교 공동체에서 예의 지배, 성문법·관습법처럼 예의 지배에 수반되는 다양한 법적 장치들과 함께 '재상제'宰相制, '경연'經筵, '간쟁'諫爭, '사관'史官 제도가 필수적인 요소였음을 시사한다(Hahm 2000). 또한 요순과 같은 고대 성왕의 권위, 조종지법祖宗之法, 선왕지도先王之道, 사서육경을 포함한 유교의 경전 역시 통치자의 행위를 규제하는 데 효과적으로 동원되었다. 이 점에서 서구의 헌정주의와 비교할 때, 유교적 헌정주의는 공통의 조상을 공유하지만 상이한 환경에 적응해야 했던 기관의 분지 진화(기원적 동일성 → 기능적 분화에 따른 분지 진화)와 유사한 것으로 파악된다.

수렴 진화(상사성) 또는 분지 진화(상동성)라는 발상에 기반을 둔 이와 같은 이론화 작업은, 동양과 서양의 현상적인 유사성과 차이를 단순 비교하는 차원을 넘어서, 정치 공동체의 원초적이고 기본적인 원리·정신·필요·기능 등을 파악하고 그것이 수렴 진화 혹은 분지 진화를 거치면서 어떻게 심화 또는 다양화되어 갔는지를 탐구하는 작업으로 우리를 이끌 것이다. 그리고 이는 동양과 서양, 전통과 근대 사이에 보다 생산적이고 풍성한 대화를 가능하게 할 것이다.

동양과 서양, 과거와 현재를 횡적·종적으로 가로지르는 시도는 일원론적 보편성을 가정한 채로는 시작될 수 없다. 그런 가정은 주어진 문화·문명의 어떤 특수한 개념·이론·규범·가치를 보편적이고 우월한 것으로 상정해 다양성과 차이의 존재와 그것들에 고유한 가치를 억압하는 결과를 빚게 되기 때문이다. 따라서 이런 시도는 자기(또는 문화)와 타자를 비교하고 각각이 어떻게 형성되었는지를 교차 검토함으로써 새로운 혼융적 보편성에 이르게 되는 "다원주의적 보편주의"pluralist universalism의 가정에서 출발해야 할 것이다(Parekh 2006, 126-127).[19] 이런 과정은 '자기'와 '타자'에 대한 끊임없는 교차적 반성을 통한 '자기 이해'self-understanding, '자기 비판'self-criticism, '자기 초월'self-transcendence을 당연히 수반한다. 또한 이 과정은 어떤 문화(또는 공동체)를 포섭하고 어떤 타자를 배제할지를 암묵적으로 전제하고 있는 '동일하거나 유사한 답변들'보다는 모든 정치 공동체가 당면하고 또 몰두하고 있지만, 그럼에도 '다양한 답변들'을 도출시킨 일련의

---

[19] 파레크는 "보편적인 도덕 가치 또는 규범이 있는지 여부 그리고 우리가 다른 문화를 어떻게 판단할 수 있을 것인가 하는 질문"에 대해 대체로 "상대주의(relativism), 일원론(monism) 및 최소 보편주의(minimum universalism)"라는 세 가지 답변들이 제출되었다고 지적한다(Parekh 2006, 126). 이 답변들을 비판적으로 검토하고 기각한 후에 그는 "다원주의적 보편주의"를 대안으로 제시하면서 보편적인 도덕 가치와 "상이한 사회들의 두텁고 복잡한 도덕 구조" 사이의 창조적인 상호 작용을 강조한다. 파레크에 따르면, "후자는 전자를 길들이고 다원화시키고, 동시에 전자에 의해 재해석되고 수정되며, 이를 통해 내가 말한 이른바 '다원주의적 보편주의'에 도달한다"(Parekh 2006, 127-134).

'원초적인 문제의식'primordial problematiques을 탐구하는 데 전념한다. 일부 제도와 실천이 특수한 역사적 환경 속에서 기원해 상이한 발전 경로를 밟으면서 일견 통약 불가능해 보이는 형태로 진화했을지라도, 그것은 결국 정치 공동체의 근본적인 필요(또는 이를 충족시키기 위한 기능)에 대한 유연하고 다양한 대처 방식이었을 뿐이다. 요컨대 현재의 상이한 답변들에는 다음과 같은 중첩적이고 수렴하는 문제의식이 내장되어 있다. 정치 공동체는 어떤 가치를 추구해야 하며, 그 가치를 어떻게 실현시킬 것인가? 정치 공동체는 역사적인 또는 자연적인 변화에 어떻게 대응해야 하는가? 요컨대 앞에서 상동성과 상사성의 이론을 논하면서 선험적으로 우열을 상정하거나 부과하지 않은 것처럼, 정치 공동체가 연출한 다양한 변화와 다기多岐한 반응은 생물 다양성을 보존하기 위한 관점에서도 존중되어야 할 것이다.

5. 맺는말

지금까지 제시되었던 횡단성, 교차 문화적 대화, 수렴·분지 진화의 유비와 같은 방법론적인 발상을 기반으로 우리는 일견 상이해 보이는 이론들을 횡단하고 개념적으로 연계시키는 비교정치사상 연구를 수행할 수 있을 것이다. 예를 들어, 플라톤Plato의 철인왕과 유교의 군자 통치론을 비교할 수 있을 텐데, 양자 모두 이상적인 국가를 실현하기 위한 이상적인 정치 지도자를 구성하는 것은 무엇인지에 관한 발상을 담고 있기 때문이다. 19세기 후반 동아시아의 유학자들에게 찾을 수 있는 보수주의와 19세기 초에 출현한 유럽의 보수주의를 교차시켜 볼 수도 있을 것이다. 양자는 근본적으로 상이한 역사적 조건에 처해 있었음에도 불구하고, 공히 자유주의적이고 산업주의적인 문명의 도래에 강력히 반발했던 것이다. 또한 자유주의와 유교에서 정치적 정당화의 원리라 할 수 있는 여론(공론), 또는 중국의 법가와 마키아벨리즘과 같은 현실주의 정치 이론을 비교해 볼 수도 있을 것이다. 이와 마찬가지로, 동아시아에서 발견되는 초기 유가 페미니즘과 메리 울스턴크래프트Mary Wollstonecraft로 대표되는 초기 자유주의적 페미니즘을 대조해 볼 수도 있을 것이다.

우리는 이와 같은 질문들을 제기하면서 동아시아와 서구를 횡단적으로 비교해 볼 수 있다. 이런 질문들에 대한 사상적 대응들 가운데 일부는 형태상 비견될 만해 보이며, 일부는 공통의 기원을 공유하고 있는 것처럼 보이고, 다른 일부는 정치 공동체의 근본적인 필요(혹은 기능)를 충족시키기 위한 것으로 보일 것이기 때문이다. 즉 우리는 이런 '문제의식의 수렴적·분지적 지평'에 기반을 두고 동아시아와 서구를 가로지를 수 있는 것이다. 이를 좀 더 추상화시켜 표현하면 다음과 같다. 정치 공동체는 구성원에게 최소한 무엇을 보장해 주어야 하는가? 정치 공동체가 지향하는 이상 사회의 기본적인 요소는 무엇인가? 정치 공동체의 정치적 정당성은 궁극적으로 어디에 위치하는가? 정치 공동체는 정치적 정통성을 어떻게 계승하고 유지하는가? 산업혁명이나 프랑스대혁명과 같은 혁명적 대격변에 정치 공동체는 어떻게 대응해야 하는가? 정치 공동체에서 포섭과 배제 — 노예, 여성, 이민자 등 — 를 수반하는 정당한 구성원 자격을 가르는 기준은 무엇인가? 정치 공동체에서 초월적 가치와 세속적 가치는 어떻게 상호작용해야 하는가?

지금까지 살펴본 바와 같이, 횡단성을 주창하는 이론은 동일성과 차이 등을 포함한 완고한 이분법적 대당, 지배적 보편성이라는 관념, 서구중심주의를 포함해 문화와 문명에 대한 본질주의화를 공격해 왔으며, 이 모든 것들은 타당한 측면이 있다. 그러나 "널리 적용 가능"하고 "다원주의적인 보편주의"라는 보편성 개념을 따르는 교차 문화적 대화에 대한 필자의 검토와 분석, 그리고 진화론에서 비롯하는 생물학적 비유에 대한 필자의 논의는 상이한 관점을 제시한다. 횡단성 이론과 같은 비판이 어떤 이론이라도 초기 단계에 빠져들기 쉬운 활기차고 우상타파적인 열정으로 말미암아 다소 지나치게 나아가지 않았나 하는 점 때문이다. 동양과 서양의 정치사상사가 보여 주듯이, 보편성, 동일성과 차이, 이성 등의 오랜 개념을 (그것들을 완전히 거부하는 대신) 재구성하고 변형시키는 것은 완전히 새로운 개념을 창안하는 것만큼이나 중요하다. 따라서 횡단성이라는 발상은 비교정치사상의 기본적인 예기銳氣, élan로 볼 수 있을 것이며, 교차 문화적 대화는 그 구체적인 방법으로 간주할 수 있을 것이다. 진화론이 시사하는 바처럼, 이와 같은 접근법을 이끄는 정신은 인간의 문화와 문명이란 결코 정적이거나 불변의 상태에 있지 않으며, 오히려 유동적이고 가변적인 흐름으로 존재한다는 사실에 대한 각성이다.

| 2장 |

한국 정치사상,
어떻게 할 것인가

반성과 대안

1. 글머리에: 서구중심주의의 폐해

『서구중심주의를 넘어서』(강정인 2004) 12장에서 필자는 서구중심주의

● 이 글은 2007년 3월 한국정치사상학회 월례 발표회에서 발표된 것이다(2007/03/17). 이어서 서강대학교 사회과학연구소가 같은 해 5월에 주최한 "한국사회과학의 서구 의존성, 누구의 책임인가"라는 제목의 학술 대회에서, 저와 대립된 입장을 취하는 서강대학교 사회학과의 김경만 교수의 글과 함께 재발표되었다(2007/05/03). 그 후 이 글은 촉박한 일정에 따라 서강대학교 사회과학연구소가 발간하는 『사회과학연구』(2007년 8월)에 게재되었다. 따라서 학술대회 발표용으로 작성되고 이후 정교하게 다듬을 시간이 없었기 때문에, 이 글은 완성도가 떨어지는 매우 거친 초고라 할 수 있다. 이 책에서는 이전의 발표된 글의 기본 골격과 내용을 유지하는 한편, 표현이 어색한 부분을 다소 다듬고 설명이 미흡한 부분을 각주를 통해 보완하는 데 그쳤다. 좀 더 공을 들여 이 글의 완성도를 높이는 과제는 후일을 기약하고자 한다.

폐해를 다음 세 가지로 요약해서 제시한 바 있는데, "학문적 문제의식의 서구화", "서구 이론에 따른 한국 현실의 동화주의적 해석", "서구중심주의에 의한 한국(비서구) 현실의 주변화"가 그것이다. 서구중심주의의 학문적 폐해에 대해서는 이미 그 책에서 비교적 자세히 서술했기 때문에 더 이상 반복하지 않겠지만, 이런 폐해에 대한 개념화는 단순히 정치사상이나 정치학에 국한되지 않고 서구중심주의에 젖어 있는 모든 학문, 나아가 우리의 일상생활에 적용될 것을 의도하면서 광범위하게 이루어진 것이었다. 아울러 저 역시 어느 정도 서구중심주의에 이끌려 미국 유학을 결심했고, 귀국한 후에도 학문적 글쓰기나 일상생활에서 이런 오류를 적지 않게 저지르고 있었기 때문에 자신에 대한 반성으로 의도된 것이기도 했다.

　서구중심주의의 폐해를 극복하기 위해, '한국 정치사상, 어떻게 할 것인가'라는 주제를 놓고 오랫동안 적지 않게 고민해 왔는데, 이 글에서는 동료나 선배 학자들의 비판과 토론을 통한 숙성이라는 학문적 공동체의 협력을 기대하는 바람으로 아직 거칠고 시론적 수준에 불과한 것이지만, 이 주제에 대한 필자 생각의 일단을 제시하고자 한다. 이하에서의 논의는 다음과 같은 순서로 전개될 것이다. 먼저 논의의 예비적 고찰로서 '정치사상이란 무엇인가', '세계의 변화와 사상의 혁신 간의 관계', '한국 정치사상에서 한국이 갖는 함의'를 약술할 것이다. 이어서 본론에 해당하는 '한국 정치사상, 어떻게 할 것인가'에서는 필자가 구상하고 있는 세 가지 대안 또는 전략을 제시한 후, 논의를 마치고자 한다. 이 글에서는 필자의 주장을 뒷받침하기 위해 우리 학자들의 저술을 적지 않게 예시할 것이다. 그러나 예시된 저작은 정치학이나 동양철학 분야에서 필자의 눈에 쉽게 띠었기 때문에 사례로 든 것이므로, 그 분야의 대표적인 저술이 아닐 수 있음을 밝혀둔다.

2. 예비적 고찰

정치사상이란 무엇인가

영국에서 활약하고 있는 인도계 학자인 비쿠 파레크의 정의에 따르면, 정치사상이 추구하는 목표는 인간의 정치적 삶에 대한 일관되고 체계적인 이해를 제공하는 것이다. 정치사상은 세 가지 차원, 곧 개념적·설명적·규범적 차원으로 구성되어 있다. 첫째, 정치사상은 인간의 정치적 삶과 관련된 개념들을 정의·구별·분석하며, 정치적 삶을 이해하기 위한 개념적 틀을 발전시킨다. 둘째, 정치사상은 인간의 정치적 삶을 이해하고자 한다는 점에서 설명적이다. 그것은 정치적 삶이 왜 특정한 방식으로 구성되어 있으며, 정치 공동체의 상이한 구성 요소들이 어떻게 상호 연관되어 있는지를 설명하고자 한다. 마지막으로 정치사상은 규범적이다. 정치사상은 정치사회가 현행의 방식으로 구성되어 있는 것을 정당화하거나 비판하며, 나아가 현재의 정치사회에 대한 비판적 분석과 풍부한 상상력을 토대로 하여 바람직한 정치사회에 대한 대안을 제시하고자 한다. 이처럼 정치사상은 정치 공동체가 직면한 문제들을 해결하기 위한 현실적이고 실천적인 사고 체계인 동시에 이상적인 정치 공동체의 실현을 위한 비전과 운동을 담고 있다. 따라서 정치사상은 인간의 현실 생활을 규제하는 한편 미래의 삶을 정향케 하는 좌표로 기능해 왔다(Parekh 1992, 535-536).[1]

---

[1] '정치사상이란 무엇인가'에 대한 근대의 체계적인 연구는 동아시아보다는 서구에서 풍성하고 심도 있게 이루어졌다고 할 수 있다. 따라서 이 글에서는 파레크의 개념을 차용했다. 그 개념이 동아시아의 정치사상을 설명하고 포섭하는 데 큰 무리가 없다고 판단했기 때문이다. 그렇지만 위에서 제시된 정치사상에 대한 파레크의 개념 정의는 중심부 편향적/준거적

정치사상은 넓은 의미에서 정치 공동체를 운영하는 '패러다임'의 역할을 한다. 또한 정치사상은 컴퓨터에 있어서 '운영 프로그램' 또는 '응용프로그램'으로 비유될 수 있다. 대범위에서 이야기하자면 'MS 윈도우'나 '리눅스'와 같은 운영 프로그램, 중범위에서는 문서를 작성하는 'MS 워드'나 '아래아 흔글'과 같은 응용프로그램이기도 할 것이다. 예를 들어 유교와 서양 사상은 패러다임이나 운영 프로그램이다. 넓은 의미로 자유주의, 사회주의 등도 패러다임이나 운영 프로그램으로 비유할 수 있다. 한편 사회주의에서 사회민주주의, 시장 사회주의, 소련식 사회주의 등은 하위의 응용프로그램이라 할 수 있을 것이다.

정치사상을 패러다임에 비유한다면 우리는 정치사상가들을 패러다임을 창안하거나 획기적으로 혁신하는 사람들과 일정한 패러다임 아래에서 그 패러다임의 세부적 내용을 수정·보완하는 사람들로 분류할 수 있다. 중국의 공자孔子, 노자老子, 장자莊子, 묵자墨子, 한비자韓非子, 주자朱子 그리고 서양의 플라톤Plato, 니콜로 마키아벨리Niccolò Machiavell, 존 로크John Locke, 칼 마르크스Karl Marx 등은 패러다임의 창조자 또는 집대성자라 할 수 있을 것이다. 그 외에도 패러다임을 업그레이드upgrade시킨 중범위적 사상가들, 곧

이어서 ─ 곧 자율성과 자족성을 구비한 정치 공동체를 상정한다는 점에서 ─, 개념적 차원에서 자율성과 자족성을 완전히 갖추지 못한 주변부의 정치 공동체를 주변화하는 함의가 있는 것은 아닌가하는 의문도 든다. 그러나 여기서는 일단 이 의문을 유보하겠다. 또한 일견 '정치'를 부정하고 '사상'을 상부구조로 파악하는 것처럼 보이는 마르크스에 따르면, 정치와 사상은 이미 소외된 개념으로서 이데올로기로 치부될 법도 하다. 이런 긴장은 『국가』(플라톤 『국가』)에서 정의(正義)에 대한 정의(定義)를 둘러싸고 논전을 벌이는 소크라테스(Socrates)와 트라시마코스(Thrasymachos)를 상기시키기도 한다. 따라서 온전한 의미에서의 정치사상은 정치 영역 또는 '정치적인 것'의 고유성(distinctiveness)과 자율성(autonomy)을 가정하고 또 필요로 한다.

단순히 패러다임 내의 일상적 문제들puzzles을 해결하는 데 만족하지 않고 그것을 버전-업version-up시킨 사상가들도 생각해 볼 수 있다. 예컨대 자유주의 사상가들 가운데서는 제러미 벤담Jeremy Bentham이나 존 스튜어트 밀John S. Mill, 존 롤스John Rawls와 같은 이론가들을, 유가 사상에서는 맹자孟子, 순자荀子 등을 들 수 있을 것이다. 그리고 나머지는 패러다임의 일상적인 수정·보완·보급·교육에 몰두하는 정치사상 종사자에 속할 것이다.

정치사상을 패러다임이나 컴퓨터 프로그램에 비유할 때, 그것이 시사하는 바는 정치사상의 보편성이 다분히 그것이 갖는 헤게모니성에서도 유래한다는 점이다. 역사적·사회적 차이를 초월해 보편성을 갖는 정치사상이란 없다. 그것은 동서양 정치사상에 모두 적용되며, 이 점은 우리의 역사를 통해서도 확인된다. 다만 정치적인 것과 관련된 근원적인 또는 영구적인 문제들perennial questions — 예를 들어 권위, 권력, 폭력, 정치적 의무, 정의, 평화, 정치 질서의 유지 등에 관련된 문제들 — 의 공유라는 점에서 얼마간의 보편성은 패러다임들을 가로질러서 일종의 가족 유사성처럼 존재할 법하다. 정치사상이 정치 공동체를 유지하는 데 필요한, 최소한의 일정한 요소들에 대한 성찰의 산물이라는 점에서 말이다. 그러나 그 최소한의 일정한 요소들이 사회와 역사를 초월해 불변의 영구적인 요소들로 환원될 수는 없다. 아울러 현실의 정치사상은 특정한 사회의 역사적 산물이기 때문에 그런 보편적 문제의식에 대한 답변은 개별 사회가 안고 있는 역사성과 고유성의 옷을 걸치지 않을 수 없다. 예를 들어 인권 사상이 보편적이라 할지라도 그것은 자본주의와 근대국가를 전제로 할 때 어느 정도 성립할 수 있다. 또한 인권 사상 자체의 보편성을 수용한다 할지라도, 보편적인 인권의 내용과 한계, 그것을 보호하는 제도적 양식과 방법은 개별적인 정치 공동체마다 상이하고 다양할 수 있다.

한편 우리는 정치사상을 정치에 관한 담론으로 개념화할 수 있는데, 이렇게 보면 정치사상사는 정치에 관한 '담론의 전통'으로 구성되어 있다.

동북아시아와 서구를 중심으로 고찰할 때, 동북아시아의 경우 중국에서 기원한 유교가 (나라별로 나타나는 의미심장한 차이 역시 간과할 수 없지만) 한중일 3개국의 정치사상에 대한 패러다임으로 존재해 왔다고 할 수 있다. 한반도를 중심으로 이야기한다면, 19세기 말 서세동점은 유사 이래 최대의 패러다임 전환으로 해석될 수 있다. 아마 이에 가장 근접한 역사적 사건은 한사군 설치에 의한 한족(중화) 문명의 도래일 것이다.[2] 한사군 설치 이후 중국을 넘어 한반도를 포함한 인접 국가로 불교나 유교가 전파됨으로써, 한반도에 소재하는 국가들의 정치사상에 패러다임의 전환이 초래되었다. 하지만 이런 전환은 그것이 전적으로 무력을 앞세운 것이 아니고, 또 그 국가들의 지배 계층이 자신들의 정치적 이익의 실현을 위해 또는 선진 문물을 수용할 목적으로 자발적으로 추진한 면이 적지 않기 때문에, 19세기 말과 비교할 수 없다. 서세동점 이전과 이후를 비교했을 때 19세기 전반기까지 조선의 사상가들이 유교적 담론에 몰입했다면, 19세기 말을 분수령으로 그 후 대다수의 사상가들은 서구의 근현대 사상(자유주의, 마르크스주의, 민주주의, 페미니즘, 생태주의 등)의 이해와 그것에 기반을 두고 생겨나거나 인지된 정치적 문제의 해결에 몰두해 왔다. 그 결과 전통 사상을 연구하는 현대의 한국 학자들 역시 연구 대상이나 소재는 다르지만, 문제의식의 설정에 있어서는 대체로 서구 근현대 정치사상의 영향권하에 놓여 있다고 말해도 무리는 아닐 것이다.

    이런 전환은 서구 문명의 세계 지배와 함께 비서구 사회 전체는 물론 동북아시아 전반에서도 확인되는 현상이다. 19세기까지 동북아시아 국가

---

[2]_그러나 서세동점으로 인한 패러다임의 전환은 그 규모와 충격에 있어서 한사군 설치를 능가하는 것임이 분명하다.

들이 상호 소원과 고립을 경험하기도 했지만, 유학자들은 글을 통해 교류를 하면서 '담론의 전통'으로서 다소 느슨하지만 어느 정도 응집력이 있는 동북아시아 정치사상사를 엮어 내 왔다고 해석할 수 있다. 그러나 서세동점과 문명 패러다임의 전환 이후, 이제 동북아시아의 사상 연구자들은 3개국 간의 교류보다 서구와의 교류(서구의 문헌을 읽고 소화하기도 포함해서)에 훨씬 더 많은 노력을 기울이고 있다.[3] 이와 관련해 흥미로운 사실은 서양 사상을 전공하는 서구 학자들 상호 간의 교류가 서구 학자들과 동북아시아 학자들 상호 간의 교류보다 그 밀도가 훨씬 더 높다는 것이다. 비유적으로 표현하자면, 그들이 동북아시아의 학자들과 교류하는 것은 자국 프로 축구팀에 나름대로 실력 있는 아시아 선수들을 영입해 경기를 하는 것이 대부분이고, 한국 축구팀과 직접 경기를 하는 경우는 매우 드문 것과 유사하다. 이는 자기 문명의 패러다임이 세계를 장악했고, 자국 프로 축구팀처럼 자기 문명의 담론이 최고급의 담론이라 생각하기에, 동북아시아 학자들과 교류할 필요성을 상대적으로 별로 못 느끼는 데서 기인할 것이다. 교류나 대화를 하는 경우에도 그들은 대화를 통해 동북아시아권으로부터 무언가 배우려고 하기보다는 자신들의 사상을 확산하고 전파시키는 데 더 많은 관심을 갖는다. 그런 의미에서 '담론의 전통'으로서 동북아시아의 사상사는 이제 거의 붕괴 내지 단절 상태에 처해 있다. 그렇다고 그것이 소생 불가능하다는 의미는 아니다. 그러나 소생하더라도 지구화 시대에 즈음해 더 이상 예전 그대로 복원될 수는 없으며, 또 그럴 필요도 없을 것이다.

3_물론 전통 사상을 연구하는 학자들은 여전히 동북아시아 3개국의 학자들과 상호 간의 교류를 더 많이 한다는 자신들의 경험에 근거해 이런 지적에 반론을 제기할 법도 하다. 그러나 서양 사상이나 현대사상 전공자를 포함한다면 여전히 필자의 주장이 타당할 것이다.

세계의 변화와 사상의 혁신:
이론과 현실의 상호관계 및 그 변화/혁신의 내생성과 외생성

다소 모호한 표현이기는 하지만, 세계의 변화가 사상의 혁신을 초래하기도 하고, 사상의 혁신이 세계의 변화를 견인하기도 한다.[4] 전자의 경우에 대한 서양의 사례로는 서구 세계의 기독교화를 들 수 있다. 서구 세계가 급속하게 기독교화된 이후 아우렐리우스 아우구스티누스Aurelius Augustinus는 종전의 그리스 정치사상이나 로마 정치사상이 이제 적실성을 상실하게 되었다고 지적하면서, 기독교의 주요 개념들인 '은총', '원죄', '신의 도시와 지상의 도시의 이분법', '사랑', '신의 섭리', '종말론' 등을 통해 정치 세계를 새롭게 이해하고 설명하고자 노력한 결과, 기독교적 정치사상을 탄생시켰다. 아우구스티누스가 대면했던 현실은 20세기에 들어와 한국인들이 당면했던 것과 비슷한 측면이 있다. 19세기 중반을 전후한 서세동점 이후 한국을 포함한 동북아시아 국가들은 이른바 '근대화'라는 이름으로 '서구화'를 추진하지 않을 수 없었고, 이와 함께 서구적 개념과 이론 체계, 세계관에 따라 세계를 보고 또 구성해야 하는 과제에 직면했기 때문이다. 중국사의 경우에도 주왕실의 붕괴가 춘추전국시대를 열면서, 천하의 분열과 이에 따른 통합의 필요성이라는 변화된 현실이 유가를 비롯한 제자백가의 쟁명, 곧 중국 정치사상의 일대 혁신을 가져왔다. 다른 한편 사상의 발명이나 도입이 세계의 변화를 추동하기도 했다. 마르크스가 '과학적' 사회주의를 집대성한 이후, 이에 근거한 사회주의혁명 및 사회민주주의적 실천은 세계에 심대한 변혁을 가져왔다. 여말선초 주자학의 본격적 수용 역시 조선의 건국과 맞물리면서, 주자학의 이념에 따라 조선의 정치 세계를 근본적

4_ 물론 양자의 변화가 거의 동시에 일어나는 경우가 더 많을 법도 하다.

으로 개혁했다.

　세계의 변화와 사상의 혁신 사이의 상호 관계는 나중에 논할 것처럼, 문명의 중심부와 주변부에서 다른 편차를 가지고 나타난다. 예를 들어 중심부에서는 세계의 변화에 따라 사상의 혁신이 추동되는 경우가 빈번하다면, 주변부에서는 중심부로부터 기원한 좀 더 헤게모니적인 혁신적 사상의 수용에 의해 세계의 변화가 초래된 경우가 좀 더 빈번한 것 같다. 이런 통찰은 중심부에서는 세계의 변화가 내재적이고 자율적으로 일어나는 데 반해, 주변부에서는 그 변화가 외생적이고 타율적으로 강압되거나 외부 세력의 침입이나 외부 사상의 유입에 따라 촉발될 가능성이 높다는 역사적 현실과 맞닿아 있다.[5]

한국 정치사상에서 '한국'이 갖는 함의

민족주의 또는 일국주의의 문제

　제목에서 '한국 정치사상'의 '한국'이 상징하고 있듯이,[6] 이 글의 기본

---

[5] 그러나 고대 중국에서 주변의 제후국이었던 은(殷)과 주(周)가 각각 하(夏)와 은(殷)을 멸망시키고 새로운 문명을 건설했다는 사실, (나중에 논할 것처럼) 지중해 문명의 주변부인 로마가 지중해 문명을 통일해 로마제국을 건설하고 그 중심으로 군림하게 된 사실, 또는 마르크스주의 혁명이 유럽의 주변부인 러시아에서 발발해 마르크스주의의 혁신 — 곧 마르크스-레닌주의의 탄생 — 을 가져왔다는 사실은 중심부와 주변부에 대한 이런 서술이 양자의 '본질적인 차이'가 아니라 단지 '정도의 차이'를 지시하는 것으로 이해되어야 한다는 점을 시사한다.

[6] 일국의 정치사상사를 구성함에 있어서 동북아시아와 유럽의 상황은 흥미로운 대조를 이룬다. 한·중·일로 구성된 동북아 3개국에서는 각각 '한국', '중국', '일본' 정치사상사라는 용어

가정을 이루고 있는 '민족주의'(또는 국민국가)가 세계사에서 과도기적인 현상으로 판명난다면, 이 글은 후일 무력화될 수 있을 것이다. 정반대의 사례지만, 조선 시대 유학자들의 보편주의적 입장이 나중에 민족주의적(또는 국민 국가적) 입장에서 사대주의로 비난받아 왔듯이 말이다. 급속하게 진행되는 지구화는 민족주의와 일국주의(또는 국가 중심주의)에도 심대한 영향을 미칠 터이고 그에 따라 국민국가를 중심으로 한 정치사상의 기본적 좌표축이 근본적으로 바뀔 가능성을 배제할 수 없다. 그러나 그런 한계가 후대에 어떻게 인식되고 비판되든, 민족주의 또는 일국주의가 일종의 기조저음基調低音으로 우리 시대 지식인의 일원인 필자의 머릿속에서도 울리고 있다는 점을 부정하긴 어렵다. 다만 필자는 스스로를 '열린' 민족주의자로 자처하고 있다.

만약 민족주의를 포기·유보하는 시각이라면 '한국' 정치사상, 어떻게

가 일정한 설득력을 가지고 폭넓게 수용되고 있다. 이 3개국은 세계의 다른 지역과 달리, 원민족(proto-nation)이 일찍부터 형성되어 일정한 영토에서 오랫동안 단일의 정치 공동체를 형성해 온 경험이 있기 때문에, 정치사상사를 개별 국가 단위로 구성하는 것이 상당한 의미를 지닌다. 이와 달리 유럽의 경우에는 근대에 들어와 비로소 개별 국가들의 민족적(국민적) 정체성이 형성되었고, 그 전에는 다양한 원민족들이 로마제국, 신성로마제국 등에 속하거나 아니면 수많은 소국들로 분열되어 있었다. 그렇기 때문에, 근대에 들어와 국민국가적 정체성을 비로소 획득한 영국, 프랑스, 독일 등은 개별 국가 단위의 독자적인 정치사상사를 고대부터 시작해 통사적(通史的)으로 구성하는 작업이 여의치 않다. 대신 유럽 국가들은 국민국가 형성 이전부터 고대 기독교와 그리스·로마 문명의 유산은 물론 근대 초 르네상스, 종교개혁, 계몽주의, 산업혁명 등의 경험을 폭넓게 공유해 왔기 때문에, 좀 더 거시적인 관점에서 유럽 정치사상사를 구성하는 데 전략적으로 매우 유리한 입장에 있다. 다시 말해 동북아시아에서는 문명 단위의 정치사상사는 물론 개별 국가 단위의 정치사상사의 구성도 가능하지만, 현재로서는 후자가 지배적인 학문의 경향이다. 이에 반해 유럽에서는 문명 단위의 정치사상사 서술이 대세이고, 이런 경향이 유럽연합을 가능케 하는 지적 자산으로 기능하고 있다.

할 것이라는 특별한 문제의식이 생겨나기 어려울 것이다. 대신 (범세계적인 또는 보편적인 사상을 전제하고) '정치사상, 어떻게 할 것인가'라는 문제의식에 답해야 할 것인데, 이런 가상적인 조건에서라면 앞서 이 글에서 제기한 본래의 질문은 이제 가령 '충청도(한국) 사람으로서 우리는 한국(범세계적) 정치사상을 어떻게 할 것인가'와 같은 일견 우스꽝스러운 것으로 전환될 것이다.[7] 아마 조선의 선비들은 당시 한양 선비나 충청도 선비나 조선의 유학에 몰입하는 것에 차이가 없듯이, 중국 선비와 조선 선비가 유학에 몰두하는 것 역시 별반 다르지 않다고 생각했을 것이다.

일국주의에 대한 도전적 문제의식은 오늘날 지구화의 물결과 함께 더욱 강화되고 있다. 정치 현상이 일국의 국민국가 체제 내에서의 자기 완결성을 급속히 상실해 가는 지구화 시대에, 일국 단위의 정치사상에의 몰입은 어떤 의미를 가질 것인가? 일국 단위의 정치를 전제로 한 정치(사상)는 현실성과 설득력을 급속히 상실해 가고 있다. 이런 사태는 고대 그리스를 로마(후일 로마제국)가 정복한 이후 제국 단위의 정치체제가 들어섰을 때, 폴리스 단위로 형성된 그리스 정치사상이 빠르게 해체되어 버렸던 역사적 변화를 우리에게 상기시켜 준다. 따라서 오늘날의 정치사상가들은 그가 중심부 사상가이든 주변부 사상가이든 국제 관계 또는 전 지구적 상황이 초래하는 문제를 자신의 사상 전개에서 주된 관점이자 관심으로 포함시켜야 할 것이다. 아울러 대외적 자율성 및 자기 완결성이 취약한 비서구 국가들의 경우, 사상의 전개에 있어 국제적 변수가 중심부 국가에서보다 훨씬 더 비중 있게 고려되어야 하는데 이런 필요성이 제대로 인식되지 못하고

7_이처럼 전환된 문제의식은 우리에게 어떤 의미를 갖게 될 것인가? 이런 문제의식이 우스꽝스럽지 않을 수 있다는 점은 조선 시대 성리학 발전사에서 영남과 기호 성리학 사이에 존재하는 의미심장한 차이에서 확인될 수도 있다.

있는 것 같아 아쉽다. 이런 지적은 곧 논의할 '주변부' 정치사상의 과제와 연관되어 있기도 하다.

중심과 주변: 자율-자주 대 타율-종속-의존-식민화

정치사상사에서 사상의 혁신은 정치 공동체에서 내재적(또는 자기 완결적)으로 이루어지는 경우도 있고, 복잡한 역사적 상황 변수(전쟁, 정복, 식민지화, 외래 사상의 도래 등 주변부적 위상)로 인해 외래의 사상을 적극적으로 또는 부득이 수용함으로써 일어나는 경우도 있다. 이를 중심과 주변으로 나누어 고찰해 보면, 중심에서는 대체로 정치 세계의 급격한 변화에 의해 초래된 또는 이론 내적인 모순에서 기인한 패러다임의 붕괴 가능성에 따라 내재적으로 사상의 혁신을 도모해야 하는 경우가 많을 것이다. 반면 주변부에서는 외세의 정치 공동체에 대한 생존 위협 (및 이를 극복하기 위한 정치 공동체 자체의 변화 필요성) 또는 보편적으로 여겨지는 외래 사상에 대한 필요로 인해, 내재적으로 사상을 혁신해 활용하기보다 외래 사상을 수용하는 경우가 더 많은 것으로 보인다.[8]

그런데 우리가 대하는 서양 정치사상사의 문헌들은 대부분 중심부 사상가들에 의해 저술된 것이라, 주변부 정치 공동체가 어떻게 '주변성'을 극복·타개해 왔는지에 대한 논의가 별로 없다.[9] 그런 주변부적 정치체는 중

---

[8] 이 점은 우리나라의 역사에서도 확인되는 평범한 사실이다. 다만 앞의 주 5에서 지적한 것처럼 중심부와 주변부의 이런 차이는 '근본적인 차이'가 아니라 '경향성'을 지시하는 데 불과하다. 역사를 보면 중심부에서 주변부로의 추락, 주변부에서 중심부로의 상승이 적지 않게 관찰되기 때문이다. 후자의 예로 (곧 논할 것처럼) 미국이 유럽 문명의 주변부에서 서구 문명, 나아가 전 세계의 중심으로 군림하게 된 사실을 상기할 필요가 있다.

[9] 이 점은 동북아시아의 중심이었던 중국의 정치사상사 문헌들에도 적용될 법하다.

심부 사상가들에 의해서 독자적인 행위나 사상의 주체로서 인식·인정되지 않았으며, 따라서 무시되거나 생략되기 십상이었다. 예컨대 마키아벨리는 『군주론』과 『로마사 논고』에서 타국의 식민지나 종속국은 아예 분석의 대상에서 명시적으로 제외하고 있다(마키아벨리 2003, 76). 한편 마르크스의 사상은 프롤레타리아트라는 주변적 존재를 사상의 준거점으로 삼고 있다는 점에서 주변성에 대한 풍부한 함의를 담고 있다. 그러나 그가 제시한 비전은 대체로 중심부에서 일어날 사회주의혁명의 역사적 필연성 또는 (운동에 의해 촉발되는 경우에도) 엘리트(공산당) 주도성에 기울어져 있었기 때문에 사실 주변적 존재에 대한 구체적이고 현실적 고찰은 약한 편이라 할 수 있다. 다시 말해 노동계급이 역사적 변화나 혁명의 주체로 상정되고 있을 때도 적지 않지만, 마르크스의 대세적 서술에서 노동 대중은 구조적 모순의 수동적 담지자로 취급되는 경우가 더 많은 것처럼 보인다. 이 점은 영국의 인도 식민지 지배에 대한 마르크스의 긍정적 평가에서 드러나듯이, 종속국이나 식민지에 대한 그의 사상에도 적용되지 않나 싶다.

　　주변부 국가에서 중심부 국가로 성공적으로 발전해 간 대표적인 역사적 사례로는 아마 로마와 미국을 들 수 있을 것이다. 그리스인들에 의해 야만으로 간주된 로마공화정은 문화적으로 그리스보다 후진국이었지만, 독특한 정치체제와 군사력을 통해 지중해 연안 지역과 유럽 대륙의 대부분을 통합하는 제국을 건설했다. 그래서 그런지 일반적으로 로마는 법률과 제도 및 건축물 등의 건설에는 능했지만, 독창적인 사상은 부진했던 것으로 평가된다(Wolin 2004, 65). 마찬가지로 미국 역시 제2차 세계대전 이전까지 법률과 제도 건설 및 운영에는 능했지만, 세계사에 기여한 독창적인 사상의 측면에서는 미진했다고 할 수 있다.[10] 마찬가지로 거란, 몽골, 만주족 역시 무력의 우위를 내세워 한족 왕조를 멸망시키고 중원을 장악했지만, 사상적 기여는 역사적 자료의 의도적 인멸 때문인지도 모르지만 쉽게 드러나지 않는다. 또한 강대국이 되지 못하고 지속적으로 주변부 국가에 머물러 있던 한국의 경우에도 대개 중국에서 유래된 사상을 적극적으로 수용해 부분적으로 쇄신하고 자기화한 것은 있지만, 지역적으로나 세계적으로 보편화될 만한 사상적 유산을 구축·발명해 내는 데는 그리 성공적이지 못했다. 원효나 다산 등 걸출한 사상가들이 보편화 가능한 사상적 맹아나 체계를 남겼을지 모르지만, 우리는 그것을 보편적인 패러다임으로 완성시켜 세계적으로 확산시키지는 못했다.

이런 인식을 염두에 두고 우리는 우리가 몸담고 있는 한국 정치체의 주변성에 대한 첨예한 인식과 통찰을 바탕으로 정치사상 연구를 수행해야 할 것이다. 이런 주변성을 고려한 독특한 개념들로는 세계사적 시간대와 지역사적 시간대의 괴리가 초래하는 지체성과 조숙성의 역설적 병존, 파생성과 후발성(후발성의 이득과 손실), 비동시성의 동시성, 빌려 온 정당성, 식민성 등을 생각해 볼 수 있다. 이와 관련해서, 곧 논할 것처럼 우리는 현대 여성학이 기여한 독특한 개념들, 곧 '보살핌', '차이' 등을 상기해 볼 필요가 있을 것이다. 사실 여성학이 직면해 온 주변성이야말로 역사상 대부분의 국가나 정치 공동체가 겪어 온 대세적 현실이며, 또한 우리가 직접적으로 경험해 온 바다. 따라서 주변성에 대한 깊이 있는 성찰을 토대로 한 연구야말로 세계 사상사에 긍정적으로 기여할 수 있는 잠재력을 가지고 있다.

주변성에 대한 인식을 토대로 독창적인 사상을 전개한 사례를 우리는 여러 종류의 주변성에서 찾을 수 있다. 예를 들어 프란츠 파농Frantz Fanon이나 알베르 메미Albert Memmi는 식민주의와 인종주의를 경험한 아프리카인들의 주변성을 중심으로 놓고 사상을 전개했고, 나름대로 훌륭한 기여를 했다. 라틴아메리카의 파울로 프레이리Paulo Freire 또는 해방신학자들 그리

10_ 영국의 문화적 유산을 토대로 발전시킨 자유주의, 실용주의, 경험주의를 제외한다면 말이다.

고 종속이론가들은 교육과 기독교 신학 및 정치경제학에서 주변성에 대한 성찰을 토대로 커다란 사상적 기여를 했다. 많은 페미니스트들도 여성의 주변성이나 종속성을 핵심적 사실로 받아들여 이를 분석해 내고 나아가 그런 주변성을 극복하기 위해 투쟁하는 과정에서 페미니즘이라는 위대한 사상을 발전시켜 왔다. 오늘날 페미니즘은 철학·종교·신학은 물론 인문·사회과학 전 분야에 걸쳐 심대한 변화의 물결을 주도하고 있다. 특히 현대 페미니즘은, 과거의 많은 여성학자들이 그랬듯이 여성을 마치 남성인 것처럼, 아니면 인간이라는 범주에 당연히 포함되어 있다는 일반화된 가정 하에 이론화하는 것을 거부하고, 자신들의 억압성과 차이에 대한 첨예한 감수성을 발판으로 하여 사상계에 일대 변화를 가져왔다. 이 과정에서 페미니즘은 필자가 서구중심주의에 대한 극복 방안으로 제기한 바 있는 전략에 상응하는 '문제의식의 여성화', '남성중심적 이론에 따른 여성적 현실의 동화주의적 해석의 거부', 그리고 '여성적 현실의 주변화를 거부하고 중심화하기' 등을 통해 사상사에 심대한 혁신을 주도한 것이다. 이런 전략은 흑인의 억압을 중심으로 이론을 전개한 사상가들에게서도 쉽게 확인될 수 있을 것이다. 사실 주변성에 대한 이런 첨예한 (탈중심화를 지향하는) 인식이 오늘날 서구를 중심부로 하여 확산되어 온 페미니즘, 포스트모더니즘, 포스트구조주의, 포스트콜로니얼리즘, 포스트마르크스주의, 다문화주의 그리고 동아시아권에서 제기된 바 있는 아시아적 가치론 또는 동아시아 담론의 공통된 특징을 구성한다고 생각된다.

 이런 상황을 염두에 두고 돌이켜보건대, (주로 서양 정치사상 연구자들을 대상으로 제기하는 필자의 문제의식이지만) 과거의 많은 여성학자들이 남성 중심주의에 대해 그랬던 것처럼, 우리 역시 서양 정치사상가와 무의식적으로 스스로를 동화시켜 생각하고 그에 따라 사상을 전개하는 '의식의 식민화' 상태에 놓여 있는 것은 아닌가? 물론 여성학자가 여성을 남성과 동일시한 것이 학문적으로 어느 정도 긍정적인 성과를 산출한 면도 있는 것처럼

(자유주의적 페미니즘), 우리가 서구의 사상가와 동화해 사상을 연구한 것이 긍정적인 효과를 산출한 경우도 적지 않았을 것이다. 그러나 그런 작업은, 과거의 여성학자들의 작업이 그랬던 것처럼 대부분 적용의 수준에 머무를 뿐이지, 주변성에 대한 섬세한 감수성과 비옥한 성찰을 통한 독창적인 사상의 생산에는 이르지 못한다. 서양 정치사상 전공자들의 일반적 태도와는 대조적으로 국내에서 현실을 보다 직접적으로 다루는 정치경제학이나 마르크스주의적 정치학 등은 한국 현실을 분석함에 있어서 항상 한국의 주변성을 핵심적 사실로 위치시키고, 그런 구도에서 학술적 담론을 전개해 상당한 성과를 거두어 왔다. 그러나 대부분의 서양 정치사상 전공자들은 그처럼 명약관화한 주변성을 애써 외면해 오지 않았는가? 정치나 경제에는 중심과 주변이 있지만, (시공을 초월한 관념적 차원에 존재하는 것으로 상정되는) 사상에는 중심과 주변의 구분이 없단 말인가? 만약 그런 식의 사유에 함몰되어 있었더라면 페미니즘 역시 생동감 있는 거대한 사상적 조류로 오늘날과 같은 위대한 성과를 거두지 못했을 것이다. 따라서 한국과 같은 주변부 국가에서는 정치경제학적 분석뿐만 아니라 사상적 통찰에서도 주변성에 대한 엄밀한 분석과 치밀한 성찰을 시도해야 할 것이다. 그런 작업은 성공적일 경우, 도발과 자극을 통해 중심부 사상 자체의 참신한 발전은 물론, 주변부 국가나 피억압 민족에 고유한 사상의 '정상화' 또는 '보편화'에도 매우 독창적이고 획기적인 기여를 할 것이다. 그러나 아쉽게도 그런 작업은 대부분의 경우 주변부에 거주하는 지식인들보다도 중심부 국가에 진출한 주변부 출신의 지식인들, 곧 파농, 메미, 에드워드 사이드Edward Said, 가야트리 스피박Gayatri C. Spivak, 호미 바바Homi Bhabha, 아리프 딜릭Arif Dirlik, 츠베탕 토도로프Tzvetan Todorov 등에 의해 수행되어 왔다.

이와 관련해 케임브리지대학교 출판부에서 펴낸 『케임브리지 20세기 정치사상사』The Cambridge History of Twentieth-century Political Thought(2003)에서 비서구 세계의 정치사상 분야를 집필한 파레크가 비서구 세계의 정치사상을 네 가지로 분류한 것에 주목할 가치가 있다. 이 네 가지 항목은 "근대주의"modernism, "혼합주의"syncretism, "비판적 전통주의"critical traditionalism, "종교적 원리주의"religious fundamentalism다(Parekh 2003). 우리는 이 네 가지 분류가 과연 비서구 세계의 정치사상을 망라적으로 또는 대표성을 훼손시키지 않고 담아내고 있는지에 대해 문제 제기를 할 수 있다. 그러나 그 적실성을 일단 수용할 때 이에 대해 두 가지 흥미로운 의문이 떠오른다. 우리가 내놓고 있는 서양 정치사상, 한국 정치사상, 동양 정치사상에 대한 연구 성과는 각각 어디에 해당할 것인가? 둘째, 이 모든 네 가지 항목의 공통점은 이 네 가지가 모두 근본적으로 세계의 패권적/보편적 정치사상인 서구 정치사상에 대한 일정한 정향을 내포하고 있다는 것이다. 『서구중심주의를 넘어서』(강정인 2004)에서 제시된 네 가지 극복 전략을 파레크의 네 가지 항목과 대응시켜 볼 때, 근대주의는 동화적 전략, 혼합주의는 혼융적 전략, 그리고 종교적 원리주의는 역전적 전략에 해당한다. 비판적 전통주의에는 1장에서 논한 것처럼 힌두교 전통, 기독교 및 자유주의를 이종교배 또는 교차 수정함으로써 새로운 사상에 도달한 간디 사상 같은 것이 해당하는데, 그 구성 방식과 조합에 따라 달라지겠지만, 이는 역전적 요소가 동화적 요소보다 우세한 곧 역전에 가까운 혼융적 전략인 것처럼 보인다. 따라서 파레크의 이런 분류와 서술은 비서구 세계 정치사상의 서구 정치사상에 대한 주변성을 강력히 적시하고 있는 것으로 보인다.[11]

11_따라서 파레크의 분류 방식 자체가 서구중심주의를 전제하고 있으며, 또 재생산해 내고 있다고 정당하게 비판할 수 있다.

3. 한국 정치사상, 어떻게 할 것인가

중심부와 주변부에서는 셸던 월린Sheldon Wolin이 말하는 '소명으로서의 정치사상'political theory as a vocation을 수행하는 데 있어서 중요한 차이가 있다. 중심부의 독창적인 사상가들이 자기 공동체의 내재적 필요에 따라 또는 자기 공동체의 사상적 패러다임의 붕괴 위험에 직면해 새로운 사상 체계를 만들어 낸다면, 주변부의 지식인은 만약 그가 중심주의를 극복하거나 해체하기를 원한다면, 중심부의 사상가와는 다른 전략을 취해야 할 경우가 더 많을 것이다. 예를 들어, 그는 (누적적) 중심과 (누적적) 주변의 구분을 해체하거나 아니면 양자의 위상적 차이를 전위轉位시키기 위한 전략의 일환으로, 주변성에 대한 섬세한 감수성과 비옥한 비전을 토대로 하여 (서구중심주의를 극복하기 위해 필자가 제시한 바 있는) 네 가지 전략을 적절히 사용할 수 있을 것이다. 따라서 이제 이하에서는 주변부 사상가들이 취할 수 있는 구체적인 대안들을 제시해 보고자 한다. 이 가운데 특히 '대안 1'과 '대안 2'는 주변부에서 사상을 연구하기 위한 전략으로 제시된 것이다.

대안 1: 서구중심주의의 폐해를 극복하기 위한 역편향의 의도적 추구

첫 번째 대안은 서구중심주의로 초래된 폐해를 시정하기 위해 의도적으로 역편향을 추구하는 것이다. 물론 그 과정에서 균형 잡힌 입장이 궁극적으로 무엇인지에 대한 예민한 감수성을 유지하는 것은 매우 중요하다. 그 균형은 현재의 지평이 아니라 장차 형성될 확장된 지평에서의 균형이 될 것이다. 앞에서 열거된 폐해를 염두에 두고 역편향을 취할 때, 그 전략은 '문제의식의 한국화', '서구 이론에 따른 동화주의적 해석의 거부', '한국 현실의 중심화'라는 부정의 변증법을 따르는 것이다. 물론 이 세 가지 요소는 분석적으로는 구분되지만, 실제 이론적 과정에서는 동시적으로 작용할 것이다.

역편향의 추구를 위한 우선적 단계는 '문제의식의 서구화'에서 '문제의식의 한국화'로 이행하는 것이다. 문제의식의 한국화는 문제의식의 서구화를 반드시 배척하는 것이 아니라, 문제의식의 공유 지평을 확충하는 것을 궁극적 목표로 한다.[12] 문제의식의 한국화를 위해서는 한국의 정치 현실(현상, 사실)에 대한 면밀한 고찰과 비판이 필요하다(한국 현실의 중심화). 그리고 이를 위해서는 주변성과 연계된 한국 현실이 서구 이론을 예증하는 순응적 범주나 서구 이론이 적용되지 않는 일탈적 범주에 머무르지 않고, 새로운 이론의 개척을 위한 준거점이 될 수 있는 이론적 방향타를 찾아내려는 노력이 요구된다. 또 이런 과정은 서구 이론이 보편적 이론이 아니라 서구 사회의 역사와 경험에 바탕을 두고 있는 특수한 이론임을 밝혀내고, 서구와 비서구 사회를 함께 아우르는 일반적 이론을 모색하는 작업을 수반해야 할 것이다(서구 이론에 따른 동화주의적 해석의 거부). 이런 작업은 동화/역전을 통해 혼융/해체(새로운 종합을 전제로 한)로 나아가는 과정을 밟을 것이다.

우리는 한국 정치에 대한 사상적 또는 이론적 작업에서 이런 전략이 적절히 추진된 연구 성과를, 비록 단편적이거나 초보적이지만 어느 정도 확인할 수 있다. 이와 관련해서 한두 가지 사례를 검토해 보기로 하자.

먼저 긍정적인 예로 한국 페미니스트들의 호주제 폐지 운동과 관련된 이론화 작업을 들 수 있다. 종래 페미니스트 학자들은 페미니즘과 민족주의를 적대적 대립으로 일반화하는 경향이 있었다. 그러나 국내의 여성운

12_『우리 정치학 어떻게 하나』의 5장 "한국 정치와 정치사상"에서 김영명은 이 문제를 집중적으로 거론하고 있는데, 정치사상 연구자들이 읽어 볼 가치가 있다(김영명 2006).

동은 호주제 폐지 운동을 전개하는 과정에서 민족주의를 적절히 활용하는 전략을 구사했다. 예를 들어 "호주제는 우리의 미풍양속이 아니라 일제시대의 유산이다" 또는 "OECD에 가입할 정도로 경제가 선진화된 국가가 성평등 지수는 국제적으로 너무 초라하다"는 등의 논변을 통해서 민족주의에 호소했다(양현아 1999; Kim, Hee-Kang 2007). 이처럼 국내의 여성운동은 민족주의의 다양한 측면을 적극적으로 활용해 호주제 폐지라는 자신들의 목적을 관철할 수 있었던 것이다. 따라서 페미니즘이 민족주의와 반드시 대립할 필요는 없다. 필자의 잠정적인 추론에 따르면 호주제 폐지의 경우 호주제는 우리나라에만 존재하는 제도이기 때문에 우리나라 여성학자들이 서구 학문에 기댈 이론적 자원(서구 이론에 따른 한국 현실의 동화주의적 논변)이 구체적으로 없었다. 그리하여 고민한 결과, 스스로 독창적이고 적절한 이론적 논변을 만들어 낸 것으로 풀이된다.[13]

부정적인 사례로는 민주화 이후 한국 민주주의와 관련된 글에서 발견된다. 1987년 민주주의로의 이행과 함께, 민주주의 정착의 근본적인 과제로 민주적 의회 제도와 지속 가능한 정당 체제의 확립이 초미의 관심사로 떠오르고 있다. 그러나 안정된 의회 운영 및 정당 제도를 오랫동안 경험해 온 영미 학계에서는 이 문제에 대한 이론화가 별로 이루어지지 않은 것 같다. 따라서 우리 정치학자가 관심을 가져야 할 국가는 서구의 선발 민주국가 중에서도 정당 체제가 오래전에 정착한 영국과 미국이 아니라 정당 체

13_이와 달리 여성 의원 할당제에 대해서는 우리나라 여성운동이 독창적인 이론을 개발한 적이 없으며 서구 이론에 의존적인 경향을 보였는데, 이는 서구에서 발전된 좋은 이론적 자원이 있었기 때문이다. 따라서 이 경우에는 서구 이론의 동화주의적 수용 또는 적용('빌려 쓰기')에 의해 여성 의원 할당제라는 바람직한 현실의 변화를 비교적 손쉽게 견인해 낼 수 있었던 것으로 해석된다('빌려 온 정당성').

제가 비교적 최근에 정착한 프랑스, 독일이거나 아니면 우리나라와 비슷한 처지에 직면해 있는 라틴아메리카나 남·동유럽의 신생 민주주의 체제다. 따라서 한국 민주주의와 관련해 수행되어야 하는 중요한 연구 주제의 하나는 서구 민주주의 선발 국가에서 대의제도의 민주화 과정을 긴밀하게 추적하고, 나아가 신생 민주국가에서 대의제도의 민주화나 정당 체제의 형성 과정을 주의 깊게 지켜보면서, 그 과정에서 발전된 이론을 비교정치학적 시각에서 수용·수정해 한국의 정치 현실을 조명하는 것이다. 그리고 이 과정에서 그들의 이론이 적용 가능한지 면밀히 음미하면서 한국 정치 현실을 설명하고 타개할 수 있는 이론을 개발하는 것이다. 곧 우리의 문제의식에서 출발해 서구나 신생 민주국가의 이론을 우리의 필요에 따라 수용·비판하면서 대의제도의 민주화에 대한 이론을 개발하려고 노력해야 한다는 것이다.

그런데 비교정치학에 비교적 과문한 필자가 최근에 발견한 흥미로운 논점은 국회의원 '선거제도'(단순 다수제)와 정당 체제(양당제의 출현)의 상관관계에 대한 모리스 뒤베르제Manrice Duverger의 유명한 법칙이 한국 등 신생 민주국가의 정치에는 잘 적용되지 않는다는 주장이다. 그리고 그 원인으로는 단순 다수제를 채택하더라도, 정당의 제도화 수준이 낮고 사회의 균열 구조가 서구와 다른 신생 민주국가들 경우에는 양당제가 잘 정착되지 않는다는 해석이 제시되고 있다. 이런 현상에 관해 장훈은 "한국 대통령제의 불안정성의 기원"이라는 글에서 서구를 '정상'으로, 우리나라 정치 현실을 '비정상'으로 일단 간주하고, 그 '역설'을 해명하고자 한다. 필자는 장훈의 설명 내용 자체에는 수긍하지만, 그가 '역설'이라는 용어를 사용함으로써 문제의식의 서구중심성을 드러낸 데 대해서는 그것이 일방적이라는 점에서 비판적이다. 단순 다수제를 채택하더라도 안정된 양당제가 출현하지 않는 것이 전 세계적으로 보다 일반적인 현실이라면, 오히려 우리는 비서구 사회의 정치 현실을 일반적인 것으로 간주해 일반 이론을 정립하고,

서구의 특수한 사례를 그런 일반 이론의 틀에 준거해 해명하는, 즉 비서구 사회의 정치 현실을 '정상'으로, 서구의 정치 현실을 '예외'로 취급하는 역방향의 이론적 경로를 밟을 수도 있다.[14] 그러나 여기서 중요한 것은 이론화의 과정에서 서구중심주의의 마법이 개입한다는 점이다.[15] 우리가 서구의 정치 현실을 정상적인 것, 바람직한 것으로 받아들이기 때문에 서구 이론 역시 모범적이고 모델적인 지위를 누리는 것이다. 그 결과 우리는 우리의 정치 현실을 예외적인 것, 역설적인 것으로 받아들이고 서구 이론에 비추어 설명하고자 하게 된다.[16]

14_마찬가지로 장훈은 민주화 이후 우리나라 대통령 선거에서 선거 연합이 출현하지 않는 현상을 '선거 연합 회피의 역설'이라는 주제로 다루고 있다. 그런데 만약 대통령제를 채택하더라도 선거 연합이 출현하지 않는 국가의 수가 출현하는 국가의 수보다 더 많다는 사실이 확인된다면, 오히려 역설적 현상으로 해명되어야 하는 것은 '선거 연합이 일어나는 대통령제 국가'의 정치 현실이 될 것이다.

15_서구중심주의의 마법으로 필자가 주목하는 것은 서구의 정치(현실)와 이론이 누리고 있는 기원적 특권과 목적론적 특권이다(강정인 2006 참조). 이런 마법에서 우리를 해방시킬 경우, 우리는 서구의 민주화 과정과 서구 사회의 사회적 균열이 대부분의 비서구 사회가 겪은 민주화 과정 및 사회적 균열과 현저히 다르다는 점을 인식하고, 나아가 서구 사회의 특수성─원초적 민주화 과정에서 전개된 선거권의 점진적 확대 그리고 종교와 계급이 주된 정치적 갈등으로 부각된 사회적 균열의 특수성─을 설명하고자 하는 이론화 과정을 밟을 수 있다. 결국 이런 이론적 과정은 서구를 정상으로 비서구를 예외로 보는 정(正)의 과정에서 시작해 비서구를 정상으로 서구를 예외로 보는 반(反)의 과정을 거쳐 궁극적으로 합(合)의 과정에 이르는 변증법적 경로를 밟게 될 것이다.

16_사실 페미니즘이 많은 이론이나 사상을 전복적으로 비판한 관점 역시 남성중심주의의 마법에 따라 남성이 직면한 현실을 '정상'으로, 여성이 직면한 현실을 '예외'나 '일탈'로 해석해 온 종래의 가정에 반발하는 것에서부터 시작되었다고 풀이할 수 있다.

대안 2: 서양 정치사상의 한국화, 전통 정치사상의 현대화, 현대 한국 정치의 사상화

서구중심주의를 타개하기 위해 한국 정치사상이 추구해야 할 전략을 '서양 정치사상의 한국화', '동아시아·한국 전통 정치사상의 현대화' 및 '현대 한국 정치의 사상화'로 나누어 구상해 볼 수 있다.[17] 이를 순서대로 간략히 논해 보면 다음과 같다.

서양 정치사상의 한국화

사실 이 주제는 '학문의 토착화'라는 이름으로 많이 거론되는 것이기도 하다. 토착화는 어떤 문명이 외래 문명을 수용하는 과정에 필연적으로 수반되는 현상인데, 서양 문명 역시 본래 동방의 외래 종교인 기독교를 서구화(토착화)했고, 급기야 오늘날 우리가 성화聖畵를 통해 보는 예수Jesus는 본래의 유태인이 아니라 서양 백인의 모습을 취하게 되었다. 비유적으로 말하건대, 우리도 필요하다면 예수를 유태인이 아니라 동북아시아인처럼 묘사할 수 있어야 한다. 민중 신학은 중요한 의미에서 기독교를 한국화하려는 시도였다. 예수(기독교)를 서구인의 예수(기독교)가 아니라 우리의 예수로 자기화하는 의미가 있었다.[18] 따라서 우리는 민중 신학이 기독교를 한

17_ 이 세 가지 전략은 2005년 9월 한국정치사상학회 회장 "취임사"에서 필자가 서구중심주의의 극복을 염두에 두고 한국정치사상학회가 추구해야 할 장기적 과제로 제시한 것이다. 당시 한국 정치사상의 탈남성중심주의(탈가부장주의) 역시 중대한 과제라고 생각했지만, 이 문제는 정치사상은 물론 모든 학문이 범세계적으로 당면하고 있는 과제이기 때문에, 또 사상학회에서 여성회장의 출현을 대망하면서 그의 몫으로 남겨 놓고자 제시하지 않았다. 그러나 이 주제는 단순히 여성해방(더불어 남성해방)만의 관심사가 아니며, 필자가 관심을 갖는 가칭 '주변성과 지체성의 정치학' 역시 현대 페미니즘의 통찰과 성과로부터 학문적으로 많은 것을 배워야 할 것이다.

국화하려고 했던 것처럼, 서양 정치사상을 한국화하는 과정을 추진해야 할 것이다.[19]

서양 정치사상의 한국화는 다양한 측면에서 일어날 수 있다. 『서구중심주의를 넘어서』(강정인 2004) 12장에서 필자는 우리나라 전통의 쇄신 필요성을 강조하기 위해 영국의 철학자 로크가 왕권신수론자들에 대항해 기독교를 자유주의적으로 재해석함으로써 기독교 전통의 쇄신자·혁신자의 역할을 수행했다고 논한 적이 있다. 이 역시 로크를 이론적 필요성에 따라 활용한 사례라고 할 수 있다. 따라서 마르크스, 장 자크 루소Jean-Jacques Rousseau, 임마누엘 칸트Immanuel Kant, 존 롤스 등의 사상도 그들의 맥락에서 이해하려고 노력하면서 동시에 우리의 맥락으로 불러들여 우리의 맥락에서 재활용·혁신하려는 노력이 필요하다. 여기서는 우리의 문제의식을 서양 정치사상에 투영해 그에 대한 해답을 추구하는 작업을 일단 '서양 정치사상의 한국화'라고 부르고자 한다.

필자가 다른 글에서 밝힌 것처럼, 조선 시대 율곡栗谷은 자신의 경장론을 정당화하기 위해 「예운」의 대동 사회론을 『서경』에 대한 재해석을 통해 혁신함으로써 대동 시대에도 경장이 빈번히 있었다는 독창적인 주장을

18_ 기독교를 어느 정도 '유교화'해 중국에 소개한 마테오 리치(Matteo Ricci)의 『천주실의』 역시 서구인이 시도한 이런 노력의 산물로 해석된다.

19_ 여기서 모호하게 제시된 '한국화'가 어떤 내용을 갖고 있는가에 대해 엄정한 비판이 제기될 수 있다. 한국화는 궁극적으로 '한국적인 것이 과연 무엇인가'라는 정체성의 개념과 맞닿아 있다. 그렇기 때문에 그 내용은 시대와 상황에 따라 유동적이며 가변적인 성격을 갖고 있다고 생각된다. 또한 필자는 한국화가 실체적일 뿐만 아니라 관계적이며, 또 사전적으로 추구될 수도 있고, 사후적으로 발견될 수도 있다고 생각한다. '한국화'는 일종의 발상의 방향을 제시하는 개념으로, 그 내용은 궁극적으로 우리가 채우고 합의해 나가는 것으로 생각된다.

전개했다(중국 사상의 한국화).[20] 블라디미르 레닌Vladimir Lenin 역시 마르크스주의를 러시아화해서 러시아혁명에 수정해서 적용하고자 했고, 마오쩌둥毛澤東, 호치민胡志明, 김일성 등 역시 비슷한 작업을 수행했다. 필자 역시 한국 보수주의에 관한 글에서 서구적(특히 영국식) 보수주의가 한국에 그대로 적용될 수 없으며, 후발국의 보수주의가 서구의 그것과 다를 수밖에 없다는 점을 보여 주고자 했다.[21]

동아시아·한국 전통 정치사상의 현대화

필자가 보기에 동아시아나 한국 전통 사상에 대한 철학적 접근들은 원전의 텍스트에 매몰된 나머지 훈고학적 해석에 몰입하고 또 당시의 맥락에서만 해석하려는 경향이 있다. 물론 이런 해석은 추후의 버전-업된 작업을 위한 기초 작업으로서 매우 긴요하다. 그러나 그에 못지않게 힘써야 할 것은 동아시아 및 한국의 전통 정치사상에 현대의 문제의식을 투영해서 그 사상을 확충하고 버전-업하는 작업이다.[22] 그런 작업을 수행하는 과정에서 우리는 서구 사상에 대해 동화적·역전적·혼융적·해체적 전략을 채용할 수 있을 것이다. 물론 현재로서 이런 전략의 성과는 나름대로 일정한 한계가 있지만, 이는 비판적으로 텍스트를 재해석하고 당대의 현실을 음

20_대표적으로 율곡은, 대동 시대로 알려진 요(堯)임금 때의 9주가 순(舜)임금 때 12주로 개편되었다가 우임금 때 다시 9주로 복귀된 사실을 들고 있다. 본문에 실린 주장에 대해서는 강정인(2005) 참조.

21_이와 비슷한 성과에 해당하는 것으로 자유주의에 대한 최근의 연구를 들 수 있다(문지영 2004; 정용화 2006). 이 연구들은 한국의 자유주의를 서구 자유주의로부터의 '일탈'이라고 해석하는 대신 한국적 상황에서 어떻게 그것이 전개되었는가를 추적하고 있다.

22_물론 중국이나 서구에서 활약하고 있는 중국의 현대 신유가 역시 그 작업에 종사하고 있는 것으로 알고 있다.

미하면서 우리의 현실에 유용한 사상적 자원을 추출하려는 작업으로서 지속적으로 추진되어야 할 것이다.

전통 사상의 현대화와 관련해 최근 필자는 조선의 공론 정치에 대한 두 편의 논문을 접하게 되었다(박홍규·이세형 2006; 김영수 2005). 한 편은 태종太宗 시대의 공론 정치에 관한 것이고 다른 한 편은 선조宣祖 때 율곡을 중심으로 한 공론 정치에 관한 것이었다. 현대에도 공론이론은 위르겐 하버마스Jürgen Habermas의 공론장 이론 및 최근에 대두한 심의 민주주의 이론과 관련해 매우 중요한 위상을 차지하기 때문에, 조선 시대의 정치적 실천과 텍스트를 분석하면서도 그것을 현대적으로 재해석하려는 저자들의 노력은 현대의 공론장 이론 또는 심의 민주주의 이론에 대해 깊은 시사점을 제시하고 있다. 이처럼 조선 시대 정치사상을 연구하면서도 역사나 원전에 대한 당대적 해석을 넘어 현대적인 통찰을 찾으려는 저자들의 노력은 매우 값진 것이라고 판단된다.

전통 사상의 현대화라는 작업은 우리를 '과거의 사상가를 어떻게 바라보아야 하는가?'라는 문제의식으로 인도하는데, 여기서는 프리드리히 니체Friedrich W. Nietzsche의 역사에 대한 세 가지 관점을 상기하는 것이 유용하다. '골동품 애호적 시각', '기념비적 시각', '비판적 시각'이 그것이다(Nietzsche 1957). 이 가운데 우리는 니체가 추천하는 '비판적 시각'을 일관되게 견지해야 한다고 생각한다. 니체는 그리스 작가나 철학자들을 논하면서, 그들을 치켜세우려는 골동품 애호적 시각이나 기념비적 시각을 단 한 번도 드러낸 적이 없다. 이는 우리가 과거의 문화적 유산에 대해 유지해야 할 온당한 태도다. 따라서 19세기 서양의 많은 사상가들과 마찬가지로, 니체에게 고대 그리스의 사상가나 작가들은 죽은 자로서 추존해야 할 대상이 아니라 아직도 생생하게 살아 있는 자로서 활발한 논쟁을 벌여야 할 논적論敵이었다. 우리 역시 조선·중국·일본의 전통 시대 철학자들에 대해 그런 태도를 취해야 할 것이다.[23]

그러나 동아시아·한국 철학이나 사상을 연구하는 적지 않은 우리의 선배들은 전통 사상의 성취에 대해 거의 맹목적으로 골동품 애호적인 시각이나 기념비적 시각에서 접근한 경우가 많았다.[24] 이 점에서 마루야마 마사오 丸山眞男의 『일본정치사상사연구』는, 그 구체적 내용을 떠나 그 대담한 구상과 서술 방식을 통해 한국 학자들이 배워야 할 바를 제시하고 있다. 그는 일본의 성공적 근대화라는 문제의식에 입각해 일본 사상사를 재해석해서 성공을 거두었고, 그 과정에서 메이지 초의 후쿠자와 유키치 福澤諭吉는 물론 도쿠가와 시대의 오규 소라이 荻生徂徠 등의 선조들을 '추존의 대상'에서 '살아있는 사상가'로 부활시켰다. 이 점에서 마루야마 마사오는 일본의 전통 사상을 비교적 성공적으로 현대화했다고 볼 수 있다. 우리 학계의 경우에도 전통 사상의 현대화를 성공적으로 추진한 사례로 이승환의 『유가철학의 사회철학적 재조명』과 함재학의 유교적 헌정주의를 주제로 한 박사 논문 등이 있다(이승환 1998; Hahm 2000).

또 다른 현대화 방법은 동아시아 정치사상과 서양 정치사상을 비교·검토함으로써, 양자의 수렴 가능성을 탐색하고 호환 가능성을 확충하는 것이다.[25] 전통 철학을 전공한 이상익이 집필한 일련의 저술들은 동서양

23_그러나 이런 태도 이면에는 중대한 차이가 있으며 그런 차이에 입각해 반론을 제기하는 것도 가능할 법하다. 서구인들은 문명의 지속성을 가정하는 반면, 우리는 유감스럽게도 문명이 단절되었다는 느낌을 강하게 가지는바, 이런 차이는 우리의 사상 연구에도 일정한 영향력을 행사하고 있다.

24_전통의 단절이라는 역사적 현상 그리고 서구문명의 위용 및 일본의 식민 통치 때문에 느끼게 된 민족적 열등감이 아마 이런 현상에 기여했을 것이다.

25_우리는 이런 작업을 대학(원)의 강의나 세미나에서 동아시아와 서양의 정치사상가의 저술을 한데 섞어 강의하고 학생들에게 사상가들을 비교·분석하는 작업을 권장함으로써 추진할 수 있다. 이런 시도를 통해 동서고금을 가로질러 제기되는 정치사상의 영구적 질문들

사상의 상호 비교를 통해 이런 작업을 시도하고 있다(이상익 2001; 2004). 이 경우 동양 사상의 입장에서 서양 사상을 비판하고, 서양 사상의 시각에서 동양 사상을 비판하는 교차 비판적인 작업이 당연히 수반되어야 할 것이다.[26]

현대 한국 정치의 사상화

우리나라에서 정치사상 연구자들의 노력이 가장 부진한 분야가 현대 한국 정치의 사상화 작업이라고 생각된다. 한국의 정치사상 연구자들은 현대 한국의 정치 현실에서 가장 중요하고 심각한 문제들burning questions이 무엇인가를 염두에 두고 이를 극복하거나 타개하기 위한 이론적 논변이나 사상적 비전을 전개해야 한다. 현대 한국 정치의 3대 과제를 산업화(정보화)와 복지사회의 건설, 분단의 극복과 국민국가 건설의 완성, 민주화(또는 민주주의의 정착과 심화)라고 했을 때, 오늘날 정치사상 연구자들은 이런 주제 또는 기타 긴요한 주제에 대해 의미 있는 또는 독창적인 성과를 내놓았는가? 아쉽게도 그런 분야에서 의미 있는 작업은 다른 분야의 학자들(정치사상을 전공하지 않는 정치학자, 인문학자, 사회학자 포함)이나 재야의 이론가/운동가들에 의해 수행된 경우가 대부분이다. 사상 연구자들 중 일부는 그들의 성과가 이론적으로 조야하다고 치부하면서 초연한 태도를 취하기도 한다. 그러나 이 점에 있어 정치사상 연구자들에게는 심각한 반성이 필요하다. 정치사상 연구자 모두가 이런 작업에 몰입해야 하는 것은 아니겠지

(perennial questions)을 다룰 수 있을 것이다.

26_학계가 이에 대해 무관심으로 대응하는 현실이 안타깝게 생각된다. 건설적이고 창의적인 작업에 대해서는 서양 사상 전공자나 동아시아 사상 전공자가 상호 치열한 비판을 통해 더 성숙한 결실을 얻기 위해 노력해야 하는 것이 아닌가 싶다.

만, 지금까지의 기여는 설령 있다고 해도 너무 초라하게 느껴진다. 물론 사상과 관련된 분야를 모두 사상 전공 정치학자들이 독점할 필요는 없을 것이다. 오늘날 정치학은 정치사상 이외에도 다양한 세분 분야로 분화를 겪어 왔기 때문에 현대 한국 정치 전공학자들이 이런 작업을 하는 것도 필요하고 바람직하다. 그렇게 볼 때, 최장집, 박명림, 박찬표 등 일련의 한국 정치 전공자들 그리고 조희연, 김동춘 등 일단의 한국 사회 연구자들은 사상적으로 의미심장한 기여를 해왔다고 평가된다.[27] 그들은 사상 전공자의 입장에서 현대 한국 정치를 사상화한 것이 아니라, 현대 한국 정치(사회)를 연구하는 입장에서 현대 한국 정치에 대한 진지한 문제의식을 심화시켜 그것에 대한 사상화 작업을 의식적이든 무의식적이든 시도해 왔다. 다만 이 학자들의 경우 문제의식의 한국화, 한국 현실에 대한 해석 등에서는 탁월하지만, 이론 구성에서는 다소 산만하고 미흡하다고 여겨질 때가 있다. 이런 미흡한 점을 보완하기 위해 사상 전공 학자들 역시 적극적으로 현대 한국 정치를 사상화하는 작업에 동참할 필요가 있고, 양자의 노력이 한데 어우러짐에 따라 더욱 바람직한 성과를 산출할 수 있다고 생각된다. 이런 지적은 비교정치, 국제정치, 북한 정치 연구자들과 사상 전공 학자들 간의 교류를 통해서 상호 유익한 결실을 맺는 방향으로 확대되어야 할 것인데, 그런 필요성마저도 좀처럼 인식되고 있지 못한 것이 현실이다.[28]

27_ 특히 최근 노무현 대통령 탄핵 사건에 대한 박명림(2005)의 분석은 그 스케일과 논의 전개 및 발상에서 시사하는 바가 많다고 생각된다.

28_ 필자가 시도한 북한 연구 방법론에 대한 비판의 글(강정인 1994)은 이런 관점에서 수행된 것이기도 하다.

대안 3: 탁월한 정치사상(가)의 출현 과정에 대한 검토를 통한 대안의 모색

이 대안은 서양에서 정치사상의 발전·혁신 과정을 음미하면서 사상의 혁신 과정을 (실제로 쉽게 분리 가능하지는 않지만) 이론적 측면과 사실적 측면으로 나누어 볼 때, 양자 중 어느 한쪽에서 사상의 혁신이 발단하는 데서 착안한 것이다.

> 정치적으로 중요한 사건(현상 및 사실)을 분석하면서 지속 가능한 정치적 의미를 부여하거나 추출하기: 토크빌적 전략

프랑스 사상가인 알렉시스 드 토크빌Alexis de Tocqueville은 1830년대에 미국을 방문해 미국 민주주의를 돌아보면서 미국의 '민주주의'가 향후 전개될 세계사에서 매우 중요하다고 판단하고, 이에 대한 사회학적 분석을 통해 민주주의의 문제점과 미래를 전망하고자 『미국의 민주주의』Democracy in America를 저술했다. 마찬가지로, 당대에 일어난 프랑스혁명에 대해서도 그 사건이 인류사에 장차 심대한 영향을 미칠 전무후무한 불멸의 사건이라고 생각해 그에 대한 이론적 분석을 남기고자 했고, 그 결과 『구체제와 프랑스혁명』The Old Regime and the French Revolution을 집필했다. 토크빌의 『미국의 민주주의』는 프랑스적 문제의식을 토대로 저술되었으며 이를 일관되게 유지하고 있었지만, 그의 탁월한 점은 그의 문제의식이 미국 민주주의에 대한 서술을 왜곡하지 않았다는 것에서 발견된다. 그 결과 그는 두 편의 저술을 통해 불멸의 사상가의 대열에 합류했다. 토크빌 자신 역시 개인적으로 불멸의 사건에 대한 서술을 통해 자신의 불멸성을 추구하고자 했다. 반대로, 위대한 사상가가 이론화해서 더욱 불멸화된 사례로는 파리코뮌에 대한 마르크스의 저작을 들 수 있다. 마르크스와 같은 불멸의 사상가(시인)가 (경우에 따라 사소한 사건으로 무시될 법도 했던) 파리코뮌에 대해 집필했기(읊었기) 때문에 파리코뮌 역시 더욱 불멸화될 수 있었던 것이 아닐까.[29]

이런 전략을 근현대 한국 정치에 적용한다면, 한국 정치에서 일어난

매우 중대한 사건을 정치사상적 비전과 통찰을 가미해 서술함으로써, 통주저음처럼 오래 지속되는 한국 정치의 근본적인 문제나 원초적 현상을 현출하고articulate 이에 대한 나름대로의 해결책을 제시하거나 탁월한 의미를 부여하는 작업을 수행하는 것이라 할 수 있다. 이 점에서 기억나는 것은 최정운의 『오월의 사회과학』(1999)이다. 또한 노무현 대통령 탄핵이라는 헌정 사상 초유의 사건을 분석한 박명림의 논문을 들 수 있다(박명림 2005). 이런 발상을 한국 정치사상 강의에 적용한다면, 예를 들어 우리는 민주화(또는 해방) 이후 한국 정치에서 일어난 10대 사건을 선택해 학생들과 함께 그런 사건에 대한 사상적 해석(정치적 의미 부여)을 시도해 볼 수 있을 것이다.[30] 필자 역시 1991년 5월 항쟁을 '정치·죽음·진실'이라는 주제를 통해 분석한 글에서 이런 작업을 단편적으로 시도해 본 바 있다(강정인 2002).

토크빌의 전략을 좀 더 일반화시켜 보면 그것은 당대의 현실과 대결해 새로운 문제의식을 획득하고 이를 통해 이론적·사상적 혁신을 도모하고 보편화하는 것이라 할 수 있다. 당대의 현실과 대결해 새로운 문제의식을 획득하는 것은 앞에서 논한 바 있는 문제의식의 한국화와 관련되어 있기

29_ 이와 관련해 우리는 미켈란젤로(Buonarroti Michelangelo)가 바티칸 성당의 천장 벽화를 그린 사실을 비유적으로 상기해 볼 필요가 있다. 세기의 뛰어난 화가가 영구적으로 남아 있을 성당의 천장 벽화를 그렸을 때, 그 성과는 사실 마르크스와 토크빌의 사례를 종합한 것이 될 것이었다.

30_ 정치사상 연구자들은 대학에서 정치사상 관련 강의를 어떻게 하고 있는가? 동양·한국 정치사상은 보통 시대적으로 중요한 사상가를 조명하는 것 아닌가? 서양 정치사상 역시 자유주의, 공동체주의, 공화주의, 헌정주의 등 특정 이념을 강의하거나 아니면 특정 사상가를 집중적으로 조명하거나 또는 시대별 구분을 하여 일련의 사상가들의 사상(저술)을 탐구하는 것 아닌가? 만약 토크빌의 전략을 추구한다면 중요한 사건이나 현상을 골라 그 정치적 의미를 탐구할 수도 있을 것이다.

도 하다. 그것은 한국에 고유한 또는 특수한 문제의식에서 시작해 보편화되는 수순을 밟을 수 있을 것이다.[31]

이와 관련해 우리는 서양(정치사상)사에서 이른바 '유태인 문제'가 예수만큼 오래된 것이고, 마르크스만큼 근대적인 것이며, 또 미국의 정치철학자인 한나 아렌트Hannah Arendt만큼 현대적인 것이라는 점을 상기할 필요가 있다. 종교적 지도자 및 사상가들의 활동을 통해 유태인 문제는 유태 민족의 특수한 문제에서 인류의 보편적 문제로 승화되었다. 예수는 당시 로마 제국의 억압에 시달리던 유태 민족의 해방을 위해 온 것으로 기대되었지만, 유태 민족만의 정치적 해방자가 되기를 거부하고 유태인의 해방을 전 인류의 해방이라는 구도에 흡수해 해결하고자 했다. 예수는 정치적(지상에서의) 해방(유태 민족의 독립과 유태왕국의 부흥과 번영)[32]만으로는 부족하고 오직 종교적 해방(영생의 획득)만이 완전한 것이라 주장했다. 아무튼 예수는 정치적 해방을 열망하던 유다Judas의 배신으로 처형을 당했고, 이로써 '유태인의 선지자' 예수는 죽었다. 그러나 그는 사흘 후에 부활했다. 이번에는 성령과 함께 전 인류의 해방자로! 결국 그는 유태교의 선지자에 머무

31_ 곧 한국 기독교인들이 유태 민족을 흉내 내어 흔히 해왔듯이, 한국인의 수난이 인류의 고난이라는 식으로 보편화·승화시키는 것이다. 이런 보편화가 일정한 문제를 수반할 것이라는 점은 부정하지 않는다. 성공적일 경우 무리하게 다른 민족의 고난을 우리에게 동화시켜 그들의 의식을 식민화하는 폐해가 발생할 수도 있기 때문이다. 물론 민족의 사례는 아니지만 그런 폐해가 발생한 한 가지 예로 마르크스의 사상을 생각해 볼 수 있다. 그가 모든 문제를 계급 문제로 환원하고 보편화했기 때문에, 다른 억압받은 집단들의 고난은 계급의 관점으로만 환원됨으로써 식민화되었다. 한편 보편화가 성공적이지 못할 경우 우물 안 개구리 식의 자폐증적 선민의식에 빠질 우려도 있음은 물론이다.

32_ 파농의 지적처럼 피압제자인 유태인들은 압제자의 삶을 바람직한 것으로 이상화하고 또 이를 현실화하고자 했다.

르지 않고, 전 인류의 종교인 그리스도교의 창시자가 되었던 것이다. 그런데 예수로부터 1800여 년이 지난 후 활약한 유태인 마르크스는 정치적·종교적·철학적 해방(원래 철학적 해방의 추구자는 플라톤)만으로는 부족하며 오직 사회·경제적 해방만이 완전한 것이라 주장하면서, 정치적 해방을 역설하던 당시 브루노 바우어Bruno Bauer(정치적 해방의 주창자로 "유태인 문제"에서의 주된 비판 대상자)는 물론 궁극적으로 게오르그 헤겔Georg W. F. Hegel과 예수를 공박하고 극복하고자 했다. 그로부터 100년이 지난 후 또 다른 유태인인 아렌트는 나치에 의한 유태인의 학살을 목격하면서, 유태 민족의 경험이라는 토대에 고대 아테네의 정치 경험을 한데 엮어 플라톤의 철학적 해방(이성의 해방), 예수의 종교적 해방, 마르크스의 사회·경제적 해방이 아니라, 오직 정치적 해방(정치적 자유, 정치적 행위의 발현)만이 (물론 대중적 차원에서) 인류를 구원할 수 있다고 주장했다.

당대의 이론과의 대결 및 극복의 과정에서 일어나는 사상의 혁신

당대의 이론과의 대결에서 혁신이 일어나는 경우로는 마르틴 하이데거Martin Heidegger의 『존재와 시간』(1927)을 들 수 있다. 하이데거는 플라톤을 포함해 과거의 철학자들이 존재론을 제대로 이해·설명하지 못했고, 자신이야말로 존재론을 제대로 제시할 수 있다는 언명으로 논의를 시작하고 있다. 존재론에 대한 하이데거의 혁신은 현실의 문제와의 대결에서가 아니라 이론적 난제에 직면해 그런 난제를 해결하는 과정에서 비롯된 것이다. 칸트 철학에 대한 헤겔 철학의 입장도 비슷하게 해석할 수 있다. 루소 역시 프랑스의 정치 현실을 염두에 두고 『사회계약론』을 집필했지만, 토머스 홉스Thomas Hobbes나 로크의 사회계약론에 대한 이론적 비판과 혁신의 의미가 강했다. 하이데거처럼 자신이야말로 사회계약을 제대로 설명·구성할 수 있다고 자임했던 것이다. 마르크스 역시 선배 철학자들과의 이론 투쟁을 통해 자신의 사상의 기본 체계를 세우고 나서("유태인 문제", 『경제학·철학 수고』, 『독일이데올로기』 등), 나중에 자본주의사회를 본격적이고 체계적으로 분석했다. 중국의 주자 역시 도가와 불가의 거대한 도전에 직면해, 현실을 좀 더 체계적이고 설득력 있게 설명하고 질서를 부여하기 위해, 곧 열세에 놓인 기존 유학을 구제하기 위해 성리학을 집대성함으로써 유교를 버전-업(또는 업그레이드)시켰다.

종합해 볼 때, 현실과 대결해서 얻은 새로운 문제의식의 획득과 해결을 통한 혁신 그리고 이론적 논쟁을 통해 도달한 혁신이 공존하는 경우도 있겠지만, 대체로 사상의 혁신, 새로운 사상의 탄생은 현실에 대한 근본적인 문제의식에서 시작하거나 아니면 기존의 이론 체계에 대한 강력한 반발에서 비롯된다고 할 수 있다.[33]

이런 대안의 한국적 적용

이런 대안 또는 전략을 한국 학계에 적용한다면, 정치사상 연구자들은 어떻게 사상을 연구해야 하는가?

국내의 서양 사상 연구자들이 서양 사상 연구를 위해 채용해 온 전형적인 방법은 현대나 과거의 서구 사상가들의 이론 체계를 분석하고 비판하는 것으로서 대체로 서양에서 사상 연구자들이 해온 작업이다. 그런 작업의 결과, 우리는 어떤 성과를 얻었는가? 서양 사상 연구의 경우 현대 한국 정치의 바탕에 놓인 사상적 전통이 서구로부터 확산되어 온 것이고 우리에게는 아직 전통으로 정착되지 않았기 때문에, 현재로서는 우리의 연구 성과를 적절하게 자리매김할 수 있는 공간과 기준이 부재한 것처럼 생각

33_이런 지적은 토머스 쿤(Thomas Kuhn)이 이야기하는 패러다임의 혁신 과정과 비슷할 것이다.

된다. 그러나 서양 사상의 수용의 결과, 서양 사상이 우리의 전통으로 확고하게 자리 잡을 때, 우리의 후손들은 후대의 발전상에 비추어 이전의 서구 사상 수용자들의 노력을 평가해 안치할 수 있는 공간과 기준을 확보할 수 있을 것이다.[34] 그런 차원에서 우리의 작업은 평가받고 또 기여할 것이다.

이와 관련해 조선 건국 초 정도전鄭道傳의 활동을 상기하는 것은 유용하다. 혁명적 사상가 정도전은 고려 시대 불교적 통치 체제를 극복하고 새로운 사회를 건설하기 위해 성리학적 통치 체제를 수립하는 데 앞장섰다. 그는 『조선경국전』, 『경제문감』을 집필하면서 공자의 말에 따라 동주東周를 세우겠다는 비전으로 조선의 건국에 참여했다. 이 점에서 그는 미국의 연방주의자들 또는 건국의 시조(아버지)들과 비슷한 역할을 했다. 곧 그는 새로운 사회의 운영 프로그램을 중국의 것을 참조해 작성·제시했던 것이다. 그리하여 당시에는 생소했던 사상 체계가 나중에 『경국대전』으로 집대성됨으로써 조선화(우리화)되었다. 아마 우리나라의 적잖은 서양 사상 연구자들 역시 이와 비슷한 작업에 기여하고 있는지 모른다. 그들은 이런 의미에서 서구의 자유주의, 민주주의, 사회주의 이론을 소개·설명하고, 루소나 마르크스의 사상을 해석하고, 또 서구의 페미니즘을 도입해 한국 사회를 설명하고 개조하기 위한 운영 프로그램으로 사용하고자 한다. 그런 집합

---

[34] 서양 사상 연구는 아직 우리의 전통으로 정착하지 못했기 때문에 현재로서는 자리매김될 (안치될) 전당(문묘)이 없다. 어쩌면 그것은 신라의 설총과 강수, 고려 시대 유학자들이 자리매김될 사당이 당대에 없었던 것과 유사한 상황이기도 할 것이다. 그러나 유교가 궁극적으로 지배적 패러다임이 된 조선 시대에, 조선 시대의 조광조, 이황, 이이 등은 물론 신라 시대의 설총과 최치원, 고려 말의 안향과 정몽주 등이 동방 18현에 포함되어 (공자를 포함한) 중국 성현 16인과 함께 문묘에 배향된 사실을 상기할 필요가 있다. 오늘의 서양 사상 연구자들 역시 후일 서양 사상의 학적 전통이 자리 잡게 될 때, 후일의 시각과 평가 기준에 따라 합당한 자리를 부여받을 수 있을 법도 하다.

적 작업과 정치적 실험이 성과를 거두어서 우리는 이제 어느 정도 한국 민주주의를 서구적 운영 프로그램에 맞게 운영하고 있는지도 모른다.

한편 전통 사상 연구자들은 어떤 대안을 추구할 것인가?[35] (이 비유에 불공평한 함의가 있다는 생각도 들지만, 경각심을 불러일으키는 차원에서 말한다면) 역설처럼 들리기도 하겠지만, 서양 사상 전공자들이 배불론자排佛論者들로서 조선의 유학자들에 해당할지 모르고, 현대의 전통 사상 전공자들은 고려 시대의 불교론자들일지도 모른다. 과거에는 유학이 실학實學이고 불교가 허학虛學이라고 비판되었지만, 오늘날의 서구중심적 사상 체계와 현실에 따르면, 유학이 허학이고 서양 사상이 실학이라고 우길 법도 하기 때문이다. 만약 비유를 유학자들에게 유리하게 바꾸어 본다면 유학의 입장에서 서구 사상의 도래는 과거 주자가 직면했던 도가 및 불가의 도전과 유사할지 모른다. 그렇기 때문에 오늘날 유학 연구에 몰입하는 중국의 유학자들은 스스로를 '신유학'이라 자처하고, 그런 용어를 통해 은연중에 주자가 그 도전을 극복하는 데 성공했듯이, 자신들 역시 성공할 것이라는 함의를 반입해 오고 있다. 저 역시 그렇게 될 수 있기를 희망한다. 다만 그런 입장은 주자가 도가와 불가의 장점을 대폭적으로 수용해 유학의 체계 내에서 (사실상 도가나 불가와 은밀하게 호환성을 갖는?) 새로운 개념과 이론 체계를 혁신적으로 발명하고 종합함으로써 성공했다는 점을 인식하고 있어야 할 것이다. 그렇다면 과제는 전통적인 성리학이나 유학을 고수할 것이 아니라 필요하다면 기존의 유학적 전통에서 상당 부분을 폐기 처분하고 서양 사상을 과감하게 수용해 새로운 유학으로 거듭나는 것이다. 요컨대 동서양 정치사상을 비판적으로 수렴해 새로운 종합을 만들어 내는 대통합의 작업

35_필자의 식견이 짧기 때문에 전통 사상 연구자들을 유학 사상 연구자들로 한정해 논하겠다.

을 수행해야 하는 것이다. 그렇기 때문에 국내의 일부 동양 사상 연구자들이 동양 사상 연구 방법이 별도로 있다고 주장하면서 (서양 사상과의 적극적인 교류를 소홀히 하고) 고립주의적 초연함을 유지하는 태도에는 공감할 수 없다. 물론 방법론이 일정한 선先가치를 반영하기 때문에 중립적이지 않다는 주장에 어느 정도 공감하기는 하지만 사상사적 혁신이란 거기에 구애받지 않고 다양한 방법론을 과감하게 수용해 새로운 방법을 구성해 내고 시도하는 것이기 때문이다.[36]

4. 맺는말

지금까지 '한국 정치사상, 어떻게 할 것인가'라는 문제의식을 설정하고 이에 대해 필자가 생각해 본 대안을 개략적으로 정리해서 제시했다. 물론 지금까지 서술한 것은 필자가 생각하는 바의 현주소를 현출한 것이지, 완성 단계에 도달한 것은 아니다. 현 단계에서 좀 더 생각해 볼 주제는 다음과 같다. 이런 세 가지 대안 이외에 달리 더 훌륭한 대안이 있는가, 그리고 있다면 어떤 방향에서 생각을 타개해야 할 것인가. 지금까지 제시된 대안들을 거칠게 구분하면, 대안 1과 대안 2는 주변부를 염두에 둔 전략이고, 대안 3은 중심부와 주변부에 두루 적용되는 전략인 것처럼 보인다. 그렇다 하더라도 대안 1, 대안 2, 대안 3이 맺는 상호 관계는 무엇이고 각각의 대

---

[36] 사실 마루야마의 『일본정치사상사연구』에는 서양 사상의 영향이 명시적으로는 물론 묵시적으로도 깊숙이 스며들어 있다.

안이 지닌 근본적 한계는 무엇인가? 이런 문제들에 대한 지속적인 고민과 성찰이 필요하다.

제2부

동서 비교

| 3장 |

덕치德治와 법치法治

양자의 겸전兼全 필요성을 중심으로

1. 글머리에

해방과 분단 이후 한국은 헌법에 민주공화국임을 명시하면서 서구적 정치 제도와 법치주의 원칙을 적극 도입했다. 하지만 여러 가지 이유로 현대 민주주의의 주요 원칙인 법치주의가 제대로 정착되지 않아, 법질서가 난맥상을 보여 왔다. 다른 한편 조선 시대에 정치 지도자의 덕을 강조하던 덕치주의 역시 이념과 현실에서 철저히 실종되고 말았다. 이런 현상은 전통의 무기력한 실종과 뒤이은 근대의 파행적 수용을 보여 주는 적절한 예라 할 수 있다.

먼저 법치의 문제를 살펴볼 때, 한국 사회는 법치의 과잉과 법치의 결핍이라는 역설적인 현상에 시달리고 있다. 정치인이나 일반 시민을 규제하는 법은 산더미같이 쌓여 있어도, 그 법이 제대로 효력을 발휘하지 못하고 있기 때문이다. 과거 정권을 장악한 지배 집단부터 정권의 유지를 위해 헌법 규정을 무시하는 일이 다반사였다. 게다가 공직자들이 막대한 사재를 축적하기 위해서 법 규정을 위반하는 부정부패가 만연했다. 헌법에 국민의 기본적 권리를 보장하기 위한 조문이 명기되어 있어도, 과거의 타성에 젖어 이를 유린하는 가해자 공무원은 말할 것도 없고, 이런 침해에 맞서 자신의 권리를 당당하게 옹호해야 하는 피해자 시민의 인권 의식 역시 민주화가 상당히 진척된 현재에도 상당히 미약한 실정이다. 아울러 현실을 외면하고 지나치게 단속 위주로 제정된 법률들은 그 자체가 부정과 부패의 온상이 되고 있다. 법대로 단속하면 걸리지 않을 사람이 없으면서도, 수많은 사람들이 일상적으로 법을 의식적·무의식적으로 위반하거나 우회하는 탈법과 편법을 일삼고 있다. 그 결과 한국 사회에서는 '법을 제대로 지키면 손해'라는 사고가 상식으로 통한다. 따라서 우리는 규제와 단속 위주의 법 제정 및 집행 과정에서 정부의 '법 만능주의'와 일반 시민의 '일상적 무법 상태'가 나란히 공존하는 역설적인 현상을 목격하고 있다.

사정은 법치가 비교적 완비된 서구 사회에서도 크게 다르지 않다. 개인의 권리 보호를 위주로 하는 법치주의는 개인을 갈수록 이기적인 존재로 만들고 있으며, 정교한 법체계와 엄격한 법집행에도 불구하고 범죄와 일탈 행위는 갈수록 증대하고 있다. 특히 소송 문화가 왕성한 미국에서는 죄를 짓더라도 비싼 값을 지불하고 유능한 변호사를 고용함으로써 유죄판결을 면하는 사례가 적지 않은바, '유전무죄, 무전유죄'의 논리는 한국 현실에만 국한된 것이 아니라 서구 현실에도 적용된다. 상대적으로 법치가 잘 정비된 사회에서도 팽배한 '법적 책임만 면하면 된다'는 사고는 법원의 업무 증대와 소송비용의 천문학적 증대에만 기여할 뿐이며 불법행위에 대한 도덕적 반성은 철저히 뒷전으로 밀어내고 있다.

정치학 교과서에서 게임이론의 백미로 알려진 '죄수의 딜레마' 이론 역시 범죄를 함께 저지른 공범들이 각자 범죄에 대한 도덕적 반성을 하기는커녕, 정교한 법률 게임 내에서 자신이 저지른 범죄 사실에 대한 '자백'과

'부인'의 손익을 신중히 저울질하면서, 어떻게 하면 자신에 대한 처벌을 최소화할 수 있는가라는 '합리적' 전략의 수립에 부심하고 있는 모습을 극적으로 보여 준다. 이런 이론에의 몰두는, 그 주체가 그 이론을 가르치는 학자이든 배우는 학생들이든, 범죄를 저지른 이상 자신의 행위에 대한 도덕적 반성과 함께 자신의 범죄 사실을 고백하며, 나아가 자신의 죄에 합당한 벌을 감수해야 한다는 선량한 시민 의식이 실종되고 있고, 나아가 그 상실을 당연한 현실로 내면화하고 있다는 사실을 단적으로 입증하고 있다. '죄수의 딜레마'라는 이론이야말로 현대 서구 사회에서 법치주의의 현실적 결함을 학문적으로 재생산하고 있는 극명한 실례인 것이다.

    미국과 같이 법치주의가 잘 정비된 서구 사회에서 만연된 소송 만능주의 및 '법망 피해 가기'라는 정교한 기술의 발달로 특징지어지는 문제점 역시 근본적으로는 한국 사회가 안고 있는 문제점, 곧 법치 의식 또는 준법정신의 결여와 크게 다르지 않다. 현대 법치국가가 직면한 이런 문제에 대한 해결책은 일견 법치의 강화냐 아니면 다른 대안의 모색이냐 라는 방향에서 기본 가닥을 잡아야 할 것으로 보인다. 여기서 우리는 대안 모색의 일환으로 전통 시대 유가의 통치 이념이던 덕치의 효용을 새삼 떠올리게 된다. 왜냐하면 법체계를 완벽하게 정비한다 할지라도, 법을 집행하고 준수하는 공직자와 시민의 도덕성이 개선되지 않는 한 법체계는 무용지물에 불과한데, 유가가 강조하는 덕치는 바로 이런 문제의식에서 출발해 도덕성의 개선을 직접적인 목표로 삼고 있기 때문이다. 따라서 성문법의 외형적 준수를 강조하는 법치와 도덕규범의 내면적 준수를 역설하는 덕치는 이론과 현실 양면에서 상호 대립되는 원칙이면서도 상호 보완적으로 사용되어야 하는 원칙이다. 이 점에서 법치와 덕치의 장점과 한계를 학문적으로 비교 검토하는 작업은 양자의 상호 보완적 겸전을 위해 실천적으로도 중요한 의미를 지닌다.[1]

    덕치와 법치의 보완적 겸전을 위해 이 논문은 무엇보다도 (유가 중심의)

동양은 덕치, 서양은 법치를 통치 원리로 삼아 왔다는 동서양 정치사상사[2]에 대한 종래의 경직된 이분법적 대립 구도를 해체하고자 한다. 그래야만 비로소 우리는 법치와 덕치의 겸전을 위한 개방된 지평을 수월하게 확보할 수 있기 때문이다. 이런 문제의식을 염두에 두고 이 글은 동서양 정치사상에서 법치사상의 전개 과정을 덕치사상과 대비하면서 개괄적으로 제시한 후, 현대 민주국가에서도 덕치가 법치를 보완하기 위해 필수적으로 요청된다는 점을 강조하고자 한다. 이를 위해 다음 2절 "예비적 고찰"에서는 비유럽 세계에 '법치'가 결여되어 있다는 근대 서구 학자들의 견해를 요약하고, 이런 학문적 배경을 바탕에 두고 전개되는 국내 학계의 법치와 덕치에 대한 논의를 간략히 제시하면서, 논의의 전개를 위해 이 논문의 기본 개념인 덕치, 예치, 법치 및 입헌주의에 대해 간략히 정의할 것이다. 이어서 3

1_이 논문에 대해 한 평자는 법과 덕을 겸전할 경우 그 구체적 조건이 어떻게 될 것인가에 대한 제시가 결여되어 있다는 지극히 타당한 비판을 제기했다. 필자는 이 글에서 그런 비판에 대한 구체적 답변을 제시하지 못한 데 대해 능력 부족을 절감하고 있다. 그러나 그런 비판에 대한 답변을 차후의 과제로 기약하면서 다음과 같은 점을 덧붙이고자 한다. 먼저 구체적인 사상가를 살펴볼 경우 공자나 맹자 및 플라톤이나 아리스토텔레스 역시 겸전의 구체적 조건에 대한 답변은 결여되어 있다는 점을 지적하지 않을 수 없다. 나아가 특정한 사상가는 물론 특정한 시대 역시 겸전의 보편적 조건은 제시할 수 없다고 생각한다. 그럼에도 불구하고 겸전의 일반적 지침을 탐구하고 제시하는 것은 필요하다고 생각되는바, 그것은 주어진 정치 공동체가 추구하는 정치적 이상, 그 공동체가 처한 역사적 상황, 물려받은 전통, 규범 문화의 특성 등에 따라 다양한 편차를 보일 것이라 생각한다. 물론 이처럼 모호한 설명이 큰 도움이 되지 않는다는 점을 인정한다.

2_여기서 동양(東洋, Orient)은 대개의 경우 중국을 중심으로 한 동아시아 문명권을 지칭하는 것임을 밝혀 둔다. 동양은 서양인들에게는 아시아 지역 전체를 지칭하는 말이지만, (일본의 영향을 받은) 학계의 관행상 한국에서는 동아시아 문명권을 지칭하기도 하기 때문이다. 그리고 동아시아 문명은 전근대 시대에 중국의 압도적인 영향하에 놓여 있었으므로, 이 글에서는 덕치와 법치 사상의 전개를 살펴보는 데 있어서 중국 사상을 중심으로 검토할 것이다.

절과 4절에서는 일단 현대 정치 공동체를 운영하는 원리로 법치가 지배적으로 수용되고 있다는 점을 감안해 법치사상의 전개 과정을 동서양의 주요 사상가들을 중심으로 살펴보되, 문명사회는 어디서나 덕치와 법치의 겸전을 추구해 왔음을 구명하고자 한다. 따라서 3절인 "서양 정치사상사에서 법치사상의 전개와 덕치사상의 겸전"에서는 서양에서 법치사상의 전개 과정을 주요 사상가들을 중심으로 살펴본 후, 그들의 법치사상에 덕치사상이 결합되어 있음을 밝힐 것이다. 그리고 4절 "동양 정치사상사에서 법치사상의 전개와 덕치·법치의 겸전"에서는 중국의 선진 사상에서 법치의 전통적 위상을 서술하고 공자와 맹자를 중심으로 덕치와 법치 사상의 겸전을 살펴본 후, 유가의 예치 사상을 서양의 입헌주의와 관련지어 논할 것이다. 마지막으로 5절 "맺는말"에서는 법치국가가 필요로 하는 준법정신 역시 근본적으로는 법치의 산물이 아니라 덕치와 관련되어 있음을 주장함으로써 현대 법치주의가 덕치를 필요로 할 수밖에 없다는 점을 강조할 것이다.

2. 예비적 고찰

법치가 결여된 오리엔트?

근대 이후 서구의 제국주의 세력은 우월한 군사력과 경제력을 이용해 여타 지역을 정복하는 과정에서, 자신들의 군사적·경제적 우월성을 문화적 우월성으로 전환시키는 작업을 동시에 추진했다. 그리고 이를 전개하는에 바탕이 된 것이 바로 서구중심주의적 세계관이다. 서구중심주의는 대개의 경우 단순한 이분법적 도식을 통해 정식화되었는데 그 전형적인 방법은 '서구에는 무엇이 있는데, 여타 비서구 세계에는 그 무엇이 없다'는 논리였다. 자본주의를 예로 들어본다면 '서구에서는 자본주의가 발전했는데, 여타 세계에는 왜 자본주의가 발전하지 못했는가?'라는 문제의식을 갖는 것이고, 그에 대한 가능한 답변은 비서구 사회에는 자본주의의 발전을 뒷받침할 수 있는 일정한 생산양식(봉건제)이나 일정한 심성(프로테스탄트 윤리)이 결여되어 있기 때문이라는 것이다. 이 점에서 서구의 대표적인 사회과학자인 막스 베버Max Weber가 저 유명한 『프로테스탄티즘의 윤리와 자본주의 정신』을 다음과 같은 화두를 던지는 것으로 시작하는 것은 자못 의미심장하다. "보편적인 의의와 가치를 지닌 발전 선상에 놓여 있는 듯한 문화적 현상이 서구 문명에서 그리고 오직 서구 문명에서만 나타난 사실은 어떤 일련의 환경들에 귀속될 수 있을 것인가?"(베버 1998, 5).[3]

이처럼 서구와 여타 문명 사이에 존재하는 문화적 차이를 우열 관계로 전환시키는 과정에서 서구 사회과학은 서구 문명이 세계에서 유일하고 예외적인 문명이며 가장 우월한 문명이라는 '사실'을 부각시키는 작업을 성실히 수행해 왔다. 즉 19세기 유럽의 제국주의적 팽창과 함께 본격적으로 발전된 서구 사회과학의 기저에는 한편으로 서구의 우월성을 유럽예외주의European exceptionalism로, 다른 한편으로 여타 세계의 열등성을 오리엔탈리즘이라는 이론 틀을 따라 표상하는 세계관이 깔려 있었다. 이 점에서 유럽 예외주의와 오리엔탈리즘이 서구중심주의라는 동전의 양면이라고 갈파한 프랑크의 언명은 지극히 타당하다(Frank 1995, 184).

3_베버는 서구 자본주의 기원의 독특성을 해명하기 위해 다음과 같이 본격적인 질문을 던진다. "그런데 왜 자본주의적 이해관계가 중국이나 인도에서는 같은 결과를 낳지 못했을까? 왜 그곳에서는 과학적, 예술적, 정치적 혹은 경제적 발전은 서양에 독특한 합리화의 길에 들어서지 못했을까?"(베버 1998, 16).

서구중심주의에 근거한 이분법적 도식은 서구와 여타 세계의 규범 문화를 비교하는 과정에서도 예외 없이 관철되었다. 즉 서양은 법에 의해 다스려지는 질서 정연한 사회인 데 반해, 여타 사회는 법이 아니라 통치자 개인의 변덕스러운 자의恣意가 군림하는 사회라는 것이다. 근대 계몽주의 시대에 『법의 정신』을 써서 유명해진 프랑스의 사상가 몽테스키외Charles de Montesquieu는 '동양적 전제정치'Oriental despotism라는 개념을 정립해 보급시킴으로써 아시아를 비롯한 여타 지역을 법치가 결여한 지역으로 폄하하는 데 결정적인 공헌을 했다. 몽테스키외는 페르시아를 포함한 아시아와 아프리카의 인민들은 자유의 정신이 결핍된 노예 상태에 있기 때문에 역사의 모든 시기에 걸쳐 전제정치, 곧 법률이나 다른 규칙에 의해 규제받지 않는 단일의 인간이 자신의 변덕스러운 의사에 따라 통치하는 정부 형태가 전일적으로 군림해 왔다고 주장했다(Richter 1977, 196, 214). 베버 역시 중국의 문화적 토대를 형성한 종교인 유교와 도교의 영향력을 분석하면서 중국에는 형식적으로 보장된 법과 합리적인 행정 및 사법 제도가 결여되어 있기 때문에 자본주의가 발전할 수 없었다고 주장했다(베버 1996, 155-159).[4] 이처럼 근대 서양의 주요 지식인들은 페르시아, 인도, 중국 등 아시아 문명권 전반의 정치를 법치가 결여된 '동양적 전제정치'로 규정해 왔던 것이다.

4_베버는 세계 여러 문명의 종교에 대해 집필하기 전 이미 완성한 『프로테스탄티즘의 윤리와 자본주의 정신』에서, 여타 세계에서의 법치의 부재에 주목한 바 있다. "그러나 서구적인 의미에서 '법에 따라 통치한다'는 봉건국가마저도 서양 문화에만 알려져 있는 것이다. …… 사실상 합리적인 성문헌법과 합리적으로 정비된 법률, 합리적 규칙이나 법에 따른 행정 등을 갖춘 정치적 결사체란 의미에서의, 훈련된 관리들에 의해 움직여지는 국가 자체가 이런 특징의 결합의 형태로는 그 모든 유사물에도 불구하고 단지 서양에만 알려져 있는 것이다"(베버 1998, 8).

국내 논의의 검토

이런 서구중심주의적 문제 제기의 영향하에서 국내 학계에서도 덕치와 법치를 둘러싼 논의가 진행되어 왔고 상당한 연구 성과가 축적되었다. 최근 논의된 주제를 중심으로 검토해 보면 다음과 같다.

첫째는 중국 사상 내에서 덕치와 법치의 관계를 논하는 것이다. 가장 대표적인 것이 유가의 덕치·예치와 법가의 법치를 비교하는 것이라 할 수 있는데, 이승환은 "유가는 법치에 반대했는가"라는 논문에서 유가의 예치 개념 — 예의 보편성 및 강제 규범성 — 에 주목하면서, 유가 역시 법치를 지지했으나 단지 그 법원法源(자연법 대 실정법), 형벌 이론(죄형상부주의罪刑相符主義 대 중형주의) 등에서 법가와 차이가 있다고 주장한다. 유가가 자연법 주의적인 법치를 역설했다면, 법가는 법 실증주의적 법치를 강조했다는 것이다(이승환 1998).

둘째는 중국 사상에서의 덕치·법치 개념과 고대 그리스(플라톤이나 아리스토텔레스) 사상에서의 덕치·법치 개념을 비교하는 것이다. 우리는 플라톤의 『국가』와 『법률』, 아리스토텔레스의 『정치학』에서 덕치와 법치 사상이 교차하고 있음을 볼 수 있다. 고대 중국과 그리스의 법사상을 비교하는 연구는 동북아 문명과 서구 문명의 기원과 주조를 형성하는 고전 시대의 법사상을 비교한다는 점에서 현대 두 문명 간의 차이를 인식하는 데도 중요한 의의를 가진다. 덕치·법치의 축을 통해 그리스의 법사상을 살펴보는 작업은 플라톤과 아리스토텔레스 역시 법치와 덕치의 문제를 놓고 고민했다는 사실을 해명하는 것이다. 그러나 최선자 지배 체제로서 철인 통치론과 군자 통치론이 다 같은 덕치라 할지라도 심층적인 차원에서 그리스에서의 덕의 개념과 중국에서의 덕의 개념이 상당히 다르기 때문에, 이에 대한 연구는 공통점 못지않게 존재하는 의미심장한 차이를 밝힐 수 있다. 필자가 보기에 플라톤이나 아리스토텔레스의 법사상 역시 법치를 자연법 중심으로 파악해 덕치와 법치에 상호 보완적으로 접근한다는 점에

서 유가의 법사상과 유사하다. 그러나 이에 대한 국내의 논의는 저조한 형편이다.[5]

셋째는 유가의 덕치사상과 근대 서양의 법치사상을 비교하는 다수의 논문들이다. 국내의 논의는 대체로 현대 서구의 법치를 기본적인 원칙으로 제시하되, 법치가 지닌 폐해나 한계를 덕치의 이념을 통해서 보완할 것을 주장하는 입장을 취한다(전병재 2000; 이재룡 2000; 정병석·이진우 1996). 동서 정치사상의 적절한 융합이라는 관점에서 덕치와 법치의 이상과 현실을 대비하면서 양자의 지양과 종합을 모색하는 작업은 학문적으로 대단히 의미가 있다고 할 수 있다. 그러나 양자를 비교하는 국내의 논의는 대체로 역사성을 결여한 채 정교하지 못하다는 인상을 준다. 그럼에도 이런 논의가 지향하는 발상, 곧 한국 사회가 서구의 법치를 지향하기는 하지만, 법치의 한계와 결함을 인정하고 덕치를 통해 이를 보완할 필요가 있다는 주장은 지속적으로 다듬고 추구할 가치가 있다고 생각된다. 이 논문은 국내의 논의 가운데 두 번째와 세 번째에 속하는 문제의식을 좀 더 심화시키고자 한다.

기본 개념의 정리: 덕치, 예치, 법치 그리고 입헌주의

이 논문에서는 덕치, 예치, 법치를 다음과 같이 정의하려고 한다. 먼저 덕치는 "지도자의 도덕적 감화력"을 통해 "백성을 교화"시킴으로써 "범죄나 분쟁이 없는 평화로운 사회를 만들려는" 통치원리다. 이런 덕치사상은 "지

5_정병석·이진우(1996)의 논문이 부분적으로 이 주제를 다루고 있지만 본격적인 논의로서는 미흡하다.

도자가 솔선수범하여 도덕적 모범을 보일 때 백성들도 사심 없이 양보하고 협동하게 될 것이라는" 가정에 기초하고 있다(이승환 1998, 184).[6] 유가 사상에서 '예'는 행위규범과 강제규범의 양면적 성격을 가지고 있는데, 예는 대체로 "통치 계급 내부 관계를 조정하는 역할뿐만 아니라, 각 계층 간의 신분과 특권 및 재산상속 제도 등을 규정하고, 나아가 서민 계층의 일상생활까지 규율하는 행위규범"이자 "예를 어길 때에는 곧 공권력에 의한 강제 집행과 형사처벌이 뒤따른다"는 점에서 강제규범, 곧 법으로서의 성격을 가지고 있다. 물론 유가가 관행화하거나 의례화한 예 조목들 중에는 위반시 처벌이 수반되지 않은 조목들이 상당수 있었고, 그런 예 조목들은 법적 성격을 갖지 않았다고 할 수 있다(이승환 1998, 176). 이런 예외적인 경우를 제외하면 유가의 예치는 법치[7]에 접근한다고 할 수 있다. 이와 관련해 이승환은 유가의 예와 법가의 법이 지닌 법률적 성격을 "유가의 '예'는 자연법주의에 근거한 법이라고 할 수 있는 반면, 법가의 법은 법실증주의에 입각한 법"이라고 구분한다(이승환 1998, 178). 그러나 종래 대다수의 서구 학자들은 물론 일부 동아시아 학자들 역시 유가의 예를 '도덕규범' 또는 '의

6_이 글에서는 이승환의 정의에 따라 덕치 개념을 유가 중심적으로 정의했다. 이런 덕치 개념을 플라톤, 아리스토텔레스 등 서양 정치사상가에서 발견되는 덕치 개념과 동일시하는 데는 어느 정도 무리가 따른다. 그러나 이 글에서는, 덕치는 법치와 달리 '어떤 제도를 통해 다스릴 것인가'라는 문제보다 '어떤 사람이 통치할 것인가'라는 문제에 우선적인 관심을 갖는다고 본다. 그리고 정치 지도자의 지적·도덕적 자질에 우선적인 관심을 갖는다는 점에서는 중국 사상과 서구 사상에서 덕치의 형태적 요소가 일치한다고 보기 때문에, 덕치를 구성하는 덕의 실질적 내용상의 차이는 일단 무시하기로 한다. 다시 말해 우리가 덕이라는 동일한 용어를 통해 이해하는 중국의 '덕치'(德治)와 서양의 '덕치'(rule of virtue)를 비교 연구하는 것은 학문적으로 중요한 작업임에 분명하지만, 이 글의 목적과 직접적으로 상관이 없으므로, 여기서는 별도로 고찰하지 않겠다.

7_그러나 이 경우 그 법원(法源)은 성문법과 불문법을 포괄한다.

례'로 파악함으로써 예치의 법치적 성격을 간과해 왔다(이승환 1998, 171-172). 한편 "법가의 법치는 군주 1인의 권리와 권력을 무제한 인정하면서, 군주 이하의 모든 계층은 군주가 제정한 법에 충실히 따를 것을 요구하는 전제적 법치주의"로서 국민의 대표 기관인 "의회가 제정한 법률에 준거한 정치"를 추구하는 근대 서구의 법치와 구분된다. 따라서 민주적 "법치가 국민의 권리 보장과 국가권력의 분립을 핵심 원칙으로 채택하는 데 반해", 법가의 법치는 군주권의 강화와 신민의 통제를 주된 목적으로 한다(이승환 1998, 185).

근대 서구에서 발전된 법치사상이 오늘날 서구 사회는 물론 여타 사회에서도 법치가 제대로 시행되는지 여부를 평가하는 보편적(?) 잣대로 군림하고 있기 때문에, 이 글의 주제와 관련해 좀 더 자세히 고찰할 필요가 있다. 오늘날 서구에서 법의 지배는 자유민주주의의 핵심적 원칙의 하나로서 통상 세 가지 관념으로 구성된 것으로 인식된다. 첫째, 법치는 자의적恣意的인 권력에 의한 지배에 반대되는 관념으로 일반적인 법의 최고성을 지칭한다. 이 점에서 법치는 인치人治, rule of men에 대비되는 개념으로서 정치권력을 규제하며 그것을 비인격적인 것으로 전화시킨다. 둘째, 법치는 법 앞의 평등, 계급과 계층에 상관없이 공직자를 포함한 모든 사람들이 일반적인 법의 평등한 적용을 받는다는 관념을 지칭한다. 셋째, 법치는 최고의 입헌적 법, 곧 헌법이 상위법으로서 통상적인 법을 구속한다는 관념을 지칭한다(Solum 1994, 122; Macedo 1994, 148-149; Gaus 1994, 328-330; 다이시 1993, 106-123 참조).

역사적으로 가장 전통적인 의미에서의 법치는 첫째 요소를 지칭하는 것으로 인식되어 왔다. 그러나 법치의 첫째와 둘째의 조건이 충족되더라도 압제는 가능하다. 예를 들어 모든 국민에게 해외여행의 자유나 언론의 자유를 금지하는 법 — 마치 마약 복용을 금지하는 법을 제정하는 것처럼 — 이 제정되어 평등하게 적용된다면 첫 번째와 두 번째 의미에서의 법치는 존재하는 것이기 때문이다. 따라서 세 번째 요소가 필요하며, 이를 위해 독립된 사법부가 입법부나 행정부의 정치적 행위에 대해 헌법과 같은 상위법에 의거해 사법 심사(위헌 심사)를 할 수 있는 권한을 보유하는 제도, 곧 입헌주의가 오늘날 법치의 필수적 요소로 인식된다(Macedo 1994, 149). 특히 세 번째 요소는 서구 근대사상의 전개 과정에서 전통적으로 존재하던 입헌주의가 법치와 결합한 결과 추가된 것이다. 따라서 오늘날 법치주의는 기본권의 보장, 권력의 분립, 성문헌법의 존재[8]와 함께 입헌주의 constitutionalism의 필수적 구성 요소로 인정된다.[9] 논리적으로 입헌주의가 법치와 불가분적으로 결합할 필요는 없지만, 서구 정치사상사에서는 역사적으로 특히 근대와 들어와 서로 강하게 결부된 것이다.

3. 서양 정치사상사에서 법치사상의 전개와 덕치사상의 겸전

서양 정치사상사에서 법치사상의 전개

서양 사상사에서 아리스토텔레스와 같은 그리스 철학자, 로마의 법률가,

8_물론 영국과 같이 불문헌법에 의해 다스려지는 국가도 예외적으로 존재한다.

9_그러나 서구 정치사상사에서 입헌주의와 법치의 명시적 결합은 근대에 들어와 영미법의 전통에 따라 확립된 것이다. 서구 정치사상사에서 입헌주의는 본래 "어떻게 통치자를 규제할 것인가?"(How to Rule the Rulers?)라는 문제 제기에서 비롯되었다. 따라서 입헌주의는 가장 기본적으로 "정부의 행위에 대한 규제의 체계"로 정의된다(Friedrich 1968, 320).

중세와 근대의 자연법 사상가, 로크, 몽테스키외, 루소, 헤겔 등 근대사상가들 및 미국의 건국자들은 대체로 법치의 바람직함을 적극 옹호해 왔다. 그러나 법치사상이 입헌주의와 긴밀히 결부되어 발전해 왔기 때문에, 오늘날 법치주의는 대체로 입헌주의의 전개와 연관되어 논의된다.

서양의 입헌주의는 그리스의 혼합정체politeia — 온건하고 균형 잡힌 정부 형태 또는 제한된 정부 — 라는 개념에 근거를 두고 있다. 또한 입헌주의는 힘의 지배에 반대되는 법의 지배, 올바름의 지배라는 의미를 지니고 있었다(Maddox 1989, 52). 아리스토텔레스에게 법의 지배는 신 및 이성에 의한 지배와 동일시되었다. "법이 통치해야 한다고 주장하는 사람은 신과 이성만이 통치해야 한다고 주장하는 것으로 간주될 수 있으며, 사람이 통치해야 한다고 주장하는 사람은 정치에 야수적인 요소를 첨가시키는 것과 같다. …… 법은 신과 이성의 순수한 목소리처럼 '어떤 감정의 요소도 없는 이성'이라고 정의할 수 있겠다"(아리스토텔레스 1994, 154). 그러나 뒤에 본격적으로 논의할 것처럼 아리스토텔레스는 성문법 역시 중요하지만 불문의 관습에 기초를 둔 법이 성문법보다 더 높은 권위를 가지며, 또한 더욱 중요한 문제를 다룬다고 생각했다(아리스토텔레스 1994, 155). 따라서 민회가 제정한 법보다는 관습에 근거한 노모스nomos를 더욱 근본적인 규범으로 중시했다.

로마공화정 말기에 키케로는 그리스 정치사상을 로마에 수용하면서 컨스티튜오Constitutio라는 개념을 창안했는데, 그것은 그리스의 혼합정체 개념에 근접한 것으로서, "온건하고 균형 잡힌 정부 형태"를 의미했다(Maddox 1989, 51). 또한 키케로는 예전의 상위법 개념을 원숙한 자연법 개념으로 발전시킨 스토아학파의 자연법사상을 로마에 수용해, 혁명적 관념을 제기했다. 나라의 법이 참된 법 — 불변의 영구적인 이성 — 과 일치하지 않으면 그 특정한 법은 무효라는 것이었다. 그의 컨스티튜오는 '참된 법에 의한 지배'를 의미했다(Maddox 1989, 54-55). 이처럼 로마인들에게도 법치는 보편적인 자연법으로부터 도출되는 이성에 의한 지배로 관념화되었다. 따라서 그레이엄 매독스는 이렇게 말한다. "서구 입헌주의의 토대는 그리스의 노모스에 토대를 둔 인민주권론이었으며, 그것은 보편적인 자연법으로부터 유래한 올바른 이성에 의한 지배로서 로마 시대의 사법 제도와 법학에 의해 신성화되었다"(Maddox 1989, 55).

이처럼 그리스와 로마의 정치적 전통과 실천에 의해 '법의 지배'는 인민주권론 및 자연법사상과 결부되어, 올바른 통치 형태라는 긍정적 의미를 가지게 되었다. 그리고 로마제정 이후 중세에 이르는 장구한 기간 동안 입헌주의가 권위주의적 색채를 띠는 경우에도, 법의 지배는 자연법사상과 연결되어 긍정적 의미를 유지할 수 있었다. 그리하여 "왕은 어떤 인간에게도 복종하지는 않지만, 신과 법률의 아래에 있다"는 말은 중세에도 널리 받아들여졌다(Maddox 1989, 58).

이런 법치사상은 근대에 이르러 자연법사상에 근거한 사회계약론이 출현하면서 다시 부각되었다. 대표적으로 로크는 입법권과 행정권의 분리를 주장하고 인민의 대표인 입법부에 의해 제정된 일반 규칙인 법에 의한 정부를 주장했다. 이런 법치주의는 입법부·행정부·사법부의 분립과 이 권력들 상호 간의 견제와 균형을 통해 시민의 자유를 보장하고자 한 몽테스키외의 권력분립론을 통해 근대적인 입헌주의 원칙으로 정식화되었고, 미국의 독립에 뒤이은 헌법 제정과 함께 근대 서구 민주국가의 확고부동한 원리로 자리 잡게 되었다. 그 결과 법치의 원리는 1948년 12월 유엔 인권선언에도 채택되었다. "인간이 폭정과 억압에 대한 최후의 수단으로서 반란에 호소하지 않으려면, 인권이 법치에 의해 보호되어야 한다는 것은 필수적이다"(Solum 1994, 121에서 재인용).

법치사상이 이처럼 서구 정치사상사의 주류를 형성해 왔지만, 서양의 정치가 민주화되기 이전인 19세기에 이르기까지 서구 사회의 법 현실에 법치사상이 효율적으로 관철되지는 않았다는 점에 주목할 필요가 있다.

영국과 미국에서는 19세기에 이르면 법치주의가 정치 질서의 기본적인 원칙으로 자리 잡게 되고, 20세기에 들어서면 대부분의 유럽 국가에서 법의 지배의 원칙이 상당히 높은 수준으로 실현되지만, 그 전까지 유럽 대부분의 국가들의 정치 현실은 법치와는 거리가 멀었다(다이시 1993, 100).

역사적으로 프랑스혁명 이전의 절대군주제가 전형적인 폭군 정치로 치부되는 경향이 있는데, 그나마 프랑스에서는 법과 여론이 유럽의 다른 국가들 — 예를 들어 스페인, 이탈리아의 도시국가들 또는 독일의 공국들 — 에서보다 훨씬 더 존중되었다(다이시 1993, 113).[10] 그럼에도 불구하고 프랑스의 대표적인 계몽사상가로 명성을 떨치던 볼테르Voltaire가 겪은 일화는 당시 프랑스에서 법치의 결여를 극명하게 보여 준다. 볼테르는 실제로 가보지도 않았던 감방에 관한 시를 (실제로 쓰지 않았음에도 불구하고) 썼다는 혐의로 그를 조롱하기 위한 관리들에 의해 '저자볼테르가 염원한 대로' 감옥에 보내진 적이 있으며, 그 후에도 귀족이 초대한 만찬에서 심한 조롱과 모욕을 받은 후 그에 대한 불평을 사석에서 늘어놓았다는 이유로 재차 바스티유 감옥에 투옥되었다(다이시 1993, 111). 따라서 근대 프랑스 왕들이 모두 유별난 폭군은 아니었지만 혁명 전 프랑스 왕정에서 법의 최고성 같은 것이 존재했다고 상정하는 것은 잘못이다. 혁명 이전 프랑스 왕정에서 법치의 결여에 대해 다이시는 다음과 같이 서술하는바, 이는 비슷한 시기에 '동양적 전제정치'라는 개념을 근대적으로 재정립한 몽테스키외의 모국에 대한 평가라는 점에서 주목할 만한 가치가 있다. "용감한 공직자나 저명한 외교관이라도 죄명도 모르는 채 재판이나 유죄 선고의 절차도

10_프랑스혁명 당시 처형당한 "루이 16세는 특별히 자의적으로 권력을 행사한 군주는 아니었으며, 더더구나 가혹한 폭군은 결코 아니었다는 것이 일반적인 평가"다(다이시 1993, 112).

없이 동양의 전제 체제에서나 자행됨직한 야만적인 고문보다 더 심한 고행과 굴욕을 감수해야만 했다"(다이시 1993, 113; 강조는 필자). 따라서 비교적 일찍부터 법치가 시작된 영미를 제외한다면, 서구에서도 적어도 200~300년에 걸친 치열한 민주화 투쟁을 통해 법치가 현실적인 실효성을 확보하기 시작했으며, 민주주의의 정착이 최근 — 주로 제2차 세계대전 이후 — 에 이뤄진 것처럼 법치의 실현 역시 최근의 성과라 아니할 수 없다.

서양 정치사상사에서 법치와 덕치의 겸전

서양 정치사상사에서 법치사상의 형성 과정을 논하며 대표적으로 분석했던 사상가들 역시 일관되게 법치만을 강조했던 것은 아니다. 그들의 법치사상 역시 덕치적 요소에 의해 보완되고 있다. 이를 간략히 살펴보도록 하자.

플라톤의 경우에는 초기 저작인 『국가』에서 법치보다 덕치를 우월시 했다고 해석하는 것이 적절하다. 그는 『국가』에서 절대적 지식인 '좋음의 이데아'를 본으로 삼아 정치 공동체의 공동선을 추구하는 철인에 의한 지배를 주장했다. 그러나 그의 철인 통치론은 좋음의 이데아를 법률화하고자 한 것이 아니며, 그 이데아를 터득한 철학자의 지혜에 대한 확신에 근거하고 있기 때문에 법의 지배라기보다는 일종의 '지혜에 의한 지배'sophocracy, 곧 철학자의 덕치rule of virtue로 파악해야 할 것이다. 그러나 우리는 철인 통치자와 여타 계급의 관계 그리고 철인 통치자의 교육과 충원 과정 및 생활 조건에는 엄격한 입헌적 규제(통치자에 대한 제도화된 규제) — 법치 — 가 의연히 관철되고 있다는 점 역시 간과할 수 없다. 다른 한편 플라톤은 만년의 저작인 『법률』The Laws에서는 지배자의 통치행위를 규제하는 법은 물론 민·형사법에 대해서도 엄밀한 규정을 둠으로써 법치의 원칙을 훨씬 강력하게 주장하고 있다(물론 이런 법치에서 법의 개념은 자연법, 이성법의 개념에 접근한다). 그러나 그의 『법률』역시 입법에 관한 주요 사항을 유덕한 원로들로 구성된 '야간 평의회'Nocturnal Council에 위임함으로써 덕치적 요소를 제도화하고 있다. 이렇게 볼 때, 『국가』나 『법률』 모두에 덕치적 요소와 법치적 요소가 공존하고 있으며, 다만 『국가』가 철학자의 지혜에 대한 낙관적인 믿음에 근거해 상대적으로 『법률』보다 덕치적 요소를 좀 더 강조하고 있다고 할 수 있다.

흔히 플라톤의 『국가』보다는 『법률』의 영향을 많이 받은 것으로 해석되는 아리스토텔레스는 법치를 플라톤보다 더욱 강조한다. 그러나 그는 법치를 인치人治와 대비시켜 논하면서도, 최선자에 의한 인치의 가능성을 여전히 배제하지 않고 있다. 아리스토텔레스는 『정치학』에서 다양한 형태의 왕정을 설명하면서 "최선의 지배자 1인에게 지배받는 것이 더 좋은가, 아니면 최선의 법에 의해 통치를 받는 것이 더 좋은가?"라는 문제를 제기한다(아리스토텔레스 1994, 150). 이에 대한 아리스토텔레스의 궁극적 입장은, 상황에 따라 최선의 지배자 1인에 의한 통치를 수용할 수도 있지만, 불문법의 지배가 최선이며, 인간(뛰어난 지도자)에 의한 지배가 그다음이고, 성문법에 의한 지배가 마지막이라는 것이다(아리스토텔레스 1994, 155).[11] 아리스토텔레스는 인치에 담긴 '감정적인 요소'가 이성을 교란하는 요소로 작용할 수 있다는 점을 우려한다. 다른 한편, 법이 예상하지 못한 특별한 문제에 대해서는 뛰어난 지도자가 '법의 수호자' 혹은 '법의 대리인'으로서 구체적 타당성에 입각해 더 잘 판단할 수 있다고 주장한다(아리스토텔레스 1994, 150-151; 154).

『니코마코스 윤리학』에서는 이런 정신을 이어받아 형평의 개념을 제

11_아리스토텔레스는 최선자 1인의 지배를 수용하는 경우에도, 일반 법칙이 지배자의 마음속에 있어야 한다고 주장한다(아리스토텔레스 1994, 150).

시하면서 재판관에게 광범한 재량을 허용하고 있다.

> 형평이 정의로운 것이기는 하지만, 그것이 법적으로 정의로운 것이 아니라 법적 정의가 편향적일 때 이를 시정하는 것이라는 점에서 정의롭다는 사실은 어려운 문제를 제기한다. 이를 설명해 보면, 모든 법은 보편적으로 규정되기 때문에 어떤 경우에는 일반적인 용어로 무엇이 올바른지를 선언할 수 없는 사태들이 발생한다. 따라서 일반적으로 선언하는 것이 필요하지만 올바르게 선언하는 것이 불가능한 경우에 법률은 대다수의 사례를 고려할 수밖에 없다. 이런 식으로 오류가 발생할 수 있다는 점을 모르는 것은 아니지만 말이다. 그렇다고 해서 법률이 올바르지 않은 것은 아니다. 왜냐하면 오류는 법률이나 입법자에게 있는 것이 아니라 사물의 본성에 내재하고 있기 때문이다. 인간 행위의 요소들은 본래 이런 종류의 것이다(아리스토텔레스 1986, 1137b; 169. 필요에 따라 한글 번역문 수정).

서구 현대 법학에 있어서도 이런 형평의 적용을 중시하는 입장이 재판관에게 요구되는 사법적 덕의 요소나 재판관의 도덕교육을 강조하는 경향에서 확인된다(Solum 1994, 129-135). 이는 형평을 적용함에 있어서 그 남용이나 오용을 방지하기 위한 것이다. 여기서 형평과 재량을 강조하는 입장이 유가가 강조하는 덕치의 요소와 중첩된 부분이 있음을 알 수 있다. 하지만 이 경우 형평을 강조하는 입장은 법치에 대한 덕치의 우월을 강조하기보다는 덕치를 법치의 미비점을 보완하는 요소로서 활용하는 것이라 할 수 있다. 그러나 앞에서도 살펴본 것처럼, 아리스토텔레스가 성문법보다는 불문법을 중요시한 점, 그리고 법의 지배를 신 및 이성의 지배와 동일시한 점은 아리스토텔레스의 법치 개념에 강한 '덕치'(도덕)적 요소가 내면화되어 있음을 보여 준다.

4. 동양 정치사상사에서 법치사상의 전개와
　　덕치·법치의 겸전

동아시아 정치사상사에서 법치의 전통적 위상

서양과 대조적으로 중국을 중심으로 한 동아시아 문명권에서는 법치가 정치 공동체를 운영하는 적절하고 바람직한 원리로 인정받지 못했다. 이런 사실은 춘추전국시대에 그 틀이 형성된 중국 사상사의 전통에서 법과 법치가 부정적으로 인식되어 온 데서 비롯된다. 이런 인식의 원인은 대체로 세 가지로 정리될 수 있는데, 먼저 법가가 부국강병을 목적으로 엄형·중형 위주의 법치를 적극적으로 도입하고 추진했으며, 둘째, 법가의 도움을 받아 대륙을 통일한 진秦 제국이 역사상 유례없는 가혹한 통치로 인민들의 원성을 샀고, 마지막으로 그 후 등장한 한漢 제국이 법치에 비판적인 유학을 국교화했기 때문이다.[12]

그러나 주대周代 이래 전국시대에 이르기까지 법은 다양한 의미를 가진 개념이었으며, 후대에서처럼 부정적 의미를 강하게 띠지는 않았다는 점을 상기할 필요가 있다. 법의 자의字意 분석에 따르면 법이란 글자는 본래 "죄를 판가름하여 형벌을 가한다는 의미에서 출발"했지만 동시에 '모범', '표준', '법칙', '제도' 등의 의미를 가지고 있었다(장현근 1994, 77-79). 그리고 법가의 출현과 함께 법의 의미는 더욱 풍성해졌다. 그리하여 법은 광의의 정치제도(군신과 상하를 다스리는 제도), "신민의 말과 실천의 적합성 여부를 판단하는 기준", 백성을 다스리는 "상벌 규정", 도량형의 통일 등 "경제 관련

12_중국의 선진 정치사상에서 법의 의미에 관한 상세한 논의로는 장현근(1994)을 참조할 것.

법률" 등을 포함하게 되었다(장현근 1994, 89-90).

그런데 전국시대 법가가 득세하면서 '법'과 '법치'가 부정적인 어감과 의미로 각인된 것은 넓은 의미의 '법' 개념이 '형상'刑賞으로 축소되는 과정과 긴밀한 연관을 맺고 있다. 장현근의 분석에 따르면 법의 개념은 대체로 세 가지 이유로 군주가 신하나 백성을 다스리는 도구인 형상을 의미하는 것으로 점차 축소되었다.[13] 첫째, 법가가 실제로 정치에 참여하는 과정에서 군주의 권한 강화 및 부국강병을 위해 신상필벌을 강조하고, 유가가 주장하던 인치仁治나 덕치의 이상을 쓸모없는 공리공담으로 비난하는 등 정치에서 윤리적 요소를 탈색시키면서, 법가가 강조하는 법은 상대적으로 형상을 의미하는 것으로 축소되었다. 둘째, 법가에 대항하던 유가와 묵가 역시 법가의 엄형주의 중형주의, 부국강병 정책을 비판하면서 법가가 강조하는 법의 의미를 지속적으로 형상의 의미로 축소시켰다. 아울러 순자를 비롯한 유가, 묵가 및 도가들은 법이 지칭하던 '우주 만물의 도' 또는 '광의의 정치제도' 그리고 법이 내포하고 있던 규범적·교화적 의미를 예, 덕, 도 등 다른 개념으로 흡수·확대함에 따라 법의 외연과 내포가 점진적으로 축소되었다. 셋째, 한대漢代 이후 안정된 군주 전제정 시대에 들어서면서, 정치 공동체에 대한 이상적인 비전을 제시할 수 있는 고도의 정치 이데올로기가 필요하게 되었는데, 법가 사상은 부국강병 외의 비전을 제시할 수 없었는데 반해, 유가의 덕치사상은 그런 비전을 담고 있었기 때문에, 유가 사상이 지배적인 사상의 지위를 점하고 법가 사상은 퇴조하게 되었다는 것이다. 그리하여 법은 유가가 추구하는 왕도 정치, 교화 정치의 보조 수단

13_ 따라서 앞의 다양한 의미에서의 법(法)은 영어의 로(law)의 의미에 부합하지만, 형상(刑賞)을 중심으로 파악된 법은 그렇지 않다.

으로 격하될 수밖에 없었다.[14] 이는 한대 이후 유가가 법가에 거둔 사상적 승리라고 할 수 있지만, 대신 법의 의미는 형상의 의미로 축소되었고, 나아가 법치 역시 하나의 도구적 지위로 전락했다. 그리하여 중국 사상사에서 덕치와 예치는 숭상되는 반면에 법치는 일종의 그릇된 통치 방법으로 각인되는 결과가 초래되었던 것이다. 이런 해석을 『논어』論語, 『맹자』孟子, 『순자』荀子, 『한비자』韓非子의 분석을 통해 구체적으로 제시해 보면 다음과 같다.

우리는 『논어』의 유명한 구절에서 공자가 당시 초기 법가에 의해 주장되었던 좁은 의미의 법치 ─ 형정刑政 ─ 를 비판하고 덕치를 강조하는 것을 발견할 수 있다. "인도하기를 법으로 하고 가지런히 하기를 형벌로써 한다면, 백성들이 형벌을 면하기는 하겠지만 수치심을 느끼지는 않을 것이다. 인도하기를 덕으로 하고 가지런히 하기를 예로써 한다면, 수치심도 느끼게 되고 [처신을] 바로잡게 될 것이다"(『논어』 위정 3, 33).[15] 종래에는 이런 구절이 공자가 법치에 반대한 것으로 인식되기도 했지만, 최근의 해석들은 이 구절이 법치에 대한 덕치의 우월성을, 특히 그 교화적 효과의 측면에서 강조한 것이지 법치 그 자체에 반대한 것은 아니라고 주장한다(이승환 1998, 169-202 참조). 아울러 우리는 유가가 규범적 통제의 수단으로서 예악형정禮樂刑政을 망라해 강조해 왔다는 원칙에 주목할 필요가 있다. 「악기」樂記에서는 예악형정의 의의와 기능을 다음과 같이 말한다. "예로써 그 뜻을

14_이상의 논의는 장현근(1994, 88; 91-99)에 의존한 것이다.

15_『논어』의 이 구절을 이 장의 시작 부분에서 언급한 '죄수의 딜레마'와 대조해 보면 공자의 빛나는 통찰을 재확인하게 된다. 죄수의 딜레마에서 죄수들이 자신들의 범죄행위에 대해서 수치심을 느끼기는커녕 형벌을 면하거나 경감시키기 위해 부심하는 모습이야말로 현대사회에서 우리가 목격하고 있는 법치의 폐해를 공자가 지적한 것보다 훨씬 더 타락한 형태로 보여 주고 있기 때문이다.

인도하고 악으로써 그 소리를 조화시키며, 정으로써 그 행동을 일정하게 하고, 형으로써 그 간악함을 막는다. 예악형정은 그 극처極處에 있어서는 하나이니, 민심을 같게 하고 치도治道를 발휘하는 것이다"(이상익 2001, 259에서 재인용). 이 구절을 이상익은 "예악이 인간의 의지를 내면적으로 순치馴致시키는 것이라면, 정형政刑은 외면적 행위를 규제하는 것이다"라고 해석한다(이상익 2001, 259-260).

이와 관련해 우리는 『논어』에서 법法이라는 글자가 형刑이나 정政과 같은 강제규범보다는 넓은 의미의 정치제도를 지칭하기 위해 사용되고 있다는 점에 주목할 필요가 있다. 공자가 탕왕의 치적을 논하는 가운데 "권權과 양量을 삼가고, 법도를 살피며, 폐지된 관직을 다시 설치하시니 사방의 정치가 제대로 거행되었다"(『논어』 요왈 1, 387)라고 말하거나, "법도에 맞는 말法語은 따르지 않을 수 있겠는가?"(『논어』 자한 23, 178-179)라고 말하는 데서 알 수 있듯이 법은 '광의의 정치제도' 또는 '모범'을 뜻하는 긍정적인 의미로 사용되고 있다.

맹자 역시 인치仁治의 이상을 강조하고, 통치자가 백성들에게 넉넉한 재산을 보장하지도 않고 교화하지도 않은 상태에서 형벌을 일삼는 것을 비판하고 있다. "급기야 죄에 빠진 연후에 따라서 그들을 형벌한다면 이는 백성을 그물질하는 것입니다. 인인仁人이 지위에 있고서 백성을 그물질하는 일을 하는 것이 어디에 있겠습니까"(『맹자』 등문공 상 3, 145). 따라서 맹자 역시 형벌 위주의 법치에 반대하고 인정仁政을 강조하는 것이 분명하다. 실상 맹자는 인정을 규구規矩나 육률六律과 같이 정치의 객관적인 기준으로 보고 있다(『맹자』 이루 상, 194 참조). 그러나 『맹자』 전편에 걸쳐 법이라는 글자는 결코 부정적인 의미로 쓰이지 않는다. 맹자는 정전법과 하夏·은殷·주周 시대의 학교 제도를 서술하면서 "왕자가 나오면 반드시 와서 [이] 법을 취할 것이니 이는 왕자의 스승이 되는 것입니다"(『맹자』 등문공 상, 148)라고 말하거나 "한갓 선심善心만 가지고는 정사를 할 수 없으며, 한갓 법(제도)

만 가지고는 스스로 행해질 수 없습니다"(『맹자』이루 상, 195)라고 말하는 구절 등에서 법은 넓은 의미의 정치제도를 지칭하는 긍정적인 의미로 사용되고 있으며, 다른 곳에서는 모범 등의 의미로 사용되고 있다(『맹자』이루 상, 194; 197). 이처럼 적어도 『논어』와 『맹자』의 본문에서 공자와 맹자는 형벌 등 강제성을 띤 통치 수단을 적극 활용하는 '협의의 법치'에 대해서는 비판적이었지만, 법이라는 단어 자체는 광의의 정치제도, 규범, 모범을 지칭하는 긍정적 의미로 사용했다.

그러나 전국시대 말에 이르면 법가의 영향력이 증대함에 따라 법의 개념에서 상벌의 의미가 강조된다. 그리하여 같은 유가이지만 순자는 정치의 근본으로 예와 형벌을 강조(治之經 禮與刑)함으로써(『순자』성상, 497) 좁은 의미의 법치를 공자나 맹자보다 긍정적으로 평가하기 시작한다. 특히 예치를 강조한 순자에게 예는 정치의 객관적 표준 ─ 저울, 먹줄, 규구 ─ 으로 빈번히 비유된다(『순자』왕패 2, 237). 순자는 예가 법의 근본(『순자』권학 3, 53)이며, 예는 성왕의 법도보다 더 큰 것이 없다(『순자』비상 2, 115)라고 서술하는 등 여러 곳에서 예를 넓은 의미의 법과 거의 동일시한다(『순자』수신 10, 73; 영욕 7, 103 참조). 동시에 순자는 "왕자의 정치에는 신상필벌에 요행이 없었다"(『순자』왕제 9, 186-187), "국가의 형정이 공평해야 민중이 모이고 예의가 완비되어야 군자가 모인다"(『순자』치사 2, 295-296), 또는 "형벌이 엄중해야 나라가 잘 다스려진다"(『순자』정론 3, 365)라는 식의 주장을 전개하거나 법가가 추구하던 부국강병의 중요성을 십분 인정(『순자』「왕제」편 참조)함으로써 협의의 법치의 중요성도 수용한다. 그러나 엄연한 유자로서의 위상을 잃지 않고 있는 순자는 인·의·예에 따른 교화를 통한 정치가 신상필벌을 강조하는 협의의 법치보다 우월한 정치라는 점(『순자』「의병」편 참조)과 덕치·예치의 중심인 군자야말로 도와 법의 중심이라는 점(『순자』군도 1, 257-259; 치사 2, 295-296)을 거듭해서 강조하고 있다. 아울러 순자는 왕자王者의 나라는 예, 패자覇者의 나라는 법률, 망자亡者의 나라는 이익을 중시한다고 주장함으로써 자신의 선호를 명백히 하고 있다(『순자』 천론 7, 353-354).

초기 법가의 경우에 법은 넓은 의미의 사회적 관습과 제도의 총체를 지칭하는 것으로 도덕 규범적 성격을 띠고 있었다(장현근 1994, 85-88). 그러나 한비자韓非子에 이르면 법은 좁은 의미의 법 — 곧 형상 — 으로 축소되기 시작하며, 술術과 마찬가지로 왕이 백성과 신하를 효율적으로 다스리기 위해 필수적으로 사용해야 하는 통치 도구로서의 법의 성격이 강력히 부각된다. 이런 사실은 "신하를 국법에 의해 통제해야 한다"(『한비자』 애신, 32)든지, 또는 "대신과 백성은 법이 행해지거나 치세가 오는 것을 괴로워한다"(『한비자』 화씨, 104)든지 하는 『한비자』의 구절에서 쉽게 확인된다. 나아가, 순자의 경우에는 교화적 기능을 지닌 예와 형벌 위주의 법을 겸용하고자 했지만, 한비자에 이르면 인의와 법도가 상호 대립적인 개념으로 사용된다. "치술에 통달한 군주는 인의를 멀리하고 능지를 소홀히 대하며 오직 법도에 따를 뿐이다"(『한비자』 설의, 466). 그리고 공자나 맹자에게서는 인정仁政이, 순자에게는 예가 규구로 비유된 것처럼 한비자에게는 이제 좁은 의미의 법(형상)이 규구로 비유된다. "평범한 군주라도 법도를 지키고, 졸렬한 장인匠人이라도 자를 사용한다면 나랏일이나 목수 일에 한 치의 오차도 없을 것입니다. 그러므로 군주된 사람은 …… 보통 수준의 장인이라도 실수하지 않는 방법을 적용하여 힘을 다한다면 공명을 이룰 수 있을 것입니다"(『한비자』 용인, 244; 유도, 46; 식사, 151 참조).

이런 한비자가 유가의 인치나 예치의 효용에 비판적인 것은 당연하다. 그는 통치자가 백성을 인자하게 대하면, 백성들이 방자해지고 질서가 어지러워진다고 주장한다(『한비자』 난이, 496; 난삼, 434; 팔설, 496). 왜냐하면 성인의 감화를 받아 선행을 하는 사람은 드물고, 법률이 두려워 악행을 자제하는 사람은 많기 때문이다(『한비자』 현학, 533). 그는 맹자가 덕치의 효율성을 강조하기 위해 공자의 말을 인용한 구절, 즉 "덕의 유행이 파발마로

명을 전달하는 것보다 빠르다"(『맹자』 공손추 상 1, 81)라는 구절에 빗대어 법치의 효율성을 다음과 같이 강조한다. "낭중郞中이 군주의 명을 낭문郞門 밖으로 전하면 신속히 온 나라에 전파되어 하루 만에 법률이 시행되었고, 또 그것이 그렇게 어려운 일도 아니었다"(『한비자』 설의, 467).[16] 나아가 그는 유가가 주장하는 인치가 요순堯舜 시대에는 가능했는지 몰라도 인구가 증가하고 재물이 부족하게 된 그의 시대에는 더 이상 실현 불가능하다고 주장한다(『한비자』 오두, 512-513). 그는 또한 요순의 인정에 의한 교화보다 권세의 효율성을 강조하면서 "포상으로 장려하지 않고 형벌로써 위엄을 보이지 않고 권세를 버리고 법도를 어기고서는 요순이 가가호호 찾아다니며 설명하고 만나는 사람마다 열변을 토해도 세 집조차 다스리지 못한다"라고 말하고 있다(『한비자』 난세, 454; 난일, 408 참조).

신상필벌과 부국강병을 강조한 법가 사상이 진의 중국 통일에 크게 기여한 점은 부정할 수 없다. 나아가 한비자는 법을 관부에 비치하고 백성들에게 공포할 것(『한비자』 난삼, 441; 정법, 462), 백성들이 지키기 어려운 법률을 제정하지 말 것(『한비자』 용인, 246), 지위와 신분을 가리지 않고 법을 평등하게 적용할 것(『한비자』 유도, 46-47; 간겁시신, 111) 등을 주장함으로써 법치사상의 긍정적 측면을 크게 신장시켰다. 그럼에도 불구하고 한비자의 사상이 법치사상으로서 갖는 결정적인 약점은 그가 범용한 군주를 상정했음에도 불구하고 그런 군주의 자의적인 횡포를 규제할 수 있는 제도나 장

16_마찬가지로 맹자가 왕자의 출현을 희구하면서 백성들이 학정에 시달리는 상황에서 왕자는 굶주린 자에게 밥처럼, 목마른 자에게 음료처럼 백성들을 쉽게 만족시킬 수 있다(『맹자』 공손추 상 1, 81)고 말한 것에 빗대어 다음과 같이 왕자대망론을 기롱한다. "사람이 백일 동안 먹지 않고 좋은 음식만 기다리다가는 굶어 죽게 된다. 만약 요순 같은 현인이 나타나 이 시대의 백성을 다스리길 기대한다면 이것은 좋은 음식을 기다리다가 굶어 죽는 것과 같은 일이다"(『한비자』 난세, 454).

치에 대한 고려가 전적으로 결여되어 있었다는 점이다. 한비자의 법치사상에서 궁극적인 입법권자는 군주로 상정되며, 군주의 입법이 잘못된 경우 이를 시정할 수 있는 제도적 장치가 결여되어 있다. 보통의 군주가 특히 엄형·중형주의를 포함한 신상필벌의 정신으로 무장한 법法·세勢·술術을 자유자재로 활용하면서 신하와 백성을 괴롭히는 폭정을 자행하는 경우, 이를 억제할 수 있는 제도적 장치가 없다는 점에서 한비자의 법치사상은 사실상 폭군정을 용인하는 방향으로 흐를 수밖에 없었다. 마지막으로 한비자는 법을 인의와 대립된 형상으로 파악함으로써 궁극적으로 중국 정치사상사에서 법의 외연을 축소시키고 법의 의미를 부정적으로 각인시키는 데 결정적인 영향력을 미쳤다. 그리하여 이제 법의 부정적인 의미와 더불어 법치는 그 자체로, 한대 이후 지식인을 비롯한 대다수의 백성들에게 악정의 표본을 상징하게 되었던 것이다.

중국 사상사에서 법치와 덕치의 겸전: 공맹을 중심으로[17]

지금까지 필자는 공자와 맹자가 덕치·예치를 강조했을 뿐이지 광의의 법치는 물론 형벌을 위주로 한 협의의 법치를 전적으로 배격하지 않았으며, 그들 역시 협의의 법치를 보조적인 통치 수단으로 수용했다고 주장했다. 그러나 『논어』나 『맹자』에는 공자나 맹자가 협의의 법치에 반대한 것으로 해석될 법한 구절들이 있다. 여기서는 그런 구절들을 재해석해 그것이 협의의 법치에 배치되는 것이 아니며, 나아가 현대의 법치사상에 수용될

---

[17]_순자의 경우에는 예치와 법치가 혼재해 있는 상태이기 때문에, 법가인 한비자는 사실상 덕치를 전면적으로 배척하기 때문에 덕치와 법치의 겸전과 관련해 논하지 않겠다.

수 있다는 점을 밝힘으로써, 덕치에 바탕을 둔 그들의 언행이 현대의 법치와 양립 가능하다는 점을 보여 주고자 한다.

먼저 우리는 공자가 (협의의) 법이나 형의 기능을 『논어』의 다음과 같은 구절에서 긍정적 또는 중립적으로 서술한 경우를 발견할 수 있다. "군자는 덕을 생각하고 소인은 땅 욕심만 내며, 군자는 형刑을 생각하고 소인은 은혜[이익]를 생각한다"(『논어』, 이인 11, 76).[18] 이 구절은 군자 역시 인仁과 덕德뿐만 아니라, 형刑을 행위의 준거점으로 참작하고 있음을 시사한다. 또 공자는 송사가 없게 되는 것을 이상으로 삼기는 했지만, 현실에서 송사를 잘 처리해야 할 필요성 자체를 부정하지는 않았다(『논어』, 안연 13). 덕치를 이상으로 삼기는 했지만, 차선으로 법치의 긍정적 기능을 부정하지는 않았던 것이다.

마찬가지로 절도죄를 저지른 아버지를 자식이 관가에 고발하는 것이 타당한가를 둘러싼 공자와 섭공의 대화를 법치에 대한 공자의 반대를 표명하는 것으로 해석하는 것 역시 적절하지 않은 듯하다. 이 대화는 효와 충 가운데 어느 것이 더 우월한 덕목인가라는 문제를 놓고 위정자인 섭공은 충을 우월한 덕으로 보았던 데 반해, 공자는 인륜과 친친親親의 입장에서 효를 더 우월하게 여겼다는 점을 보여 줄 뿐이다. 공자가 이 일화에서 절도죄를 저지른 아버지를 법에 따라 처벌해서는 안 된다고 주장하는 것은 아닐 것이며, 아버지를 체포하러 온 관리에게 자식이 저항하는 행위를 용납하지도 않을 것이다. 그리고 이 일화에 나오는 아들이 아버지의 범죄를 당국에 고지·고발할 법적 의무를 부담하는지도 명확하지 않다.[19] 여기서 현대

18_ 이 구절은 견리사의(見利思義)의 정신과 부합하는 듯하다. 그렇다면 법은 의를 판단하는 기준이 되고 있지 않은가?

19_ 만약 그런 의무를 부담하지 않는다면 공자의 발언은 당연히 실정법에 반하는 것이 아니다.

의 형법은 친족이 범죄자인 경우에는 이른바 불고지죄나 범인 은닉죄를 적용하지 않는다는 점에 주목할 필요가 있다.[20] 국법 질서를 인륜 질서보다 더 중시할 법한 현대 법치국가도 가까운 친족 관계에는 일정한 예외를 인정하고 있는 셈이다. 그리고 공자가 이런 현대의 법을 적극 지지할 것임은 물론이다. 공을 우선시하는 국법 질서 역시 일정한 사적 관계의 경우 공법의 적용을 배제함으로써 그 사적 관계의 온존을 용인할 수밖에 없는 것이다.

한비자가 공자를 비판하기 위해 언급하고 있는 사례, 즉 늙은 부친을 봉양하기 위해 세 번이나 탈영한 병사를 공자가 처벌하기는커녕 오히려 효자라고 칭찬하고 좋은 자리에 등용했다는 사례 역시 공자가 협의의 법치 일반에 반대하는 것으로 해석해서는 안 될 것이다. 물론 이 특수한 사례에서 공자가 인륜 질서를 보호하기 위해 법질서 위반을 묵인하고 있는 것은 사실이다. 이 점에서 공자가 실정법에 대한 절대적 복종을 우선시하는 법 실증주의자가 아님은 분명하다. 하지만 이 경우 현대의 법치 정신 — 법 실증주의를 포함해 — 에 따른다 해도 공자가 병사를 보호할 수 있는 방법이 없는 것은 아니다. 비록 재판관은 실정법에 구속되지만, 재판관으로서 공자는 정상을 참작해 집행유예나 선고유예를 내림으로써 병사를 석방할 수 있다. 또한 현대의 입헌 국가에서라면 공자는 부모를 봉양해야 할 책임이 있는 자식을 징집하는 병역법(과 위반 시 이를 처벌하는 법규)에 대해 위헌 심사를 제청할 수 있을 것이다. 그러나 공자 당시에는 법치주의의 완벽을

그리고 당대에 그런 실정법 규정이 있다면 섭공이 대화에서 법에 따라 아버지를 고발한 아들을 굳이 칭찬할 필요가 있었을까? 그 소행이 법을 지키기 위한 것이지 자발적인 것이 아니라면 칭찬의 가치가 크게 삭감되고 말기 때문이다.
20_이에 대해서는 현행 형법 제151조(범인은닉과 친족간의 특례)를 참조.

기하는 그런 구제 절차가 없었음이 분명하다. 다만 당시의 법 규정에서 공자가 취한 것과 같은 조치를 취할 정도의 재량이 재판관에게 인정되어 있었다면, 재판관으로서의 공자는 법질서를 위반하지 않는 셈이 될 것이다. 즉 그런 제도적 조건하에서 공자가 병사를 보호하는 조치를 취했다면 공자는 법치에 반대하지 않은 셈이 된다. 이 점과 관련해서 우리는 한국의 현행 병역법에, 현역병 입영 대상자가 노부모의 생계를 돌보아야 하는 경우처럼 "본인이 아니면 가족의 생계를 유지할 수 없는 자"일 때 현역병 입영을 면제하는 규정을 두고 있다는 점에 주목할 필요가 있다.[21] 다시 말해, 현대의 법치주의 역시 인륜 질서를 존중하고 있는 것이다. 따라서 법치라고 해서 인륜 질서를 보호해야 하는 특수한 사정을 불문하고 무조건 법을 집행할 것을 주장하는 것은 아니다. 이처럼 두 가지 일화에 대한 재해석을 통해 우리는 인륜 질서를 옹호하는 공자의 유가적 이상이 법치에 수용될 수 있다는 사실을 확인할 수 있다. 이런 특수한 사정을 고려하지 않는 법질서에 대해 공자가 설령 규정과 다른 행동을 취함으로써 비판적인 태도를 보였다고 해서, 이를 법치에 대한 전면적인 반대로 확대해석할 필요는 없는 것이다.

맹자 역시 앞에서 논의한 것처럼, 그리고 다음의 인용구에서 드러나는 것처럼, 덕치와 법치의 겸전을 공자와 비슷한 차원에서 고려하고 있다. "왕께서 인정을 백성에게 베푸시어, 형벌을 살펴(신중히)하시며, 세금 거둠을 적게 하신다면 ······"(『맹자』 양혜왕 상 5, 27). 또한 맹자는 다른 곳에서 "한갓 선심만 가지고는 정사를 할 수 없으며 한갓 법만 가지고는 스스로 행해

---

[21]_이에 대해서는 2002년 7월 1일부터 시행되는 병역법 제62조(가사사정으로 인한 제2국민역 편입 등)를 참조.

질 수 없다"고 말함으로써 덕치와 광의의 법치의 겸전을 직접적으로 강조하고 있다(『맹자』이루 상 1, 195).

맹자의 법치사상과 관련해 자주 인용되는 사례는, 순舜이 천자이고 고요皐陶가 법을 집행하는 관리로 있는데 순의 아버지인 고수瞽瞍가 사람을 죽인다면 순이 어떻게 처신할 것인가라는 가상적인 질문에 대한 맹자의 답변이다(『맹자』진심 상 35, 401-403). 이 질문 역시 궁극적으로 공자가 직면했던 사례인 효와 충 — 충을 국법 질서에 대한 복종이라고 풀이한다면 — 이 충돌하는 경우라 할 수 있다. 이에 대한 맹자의 답변은 고요는 법대로 집행하면 되고, 순은 흔쾌히 임금 지위를 포기한 채 아버지 고수를 업고 도망쳐 바닷가에 숨으리라는 것이다. 이 사례에서도 맹자는 고요의 처신을 통해 신분 차별이 없는 법 앞의 평등을 강조하고 있다. 순이 아버지를 업고 도망친 행위는 엄격한 의미에서 법질서에 복종하는 행위는 아니지만, 순 역시 공직 — 그것도 천하를 다스리는 왕자의 지위 — 을 포기하고 사인私人으로 돌아감으로써 일단 공직자의 엄격한 법집행 의무로부터 벗어나고자 했다는 점에서 법치는 엄연히 관철되고 있다. 이제 나머지는 범죄를 저지른 아버지를 아들이 은닉한 경우에 해당하는데, 이는 이미 공자의 사례를 언급한 데서 논의된 것처럼, 현대의 법치국가에서도 법의 적용을 유보하는 경우에 해당한다.

우리는 위의 세 사례에서 공자와 맹자가 인간이 중시하는 소중한 인륜적 가치를 보호하기 위해 실정법의 적용을 반대하거나 유예하고자 했다는 점에 주목할 필요가 있다. 그 가치란 부자지간의 인륜적 가치였고, 그 적용이 거부·유예된 것은 형벌 적용을 둘러싼 형법의 영역이었던 것이다. 이처럼 법치가 국민의 긴요한 가치나 권익을 침해할 위험이 있는 경우에 국법의 적용을 유예하면서까지 그것을 보호하고자 하는 정신은 현대 서구의 법치가 추구하는 정신 — 시민 권익의 옹호 — 에 적극 부합한다고 할 수 있다. 따라서 표면적인 형식상의 모순과 달리 유가의 정신은 현대 서구의 법치 정신과 이 점에서 맞닿아 있다. 그리고 공자와 맹자의 행위는 앞에서 인용한 바 있는 '먼저 덕과 예로써 백성을 다스려야 한다'는 문구와도 맥을 같이한다. 만약 위의 사례에서 행위자들이 법치 원칙에 따라 불고지죄, 탈영죄 또는 범인은닉죄로 기소된다면, 그들은 유죄를 선고받은 경우는 물론 다행히 처벌을 면한 경우에도 모두 부끄러움을 느끼지 않을 것이다. 심지어 유죄로 처벌받은 경우에는 국법 질서를 원망할 것임이 분명하다. 그리고 어느 경우에나 이를 처벌하는 실정법이 유가가 중시하는 인륜 질서는 물론 나아가 위민 정신에 직접적으로 위반되는 것임은 분명하다. 그리고 그런 행위를 처벌하는 경우야말로 "형벌이 적정하게 시행되지 못함으로써 백성이 손발조차 제대로 둘 데가 없는" 사례에 해당하고, 또 국법 질서가 인仁을 해치는 경우에 해당할 것이다.22 요컨대 공자나 맹자의 이런 처신은 법 실증주의적 법치를 주장하는 한비자에 의해 격렬한 비판을 받기는 하겠지만, 유가의 인치仁治 이념에 적극 부합할 뿐만 아니라 현대의 법치의 이상에도 반하지 않는다. 따라서 우리는 공자와 맹자의 제한적 일화에서 드러나는 덕치와 인정仁政에 대한 강조가 현대의 법치사상에서도 수용될 수 있는 것임을 확인할 수 있다.

동아시아 법사상과 현대 입헌주의

중국의 법사상을 유가의 사상과 법가의 사상으로 대별해 서양의 근대 법치사상과 연관시켜 볼 경우, 지금까지 논의에서 밝혀진 것처럼, 법가는 서

22_위정자가 부모를 봉양해야 하는데 그 부모를 놔두고 전쟁에 나갈 것이며, 자신의 아버지를, 그것도 비교적 사소한 범죄를 저지른 아버지를 고발해야 한다고 생각할 것인가?

양의 법치사상에서 두 요소, 곧 (실정)법의 일반적 최고성과 법 앞의 평등이라는 요소를 강조했다고 할 수 있다. 그러나 유가는 신분에 따른 차등적 대우를 인정하고 있었기 때문에 법 앞의 평등을 강력히 주장하지 않았고 또 (특히 형정의 의미로 축소된) 법의 최고성을 받아들이지 않았다고 할 수 있다. 그러나 유가의 법사상은 근대 서양 법치사상의 세 번째 요소인 통치자를 규율하고자 하는 입헌주의적 문제에 관해 일관된 관심을 유지해 왔다. 무엇보다도 유가는 통치자들의 덕치를 통한 백성의 교화를 중시했기 때문에 통치자들의 도덕적 수양을 강조해 왔다. 유가의 민본사상 및 위민사상 역시 맹자의 여민동락 등의 개념을 통해 백성에 대한 인정(仁政)을 요구해 왔다. 따라서 오직 인정을 베푸는 유덕한 통치자만이 정통성을 구비할 수 있었던 것이다. 이런 위민사상, 덕치사상 및 천명사상을 통해 드러나는 것처럼 유가의 법사상에는 통치자의 전횡, 폭정을 견제하고자 하는 입헌주의적 정신이 내재해 있었다.[23] 그러나 법가는 군주에 의한 신하 및 백성의 통제에만 초점을 맞춤으로써, 군주권의 강화에는 기여했는지 모르지만, 군주를 어떻게 제어할 것인가라는 문제에는 주목하지 않았다.[24]

서양 사상사에서 입헌주의적 문제의식 — 통치자를 어떻게 규제할 것인가? — 은 그리스 민주정과 로마공화정의 역사적 경험에 근거한 '인민주권론'과 '혼합정체론', 그리고 공동체의 집단적 의지를 표상한 법이나 자연

23_ 폭군에 대한 저항을 인정하는 역성혁명론이나 반정이론은 바로 이런 사상에 연원하고 있다(『맹자』 양혜왕 6, 60-61; 양혜왕 8, 63-64; 만장 9, 311-312).

24_ 법가가 출현했던 전국시대에는 군주와 신하 그리고 국가들 간에 약육강식의 논리가 팽배했기 때문에 입헌주의적 문제의식의 결여를 이해할 수 없는 바도 아니다. 특히 법가의 주장을 군주의 안전을 국가의 안전과 동일시한, 근대 서구에서 발전한 '국가 이성'이라는 개념으로 파악한다면 말이다.

법사상에 근거한 '법의 지배'라는 개념을 적극 활용함으로써 전개되어 왔다. 아울러 근대 자유·민주주의의 영향하에서 입헌주의는 권력의 상호 견제와 균형을 추구하는 삼권분립론 및 인권 사상과 결합해 더욱 강력한 위상을 확보했다. 그러나 중국 문명권에서는, 특히 법가가 법을 주로 지배자의 통치 도구인 형상刑賞으로 개념화함으로써 법의 의미와 외연이 축소된 이래, 지배자의 권력을 규제하거나 인민의 권익을 보호하고자 하는 문제의식이 법치와 결부되어 발전하기 어려운 상황이 조성되었다.

물론 한대 이후 외유내법外儒內法의 원리에 따라 유학의 법가화, 법의 유가화가 진행되면서, 역대 중국 왕조는 정교한 법전을 정비해 왔다. 당률, 대명률, 대명회전, 대청회전 등이 그 대표적인 예다. 그 법전들은 행정법典 — 정부 조직의 분화와 권한의 정교한 배치라는 점에서 입헌적 요소가 있다 — 은 물론 형법전律이나 민사나 상거래를 규제하는 법조문들을 포함하고 있다. 따라서 이런 법전을 살펴보면 근대 법치사상의 첫 두 요소 — 법의 일반적 최고성과 법 앞의 평등 — 가 비록 완벽하지는 않지만, 기본적인 골격을 갖추고 있음이 확인된다. 그렇기 때문에 서양의 좀 더 세련된 학자들은 법치의 세 번째 요소, 즉 통치자를 규제하는 입헌적 제도나 규범이 명시적 형태로 발견되지 않는다는 점에서 동양에서의 법치의 부재를 문제 삼기도 한다.[25]

그러나 유가의 예치사상을 좀 더 심층적으로 살펴보면 유가 사상에 입헌주의에 상응하는 요소가 내재해 있었다는 점을 분명히 확인할 수 있다. 법가의 등장 이래 법의 개념이 축소되는 것과 동시에 국가 통치의 규범과

25_물론 근대 서구에서와 같은 성문헌법이 존재하지 않았다는 점도 문제 삼을 수 있을 것이다. 그러나 서양에서도 성문헌법은 미국의 독립 이후 헌법 제정에 의해 비로소 존재하기 시작한 것임을 명심할 필요가 있다.

제도의 총체를 지칭하는 전장법도典章法度 — 광의의 법 — 에서 입헌적 요소가 예의 개념으로 옮겨 갔기 때문이다. 전통적인 동아 문명에서 규범 질서는 예, 전(행정법), 율(형법)로 구성되어 있는데, 함재학은 자신의 박사 학위 논문에서 예를 통치자에 대한 규칙적인/체계화된 규제를 구현한 규범으로 볼 수 있기 때문에 입헌적 규범으로 간주할 수 있다는 주장을 내놓았다(Hahm 2000, 112). 물론 예치사상에 입각해 편찬된 대법전들에는 군주의 행위를 규율하는 다양한 의례적 절차 및 군신 간의 예에 관해 다양한 종류의 조항들이 정밀하게 규정되어 있다. 그러나 예에 대한 자세한 규정은 일종의 사회문화적인 관행이나 의례 또는 일종의 도덕규범으로 인식됨으로써 정치적 규범으로 파악되지 않는 경향이 있다(Hahm 2000, 64-65). 그러나 우리는 예의 기능 중 가장 중요한 것이 인간 행위를 외부에서 규제하고 내면적으로 절제시키는 것이라는 점에 주목하지 않을 수 없다. 예의 이런 제어적 기능은 『논어』의 「안연」편에 강렬하게 표현되고 있다. "예가 아니면 보지 말며, 예가 아니면 듣지 말며, 예가 아니면 말하지 말며, 예가 아니면 동하지 마는 것이다"非禮勿視 非禮勿聽 非禮勿言 非禮勿動(『논어』 안연 1, 229).[26] 특히 한대 이후 예가 법률화되는 과정에서 통치자가 준수해야 하는 의례적 형식이 성문화됨으로써 통치자를 규율하는 예의 측면이 크게 부각되었다(Hahm 2000, 127). 게다가 행정절차를 정교하게 규율하는 전典 역시 입헌적 기능을 수행했다. 따라서 이런 예치사상에 입각해 중국과 조선왕조에

---

[26] 『논어』의 「학이」편에서도 예의 제어적 기능에 대해 다음과 같이 말하고 있다. "유자가 말하였다. '예의 용은 화가 귀함이 되니, 선왕의 도는 이것을 아름답게 여겼다. 그리하여 작은 일과 큰 일에 모두 이것을 따른 것이다(有子曰 禮之用 和爲貴 先王之道 斯爲美 小大由之)." 이에 대해 주희(朱熹)는 "예가 천리의 절문(節文)이요 인사의 의칙(儀則)이다(禮者 天理之節文 人事之儀則也)"라고 주석하고 있다(『논어』 학이 12, 27).

서는 통치자가 적절한 의례를 준수하지 않으면 통치자로서 정통성을 상실하는 것으로 인식되었던 것이다(Hahm 2000, 130).

따라서 우리는 함재학의 주장에 따라 예를 치자와 피치자를 모두 규율하고자 한 법과 도덕의 중간 형태의 정치 규범으로 파악하고, 특히 치자를 규율함에 있어서 예가 입헌주의적 기능을 행사해 왔다는 점을 강조하면서, 유가의 입헌적 질서를 — 법의 지배로 보기는 곤란하지만 — , 예의 지배로 개념화할 수 있다(Hahm 2000, 112, 188). 영미에서는 정치권력의 행사를 법원의 관할에 복종시킴으로써 입헌주의를 달성하고자 했고, 그 과정에서 법치의 원리가 동원되었다. 그러나 중국과 조선의 예적 입헌주의 체제하에서는 통치자를 예를 통해 최대한 규제하고, 권력을 의례적인 것으로 개념화함으로써, 통치자에 의한 권력 행사가 예적 규율의 엄격한 준수를 요구받게 되었다. 그리고 이 과정에서 고대 성왕의 권위, 조종지법, 선왕지도, 사서육경을 포함한 유교의 경전 역시 통치자의 행위를 규제하는 데 효과적으로 동원되었다.[27]

이런 입헌주의는 동아시아 국가들 중에서도 유가의 이상을 철저히 구현하고자 한 조선에서 가장 강력하고 체계적으로 제도화되었다. 대표적인 제도적 장치로는 재상제, 경연, 간쟁, 사관 제도 등을 들 수 있다. 먼저 재상은 사대부의 우두머리로서 유가적 이상인 인정仁政에 관해 통치자에게 조언하는 자리다. 재상은 이런 조언을 통해 인민의 복지보다 자신의 이익을

---

[27] 예의 입헌주의적 기능을 『논어』에 나오는 공자의 예에 대한 논의에서도 어렵지 않게 발견할 수 있다. 예를 들어 공자는 「팔일」편에서 노나라의 대부로서 권력을 전단하던 계씨(季氏)가 오직 천자만이 거행할 수 있는 팔일무(八佾舞)를 추게 하거나 노나라의 삼가(三家)에서 제사를 마치면서 천자만이 거행할 수 있는 시경의 옹장(雍章)을 노래하게 하자 이를 맹렬히 비판한다(『논어』 팔일 1-2, 50-51). 또한 계씨가 대부로서 제후의 예를 참람해 태산에서 여제를 지낸 것에 대해서도 마찬가지로 비판했다(『논어』 팔일 6, 54).

추구하고자 하는 국왕의 성향을 끊임없이 견제한다. 경연은 학문과 덕성이 뛰어난 신하들이 경전에 대한 교육을 통해 왕을 교화하는 제도다. 경연은 왕의 정치적 행위의 당·부당에 대해 신하들이 의견을 개진하는 효과적인 통로로 기능했다. 조선에서 경연은 굳게 확립되어 그것을 게을리하면 왕의 입헌적 의무를 소홀히 하는 것으로 간주되었다. 경연의 주된 내용은 성학聖學이라고 불리었으며, 이 제도의 궁극적 목적은 통치자를 성왕으로 만드는 것이었다(Hahm 2000, 181). 그리고 경연에서 강의하는 경전은 오경과 사서였으며 주희의 『근사록』近思錄, 『대학연의』大學衍義, 『성리대전』性理大全 등도 포함되었다. 나아가 제도화된 비판 기구인 사간원의 역할은 특히 통치자인 군주의 잘못을 비판하고 그의 행동을 바로잡는 것이었다. 일반 선비들도 개인적으로 상소 제도를 활용해 군주의 잘못을 논할 수 있었다. 마지막으로 사관 제도 역시 예에 대한 담론을 통해 통치자를 규제하는 제도였다. 입헌주의가 정치권력의 행사에 대한 문책 가능성을 확보하고자 하는 것이라면, 사관 제도는 역사적인 문책 가능성을 확보하는 유효한 제도였다.[28]

5. 맺는말

지금까지 법치와 덕치를 둘러싼 동서양 정치사상사의 전개 과정을 살펴본 데서 드러난 것처럼, 두 문명권에서의 일반적 입장은 어느 한편을 전적으

28_ 이에 대한 자세한 논의는 함재학(Hahm 2000, 170-240)을 참조.

로 수용하고 다른 한편을 전적으로 배척하는 것이 아니라, 양자 중 어느 하나를 중심으로 다른 하나를 통합적으로 겸전하는 것이었다. 그러나 앞에서도 지적한 것처럼, 한국 사회에서는 서구 문명의 압도적 영향하에 법치주의가 통치 원리로 채택된 이래, 한편으로는 나날이 법을 양산하는 정부의 법 만능주의 경향과 다른 한편으로는 이에 대한 반사작용 및 유가의 법치 폄하 전통의 영향하에서, 일반 시민의 법에 대한 냉소주의 또는 무법 상태가 기묘하게 공존하고 있다. 그리고 이런 사실은 법치주의가 비교적 완비된 서구 사회에서도 예외가 아니다.

　오늘날 현대 국가에서 정교한 법제도의 완비에도 불구하고 법치의 목적이 제대로 구현되지 못하고 있는 것은 법을 제정하는 자, 법을 집행하는 자, 법을 준수할 의무가 있는 일반 시민들에게 법을 지키려는 의식 — 곧 준법정신 — 이 결여되어 있기 때문이다. 이와 관련해 우리는 법치의 필수적 전제인 준법정신이 장기적으로는 법치가 아니라 덕치 — 시민적 덕성과 습성 — 의 산물이라는 점에 주목하지 않을 수 없다. 단기적으로는 정교한 법체계의 완비 그리고 한비자가 주장한 엄형·중형주의가 외형상 시민의 법규 준수를 확보할 수 있겠지만, 그 주된 성격은 타율적 복종이지 자율적 복종이 아니다. 왜냐하면 그런 법문화에 익숙한 시민들은 처벌의 가능성이 없을 때 또는 부도덕한 행위를 처벌하는 규정이 없을 때는 쉽게 불법적 또는 비합법적 행위에 탐닉하기 때문이다. 따라서 공동체의 구성원들이 법을 잘 지키는가라는 문제는 법 이전에 존재하는 공동체의 규범 문화에서 형성되는 준법정신에 의존하며, 준법정신은 바로 시민적 덕성에서 연원한다.

　앞에서 분석한 바 있는 동서양의 사상가들 역시 이런 문제의식을 공유하고 있었다. 그 문제의식은 플라톤이 정치 지도자에 관해, 아리스토텔레스가 일반 시민에 관해 고민하던 주제였다. 아리스토텔레스에게는 법의 규정보다 법을 지키려는 준법정신이 더 중요했고, 준법정신은 시민적 덕성과 습속에서 유래하는 것이었다. 따라서 그리스 법사상에서 법이란 입법가가 인간의 도덕적 행위를 위해 신의 의지를 발견해 입법화하고, 구성원들로 하여금 그 법을 추구하도록 훈련시킴으로써 그 법이 공동체의 집단적 의지로 승화되는 것이었다(Barker 1959, 323의 주). 따라서 어네스트 바커는 아리스토텔레스의 법사상에 대해 다음과 같이 말한다. "종이 위에 쓰인 탁월한 법보다 중대한 것은 그 법을 인민의 정신적 결fibre에 써넣는 것이었다. …… 준법정신은 법보다 더 중요하다. …… 법의 핵심은 시민이 법을 지키려는 의지다"(Barker 1959, 323).

덕치에 대한 공자를 비롯한 유가의 강조 역시 바로 이런 문제의식에서 비롯된 것이었다. 공자는 자신이 '오종주'吾從周라고 말하면서 주의 문물을 따를 것을 선언했지만, 이전 왕조인 은에 비해 주의 제도가 너무나 정교하고 법치적인 것을 완화하고자 덕치를 강조했다(소공권 1988, 85-86; 102-103).[29] 더욱이 주 왕실이 해체되는 춘추시대 말 극도의 혼란 상황 속에서 공자 역시 덕치를 강조하는 것이 실현 불가능한 주장이라는 점을 숙지하고 있었을 것이다. 그럼에도 불구하고 그처럼 대담한 주장을 내세우고 고수한 것은, 형정을 위주로 한 제도의 정교한 완비를 통해서는 백성의 도덕적 완성은 말할 것도 없고 사회규범을 준수하는 것마저도 달성될 수 없다고 믿었기 때문일 것이다. 나아가 덕치가 단순히 이상적인 목표로서 그치는 것이 아니라 우리의 현실을 해석하고 비판하는 척도로 작용함으로써, 덕치 역시 우리 현실의 일부를 구성할 수 있다는 신념에서 비롯된 것이었을 터다.

이처럼 덕치의 이상은 제도의 정비 못지않게 정치 지도자와 일반 시민의 덕성을 함양하는 것이 중요하다는 점을 우리에게 끊임없이 환기시킨

29_따라서 법치에 대한 공자의 비판적 문제의식은 극히 '현대적'인 것이다.

다. 본래 덕치의 이상은 지도자의 도덕적 우월성을 전제하기 때문에 권위적인 색채가 강함을 부정할 수 없다. 유덕자가 정치 지도자가 되어야 하지만 다른 한편 정치 지도자는 유덕하다고 간주되기 때문이다. 그러나 과거 전통 사회에서는 최고 통치자가 세습되고 통치 계층 일반 역시 특정 계급이나 신분으로부터 충원되었기 때문에 유덕한 지도자를 확보하는 데 어려움이 따랐다. 또한 이런 어려움은 현대 민주국가에서도 극복된 것이 아니다. 오늘날 민주국가는 일반 시민이 참가하는 선거제도 및 다양한 제도적 장치를 통해 일견 유덕한 인물을 정치 지도자로 선출할 수 있는 기회를 구비하고 있는 것처럼 보이지만, 실제로 좋은 정치 지도자가 배출되고 있는지는 의문이다. 오늘날 한국인 역시 민주화 이후 이 점을 뼈저리게 느끼고 있다. 그리고 이런 곤경은 미국과 같은 민주주의 경험이 가장 오래된 국가에서도 적절히 해결되지 못하고 있다.

이런 곤경에 대한 해결책은 선거나 기타 공직자 충원 제도의 완비에 앞서, 훌륭한 정치 지도자는 물론 주권자로서 품격을 유지하는 시민을 양성하기 위한 덕의 함양에서 찾아야 할 것이다. 따라서 덕치의 정신에 따라 정치의 최고 목적이 교육이라는 고전적 이상을 되살리고 다양한 시민교육과 사회화 과정을 마련해 민주적 시민의 덕을 양성하는 것이 급선무로 제기된다. 그렇기 때문에 시민적 덕civic virtue과 관련된 주제는 현대 민주주의 정치 이론에서도 중요한 의제로 남아 있다.[30] 그리고 시민적 덕성의 양성에 있어서 일반적인 교육과 사회제도 역시 중요하지만, 그에 못지않게 대의민주제하에서라도 시민적 덕성을 함양하는 정치적 제도, 예를 들어 모든

30_이 점에서 궁극적으로 덕치와 법치의 상호 보완적 겸전의 문제는 '군자 대 시민'의 문제와 맞닿아 있다. 그리고 이는 별도의 논문을 구성하는 주제이기도 하다.

시민들이 국가의 법률 또는 (자기가 속한 공동체 — 일터, 학교, 병원, 보호시설, 감옥 등 — 의) 규칙의 제정 과정에 직접 참여할 수 있는 경험을 제공함으로써 시민들에게 입법자로서의 마음을 심어 주는 직접/참여 민주주의 그리고 재판관으로서의 덕성과 정의에 대한 존중을 심어 주는 배심원 제도를 활성화하고 채택하는 것이 필요할 것이다.

| 4장 |

동서양 사상에 있어서 정치적 정당성의 비교

유가의 공론론 公論論과
루소의 일반의지론 一般意志論을 중심으로

1. 글머리에

정치에서 '정당성'의 문제는 가장 중요한 주제라 할 수 있다. 정치 공동체가 중요한 정치적 결정을 내렸을 때, 그 결정에 대해 공동체의 구성원들이 자발적으로 복종하지 않는다면, 그 공동체는 제대로 유지·존속될 수 없기 때문이다. 인적·물적 차원에서 강한 힘을 보유하고 있는 통치 집단이라 할지라도 자신들의 정치적 결정에 대한 구성원들의 복종을 물리적 힘에만 전적으로 의존할 수 없으며, 그것을 정당성에 대한 믿음에 근거한 자발적 복종으로 전환시키지 않으면, 그들의 지배는 단지 일시적으로 존속하는 데 불과하게 될 것이다. 서양의 근대 정치사상사에서 정치적 정당성의 문제에 대해 가장 치열하게 고민했던 18세기 프랑스의 사상가 루소는 『사회계약론』 The Social Contract에서 이 점을 다음과 같이 명료하게 표현하고 있다.

가장 강한 자라 할지라도, 무력(force)을 권리(right)로, 복종(obedience)을 의무(duty)로 전환시키지 않는 한, 결코 항상 주인 노릇을 할 수 있을 정도로 강하지는 않는 법이다. …… 무력에 굴복하는 것은 부득이한 행위이며, 의지에 따른 행위가 아니다. 그것은 기껏해야 신중한 행위에 불과하다. 어떤 의미에서 그것을 도덕적 의무라고 할 수 있단 말인가? …… 분명히 이 점은 인정되어야 한다. 힘(might)이 권리(right)로 전환되지는 않는다. 복종의 의무는 오직 정당한(legitimate) 권력에 속할 뿐이다(SC, 52; 53).[1]

따라서 치자 계급은 피치자의 자발적인 복종을 얻기 위한 시도에서, 그리고 피치자는 자신들이 '왜 복종해야 하는가'라는 의문을 제기하는 과정에서, 동서고금을 불문하고 '정치적 정당성'은 정치철학의 가장 근본적이고 지속적인 문제로 군림해 왔다.

오늘날 정치적 정당성의 두 가지 요소로는 흔히 '구성원의 동의'와 '공동선(공공선)의 추구'가 거론된다. 가장 전형적인 예로 우리는 17세기 영국의 사상가인 로크의 『통치론』을 생각해 볼 수 있다. 로크는 자신이 전개한 사회계약론에서 정당한 정부에 대해 논하면서, 수립된 정부가 절차적 조건으로 '피치자의 동의'를 얻고 실체적 조건으로 인민의 수탁자로서 '공공선을 추구'할 것을 요구했다. 따라서 로크는 정부(통치자)가 공공선을 중대한 면에서 위반하거나 침해할 때에는 인민이 그런 통치에 동의했다고 볼

1_이 글에서 인용하는 『사회계약론』(Rousseau 1968)의 영어본은 모리스 크랜스턴(Maurice Cranston)이 편역한 것이다. 이하에서는 괄호 속에 'SC'라고 표기한 후 인용한 쪽수를 기재했다. 간혹 이태일(외)이 옮긴 『사회계약론』(1994)의 한글 번역본을 참고해 필요에 따라 번역을 다소 수정하면서 인용했는데, 그 경우 영어본의 쪽수와 더불어 한글본의 쪽수를 '한'이라고 표기와 함께 기재했다.

수 없기 때문에, 사회계약은 무효가 되며 이에 따라 인민에게 저항권이 발생한다고 주장했다.

그러나 위의 서술이 시사하듯이, 정치적 정당성의 문제에서 공공선의 추구와 구성원의 동의는 엄격히 분리된 것이 아니며, 긴밀하게 상호 의존하고 있다.[2] 곧 과연 치자 계급이 정치에서 '공공선을 추구하는가'라는 문제에 대한 판단을 누가, 무엇을 기준으로 내릴 것인가라는 물음이 제기되는 것이다. 이에 대한 궁극적 답변으로 중국의 유가에서는 '천명', '민심', '공론' 이론이 제출되었고, 서양에서는 '좋음의 이데아', '자연법', '신의 섭리', '왕권신수설', '구성원의 동의', '일반의지' 이론 등이 제기되었다. 이 글은 동서양 정치사상, 양자의 건설적이고 비판적인 대화를 수행하기 위해 정치적 정당성을 둘러싼 논의의 전개 과정을 유가 사상에서의 공론론公論論과 루소의 일반의지론—般意志論을 중심으로 비교하고자 한다. 먼저 이 글의 주제와 관련된 문제의식을 간략히 밝히면 다음과 같다.

선진 시대의 유가는 본래 '천명'(천 또는 상제의 명령)을 정치적 정당성의 근거로 보았다. 그러나 천명은 알기도 어렵고 또 그것이 실재하는지도 의심스럽다는 문제점이 제기되었고, 이를 대신해 민심론이 등장하게 되었다. 즉 민심에 따르는 정치적 결정은 정당한 것이며, 민심에 위배되는 정치적 결정은 부당한 것이라는 주장이었다. 그러나 곧 민심론에도 상당한 문제점이 내포되어 있음을 인식하게 되었다. 즉 민심이 중요한 기준이기는

2_ 여기서 자세히 논하기는 어렵지만, '공공선의 추구'는 정부 활동의 '실체'적인 면을, 구성원의 동의는 그 '절차'적 측면을 지칭하기 때문에 서로 표리관계를 이루고 있다. 또한 로크의 동의가 '가상적 동의'(hypothetical consent)라는 해석을 따를 경우 궁극적으로 공공선을 추구하는 정부야말로 구성원의 동의를 받을 가치가 있는 것으로 파악된다는 점에서, 양자는 상호 의존적이라 할 수 있다.

하나 민심이 항상 정당한 것은 아니라는 자각이 싹튼 것이다. 그리하여 민심에 대한 긍정과 회의가 교차하는 가운데 선진 시대가 마감되고, 이후 1천여 년 동안 유학 사상사는 정치적 정당성의 문제에 관한 한 별 다른 진전이 없었다. 그러나 송대宋代에 신유학이 태동하면서 공론론이 전면적으로 등장하게 되었다. 송대의 공론 개념은 사실 선진 유학에서의 천명론과 민심론을 지양시킨 개념이었다. 주자는 공론을 "천리에 따르고, 인심에 부합되어, 천하의 모든 사람이 함께 옳게 여기는 것"이라고 정의했다. 이와 같이 공론 개념이 확립된 후, 공론은 유교 사회 특히 주자학을 철저히 실천한 조선 시대에 정치적 정당성의 중요한 근거로 기능하게 되었다.[3]

주자학의 공론 개념은 '천하의 모든 사람이 함께 옳게 여기는 것'을 포함하고 있는데, 이는 '여론' 또는 '공론'으로 번역되는 서양 정치사상사의 '퍼블릭 오피니언'public opinion, opinion publique, öffentliche Meinung과 일정 부분 유사성을 지니고 있다.[4] 서양 정치사상사에서는 '다수의 정치적 의견'에 대해, 아테네 민주정, 로마공화정, 프랑스혁명을 포함한 근대의 혁명적 격동기, 전체주의, 현대 대중민주주의 등의 경험에 대한 성찰을 통해 플라톤 이래 현대에 이르기까지 다양한 견해가 표출되어 왔다. 그리고 이런 견해들은 다수의 정치적 의견에 대한 상반된 두 가지 입장으로 압축된다. 근대 정치의 전개 과정을 볼 때, 군주정이나 귀족정이 무너지고 인민 일반이 정치

3_일찍이 조선 후기의 실학자 이중환(李重煥)은 조선 정치의 특성을 '전이의론위정'(專以議論爲政)이라 규정하고, 삼사(사헌부·사간원·홍문관)가 공론을 주도해 비판과 견제의 기능을 수행함으로써 3백 년 동안이나 큰 권간이 없었고, 관료의 세력이 커져 통제하기 어려운 근심도 없었다고 설명했다(『택리지』 복거총론 「인심」편 참조). 조선 시대 공론에 대한 개괄적 논의로는 정두희(1994)와 김용직(1998)을 참조.

4_서양 정치사상사에서 전개된 '공중의 의견' 또는 '여론' 개념에 대한 체계적 정리로는 팔머(Palmer 1967)의 탁월한 연구를 참조할 것.

의 무대에 전면적으로 등장하는 과정에서 '다수 인민의 의사' 또는 '인민의 의지'는 인민주권론에 따라 폭정에 저항하는 무기로서 적극 활용되었고, 그 과정에서 효율성과 정당성을 확보했다. 하지만 인민의 의사나 의지가 실제 정치에 반영되었을 때, 그것이 공정성이나 공평성을 확보하고 있는 지에 대해서는 많은 회의가 따르지 않을 수 없었으며, 그런 회의는 근대 정치의 혁명적 전개 과정, 전체주의, 대중민주주의 시대를 거치면서 나름대로 타당성을 확보하게 되었다. 그 결과 다수 인민의 의사나 의지에 대해 '이중적 입장'이 표출되지 않을 수 없었다. 즉 다수 인민의 의사는 군주나 귀족계급의 의사보다 일반적인 이익을 포괄하고 있기 때문에 나름대로 정당성을 확보하고 있다는 입장과 현실 정치에서 발견된 다수 인민의 정치적 의사가 무지와 편견, 폭력과 변덕스러움으로 휩싸여 있다는 입장이 그 것이다.

서양 정치사상사에서 나타난 인민의 정치적 의사에 대한 이 같은 이중적인 태도는 루소가 『사회계약론』에서 '일반의지'와 '전체의지'를 구분한 것에서도 잘 드러난다. 루소는 근대의 혁명적 격동기를 거치기 이전에 이미 '일반의지'와 '전체의지'를 구분하면서, '전체의지'는 사적 이익에 집착하고 오류가 있지만, '일반의지'는 공동 이익을 추구하고 오류 가능성이 없다고 규정했던 것이다. 루소는 이처럼 순화된 시민의 정치적 의사를 '일반의지'로 이름 짓고, 『사회계약론』의 핵심적인 개념이자 정치적 정당성의 원천으로 삼고자 했다. 이를 유가 사상의 입장에서 본다면, 루소는 '전체의지'와 구분된 '일반의지'라는 개념을 통해 유가 사상에서 발전된 공정성 또는 공평성을 띤 '공론' 개념을 포착하려 했다고 해석할 수 있다.

이처럼 유가 사상의 공론 개념과 루소의 일반의지 개념 사이에는 강한 유사성이 발견되기 때문에, 정치적 정당성의 문제와 관련해 유가의 공론론과 루소의 일반의지론을 비교하는 것은 비교정치사상의 차원에서 상당한 가치가 있다. 그러나 양자가 전개된 정치적 배경과 맥락이 근본적으로 다르기 때문에 커다란 차이가 있다는 점 역시 부정할 수 없다. 따라서 양자의 공통점과 차이점에 대한 이해를 통해 유가 사상의 공론론과 루소의 일반의지론이 지닌 장점과 결함을 좀 더 명확히 인식하고 상호 보정할 계기를 탐색하는 것은 동서양 정치사상의 비교연구와 관련해 각별한 의미를 지닌다고 할 것이다.

이런 문제의식을 염두에 두고, 이 글은 먼저 유가에서 '정치적 정당성의 근거' 또는 '정치적 권위체'에 대한 인식이 천명론에서 민심론으로, 민심론에서 공론론으로 변천되는 사상사적 맥락을 살펴보고자 한다. 이 과정에서 송대 주자의 공론 개념을 천명론과 민심론의 지양이라는 관점에서 고찰할 것이다. 이어서 루소의 『사회계약론』에 나타난 '일반의지'를 좀 더 구체적으로 분석할 것이다. 나아가 루소의 '일반의지' 개념이 유가의 '공론' 개념과 지극히 유사하다는 점에 착안해 양자를 비교할 것이다. 결론적으로, 이 글에서는 유가의 공론론이 현대 자유민주주의 시대에 기여할 수 있는 바가 무엇인지 제안해 보고자 한다.

2. 유가의 공론론

주자학의 공론론公論論은 선진 유학의 천명론과 민심론이 지양된 결과로 성립한 것이다. 주자학의 공론론을 논의하기 전에, 공론론이 성립한 사상사적 맥락을 간략히 살펴보기로 하자.[5]

5_이에 대한 자세한 논의는 이상익(2004) 참조.

중국 고대에는 천(또는 상제)이 자연사와 인간사 모두를 주재한다고 믿었다. 천은 세상만사를 주재하는바, 따라서 정치도 천의 의지를 벗어날 수 없는 것이다. 『서경』書經의 천명론은 한편으로는 군주권을 강화해 주고, 한편으로는 군주권을 제한(폭정의 방지)하는 것이었다. 그러나 이런 천명론은 후대로 내려오면서 두 가지 문제에 봉착하게 되었다. 첫째는 천명의 내용을 확인하기가 어렵다는 '인식론적 문제'였다. 천명을 확인하는 방법으로 『서경』에 거론된 주된 예들은 점占이었다. 그런데 문제는 점의 결과가 서로 다르게 나올 수 있다는 것이다. 이는 점의 신빙성에 대해 근본적인 의문을 제기할 수 있는 것이었다.[6] 둘째는 과연 천명이 실재하는지조차 의심스럽다는 '존재론적 문제'였다. 천명의 실재를 의심하게 된 것은 인간 사회에서 복선화음福善禍淫이 실현되지 않고 있었기 때문이다. 즉 천은 정의로운 존재로서, 인간의 선에 대해서는 복으로 응답하고 악에 대해서는 재앙으로 응답한다고 하는데, 인간의 현실이 그렇지 않은 것으로 보면, 천의 존재를 의심하지 않을 수 없다는 것이다.

이상과 같은 두 맥락에서 천명론은 차츰 자취를 감추게 되었고, 대신 민심이 정치적 정당성의 주요 근거로 등장하게 되었다. 그러나 민심이 확고한 정치적 권위를 획득한 것은 아니었다. 선진 시대에 이미 민심에 대한 회의도 뚜렷하게 제기되었기 때문이다. 『서경』에서는 백성들이 두터운 본성을 지니고 태어났으나 그들의 마음은 물욕에 지배되기 쉬우며,[7] 따라서

---

[6] '천'(天)은 '최고의 주재자'이고 '유일한 주재자'일 것이다. 그런데 그 천의 의지를 알기 위한 점의 결과가 다를 수 있다면, 그 점은 별로 신빙성이 없다고 볼 수밖에 없는 것이다. 요컨대 천명이 아무리 중요한 것이라 하더라도, 그 천명을 정확히 알 수 있는 수단이 없다는 것에 문제가 있다. 『서경』의 「홍범」에서는 "세 사람을 세워 점을 치게 하고, (서로 가부의 판단이 다를 경우) 두 사람의 말을 따르라"고 했다.

백성의 마음은 중용을 지키기가 어렵다고 했다.[8] 민심에 대한 회의는 『논어』나 『맹자』를 통해서도 확인된다.[9] 이처럼 민심에 대한 신뢰와 회의가 공존하는 가운데 선진 시대가 끝나고, 이후 송대에 이르기까지 이 문제는 별다른 진전을 이루지 못했다.

'공론'이라는 개념이 중국사상사에서 본격적으로 등장한 것은 북송대 北宋代의 일인 것으로 추정된다.[10] 그러나 공론이라는 용어는 이미 『회남자』 淮南子, 『세설신어』世說新語 등에 각각 1회씩 용례가 보인다.[11] 『회남자』에서는 다음과 같이 말한다.

> 이른바 언론이란 대중들과 함께 가지런해야 하고 시속과 같아야 하는 것이다. 이제 구천의 꼭대기가 아니면 곧 황천의 밑바닥을 언급하는 것은 양극단으로 치우친 논의이니, 어찌 공론이 될 수 있겠는가?[12]

7_ 『書經』 周書 君陳, "惟民生厚 因物有遷 違上所命 從厥攸好 爾克敬典在德 時乃罔不變."

8_ 『書經』 周書 君牙, "弘敷五典 式和民則 爾身克正 罔敢弗正 民心罔中 惟爾之中."

9_ 공자는 시비나 선악의 판단을 민심의 호오에 전적으로 맡길 수 없다고 했고(『논어』 위공 27), 맹자도 역시 대중의 판단을 그 자체로 신뢰하지 말고 국왕 자신의 주체적인 성찰을 가하라고 촉구한 바 있다(『맹자』 양혜왕 하 7).

10_ 선진유가의 십삼경(十三經)이나 선진 시대 제자백가서(諸子百家書)에는 '공론'이란 말이 등장하지 않는다. 주(周)의 위열왕(威烈王) 때(기원전 403년)부터 후주(後周)의 세종(世宗) 때(서기 960년)까지 1362년간의 역사를 기록한 사마광(司馬光)의 『자치통감』(資治通鑑)에도 '공론'이란 말은 거의 보이지 않는다. 그러나 필원(畢沅)의 『속자치통감』(續資治通鑑)의 북송기(北宋紀)와 남송기(南宋紀)에는 '공론'이란 말이 50회 가량 보인다.

11_ 『회남자』의 저자는 전한대(前漢代) 회남왕(淮南王) 유안(劉安)(기원전 179-122년)이며, 『세설신어』의 저자는 육조시대(六朝時代) 송(宋)의 학자 유의경(劉義慶)(403-444년)이다.

12_ 『淮南子』 脩務訓, "所謂言者 齊於衆而同於俗 今不稱九天之頂 則言黃泉之底 是兩末之端議 何可以公論乎."

위의 인용문에 의하면, '공론'이란 대중들과 함께 가지런하고齊於衆 시속과 같아同於俗 극단에 치우치지 않은 것이다. 이런 설명은 '공론'의 성격에 대해 중요한 요소들을 제시한 것으로 볼 수 있으나, 좀 더 구체적으로 따져 본다면 아직은 미흡한 점이 많다. 즉 위에서는 공론의 '형식적 조건'으로 '제어중'齊於衆과 '동어속'同於俗을 제시하고, 그것을 곧 '극단에 치우치지 않은 것'으로 간주했다. 여기서 문제가 되는 것은 '제어중'과 '동어속'이다. 대중과 시속이란 민심과 본질상 같은 것인데, 민심의 정당성이 보장되지 않는 한 '제어중'과 '동어속'의 정당성 역시 보장할 수 없기 때문이다. 한편『세설신어』에 보이는 공론 개념의 용례는 더욱 소략해,[13] 공론의 성격을 명확히 추론할 수 없다. 다만 주목할 것은 "저절로 공론이 있다"自有公論는 말로서, 공론이란 '인위적으로 조작되는 것이 아님'을 암시하고 있다는 점이다.

『속자치통감』의 북송기와 남송기에는 '공론'이라는 말이 많이 보인다. 그러나 거기에 보이는 용례들도, '공론을 채택하라', '천하의 공론', '공론을 두려워한다', '널리 공론을 살펴라', '공론이 용납하지 않을 것이다', '사대부의 공론', '공론이 비등한다', '천하에는 저절로 공론이 있다', '어떻게 공론을 막을 수 있는가', '천하의 공론에 따라 서정庶政을 새롭게 하라', '만세萬世의 공론' 등 대부분 단편적인 것들이다. 그러나 이런 용례들을 종합해 보면, 공론의 성격을 대강 추론할 수 있다. 공론이란 '인위적으로 조작될 수 없는 것'(自有)으로서, '시간적으로 영원하며'(萬世), '공간적으로 편만遍滿하여'(天下), '억지로 막을 수 없는 것'이므로, '두려워해야 할 대상'인 것이다.

주자는 이상과 같은 공론의 내용적 성격을 종합해, 공론을 개념적으로

13_『世說新語』品藻第九, "王大將軍下 庾公問 聞卿有四友 何者是 答曰 君家中郎 我家太尉 阿平 胡母彦國 阿平故當最劣 庾曰 似未肯劣 庾又問 何者居其右 王曰 自有人 又問 何者是 王曰 噫 其自有公論."

명확히 정의했다. 주자는 다음과 같이 말한다.

> 이른바 '국시'(國是)란 어찌 '천리에 따르고 인심에 부합하여 천하 사람들이 모두 함께 옳게 여기는 것'이 아니겠는가? 진실로 천하 사람들이 모두 함께 옳게 여기는 것이라면, 비록 척토(尺土)와 일민(一民)의 권력도 없더라도 천하 사람들이 그릇된 것이라고 여길 수 없는 것이다. 하물며 천하의 권세를 차지한 사람이야 어떻겠는가? '천하 사람들이 모두 함께 옳게 여기는 것'에 부합되지 않는데도 억지로 천하 사람들로 하여금 옳다고 여기게 만들려고 하니, 그러므로 반드시 상을 내걸어 유혹하고 형벌을 엄히 하여 감독한 다음에야 겨우 사대부의 한결같지 않은 입을 겁주어 통제할 수 있는 것이다. 그러나 천하의 참된 시비는 끝내 속일 수 없는 것이다. …… 자기의 편견을 주장하고 자기의 사심을 채우려 하면서도 억지로 '국시'라 이름을 붙이고, 군주의 권위를 빌려 '천하의 만구일사(萬口一辭)의 공론'과 싸우려 하니, 아마도 고인(古人)의 이른바 '오직 덕만이 (사람의 마음을) 통일시킨다'는 말과는 다른 것 같다.[14]

주자는 '천리에 따르고 順天理 인심에 부합하여 合人心 천하의 사람들이 모두 함께 옳게 여기는 것 天下之所同是者'을 '국시'라 정의하고, 그것을 '천하의 모든 사람들이 한결같이 하는 말 萬口一辭'인 '공론'과 동일한 것으로 정의했다. 또한 주자는 국시 또는 공론을 '유혹이나 협박으로 조작될 수 없는 것'

14_『朱子大全』卷24 頁16-17, "所謂國是者 豈不謂夫順天理合人心 而天下之所同是者耶 誠天下之所同是也 則雖無尺土一民之柄 而天下莫得以爲非 況有天下之利勢者哉 惟其不合乎天下之所同是 而彊欲天下之是之也 故必懸賞以誘之 嚴刑以督之 然後僅足以怯制士夫不齊之口 而天下之眞是非 則有終不可誣者矣 …… 欲主其偏見 濟其私心 彊爲之名 號曰國是 假人主之威 而戰天下萬口一辭之公論 吾恐古人所謂德惟一者 似不如是."

이요, '영원히 속일 수 없는 것'이라고 규정했다. 주자의 이런 설명은 공론에 대해 『회남자』이래 당시까지 사용되던 모든 용례를 포괄하면서도 개념적으로 명확한 설명을 제시한 것이다. 주자의 공론에 대한 정의에서 주목해야 할 것은 '순천리'順天理, '합인심'合人心, '천하지소동시자'天下之所同是者라는 요소들이다. 이에 대해 자세히 논의하기 전에 먼저 율곡의 경우를 함께 살펴보기로 하자. 율곡도 주자와 같은 맥락에서 공론과 국시에 대해 다음과 같이 설명한다.

> '사람의 마음이 모두 그렇게 여기는 것'(人心之所同然者)을 '공론'이라 하고, 공론이 있는 곳을 '국시'라 한다. '국시'란 한 나라의 사람들이 조작하지 않고서도 함께 옳다고 여기는 것이다. 이익으로 유혹하지도 않고 위력으로 겁주지도 않았는데 삼척동자도 또한 그 옳음을 아는 것이 바로 국시다.[15]

율곡은 '공론'을 주자보다 더 간단하게 '사람의 마음이 모두 그렇게 여기는 것'人心之所同然者이라 정의했다. 주자의 '순천리', '합인심', '천하지소동시자'라는 세 요소를 율곡은 '인심지소동연자'人心之所同然者라는 한마디로 귀결시킨 것이다. 그러면 어떻게 율곡은 '순천리', '합인심', '천하지소동시자'라는 세 요소를 '인심지소동연자'라는 한마디로 귀결시킨 것인가? 또는 어떻게 그것이 가능한 것인가? 이를 해명할 수 있는 단서는 '인심지소동연자'라는 말에 숨어 있다. '인심지소동연자'란 본래 맹자의 말이다. 맹자는 이理와 의義를 '인심지소동연자'라고 규정하고, 고기가 사람의 입을 기쁘게 하

15_『栗谷全書』卷7 頁7, "人心之所同然者 謂之公論 公論之所在 謂之國是 國是者 一國之人 不謀而同是者也 非誘以利 非㤼以威 而三尺童子 亦知其是者 此乃國是也."

는 것과 마찬가지로 이와 의는 사람의 마음을 기쁘게 한다고 주장했다.[16] '이와 의는 사람의 마음을 기쁘게 한다'는 것은 '이와 의를 따르면 옳고 공정하기 때문에 사람들이 누구나 수긍하게 된다'는 말일 것이다.

'인심지소동연자'는 이와 의이기 때문에, '순천리', '합인심', '천하지소동시자'라는 세 요소가 '인심지소동연자'라는 한마디로 종합될 수 있는 것이다. 공론은 '인심지소동연자', 즉 이와 의에 근거한 것이기 때문에, 천하의 모든 사람들이 만세토록 한결같이 옳게 여기는 것이고, 그렇기 때문에 인위적으로 조작될 수도 없는 것이며, 억지로 막을 수도 없는 것이다.

주자가 '순천리', '합인심', '천하지소동시자'라는 세 요소로 공론을 설명한 것은, 다음과 같은 맥락에서 그것이 바로 선진 시대의 천명과 민심을 지양시킨 것임이 드러난다. 선진 시대의 '천명'은 시공간적 보편성과 도덕적 공정성을 담보하는 개념이었는데, 그 인식 가능성과 실재 여부가 문제시되었다. 반면에 선진 시대의 '민심'은 인식 가능성을 담보한 개념이었지만, 그 공정성이 의심스러웠다. 주지하듯이 주자학에서는 『시경』과 『서경』 등 고경古經에 보이는 '천'(상제) 또는 '천명'을 '이'(천리)로 해석했다. 주자는 이 세계에는 인격적·의지적 주재자로서의 '천'(상제)이란 존재하지 않는다고 보았다. 따라서 '천의 명령'이란 있을 수 없으니, 고경에서의 '천명'이란 '천리'(천지자연의 이법理法)로 해석되어야 한다는 것이다. 그보다 앞서 정자程子는 천리가 만물에 본성으로 내재한다고 주장하고, 그것을 '본성은 곧 천리'性卽理라는 말로 요약했다.[17] 주자는 『중용』中庸의 '천명지위성'天命之謂性과

16_『孟子』告子 上 7, "口之於味也 有同耆焉 耳之於聲也 有同聽焉 目之於色也 有同美焉 至於心 獨無所同然乎 心之所同然者 何也 謂理也義也 聖人先得我心之所同然耳 故理義之悅我心 猶芻豢之悅我口."

17_주자학에서는 '천지자연의 이법'의 내용을 『주역』(周易) '건괘'(乾卦)에 보이는 '원형이정'

맹자의 성선설을 들어 '성즉리'性卽理라는 주장을 뒷받침했다. 주자에 의하면, 인간의 본성은 곧 천리로서, 그것은 선하고 영원하며 보편적인 것이다. 그런데 이 본성은 '사람의 마음'人心[18] 속에 담겨져 있는 것이다. 여기서 유의할 것은, 주자학에서는 '마음'心과 '본성'性을 분명히 구분하고 있다는 점이다. 주자에 의하면, 심心은 형이하자形而下者로서 개별적이고 가변적인 것이며, 성性은 형이상자形而上者로서 보편적이고 불변적인 것이다.[19] 주자는 마음은 본성을 담고 있는 그릇器이라고 했다.

주자학에 의하면, 사람의 '마음'에는 '천리'가 담겨 있는 것이다. 그런데 마음에는 천리만 담겨 있는 것이 아니고, 사사로운 욕망도 담겨 있다. 따라서 사람의 마음은 그것이 천리를 발휘할 때道心, 천리가 보편적이고 선한 것이기 때문에, 공정할 수 있는 것이다. 선진 유학에서 민심을 정치적 권위체로 인정한 것은 이런 맥락일 것이다. 그러나 마음이 욕망에 지배될 때에는人心,[20] 욕망은 대부분 사사로운 이익을 추구하는 것이기 때문에, 공정성을

(元亨利貞)으로 설명하고, 그것이 인간과 사물에 '인의예지'(仁義禮智)의 본성으로 내재한다고 주장했다.

18_여기에서의 인심은, 인심도심설(人心道心說)에서의 '인심'(육체적 욕망을 추구하는 사사로운 마음)이 아니라, 글자 그대로 '사람의 마음'이다. 주자가 말하는 '합인심'(合人心)에서의 '인심'도 글자 그대로 '사람의 마음'이다.

19_이것은 우리의 일상 어법에서도 확인된다. '하고 말고는 내 마음'이나 '엿장수 마음대로'라는 말들은 각자의 마음이 개별적임을 의미하고, '화장실 갈 때 마음과 올 때 마음이 다르다'는 말은 자신의 마음조차 가변적임을 의미한다. 또한 '그 도둑놈도 알고 보면 본성은 착한 사람이야'라는 말은, 마음은 악하다 하더라도 본성은 선하다는 것을 의미한다.

20_여기서의 '인심'은 '인심도심설'에서의 인심이요, '합인심'에서의 인심이 아니다. 유가의 인심도심설에서는 천리를 발휘하는 마음을 '도심'이라 했고, 욕망에 지배되는 마음을 '인심'이라 했다. 주자는 도심은 '성명(性命)의 바름'에 근원한 마음이요, 인심은 '형기(形氣)의 사사로움'에서 생긴 마음이라 했다.

확보할 수 없는 것이다. 선진 유학에서 민심을 회의한 것은 이런 맥락이었을 것이다. 이렇게 볼 때, '순천리', '합인심', '천하지소동시자' 또는 '인심지소동연자'라는 주자학의 공론 개념은 '백성의 마음'民心 가운데서 '보편적이고 선한 천리'天命, 性를 척출함으로써 성립한 것이라 하겠다.

주자학의 '공론' 개념은 천리와 인심에 부합하는 '공정한 의론'이라고 해석될 수도 있고, 모든 구성원이 참여하는 '공개적인 논의'라고 해석될 수도 있다. 전자는 '결과'로서의 '공'이 부각된 것이며, 후자는 '절차'로서의 '논'論이 부각된 것이다. 우리는 천명과 민심에는 '논'이 결여되어 있으나, 공론에는 특별히 '논'이 포함되어 있는 것을 주목해야 한다. 천명과 민심은 우리에게 즉자적으로 주어진 것이다. 그러나 공론은 공개적이고 비판적(반성적)인 논의를 통해서 형성되는 것이다. 요컨대 공론에는 그 이면에 공개적이고 비판적인 논의를 통해 공(천리)을 찾아낸다는 전제가 깔려 있는 것이다. 이제 이런 맥락에서 주자와 율곡의 논의를 검토하면서 공론론의 성격을 정리해 보기로 하자.

주자는 "천하에는 저절로 바뀔 수 없는 공론이 있다"[21]고 했다. 그러나 주자에 의하면 공론은 저절로 성립하는 것이 아니라 공적인 논의를 통해 성립되는 것이다. 주자의 다음과 같은 말들을 살펴보자.

> 군왕은 비록 명령을 제정하는 것으로 직분을 삼는 것이나, 반드시 대신과 함께 도모하고 간관의 의견을 참고해야 합니다. 그들로 하여금 충분히 의논하게 하여 공론의 소재를 구한 다음, 왕정(王庭)에 게시하고 밝게 명령을 내려 공개적으로 실행해야 합니다. 이로서 조정이 존엄해지고, 명령이 자세히 살펴지는 것

21_『朱子大全』卷70 頁8, "天下有自然不易之公論."

입니다. 비록 (명령이) 부당한 점이 있다 하더라도 천하의 모든 사람들이 그 잘못이 누구에게서 비롯된 것인지를 밝게 알 수 있어, 군왕이 홀로 그 책임을 지게 되지는 않는 것입니다. (국정을) 의논하고 싶은 신하들은 또한 모두 거리낌 없이 자신의 의견을 다 밝힐 수 있는 것이니, 이것이 고금의 상리(常理)이며 또한 조종의 가법입니다.[22]

선입견을 주장하여 '치우치게 듣고 홀로 전횡한다'는 비난을 초래하지 마시고, 사사로운 은혜를 두터이 하여 '사람을 살핌이 넓지 못하다'는 훈계를 범하지 마십시오. (인재의) 진퇴와 (정책의) 취사를 오직 공론의 소재를 살펴 결정하신다면, 조정이 바르게 되고, 내외와 원근이 '한결같이 바르게 될 것'(一於正)입니다.[23]

위의 두 인용문을 통해 주자학에 있어서 공론론의 성격을 추론하자면, 그것은 다음과 같이 정리될 수 있다.

첫째, '공론'(결과로서의 공론)은 '공개적 논의'(절차로서의 공론)를 통해 성립한다는 것이다. 공개적 논의를 통하면 정책을 자세히 심의할 수 있고, 독단과 사사私邪를 배제할 수 있어, 최선의 결론을 얻을 수 있다는 것이다. 율곡도 같은 맥락에서 공개적인 논의가 중요한 이유를 두 가지로 설명한

---

[22]_『朱子大全』卷14 頁26, "蓋君雖以制命爲職 然必謀之大臣 參之給舍 使之熟議 以求公議之所在 然後揚于王庭 明出命令 而公行之 是以朝廷尊嚴 命令詳審 雖有不當 天下亦曉然知其謬之出於某人 而人主不至獨任其責 臣下欲議之者 亦得以極意盡言 而無所憚 此古今之常理 亦祖宗之家法也."

[23]_『朱子大全』卷11 頁10, "毋主先入 以致偏聽獨任之譏 毋篤私恩 以犯示人不廣之戒 進退取捨 惟公論之所在是稽 則朝廷正 而內外遠近 莫敢不一於正矣."

다. 하나는 중지衆智를 모으기 위한 것이다. 한 사람의 지혜는 유한하고 세상의 도리는 무궁하기 때문에 반드시 중지를 모아야 한다는 것이다.[24] 또 하나는 담합이나 모략을 막아 공정성을 확보하기 위한 것이다. 비밀스러운 논의는 소인이 모사할 수 있는 공간을 제공해 결국 "사정邪正이 잡되게 섞이고 시비가 모호하여, 나라가 제대로 되지 않게 만든다"는 것이다.[25] 이런 맥락에서 율곡은 국가의 흥망은 언로의 열리고 막힘에 달려 있다고 규정하고, 언로를 넓혀서 공개적 논의를 촉진할 것을 수도 없이 강조했다.

둘째, 공론 형성의 주체는 대신과 간관 그리고 일반 신하들 모두라는 것이다. 주자는 국정을 의논하고 싶은 신하들은 모두 거리낌 없이 자신의 의견을 다 밝힐 수 있게 하는 것이 고금古今의 상리常理이고 조종祖宗의 가법家法이라고 진언했다. 주자는 '사대부의 공론'이라는 표현도 자주 쓰고 있는데, 이것은 관료뿐만 아니라 사士도 동시에 공론 형성의 주체라고 보았음을 의미한다. 한 국가에는 여러 부류의 사람들이 존재하고, 공론이란 모든 부류의 사람들로부터 지지를 받아야 하는 것인데, 주자는 관료나 사를 공론 형성의 주체로 설정한 것이다. 같은 맥락에서 율곡도 다음과 같이 말한다.

> 무릇 마음으로는 고도(古道)를 사모하고, 몸으로는 유행(儒行)을 실천하고, 입으로는 법언(法言)을 말함으로써 공론을 부지하는 사람을 사림(士林)이라 한다. 사림이 조정에 있어서 공론을 사업에 베풀면 국가가 다스려지고, 사림이 조정에 없어서 공론을 공언(空言)에 부치면 국가가 혼란해진다.[26]

24_『栗谷全書』 卷6 頁23, "一人之聰明有限 天下之道理無窮 故雖聖人 不敢自恃其聰明 而必以衆人之耳爲我耳 必以衆人之目爲我目 然後聽無不聞 明無不見 而智無不周 德無不備焉."

25_『栗谷全書』 卷19 頁5 "自以爲樞機之密 群下莫敢窺測 眞得人君之體 而終至於君子不敢盡其誠 小人有以伺其隙 邪正雜糅 是非糢糊 國不可爲矣."

앞에서 공론이란 사람의 마음 가운데 있는 천리를 척출함으로써 성립하는 것이라 했다. 사림은 풍부한 학식을 바탕으로 천리를 제대로 인식하고, 순수한 도덕성을 바탕으로 사욕을 배제하고 천리를 따르는 사람인 것이다. 그런데 그 밖의 부류들은 천리를 제대로 알기도 어렵고, 사욕을 물리치기도 어려우므로, 공론을 주도할 수 없다는 것이다. 그렇다고 공론의 형성에 있어서 그 밖의 사람들은 배제하라고 한 것은 결코 아니다. 율곡은 공론을 모으기 위해서는 시장의 장사꾼이나 지나다니는 여행객에도 의견을 물어야 한다고 주장했다.[27] 다만 그 모든 사람들보다 사림의 역할이 더욱 중요하다고 본 것이다.[28]

셋째, 공론은 만장일치를 가능케 한다는 것이다. 만장일치가 그 자체로 좋은 것은 물론 아닐 것이다. 일치된 결론 자체가 정당할 수도 있고 부당할 수도 있기 때문이다. 주자는 공론에 따른다면 "조정이 바르게 되고, 내외內外와 원근遠近이 한결같이 바르게 될 것"이라고 했는데, 이는 공론을 통해서 만장일치로 정당한 결론을 얻게 된다는 말이다. 율곡은 만장일치를 도출하는 방식에는 두 종류가 있다고 보았다. 만장일치는 음모와 강압

26_『栗谷全書』卷3 頁29, "夫心慕古道 身飭儒行 口談法言 以持公論者 謂之士林 士林在朝廷 施之事業 則國治 士林不在朝廷 付之空言 則國亂."

27_『栗谷全書』卷3 頁33, "古者 不設諫官 擧朝之臣 各以其職 陳其規戒 又使商賈議於市 行旅謗於道 則國人無非諫官也 何其言路之廣."

28_이상희는 율곡이 사림을 '공론의 주체'로 인식한 것이 서양의 시민 민주주의에서 'public opinion'의 주체를 'public'으로 설정한 것과 마찬가지라고 보았다. 시민혁명 이후에 서구에 등장한 'public'은 일정한 경제적 능력과 지식을 갖추고 있어서 합리적 판단을 내리고 올바른 의견을 제시할 수 있었던 제3계급(시민계급)이었다는 것이다. 당시에 제4계급(일반 민중)은 'crowd'로 파악되고, 여론의 담당 세력에서 소외되어 있었다고 한다. 이상희는 율곡의 '공론'을 'public opinion'(합리적인 공중의 다수 의견)에 비유하고, '중론'은 'mass opinion'(불합리하고 조종된 다수 의견)에 비유했다(이상희 1993, 211-212 참조).

을 통해서도 이루어질 수 있고, 공정한 논의를 통해서도 이루어질 수 있다는 것이다. 율곡은 전자를 '불선不善으로 귀일된 것'이라고 비판하고, 군자의 간언 즉 사림의 공론을 통해 '선으로 귀일되는' 만장일치를 옹호했다.[29] 율곡의 '선으로 귀일됨'은 주자의 '한결같이 바르게 됨'과 같은 맥락으로서, 이것이 바로 공론(절차와 결과의 합일체로서의 공론)이 추구하는 목표라고 할 수 있다. 공개적인 논의를 통해 공론을 결집하고, 공론에 입각해 공정한 정치를 시행한다면, 모든 구성원이 그에 흔쾌히 동의할 것임은 자명하다고 하겠다. 이런 맥락에서 공론에는 '천하'나 '만세'라는 말이 접두어로 붙여지게 되는 것이다.

넷째, 공개적 논의는 만약 그 결과가 부당한 경우 책임의 소재를 분명히 알 수 있다는 것이다. 주자는 "비록 (명령이) 부당한 점이 있다 하더라도 천하의 모든 사람들이 그 잘못이 누구에게서 비롯된 것인지를 밝게 알 수 있어, 군왕이 홀로 그 책임을 지게 되지는 않는 것"이라고 했다. 공개적 논의의 결과에 부당함이 있을 수 있다는 것은 '공개적 논의라는 절차'를 거쳤으나 '공정한 결론이라는 결과'를 도출하지 못한 경우일 것이다. 이런 경우에도, 공개적 논의는 그 책임 소재를 분명히 해준다는 점에서 의미가 있다는 것이다.

---

[29] 『栗谷全書』卷7 頁9, "夫朝廷之靖 國論之一 亦有二道焉 君子得君 諫行言聽 百僚奉職 莫有異論 則是以善歸一者也 小人得君 謀行計遂 箝制人口 道路以目 則是以不善歸一者也."

3. 루소의 일반의지론

근대 서양 정치사상사에서 '일반의지'는 루소의 기여 중 가장 독창적인 것으로 평가받고 있다. 루소 연구의 권위자인 주디스 쉬클라는 이 점을 "'일반의지'라는 개념은 불가피하게 장 자크 루소라는 한 인간의 소유물이다. 그가 그 개념을 창안하지는 않았지만, 그 역사를 만들었다"(Shklar 1973, 275; 김용민 2001, 108)라고 표현하고 있다. 이는 루소 사상의 정치적·사상사적 기여에 의해 일반의지가 핵심적 개념으로 부상하고 주목을 받게 됨에 따라 그 개념의 역사에 대한 연구가 진행되고, 그 결과 일반의지의 역사가 형성되었다는 점을 강조한 것이다. 나아가 일반의지는 루소의 사상에서도 가장 핵심적인 개념이다. 루소의 주저인 『사회계약론』에서 일반의지는 사회계약, 주권, 법률, 공론(공중의 의견), 정의, 자유, 평등, 사적 이익과 공동 이익, 시민, 정부 형태, 행정관, 시민 종교, 입법자 등을 관통하면서 이 모든 개념에 적절한 의미와 위상을 부여하는 주재자로서의 역할을 수행하고 있다. 루소의 『사회계약론』은 로저 매스터스가 주목한 것처럼 "정치적 올바름의 원칙" Principles of Political Right[30]이라는 부제를 달고 있는 바(Masters 1978, 12-13), '일반의지'야말로 사회계약의 목적인 개별 시민의 신체와 재산을 보존하기 위한 핵심적인 이론적 고안물이고 나아가 이 글의 주제이기도 한 '정치적 정당성의 원칙'이라고 할 수 있다.

물론 루소 이전에 프랑스의 정치사상가로서 몽테스키외와 드니 디드로Denis Diderot 역시 정치철학적 개념으로서 '일반의지'를 사용했고, 루소가

30_ '라이트'(Right)는 '법', '권리' 또는 '올바름' 등 다양한 의미를 지니는데, 이 구절에서는 '올바름'으로 옮겼다.

이들로부터 강한 영향을 받았다는 사실은 널리 인정되고 있다. 몽테스키외는 『법의 정신』에서 삼권분립을 논하면서 입법권을 국가의 일반의지로, 행정권을 그 집행기관으로 규정하면서 이상적으로 입법권은 전체 인민에게 있어야 한다고 서술한 바 있다(Shklar 1973, 275). 초기에 루소의 각별한 친구이기도 했던 디드로는 루소의 "정치경제론"Political Economy[31]이 함께 실린 『백과사전』Encyclopédie에 기고한 '자연권'에 관한 논문에서 일반의지 개념을 사용하면서 그것을 '모든 인류가 공유하는 정의감'으로 정의했다(Shklar 1973, 276). 종국적으로 디드로에게 일반의지는 칸트의 보편의지처럼 타인이 자신을 대접하기를 바라는 대로 타인을 대접할 것을 인류에게 의무지우는 그런 규칙을 의미하게 되었다(Shklar 1973, 276). 그러나 처음부터 루소는 이처럼 보편적 구속력을 갖는 디드로의 보편적 의지를 거부하고, 일반의지는 오직 "평등과 덕이 법의 정신을 형성하는 그런 소규모의 고전적인 공화국에서만 의미를 가질 수 있다"고 주장하면서, 일반의지를 '시민적 정치체'에서만 발현되고 그 안에서만 효력을 가진 것으로 제한하고자 했다(Shklar 1973, 276). 따라서 디드로의 일반의지가 사람들이 인류 일반에 대해 느끼는 막연한 자비심을 의미했다면, 루소의 일반의지는 시민적 공동체를 형성한 후에 비로소 발생하는 것이고, 평등을 지향하며, 또 애국심 및 외국인에 대한 두려움xenophobia으로 무장한 것이었다(Shklar 1985, 168; 김용민 1999, 248-250; 김용민 2001, 108; 116-117; 김용민 2003, 103; 106 참조).

    루소는 『사회계약론』에서 사회계약이 해결하고자 하는 근본적인 문

---

[31]_이 글에서 인용하는 "정치경제론"은 매스터스((Roger D. Masters)가 편집한 Rousseau (1978, 209-240)에 수록된 것이다. 이하에서는 괄호 속에 'PE'라고 표기한 후 인용한 쪽수를 기재했다.

제란 바로 "구성원 전체의 집단적 힘으로 각자의 신체와 재산을 방어하고, 각 개인은 전체에 결합되어 있지만 자기 자신 이외에는 다른 어느 누구에게도 복종하지 않고 이전과 같이 자유로울 수 있는 하나의 결합 형태를 발견하는 것"이라고 주장한다(SC, 60; 한, 29). 그러고 나서 그는 자신의 사회계약이 제시하는 해결책을 일반의지를 핵심 개념으로 삼아 "우리들 각자는 자기의 신체와 모든 힘을 공동체에 바쳐 일반의지의 최고 지도 아래 맡기고, 일체로서 우리 모두는 각 구성원을 전체 가운데 불가분한 한 부분으로 받아들인다"(SC, 61; 한, 30)라고 제시한다.

루소의 『사회계약론』에서 일반의지는 인민주권론을 제창하고 담아내는 핵심적인 개념으로 이해되어 왔다. 당시만 해도 주권자란 일반적으로 존엄하고 존귀한 왕을 지칭하는 것으로 이해하는 것이 일반적인 통념이었는데, 루소는 주권이란 바로 (무지하고 비천한) 다수 인민의 의지를 표상하는 일반의지의 행사라고 주장함으로써 당시로서는 혁명적인 인민주권론을 전개했던 것이다(SC, 69; Masters 1978, 17; Shklar 1985, 168 참조). 나아가 법은 일반의지의 선언이기 때문에 입법권은 당연히 그리고 오직 인민에게만 귀속된다(SC, 70; 101; 142). 그리고 주권이 양도되거나 대표될 수 없는 것처럼, 일반의지와 일반의지를 행사하는 핵심적 방법인 입법권 역시 양도되거나 대표될 수 없다. 따라서 『사회계약론』에 제시된 시민적 공동체에서 시민은 모두 빠짐없이 입법 과정에 참여해야 하며 시민이 직접 비준하지 않은 법은 무효이고 따라서 법이 아니라고 루소는 주장한다(SC, 69; 141-142). 그에 따르면 이런 법에 의해 지배되는 국가는 공화국이며 모든 정당한 정부는 공화국이다(SC, 82). 이 점에서 루소의 일반의지는 근대국가의 형성 과정에서 자의적인 의지에 의한 '인간의 지배'를 배척하고 법의 지배를 확립하는 데 지대한 공헌을 했다.

루소는 자신의 이상적인 시민적 공동체에서 일반의지는 항상 올바르며, 항상 공공선을 지향한다고 주장한다(SC, 72). 이 점에서 일반의지는 인민 전체의 복지를 추구한다(PE, 213). 또한 루소에게 일반의지는 파괴될 수 없다. 인간의 내면에 개인적 이익을 추구하는 '특수의지'와 공동의 이익을 추구하는 '일반의지'가 병존하기 때문이다.[32] 또한 루소는 '일반의지'와 '전체의지'(또는 '다수의지')의 질적 차이를 분명하게 구별한다(SC, 72-73; 150). 전체의지는 개인적 이익을 추구하는 특수의지의 합계일 뿐이며, 그 정당성이 당연히 보장되지 않는다. 반면에 일반의지는 공동 이익을 추구하는 의지로서, 그것은 언제나 존재하고 순수하고 올바르다. 건전한 시민적 공동체에서 시민들의 의사 결정은 만장일치를 통해 또는 다수결을 통해 일반의지에 일치하거나 수렴하지만, 부패한 공동체에서 시민들의 의사 결정은 그것이 만장일치나 다수결에 의한 것일지라도 일반의지에 일치하거나 수렴하지 않는다(SC, 150-151, 153-154). 그러나 실제 현실에서 일반의지가 제대로 작동하지 못하는 것은, 일반의지가 파괴되거나 부패되어서 그런 것이 아니라, 일반의지가 특수의지에 의해 압도되었기 때문이다. 즉 정치체가 부패하고 타락해 사적인 이익에 기반한 특수의지가 기승을 부림에 따라 일반의지가 다수의 의지 또는 전체의 의지로서 위력을 발휘하지 못하는 경우에도 구성원 간에 존재하는 공동 이익이 사라질 수 없는 것처럼, 일반의지는 단지 다수의 특수의지에 의해 압도되었을 뿐이며 파괴될 수는 없다는 것이다(SC, 150).

또한 일반의지는 그 목적과 본성에 있어서 일반적이며, 구성원 모두에게서 우러나와 모두에게 적용되기 때문에 원천과 적용 대상에 있어서도 일반적이다(SC, 75). 그렇지만 일반의지의 '일반성'은 '목소리(구성원)'의 다

---

[32] 이 점에서 일반의지는 개인의 밖에 존재하는 것이 아니며, 그렇기 때문에 일반의지에 복종하는 것은 당연히 자신에게 복종하는 것이고, 타율적인 것이 아니게 된다(김용민 2001, 113; 118).

수'로부터 나오는 것이 아니라 '목소리(구성원)를 결합시키는 공동의 이익'에서 나온다. 이처럼 일반의지의 행사를 통해 개별 시민 역시 "다른 사람에게 부과하는 것과 동일한 조건에 스스로를 복종시키는 것"을 추구하기 때문에 "이익과 정의의 경탄스러운 조화"가 형성되며, 이로 인해 일반의지를 발견하고자 하는 "사회적 숙의는 형평의 성격"을 지니게 된다(SC, 76). 또한 루소에게 주권과 일반의지는 그것이 양도 불가능한 것과 마찬가지의 이유로 불가분적이다. 만약 분할이 가능하다면, 분할된 의지는 그 원천이나 적용 대상에 있어서 더 이상 일반적일 수 없고, 따라서 특수의지로 축소되기 때문이다(SC, 70). 그러나 루소의 이런 이론 틀에서 행정권의 행사는 일반의지의 관할이 아니기 때문에, 그 행사를 특수한 개인이나 집단에게 위임하거나 양도하는 것이 일반의지의 양도 불가능성 또는 불가분성과 모순되는 것은 아니다(SC, 75; 142).

루소의 일반의지는 주권과 입법권의 행사에 필수적이고 그 결과 위에서 언급한 여러 가지 속성을 지니고 있을 뿐만 아니라, 루소의 정치사상이 추구하는 자유·평등·도덕성 및 덕과도 긴밀한 연관을 맺고 있다. 루소에 의하면 일반의지의 행사에 의해 제정되는 모든 법체계의 목표는 기본적으로 두 가지로 귀결되는데, 그것은 바로 자유와 평등이다(SC, 96). 먼저 자유에 대해 살펴보면, 『사회계약론』에서 자주 인용되는 구절에서 루소는 "인간이 자유를 포기하는 것은 인간으로서의 자격을 포기하는 것이다. …… 이런 포기는 인간의 본성에 어긋나는 것이다. 인간의 의지로부터 자유를 완전히 빼앗는다는 것은 그의 행위로부터 도덕성을 완전히 빼앗는 것과 마찬가지다"(SC, 55; 한, 23)라고 말하고 있다. 나아가 시민은 만장일치로 사회계약을 체결하고 계약을 체결한 후 시민적 공동체의 입법 과정에 직접 참여해 모든 법안을 직접 비준하기 때문에 시민이 사회계약과 법률에 복종하는 것은 결국 스스로의 의지에 복종하는 것으로서 전적으로 자율적인 행위다(SC, 77; 152; 141). 그렇기 때문에 루소는 자신이 제안한 "시민적 결사야말로 세상에서 가장 자발적인 행위"(의 결과)라고 주장한다(SC, 152).

루소의 『사회계약론』에서 평등 역시 여러 가지 방법으로 강조·구현되고 있다. 앞에서 일반의지의 속성을 서술하면서 지적한 것 이외에도 루소는 최초에 사회계약을 체결할 때 개인은 자신의 모든 것을 전체 공동체에 양도하기 때문에 그 후의 조건은 모든 사람들에게 평등하게 되며, 또 그렇게 되면 그 누구도 타인에게 부담스러운 조건을 부과하는 일에 관심을 갖지 않게 된다고 주장한다(SC, 60; 한, 29-30). 따라서 사회계약의 목표를 관철하기 위한 주된 기제인 일반의지의 진정한 활동이 시민들에게 부담(구속)을 부과하거나 혜택을 베풂에 있어서 모든 시민을 평등하게 다루는 것은 당연하다(SC, 76). 앞에서 언급한 바 있는 일반의지와 특수의지(또는 사적 의지)의 구분 기준 역시 기본적으로 전자는 평등을, 후자는 편파성partiality을 지향하는 데 있다고 지적함으로써, 루소는 일반의지가 평등의 실현을 추구한다는 점을 명백히 하고 있다(SC, 69). 사회계약의 결과 성립된 시민적 공동체의 실제 재산 분배에서도 루소는 너무 부유해서 다른 시민을 살 수 있거나 너무 가난해서 자신을 팔아야 하는 시민이 있어서는 안 된다고 주장한다(SC, 96; 68 참조). 마지막으로 루소는 시민적 덕과 애국심 역시 일반의지를 중심으로 정의하는바, 덕이란 시민이 매사에 자신의 "사적인 의지"를 공적인 "일반의지에 순응·일치시키는 것"에 다름 아니다(PE, 217; 218). 이어서 루소는 사적 의지를 일반의지와 일치시키는 데 애국심이 가장 효과적인 수단이라고 지적하면서, "유덕한 시민들이 성취한 가장 위대한 기적들은 바로 애국심에 의해 이루어졌다"고 주장한다(PE, 218-219).[33] 그리

---

[33] 루소 사상에서 일반의지와 애국심의 관계를 상세하게 분석한 논문으로는 김용민(2003) 참조.

하여 루소의 유덕한 시민은 이기주의와 자기 편애의 편협한 지평을 벗어나 공적인 행복을 지향하게 된다.

그 외에도 루소는 『사회계약론』에서 일반의지의 효과적이고 지속적인 작동을 보장하기 위한 다양한 조건과 제도적 장치(입법자·감찰관·시민종교 등)를 제시하고 있다. 먼저 그는 일반의지가 제대로 작동할 수 있는 시민적 공동체는 규모가 작아야 하고, 상업과 공업보다는 농업을 주된 산업으로 해야 하며, 인민들의 습속이 소박한 상태로 남아 있어야 한다는 등 현대에는 만족시키기 어려운 조건들을 제시하고 있다. 아울러 대다수 인민들은 자신들에게 좋은 것에 대해 무지하기 때문에 '거의 신과 같은 입법자'가 사회계약의 초기에 출현해 사회계약의 결과 비로소 인민들이 갖게 될 덕성을 처음부터 심어 주기 위해 인간의 본성을 전면적으로 개조해야 한다는 점을 강조하고 있다(SC, 83; 84-88). 그러나 신적인 입법자는 시민적 공동체의 성립과 함께 떠나기 때문에, 시간이 흐름에 따라 시민들은 부패하기 쉽다. 그러므로 일반의지의 정상적인 작동을 뒷받침하는 인민의 습속·의견·믿음이 타락하는 것을 방지하기 위해 이를 담당할 직책으로 감찰관 제도를 두고 있다(SC, 174-176). 마지막으로 '시민 종교'를 제안하고 있는데, 그 주된 기능 역시 일반의지를 행사하는 데 필요한 시민적 덕성과 애국심 — 법과 정의를 사랑하고 필요하다면 공동체에 대한 자신의 의무를 수행하기 위해 자신의 생명을 희생하는 것 등 — 을 함양하고 유지하는 데 있다(SC, 186-187).

4. 유가의 공론론과 루소의 일반의지론의 상호 비교

지금까지의 논의에 근거해, 이제 일반의지론과 공론론의 공통점과 차이점을 살펴보기로 하자. 그러나 양자의 정치적·사상사적 배경이 근본적으로 다르기 때문에, 먼저 비교의 맥락을 설정하기 위한 정지 작업으로 그런 배경상의 차이를 명확히 제시할 필요가 있다.[34] 또한 양자를 비교함에 있어서 한편으로는 공통점이 존재하면서도 공통점 내에서 의미심장한 차이점이 내재하고, 다른 한편으로는 차이점이 존재하면서도 미묘한 공통점이 공존하기 때문에, 공통점과 차이점을 종합적으로 고찰하면서 서술하는 방법을 택하도록 하겠다.

첫째, 유가의 공론론과 루소의 일반의지론을 비교함에 있어서 양자가 전개된 정치적 배경이 근본적으로 다르다는 점을 지적하지 않을 수 없다. 먼저 공론론은 유가적 군주정에서 군주의 자의적인 권력 행사를 견제하기 위해 도입된 데 반해, 일반의지론은 군주 주권을 전면적으로 부정하고 인민주권론을 주창하기 위해 제기되었다. 먼저 유가 사상에서 정치적 정당성의 근거가 '천명 → 민심 → 공론'으로 이행하면서 전개된 것은, 군주정에서 인민주권론·민주주의로의 이행이 역사의 진보라는 전제하에서 볼 때, 일단 긍정적 진화로 인정할 수 있다. 이런 발전 과정은 정당성에 대한 해석이 왕이나 지배계급에서 피지배계급으로 이전해 가는 현상을 보여 준다. 천명에 대한 해석은 지배계급이 독점할 가능성이 높지만, 적어도 민심에 오면 그 해석권을 지배계급이 독점하기 어려워진다. 또한 주자의 공론론에 이르면 공론의 세 요소 중에서 '천리'에 관해서는 그 해석을 지배계급이

34_그러나 배경상의 차이에 대한 강조가 양자를 비교하는 작업을 무의미하게 만들지는 않는다. 동서양의 정치사상사가 보여 준 것처럼, 비록 해석자(또는 사상가)가 경험하고 있는 현실과 근본적으로 다른 현실에서 제기된 정치사상이라 할지라도, 그 형태적 유사성이나 개념적 요소를 해석상의 혁신을 통해 적절히 재전유하면 유용한 정치사상적 자원으로 재활용할 수 있기 때문이다.

독점할지 모르지만, '합인심'과 '천하지소동시자'에 관한 한, 백성의 해석이 주도적이거나 아니면 적어도 지배계급이 그것을 무시할 수 없게 되는 잠재적 상황에 이르게 된다. 특히 주자는 군주가 유혹과 협박을 통해 자기의 편견을 주장하고 사심을 채우기 위해 공론을 왜곡하는 행위를 정면으로 비판하면서, 그 비판의 근거인 공론의 실체를 이론적으로 좀 더 명확하고 체계적으로 제시했다. 그리고 나아가 '공론' 개념을 통해 정책의 공개적인 논의를 제도화함으로써 한편으로는 다양한 의견을 수렴하고 다른 한편으로는 책임의 소재를 명백히 할 것을 촉구했던 것이다. 그러나 유가가 군주정을 전제로 전개된 정치사상이라는 역사적 한계로 인해, 공론론을 근거로 인민의 직접적인 정치 참여를 주장하는 민주정까지 이르지 못했다는 점은 인정하지 않을 수 없다.

유가의 공론과 달리 루소의 일반의지는 오직 공화국 형태에서만 가능하고, 그것도 오늘날의 '대의' 민주주의가 아니라 모든 인민이 법을 제정하는 과정에 참여하는 '직접'민주주의 형식을 통해서만 실현될 수 있다. 그리고 이 과정에서 민주주의의 핵심 요소인 인민주권·정의·자유·평등이 실현된다. 따라서 제한적 의미에서 유가의 공론을 일반의지에 비유할 수 있는 근거가 성립한다고 해도, 공론론에서는 군주가 일반의지에 해당하는 공론을 입법과 정책에 반영하는 주체로 의연히 군림하고 있으며, 인민이 공론을 통해 정치에 참여하는 이론적 공간이 확보되지 못하고 있다. 공론은 그 담지자인 일반 백성과 함께, 여전히 군주와 지배계급이 결정하는 정책의 자료로 참고되는 수동적 위치를 점하고 있을 뿐이다.

둘째, 이처럼 중대한 맥락상의 차이를 일단 접어 두게 되면, 일반의지와 공론 사이에 일정한 공통점이 발견된다. 루소는 일반의지가 항상 올바르며 파괴될 수 없다고 했는데, 이 점은 유가가 공론을 항상 올바르며 인위적으로 조작될 수 없는 것이라고 본 것과 마찬가지라 하겠다. 그러나 올바름의 의미에서는 의미심장한 차이가 발견된다. 루소가 일반의지는 항상 올바르다고 했을 때, 그것은 일반의지가 공공선public good 또는 공동 이익 common interest 그리고 평등을 추구하기 때문에 사적인 이익과 선호favor를 추구하는 특수의지보다 올바르다고 주장한 것이다. 따라서 뒤에서 논할 것처럼, 루소의 입장에서는 공동 이익의 차원에서 일반의지가 규정되기 때문에 시민적 공동체를 방어하거나 확장하기 위해 전쟁을 하는 것이 일반의지의 발현일 수 있고, 따라서 올바르다는 평가를 받을 수 있다. 그러나 유가는 시비를 가린다는 차원에서, 곧 "천하 사람들이 모두 함께 옳게 여기는 것"이라는 점에서 공론이 올바르다는 점을 강조하고 있으며, 이로 인해 일반의지론에서 거론되는 이익의 요소가 강하게 부각되지 않는다. 이처럼 유가가 공론이 올바르다고 주장할 때에는 시공을 초월한 보편적 합리성(즉 천리·오륜·덕치의 이념 등) 또는 보편적 진리(예를 들어 '2+2=4'와 같은 수학적 진리 또는 뉴턴의 중력의 법칙 등)의 관점에서 옳다고 하기 때문에, 루소의 일반의지가 올바르다고 하는 것과 그 의미가 다르다.

또한 유가는 공론이 이처럼 일종의 보편적 합리성 또는 보편적 진리를 구현하고 있기 때문에 경험적·구체적 현실과 상관없이 파괴될 수 없다고 보았다. 이 점에서 유가의 공론이나 루소의 일반의지나, 다 인위적으로 조작될 수 없다고 하겠다. 그러나 공동체의 공공선이나 공동 이익을 추구하는 일반의지의 속성상, 인민이 부패하거나 타락하면, 인민은 더 이상 일반의지를 발견하거나 추구할 수 없게 된다. 따라서 시민이 일반의지를 추구하는 덕성을 유지하는 것은 자연스럽게 주어진 것이 아니라 루소가 『사회계약론』에서 제시한 다양한 제도적 장치 ― 입법자의 개입과 인간 본성 개조, 감찰관에 의한 인민의 습속과 의견 감독, 시민적 덕성을 유지하기 위한 시민적 교육, 시민 종교 등 ― 를 통해 사회계약의 초기부터 특수의지를 추구하는 인간의 본성nature을 탈본성화시키는denaturalize 인위적 노력을 끊임없이 필요로 한다(SC, 84-85; Riley 2001, 124-125). 루소의 시민과 마찬가지로 유가의 사대부나 사림 역시 자연스럽게 존재하는 공론을 용이하게 발견할 수 있겠지만, 그것을 자신의 사욕이나 사심보다 우위에 놓고 정책에 반영하기 위해서는 유가적 수양을 갖추어야 한다는 점에서 인위적인 노력이 필요하다고 하겠다.

셋째, 첫째 논점과 연관된 논점으로서 루소는 일반의지의 주체를 일반 시민으로 설정하고 주자와 율곡은 공론의 주체를 사대부(대신·간관 등 관료와 사림)라는 정치 엘리트로 상정했다는 점에서, 전자가 민주적이라면 후자는 과두제적이라는 중대한 차이가 있다.[35] 그렇지만 루소 역시 일반 대중들의 지적·도덕적 한계에 주목하고, '현명한 입법자'라는 존재를 설정함으로써 그런 한계를 극복하고자 했다는 점에서 현명한 입법자와 사림 간에 공통된 정치적 역할이 존재하는 것이 아닌가라는 의문이 제기될 법도 하다. 이를 검토해 보기로 하자.

루소는 일반의지를 행사해 법률을 제정해야 할 다수 대중이 "항상 자신들에게 좋은 것을 희구하나, 그들 스스로는 무엇이 좋은 것인지를 항상 식별하지는 못한다"고 언급한다(SC, 83). 따라서 계약에 따라 사회가 성립한 초기부터 일반 인민의 '오성'understanding과 '의지'will를 인위적으로 부양해 그들로 하여금 공공선을 식별하고 추구할 수 있는 조건을 마련해야 하

---

[35] 따라서 앞에서도 언급한 것처럼, 루소의 일반 시민에 해당하는 농민·장사꾼 등을 포함한 일반 백성은 주자나 율곡에 의해 공론의 주체로 막연히 호명(동원)될 때가 있기는 하지만, 원칙적으로는 공론의 주체라기보다 공론의 발견 또는 형성에 필요한 정보나 자료를 제공하는 주변적 지위에 머물러 있었다고 보는 것이 합당하다. 또한 주자의 공론을 구성하는 세 요소(순천리, 합인심, 천하지소동시자) 간에 위계질서가 존재하고 그 중에서 천리가 우위를 점한다면, 나머지 두 요소의 위상이 약화되어 백성의 지위는 그만큼 약화된다고 보아야 할 것이다. 결론적으로 말해 주자나 율곡이 공론의 주체로서 백성을 언급하기는 했지만, 공론 형성과 관련해 일반 인민이 구체적으로 어떤 역할을 수행하는지에 대해 지극히 모호한 입장을 취하고 있었기 때문에, 최선의 경우에도 공론의 주체로서의 인민은 추상적 실체에 불과하다고 보아야 할 것이다.

는데, 이 점이 바로 현명한 입법자가 필요한 이유다(SC, 83). 따라서 사회계약의 성립기에 출현하는 현명한 입법자는 자연 상태의 인간을 사회 상태의 인간으로 개조하고, 최초의 시민적 공동체의 기본적인 틀(헌법을 포함한 기본적인 제도)을 주조하는 임무를 떠맡는다. 따라서 『사회계약론』에서 현명한 입법자는 정치 공동체의 건국기나 개혁기에 인민을 위해 공동체의 기본법을 제정하거나 개혁한 고대의 모세Moses, 리쿠르고스Lycurgos, 솔론Solon과 같은 정치 지도자의 역할을 수행하는 셈이다. 그러나 서양 고대의 정치 지도자들은 자신이 제정한 법에 대해 인민의 동의를 거치지 않았지만, 루소의 입법자는 시민의 투표를 통해 자신이 제안한 법률을 승인받아야 한다(SC, 86). 또한 그런 입법자는 헌신적으로 자신의 임무를 수행한 이후에는 목전의 어떤 보상이나 영광도 바라지 않고 공동체를 홀연히 떠나버리는 신과 같이 전지전능한 능력을 지닌 신비적 존재로 묘사된다(SC, 84).

그러나 유가의 사림은 현명한 입법자처럼 국가의 기본적인 법을 기초해 인민이나 군왕에게 제안하는 존재도 아니고, 또 국가의 성립 초기에 다양한 제도적 장치를 마련해 백성을 근본적으로 개조함으로써 그들로 하여금 공론을 인지하고 추구할 수 있도록 만드는 존재도 아니다. 따라서 일단 완성된 국가에서 유가의 사림이 공론 형성과 관련해 백성을 계몽하고 선도하는 역할을 수행한다고 해도 그 역할은 루소의 입법자에 비하면 미미하다 할 것이다.[36] 그리고 루소의 입법자는 건국 초기에만 일시적으로 정

36_만약 우리가 군주정과 공화정이라는 정치체의 근본 구조상의 차이를 일단 접어 둔다면, 이 점에서 루소의 입법자의 역할은 요·순과 같은 성왕(聖王), 왕조를 새롭게 개창하거나 경장한 군주의 역할을 수행한다고 할 수 있다. 그러나 이 경우에도 성왕이나 왕조를 개창·경장한 군주들은 직접 통치자로서 군림했지만, 루소의 입법자는 그렇지 않다는 점에서 여전히 커다란 차이가 발견된다.

치에 개입해 국가의 기본 틀을 마련해 주고 떠나 버리는 초인적이지만 일시적인 존재인 데 반해, 유가의 사림은 유가적 군주정에서 공론의 주체로 지속적으로 존재한다.

사림과 현명한 입법자 간의 공통점을 찾기 어렵다면, 오히려 공론의 주체인 사림과 일반의지의 주체인 루소의 일반 시민 사이에서 유사성이 발견될 법하다. 앞에서 언급한 것처럼, 사림은 유가적 학식과 덕망을 바탕으로 하여 사리사욕을 배제하면서 천리를 제대로 인식하고 실천에 옮기기 위해 부단히 노력하는 계층으로 인식되는데, 이 구절에서 '천리'에 '일반의지'를 대입해 보면 루소의 시민계급을 지칭하는 것과 유사한 논리 구조를 갖고 있음이 드러난다. 루소는 인민주권론을 주창해 일반 시민에게 주권자로서의 지위를 인정하고, 국가의 최고 의사인 법률을 제정하는 권한을 부여했다. 대신 일반 시민이 사리사욕에 눈이 어두워 공공선을 추구하는 일반의지를 무시하고 특수의지를 행사하는 방향으로 타락하는 것을 방지하기 위한 조건과 제도적 장치를 『사회계약론』에서 상세하게 제시했다. 이 점에서 공론의 주체로서 국정의 논의에 적극 참가해 인재등용 및 정책 결정에 영향을 미치는 유가의 사림은 루소의 시민과 비슷한 역할과 위상을 점하고 있다고 해석할 수 있다. 하지만 사림은 치자 계급에 속하더라도 정치적으로 여전히 군주나 왕실에 종속된 존재로서 그들의 하위 파트너에 불과하며, 일반의지에 따라 입법권을 전적으로 행사하는 루소의 주권적 시민이 아니라는 본질적 한계가 있다.[37]

---

[37] 서양의 기독교가 종교개혁을 통해 사제 중심의 가톨릭교에서 신도 중심의 개신교로 개혁될 때, 모든 신도가 신앙에 관해 교회(사제)의 매개 없이 직접 신과 의사소통을 할 수 있고, 또 기독교적 의식을 주재할 수 있다는 만인 사제설이 일반 신도의 존엄성을 제고하는 데 지대한 영향을 미쳤고, 이로 인해 신앙의 개인화·사사화(私事化)와 함께 기독교의 민주화

여기서 루소의 주권적 시민의 입법권 행사와 관련해 마지막으로 짚고 넘어가야 할 논점은 루소의 시민적 공동체에서 일반의지의 일반성은 입법권의 행사 — 법률은 일반의지의 선언이다 — 로 표현되며, 행정권은 원천과 대상에서 시민 모두로부터 나와서 모두에게 적용되는 권력이 아니기 때문에 일반의지의 관할이 아니라는 점이다. 행정권은 시민 전체가 아니라 시민 일부를 대상으로 하여 구체적 사안에 맞게 법을 해석하고 집행하는 권한에 불과하기 때문이다. 그러나 주자와 율곡이 공론에 관해 논한 구절을 루소(또는 현대)의 관점에서 보면 공론을 통해 정당성을 주장하거나 비판하고자 하는 사안이 인재의 등용이나 정책의 취사와 같이 구체적·단기적인 특수한 정책 사안이지 입법 사안은 아니라는 판단에 이르게 된다. 만약 이런 판단이 합당하다면, 유가에서 공론의 지위는 일반의지와 관련된 입법의 지침이 아니라 행정의 지침이기 때문에 공론이 일반의지보다 그 정치적 비중이 약하다라는 해석이 가능해진다. 물론 이에 대해서 유가 군주정에서 입법권과 행정권이 오늘날처럼 — 또는 근대 서양에서처럼 — 명확하게 구분되지 않았고, 왕이 제정하는 명령이 일종의 법령에 해당하는 효력을 가지고 모든 백성에게 적용되기 때문에 입법권에 해당한다는 반론을 설득력 있게 제기할 수도 있다.

넷째, 루소의 일반의지와 유가의 공론은 그 원천 및 적용 범위에서 커

가 급진전되었다. 이 점에서 루소의 인민주권론 역시 주권 또는 통치권을 군주나 소수의 귀족에게만 인정하던 종래의 정치관을 전변시켜 일반 시민을 주권자 — '만인 주권자론' — 로 인정함으로써 기독교의 종교개혁 — '만인 사제론' 등 — 에 상응하는 정치적 민주화를 선도했다고 할 수 있다. 따라서 유가 역시 특별히 사림에게만 인정되던 속성을 일반 백성에게 인정하고, 대신 일반 백성에게 사림이 지닌 학덕을 겸비할 것을 요구하는 이른바 '만인 군자론'을 내세웠더라면 사림이 누리는 공론의 주체로서의 지위가 일반 백성에게 확대되는 급진적 변화를 일구어 낼 수 있었을 것이다.

다란 차이가 있는 것으로 나타난다. 앞에서 언급한 것처럼 디드로의 일반의지나 칸트의 보편의지는 전체 인류human species가 갖추고 있는 것이고, 또 전체 인류에게 적용되는 것이었다. 그러나 루소의 일반의지는 그 원천과 적용 범위에 있어서 일국 단위의 정치 공동체 — 그것도 직접민주주의의 실시가 가능한 소규모의 정치 공동체 — 를 벗어나지 못한다. 이 점에서 루소가 "일반의지는 모든 사람들로부터 나와서 모든 사람들에게 적용되어야 한다"(SC, 75)고 언급했을 때, 그것은 인류 전체를 지칭하는 것이 아니고 시민적 공동체를 구성하는 시민에 한정된 것이다.[38] 따라서 루소의 일반의지는 보편적인 '인류애'보다는 시민적 '애국심'에 결속되어 있다(PE, 219).

루소의 일반의지론에 따르면 한 국가의 일반의지가 다른 국가의 일반의지와 상충하거나 대립하게 되는 사례를 어렵지 않게 상상할 수 있게 된다. 그렇기 때문에 그는 "정치경제론"에서 일반의지에 따른 정의의 지배가 모든 시민에 대한 관계에서는 오류가 있을 수 없지만 외국인에 대해서는 결함이 있을 수 있다고 언급하면서, 그 점에서 한 국가의 일반의지는 다른 국가나 그 구성원들에 대해서는 더 이상 일반적이지 않고 단지 사적인 의지에 불과하다고 지적한다(PE, 212). 따라서 루소는 일반의지에 따른 공적인 숙의가 형평에 합치되지 않을 수 있는데, 이 점에서 잘 통치되는 공화국이 부정의한 전쟁을 수행하는 것이 불가능하지 않다고 언급한다(PE 213).

그러나 유가의 공론은 그 범위에 있어서 시공간적 제약을 받지 않는 보편성을 띠고 있다. 따라서 유가는 정치 공동체에 따라 공론이 상이할 수 있다고 상정하지 않는다. 즉 공론은 '천하지소동시자' 또는 '인심지소동연자'

38_그러나 루소의 일반의지는 상대적·동심원적 속성을 지니고 있으며, 국가를 구성하는 부분집단들의 의지에도 루소는 일반의지라는 명칭을 허용하고 있다(SC, 73; PE, 212).

로 전제되어 있어, 애초부터 특정 집단의 범위를 넘어서 존재한다. 다시 말해, 공론의 경우는 한국의 공론과 중국의 공론이 다를 수 없는 것이며, 충청도의 공론과 경기도의 공론이 다를 수 없는 것이다. 아니, 그 전에 '충청도 공론'이나 '대한민국 공론'이라는 말 자체가 성립할 수 없을 것이다. 유가의 공론론은 공론이라는 말 앞에 '천하'나 '만세'라는 말을 붙여, '천하 공론', '만세 공론'이라 하지 않았던가? 따라서 루소의 개별 국가들은 각자 일반의지라는 명목 아래 대등하게 전쟁을 수행하면서 그것을 정당화할 수 있겠지만, 유교권 국가들이 천하 공론이라는 이름으로 대등하게 전쟁을 수행하면서 그것을 정당화하는 것은 논리적으로 불가능할 것이다. 곧 루소의 시민 국가는 전쟁의 쌍방이 정당하게 일반의지에 입각해 전쟁을 하는 것이 이론적으로 가능한 반면에, 유교권 국가들 간의 전쟁에서는 적어도 전쟁의 한 당사자는 천하 공론을 위배하는 셈이 될 것이다.[39]

다섯째, 루소의 일반의지나 유가의 공론이 모두 '만장일치'를 지향한다는 점에서는 공통점이 발견되지만, 루소는 결국 다수결을 승인한다는 점에서는 차이점이 발견된다. 이에 대한 양자의 논의를 살펴보도록 하자. 유가는 공론을 '모든 사람이 한결같이 옳다고 여기는' 또는 '모든 사람의 마음

---

[39] 이렇게 볼 때, 루소의 일반의지보다는 디드로의 일반의지나 칸트의 보편의지가 유가의 공론과 유사한 점이 더 많을 것으로 예상된다. 예를 들어 디드로는 자연권에 관한 논문에서 "인류(human species)의 일반의지"를 상정하는 바 그것은 본질적으로 자연법 사상의 전통에서 만민법에 해당하고, 그에 따르면 "이성적인 사람이면 누구나 순수한 오성의 활동에 의해 도덕적 원칙의 기반을 발견할 수 있다"(Masters 1978, 15에서 재인용). 그러나 루소가 영구평화를 위해 구상한 국가연합 또는 세계국가에서 일반의지는 국가를 초월해 적용될 수 있는 잠재적 가능성을 띠고 있으며, 『사회계약론』이나 "정치경제론"에서 이를 시사하는 구절이 적지 않다(SC, 80-81; PE, 219). 영구평화를 위한 루소의 국가연합에 대한 국내의 논의로는 박호성(1989) 참조.

이 함께 그렇게 여기는' 자명한 진리나 합리성의 영역에 속하는 것으로 상정했기 때문에 당연히 만장일치를 전제한다. 공론이 이처럼 자명한 영역에 속한다면, 이를 확인하고 수렴하는 제도적 절차의 필요성은 강조되지 않게 된다. 공론의 주체로서 유가적 학식과 덕망을 겸비한 사람들의 간쟁의 자유 — 오늘날 언론의 자유 — 를 보장해 공론의 발견을 가로막는 장애물을 제거하고 그들을 조정에 등용하는 것으로 충분하다. 그리고 학문적 지식과 도덕적 수양을 겸비한 사람이 일반 평민들보다 공론을 발견하는 데 더 적합한 자질을 갖추고 있기에, 굳이 일반 백성이 정치에 참여하지 않더라도 이들이 백성을 대표해 공론을 확인하고 수렴하는 것으로 족하다. 그 결과 누가 무엇을 공론으로 해석할 것인가 — 공론을 확인하고 수렴하는 제도적 절차 — 는 여전히 군주와 지배계급의 몫으로 남아 있었던 것이다.

루소에게도 건강한 시민적 공동체에서 일반의지는 토론과 논쟁을 통해 비로소 밝혀지는 것이 아니라 대체로 '자명한 것'에 속한다. 단일한 일체를 구성하고 인민의 일원적인 의지 — 공동의 보존과 일반적 복지에 관한 — 를 표출하는 건전한 정치 공동체에서 그 정치체의 원리는 명백하고 명료하다. "그것[정치체의 원리]은 양립 불가능하거나 갈등적인 이해관계를 가지고 있지 않다. 공동선은 너무나 명백하기 때문에 그것을 인지하기 위해서는 단지 상식common sense만이 요구될 뿐이다"(SC, 149). 이런 공동체에서는 "새로운 법률을 선포할 필요가 발생할 때는 언제나" 구체적인 제안이 제출되기 전에도 "그 필요성이 보편적으로 인지되고 있다." 따라서 "그런 법률을 제안한 최초의 제안자는 모든 사람이 이미 느끼고 있던 것을 단지 말로 꺼낸 것에 불과하다. …… 그가 제안을 하자마자 나머지 사람들은 모두 그가 제안한 대로 따른다"(이상 SC, 149). 이런 구절이 상징하듯이 건강한 시민 공동체에서 일반의지 — 달리 말해, 시민을 주체로 하여 적용된 유가적 공론 — 는 자명한 것으로 제시되며, 만장일치는 그 당연한 귀결이다.[40] 따라서 다른 구절에서도 루소는 "공중의 집회에서 조화가 지배할수록, 다시 말해, 공중의 의견이 만장일치에 접근할수록, 일반의지 역시 우세해진 다"(SC, 136)라고 언급하면서 만장일치를 최상으로 여기고 있다.[41]

그러나 일단 일반 시민의 자유롭고 평등한 정치 참여(토론과 심의)에 의한 직접민주주의를 제안한 이상, 루소 역시 다수결을 전적으로 거부할 수는 없었다. 따라서 루소는 최초의 사회계약은 만장일치를 필요로 하지만, 그 사회계약에 따라 그 외의 사안에서는 다수의 입장이 항상 나머지 사람들을 구속한다고 언급한다(SC, 153, 59). 루소의 이런 논변은 정치 현실을 반영한 불가피한 결론이라 하겠지만, 이에 대해서는 일견 두 가지의 문제점이 제기된다.

하나는 다수결로 일반의지를 판별할 경우, 루소가 일반의지를 단순한 다수의지(또는 전체의지)와 구별한 본래의 취지가 퇴색하고, 결국 현실 세계에서 다수의지와 일반의지를 구분하는 작업이 거의 불가능해진다는 점이다. 이에 대해 루소는 인민이 파당을 형성하거나 또는 사전에 의사소통을 통해 사적인 이익을 추구하기로 담합하지 않는다면, 사적 이익을 추구하는 특수의지들의 경합이 상호 간의 차이점을 상쇄함으로써 특수의지들의 총화(總和)로부터 일반의지가 도출된다는 입장을 표명한다. 이를 위해 루

---

[40] 시민교육의 결과 애국심과 시민적 덕성으로 무장한 루소적 시민은 공동이익에 대한 '오성'과 '의지'를 겸비하고 있다.

[41] 아울러 흥미로운 사실은 루소나 율곡이 일반의지나 공론의 발견과 관련해 무조건적으로 만장일치를 승인하지 않았고, 정치 공동체의 부패가 극에 달하면 출현하는 악성적인 만장일치를 다 같이 경계하고 배척했다는 점이다. 앞에서 살펴본 것처럼, 율곡은 그런 만장일치가 소인배가 군주의 신임을 얻은 경우에 발생한다고 보았고, 루소는 부패한 공동체에서 시민들이 노예 상태에 빠져 자유와 의지를 상실했을 때 발생한다고 지적했다(SC, 152). 루소 사상의 이런 측면은 이 책의 9장에서 루소의 정치 참여 이론을 논할 때 좀 더 깊이 있게 논의될 것이다.

소는 공동체 내에서 사적 이익으로 뭉친 부분적인 결사나 당파가 출현하는 것을 배척하고자 하며, 만약 불가피하게 이를 허용하는 경우에도 그 수를 증가시키고 상호간에 불평등을 방지하는 조치를 취함으로써 앞서 언급한 상쇄의 효과를 유지할 것을 권하고 있다(SC, 72-74).

다른 하나는 다수결로 결정할 경우 발생하는, 다수와 입장을 달리하는 소수자의 문제다. 여기에도 두 가지 문제가 제기되는데, 첫째는 소수자가 자신이 동의하지 않은 결정에 복종할 때 일어나는 자율성self-rule, autonomy 침해의 문제이고, 둘째는 다수결의 내용이 부당하다는 전제하에 제기되는 이른바 '소수자의 권리 보호' 또는 '양심적 반대'의 문제다. 다시 말해, 다수결로 성립한 일반의지의 경우, 그것에 반대한 일부 시민들은 자신의 양심에 비추어 그것을 부당하다고 여길 수 있을 것이다. 그러나 루소는 일반의지라는 명목 아래 그에 대한 불복종을 인정하지 않는 것처럼 보인다(SC, 75 참조).

루소는 첫 번째 문제를 분명히 인식하고 있으며, 이에 대한 답변을 두 가지로 제시한다. 루소는 먼저 다수결을 정당화하는 구절에서 만장일치로 성립된 최초의 사회계약에서 시민들은 자신의 의사에 반해 내려진 다수결에 복종하기로 동의했기 때문에 자율성自由이 침해되는 것은 아니라고 주장한다(SC, 152-153; 59). 두 번째로는 법률안이 제안되었을 때 시민은 통상적인 자유민주주의 관행인 자신의 선호(사적인 이익)에 따라 '그 법안을 승인하는가 또는 거부하는가'라는 관점에서 투표를 하는 것이 아니라 '그 법안이 일반의지에 부합하는가 아닌가'에 대한 자신의 판단에 따라 투표하는 것이라고 주장한다. 따라서 어떤 시민이 다수결에 반하는 투표를 했을 경우, 그는 자신의 선호(사적인 이익)가 거부되었다고 불평을 할 것이 아니라 자신의 판단에 과오가 있었음을 시인하고 다수결에 따라야 한다. 이처럼 일반의지와 부합된 다수결에 따르는 것은 그것에 반대한 개별 시민의 자유와 자율성을 침해하는 것이 전혀 아니다(SC, 153-154).

그러나 두 번째 문제, 곧 다수결의 내용이 부당하다 — 곧 일반의지와 부합되지 않는다 — 는 전제하에 제기되는 이른바 '소수자의 권리minority rights 보호' 또는 '양심적 불복종'의 문제에 대해 루소는 명확한 대답을 제시하지 않고 있는 것처럼 보인다. 이로 인해 일부 논자는 루소의 일반의지론이 '소수자의 권리 보호' 또는 '시민 불복종'을 인정할 여지가 없다는 비판을 제기한 바 있다.[42] 이런 비판에 대해서는 먼저 구성원의 신체와 재산의 보존이라는 사회계약의 목적은 다수결에 의해서도 소수에게 부정될 수 없다는 점을 상기할 필요가 있다(PE, 220). 그런 사태는 부담과 혜택의 평등이라는 사회계약의 목적 및 일반의지의 속성에도 정면으로 반한다. 이 점에 착안해 쉬클라는 불평등을 용인하는 사회에서 "소수자의 권리를 보호하는 것은 실로 자유의 진수"가 되겠지만, 일반의지에 의해 평등이 전반적으로 제도화된 시민적 공동체에서는 애당초 '소수자의 권리' 문제가 제기되기 어렵다고 주장한다. 다시 말해 '소수자'라는 개념이 이미 시사하듯이 그것은 사회에 존재하는 구조적 불평등으로 인해 형성되는 집단을 지칭하는데, 건강한 시민적 공동체에서 "인민의 최고 이익과 일반의지의 전반적 목표는 (제도화된) 불평등을 방지하는 것이기" 때문에 그런 집단이 발생하지 않는다는 것이다(Shklar 1985, 190-191).

일단 이런 논점을 받아들인다 해도, 루소의 『사회계약론』에는 다수의 의지가 일반의지와 부합하는지에 대한 최종적 판단이 다수와 독립된 별도의 상급 기관에 있는 것이 아니라 궁극적으로 그 다수에게 있기 때문에 위

42_예를 들어, 크로커(Lester Crocker)는 루소가 국가를 만장일치적인 공동체로 개념화하고 국가의 의지가 옴바류와 정의를 창조하고 공공사에서 개인의 양심을 대신한다고 주장한 점, 개인의 부동의(individual dissent)와 정당을 허용하지 않는다는 점을 이유로 루소의 사상이 다원주의적이고 개방적인 사회에 반한다고 비판한다(Crocker 1967, xvi-xvii).

의 비판은 일정한 설득력을 확보하고 있다. 그렇다고 루소가 이 문제를 전적으로 인식하지 못했다고 비판하는 것은 온당하지 않다. 루소는 다수결이 그것에 반대한 소수자를 구속한다는 점을 주장한 구절에서 마지막으로 일반의지와 어긋난 다수결의 존재 가능성을 다음과 같이 인정하고 있기 때문이다. "물론 이것은 일반의지의 모든 특징이 아직 다수의 의견 가운데 존재한다는 것을 전제로 하고 있다. 만약 그런 특징들이 다수의 의견 가운데 존재하지 않게 되면, 어떤 입장을 취하든, 더 이상 자유는 존재하지 않게 된다"(SC, 154; 한, 139). 이런 상황에서는 사실상 사회계약이 해체되거나 파기됨에 따라 루소는 부당한 다수에 대한 소수의 저항권 행사를 인정해야 할 것이다.[43] 이 점은 루소가 자신에 제시한 사회계약의 내용이 보편적 타당성을 지니고 있다고 주장하면서 만약 사회계약이 파기되면 각자는 자연상태에서 지니고 있던 원초적 권리와 자연적 자유를 회복한다고 언급함으로써 명시적으로 저항권의 행사 가능성을 인정하는 구절에서 확인된다(SC, 60). 이처럼 루소가 정당한 소수의 저항권이나 불복종의 가능성을 열어 놓고 있는 점은 고무적이지만, 그렇다 하더라도 '일반의지의 모든 특징이 아직 다수의 의견 가운데 존재'하는지 여부 또는 '사회계약의 파기' 여부에 대한 최종적인 판단권이 누구에게 귀속되는가 ― 곧, 누가 '사회계약의 파기'를 정당하게 선언할 수 있는가 ― 라는 궁극적인 문제는 여전히 해결되지 않은 채 남아 있다.[44]

---

[43]_그러나 루소의 일반의지론에서든 유가의 공론론에서든, 단순히 소수자에게 저항권 행사를 인정하는 것을 소수자의 권리 보호로 해석하기 어렵다는 문제 제기는 여전히 가능하다. 그 경우 해당 소수자는 자신들의 일신상의 안위를 무릅쓰고 저항권을 행사해야 하기 때문이다. 따라서 소수자의 권리 보호는 다수의 횡포로부터 소수를 보호하기 위해 고안된 입헌적 원칙(권력분립, 사법 심사, 법치주의, 인권 보장, 문화적 자결권의 보장 등)의 제도화를 필요로 한다. 이에 대해서는 강정인(2002) 참조.

유가의 공론론은 만장일치를 지향하고, 다수결에 대한 비판의 준거를 확보하고 있다. 공론을 주자는 '천리에 따르고 인심에 부합하여 천하의 모든 사람이 함께 옳다고 여기는 것'(천하지소동시자)이라고 정의했고, 율곡은 '인심지소동연자'로 정의했다. 여기서 '천하지소동시자'나 '인심지소동연자'는 만장일치를 상징하는 개념이다. 유가의 입장은 천리와 인심이 만나는 지점에서 만장일치가 성립할 수 있다는 것이다. 사회의 구성원 가운데, 일부는 천리를 따르지만 일부는 천리를 외면한다면 만장일치가 성립할 수 없을 것이다. 그러므로 우리의 현실에서 다수결이 불가피하다고 하더라도, 다수의 의견이 꼭 옳은 것이라는 보장은 없는 것이다. 물론 다수가 천리를 따르고 소수가 외면한다면, 그때의 다수결은 유가적으로 정당화될 수 있을 것이다. 문제는 소수가 천리를 따르고 다수가 외면할 경우이다. 이런 경우, 유가에서는 천리의 이름으로 다수의 부당성에 대해 저항할 수 있다고 보는 것이며,[45] 실제로 이런 사례는 허다했다. 요컨대 유가의 공론론

44_ 물론 이는 루소의 일반의지론만이 직면하는 딜레마가 아니고 궁극적으로 정치적 정당성의 원천(및 그 해석)과 관련해 다수의 판단에 의존하는 모든 이론이 직면하는 딜레마이기도 하다. 이 점을 인정하면서 그 문제를 루소와 관련해 좀 더 제기해 보면, 예를 들어 루소는 『사회계약론』에서 여성의 정치 참여에 대해 침묵하고 있는데, 루소의 사상 전반을 고려할 때 그의 이상적인 시민 공동체에서도 여성의 정치 참여는 원천적으로 배제되어 있는 것으로 생각된다. 따라서 여성의 참정권 문제가 소수자의 권리라는 차원에서 제기될 수 있으며, 나아가 여성은 사회계약의 파기가 아니라 사회계약의 원천 무효까지 주장할 수 있다. 따라서 루소의 일반의지론이 이런 문제를 어떻게 감당할 수 있는가라는 의문이 제기되는 바, 이에 대해 루소가 어떤 답변을 내놓을 수 있는가는 자못 흥미로운 주제가 아닐 수 없다.

45_ 『맹자』 공손추 상 제2장에 "증자(曾子)가 자양(子襄)에게 말하기를, 그대는 용(勇)을 좋아하는가? 내가 일찍이 공자께 대용에 대해 들었는데, 스스로 반성하여 곧지 못하면 (나를 비난하는 상대방이) 비록 미천한 사람이라도 그를 두렵게 할 수 없겠거니와), 스스로 반성하여 곧으면 (나를 비난하는 상대방이) 비록 천만 명이라 하더라도 나는 가서 대적할 것이라고 하셨다"라는 말이 보인다.

에서 궁극적으로 중요한 것은, 수의 많고 적음이 아니라 천리를 따른 것인가의 여부인 것이다. 이 점에서 유가의 공론 이론은 적어도 정당한 소수의 입장을 옹호할 수 있는 이론적 계기를 내포하고 있다고 볼 수 있겠다.[46]

5. 맺는말: 유가 공론론의 현실적 의의

루소의 일반의지론은 인민주권론 즉 근대 민주주의의 확립에 결정적으로 기여했다. 오늘날 우리 한국의 정치도 민주주의에 기초하고 있는데, 이런 현실에서 전통 유가의 공론론이 지니는 의의는 무엇인가? 이제 이런 문제를 논의하는 것으로 이 글을 끝맺고자 한다.[47]

---

[46] 그런데 공론론의 경우, 공론의 주체라고 하는 사람들 간에 끝내 만장일치가 이루어지지 않을 때의 해법이 무엇인지에 대한 명확한 이론적 설명을 찾기 어렵다. 또한 만장일치가 본래의 취지와 달리 '소수의 독재'(Tyranny of Minority)를 초래할 가능성도 크다. 이런 문제점은 일찍이 퇴계(退溪)에 의해서도 지적된 바 있다. 퇴계는 "我朝言路之不廣 以有完席也 諫官爲人主耳目 當各以所聞見論啓 而必設完席僉議然後方啓 議若不合 雖有正論 亦不行 其爲害 豈不大哉"(『增補文獻備考』 職官考 司憲府條)라고 한탄했는바, 모든 사람을 참석시켜(完席) 만장일치를 구하는 것이 오히려 정론의 실행을 방해한다는 것이다. 만장일치를 추구하는 공론론의 현실적 의의는, 결과적으로 만장일치를 도출했느냐의 여부보다 만장일치를 도출하기 위해 공정한 논의를 추진했다는 노력의 과정에 있다고 본다.

[47] 우리말로 흔히 '공론' 또는 '여론'으로 번역되는 영어의 'public opinion'을 직역하자면 '공적 의견'(또는 견해)이라는 말이 더욱 적합할 것이다. 여기서 '공적' 의견은 '공공사'에 대한 의견이라는 의미와 사적인 개인이 아니라 '공인'(또는 공중의 일원)으로서의 의견이라는 두 가지 의미가 있다. 후자와 관련해 미국의 한 여성 정치인은 대단히 민감한 정치적 사안인 낙태에 대한 자신의 견해를 피력해 달라는 요청을 받고, "자신은 가톨릭으로서 개인적(사적)으로 낙태에 대해 반대하지만, 공적으로는 개인의 선택을 지지한다"는 발언을 한 적

오늘날에 있어서 공론론이 지니는 의의에 대한 논의는 무엇보다도 '논의를 통해서 공을 찾아낸다'는 것에 초점을 맞추어야 할 것 같다. 유가의 '공론' 개념은 천리와 인심에 부합하는 '공정한 의론'이라고 해석될 수도 있고, 모든 구성원이 참여하는 '공개적인 논의'라고 해석될 수도 있다. 전자는 '결과'로서의 '공'公을 부각시키는 것이며, 후자는 '절차'로서의 '논'을 부각시키는 것이다.[48] 많은 사람들이 참여하는 '공개적인 논의'(절차로서의 공론)는 '공정한 의론'(결과로서의 공론)을 형성하는 데 기여할 것이요, 공개적 절차와 공정한 결론은 만장일치를 도출하는 데 기여할 것이다. 현대 자유민주주의는 다수결주의를 택하고 있다. 그러나 개개 인민의 공정한 판단을 전제하지 않는 한, 다수결이 옳다는 것은 보장되지 않는다. 여기에 '다수의

이 있다. 이 경우 전자는 '나는 하지 않겠다'라는 사건에 해당하고, 후자는 '공공 정책으로는 개인의 선택에 맡기는 정책을 지지한다'는 입장으로서 공공사에 대해 공인으로서 피력한 의견에 해당한다고 할 수 있다. 그러나 공적 의견에서 '공'(public)은 '많은 사람에게 영향을 미치거나 많은 사람이 공유한다'의 의미가 강하지, '공정한'(fair)이라는 의미는 강하지 않다. 아울러 '의견'(opinion)은 단일의 진리와 달리 복수의 다양성을 전제한다는 점에서 민주적 함의를 지니고 있지만, 플라톤 이래 의견은 일종의 불완전한 지식으로서 폄하의 대상이 되었다는 점을 상기할 필요가 있다. 오늘날 영어에서도 '의견'은 또한 '고집' 또는 '편견'의 의미를 지니는바, 이는 같은 어근을 지닌 'opinionated'라는 단어가 '고집이 센' 또는 '완고한'이라는 의미를 지닌다는 데서 확인된다. 이와 달리 한자어 '논'(論)은 '말'을 매개로 한 '논리'와 '이성' 등 합리적 의미를 강하게 띠고 있다. 이런 차이점을 고려할 때 영어의 'public opinion'과 우리말의 '공론'이 적절히 상응하며 번역어로서 호환이 가능한지에 대해서는 좀 더 심각한 고찰이 필요하다.

48_특히 전통 유교 사회에서는 공론을 주도하는 기구로서 대간 제도를 두어 공론을 활성화하고, 그것을 적극 행정에 반영하고자 했다. 대간의 역할은 감찰과 간쟁으로 대별되었다. 조선 시대의 경우, 감찰 기구로서 사헌부가 있었고 간쟁 기구로 사간원이 있었다. 대간들은 자신들의 위상을 관료의 일원으로 한정하지 않고, '공론의 대변자'요 '유교 이념의 수호자'로 자처했다. 그들은 사림(사대부)들의 공론과 그 시대의 도덕적 이상을 대변하는 독립적 존재로 행동했던 것이다(정두희 1994, 201-204 참조).

지배'democracy를 표방하는 민주주의가 '중우정치'로 전락할 우려가 있는 것이다. 이런 점을 고려한다면, 결과로서의 공론은 다수결의 내용에 대해 견제할 수 있고, 절차로서의 공론은 다수결의 과정을 보완할 수 있는 것이다.

결과로서의 공론은 다수의 결정 사항에 대해 그 정당성을 검증하는 준거로 기능할 수 있다. 유가의 공론론에 입각해 대중의 어리석은 판단에 대한 비판과 견제의 기능을 수행하고자 할 때, 그 궁극적 기준이 되는 것은 천리다. 주자학에서 말하는 천리란 본질적으로 우주만물의 '생생生生의 원리'를 의미하는바, 주자학에서는 '생생'은 감응感應을 통해 이루어지고, 감응은 공정성을 매개로 이루어진다고 본다. 대중이 '어리석은 판단'을 내리게 되는 가장 직접적인 계기는 대중들의 '집단 이기주의'일 것이다. 대중들의 집단 이기주의는 결과적으로 소수를 소외시킴으로써, 사회 전 구성원들의 감응을 불가능하게 한다. 이때 천리에 근거한 공론은 대중의 판단이 '생생의 원리'에 어긋남을 지적함으로써 비판적 기능을 수행하게 되는 것이다.

절차로서의 공론은 다수의 결정이 도출되는 과정에서 작용하는 것이다. 다수의 결정을 도출함에 있어서 우려가 되는 것은, 담합과 무지가 개입할 수 있다는 점이다. 담합은 편파적인 결정을 낳고, 무지는 현명한 판단을 불가능하게 한다. 공식적인 논의의 절차는 한편으로는 공정성을 확보하는 과정이기도 하고, 한편으로는 중지를 모으는 과정이기도 하다. 따라서 다수의 결정을 도출함에 있어서 공개적인 논의의 절차를 거친다면, 그 결정은 보다 공정하고 현명하게 내려질 것임은 분명하다. 이런 맥락에서 절차로서의 공론은 다수결주의를 보완할 수 있는 것이다.

주자학의 공론론은 한편으로는 이른바 엘리트의 활동 공간을 제공해준다. 주자학에서는 공론이란 '천하의 모든 사람이 함께 옳게 여기는 것'이라고 정의하면서도, 공론을 주도하는 존재로서의 사림의 역할을 강조했다. 공론이 배제된 다수결주의는 엘리트의 존재 의의를 인정하지 않는 것이다. 그런데 다수결주의가 그 자체만으로는 중우정치로 전락할 우려가 있다는 점을 고려한다면, 엘리트의 존재 의의는 결코 부정할 수 없다. 그렇다고 '주권재민과 다수결' 원칙을 포기하고 엘리트의 판단에 맡기자는 것도 또한 민주주의에서 용납될 수 없을 것이다. 여기에 다수결주의와 엘리트의 역할이 반드시 조화될 필요가 있는 것이다. 그렇다면 양자는 어떻게 조화될 수 있는가? 그것은 엘리트가 공론의 형성 과정을 선도하고, 최종적 결정은 다수의 의사에 따른다는 것으로 정리될 수 있겠다.[49] 엘리트의 역할을 최종적 결정의 주체로 설정하지 않고 다만 공론 형성의 선도자로 한정한다면, 민주주의 원칙과 엘리트의 존재 의의는 서로 조화될 수 있는 것이다. 엘리트가 자신의 탁월한 도덕성과 지식으로 공론의 형성에 선도적 역할을 수행한다면, 엘리트의 존재 의의는 십분 발휘될 수 있다. 그리고 일반 국민이 엘리트에 의해 선도된 공론에 주목해 최종적 결정권을 행사한다면, 국민은 자신의 주권을 보장받으면서도 국가적으로는 보다 바람직한 결정을 얻게 될 것이다.

그러면 오늘날 공론은 어떻게 형성될 수 있는가? 다시 말해 제대로 공론을 형성하기 위한 선결 조건은 무엇인가? 개인적 차원에서는 천리를 인식하고 그에 입각해 사사로운 이해관계를 초월할 수 있어야 할 것이며, 사

49_전통 유교 사회는 군주제였다. 사림(대간)이 공론을 주도했다 하더라도, 최종적인 결정권은 군주가 행사했던 것이다. 그런데 조선 시대의 경우, 군주가 최종적 결정권을 행사했다 하더라도 공론으로부터 결코 자유로울 수 없었다. 군주는 사림(대간)들에 의해 상당한 견제를 받았던 것이다. 정부 조직 속에 군주에 대한 비판 기구 또는 견제 기구로서 대간 제도를 두었다는 것 자체가 서구에서의 군주제와 달랐던 점이다. 따라서 조선 시대의 군주는 결코 전제군주일 수 없었던 것이다. 조선 시대에는 군주가 공론을 외면하고 전제적으로 폭정을 자행할 경우 '반정'에 의해 폐출되었다. 한편 오늘날에는 과거 사림이나 대간의 역할을 엘리트 집단이나 언론기관 또는 NGO 등이 맡고 있다고 하겠다.

회적 차원에서는 공개적인 논의가 활성화되어야 할 것이다. 공론을 형성하기 위해서는 개인은 사사로운 이익을 초월해야 한다는 주장은 자칫 개인의 이익을 침해할 소지가 있는 것으로 여겨질 수 있을 것이다. 그러나 모든 개인이 사익을 초월해 공론을 확립한다면, 공론에 의해 오히려 개인의 정당한 사익이 보호될 수 있는 것이다. 이것이 '공론의 궁극적 의의'다.

제3부

전통 사상

| 5장 |

원시 유가 사상에 명멸했던 대동大同 민주주의

급진적 회상

1. 글머리에

'서양의 공화주의 대 동양의 군주정' 또는 '서양의 자유 대 동양적 전제정치 Oriental despotism'라는 이분법은 서구와 비서구 문명을 구분하는 정치적 상징으로 오랫동안 근대 서구인들이 탐닉해 온 주제였고, 또 비서구 문명에서도 널리 퍼져 있는 고정관념이었다. 이런 믿음의 중심에 고대 아테네에서 번영했던 민주정이 자리 잡고 있는바, 아테네 민주정은 서구 근대 문명

● 이 논문은 2011년도 정부재원(교육과학기술부 사회과학연구지원사업비)에 의한 한국연구 재단(NRF-2011-330-B00010)과 2012년도 서강대학교 교내 연구비((201210033.01)의 지원을 받아 집필되었다.

이 성취한 민주주의에 영감을 제공한 원천으로 인식되어 왔다. 이 과정에서 아테네 민주정을 연구한 서구의 학자들이, 의식적이든 무의식적이든, 이런 이분법의 강화에 커다란 역사적 기여를 해왔음은 물론이다. 예를 들어 고대 그리스 문명에 대한 정평 있는 역사학자인 모지즈 핀리는 다음과 같은 논변을 통해 고대 역사에서 아테네 민주정의 유일무이한 지위를 강조한 바 있다. 그리스와 로마에서 사용되던 "'자유'freedom — 그리스어로는 'eleutheria', 라틴어로는 'libertas' — 또는 '자유인'이라는 개념은 히브리를 포함한 근동의 언어 및 극동의 언어로는 번역할 수 없고"(Finley 1973b, 28), "농민, 장인 및 소상인들이 정치 공동체에 구성원이자 시민으로 포함된 것은 …… 그들이 시민으로서 모든 권리를 누리지 못했다고 해도, 역사상 전례가 없는 …… 급진적인 사회적·정치적 혁신"이었으며(Finley 1983, 15), 초기 근동 지역에서 어떤 민주주의가 행해졌던 간에, "그것들이 역사에 대해 또 이후 사회에 대해 아무런 영향을 미치지 못했"기 때문에 "그리스인들, 오직 그리스인들만이 …… 콜럼버스가 아메리카를 발견했다는 바로 그런 의미에서 민주주의를 발견했다"(Finley 1973a, 14)는 것이다.

그러나 고고학자, 금석학자, 비교역사 연구자들의 많은 연구 결과, 수메르, 메소포타미아를 비롯한 고대 서남아시아(이른바 '근동' 또는 '오리엔트')와 지중해 연안 지역에서 아테네 민주정과 유사한 정치체가 아테네보다 훨씬 일찍부터 존재했고, 아테네를 비롯한 고대 그리스 문명을 근대 서구인의 시각에서 서구 문명의 일부로 인식할 것이 아니라 고대 서남아시아 문명 또는 지중해 문명의 일환으로 파악해야 한다는 반론이 강력히 제기되어 왔으며, 이제 이런 반론은 상당한 설득력을 얻고 있다. 이 반론에 따르면 도시국가 차원의 민주정은 오직 그리스의 아테네에서만 존재한 것이 아니라 적어도 서남아시아 지역에서 광범위하게 발견된다고 할 수 있다. 아테네가 민주주의의 발상지로서의 광휘를 독점한 것은 서구중심주의의 소산이자 근시안적 역사 연구의 단견이라는 것이다.

최근의 비교 역사적 연구의 핵심적인 함의를 고려해 볼 때, 우리는 동북아시아 지역, 특히 고대 문명의 4대 발상지의 하나인 중국 대륙에서도 고대의 중앙집권적인 왕조 국가가 고착화되기 이전에 도시국가 차원의 민주정이, 비록 그 형태와 내용은 서남아시아에서 발견되는 것과 차이가 있을지라도, 비교적 광범위하게 산재하지 않았겠는가라는 의문을 제기해 볼 수 있다.[1] 그런데 고대 중국 문명의 역사적 유적지에서 고대 민주정을 역사적 실재로 발굴할 수 있는가라는 문제는 역사학자의 연구 주제라 할 수 있는바, 사상 연구자로서 필자는 그런 작업을 기대하면서 그에 앞서, 고대 중국 고전(유가 문헌과 역사서 등)에서 원시적인 민주주의의 사상적 흔적을 '발견'하고자 한다.

이를 위해 민주주의의 원칙을 원래의 개념에 충실하게 '인민에 의한 지배'로 파악하고, 이에 따라 '중요한 정치적 결정 — 최고 통치자의 선택, 관리의 임면, 법률의 제정 등 — 에 인민(또는 평민)이 광범위하게 참여했는가'라는 기준을 중심으로 민주주의 이념idea의 존부를 판별하고자 한다. 나아가 고대사회의 특성을 고려해, 군주 및 귀족계급과 함께 (노예, 여성 및 외국인 등을 제외한) 시민 계급이 광범위하고 실질적으로 지배(또는 권력)를 공유하는 혼합정으로서의 공화정을 포함하는 것으로 민주주의의 개념을 확장하고자 한다. 중국 고전에 대한 초보적인 발굴 작업의 결과 필자는 『서경』에 나타난 '대동'大同 개념을 중심으로 민주주의의 사상적 흔적을 발견했는

1_이런 의문에 긍정적으로 답하기 위해서는 중국의 고대 문명에 대한 고고학적 연구, 갑골문의 해독 등을 포함한 금석학적 연구 및 비교 역사학적 연구가 필요할 것이다. 특히 요(堯)·순(舜)·우(禹)의 이른바 '왕위 선양'과 관련해서 발표된 최근 중국 학계의 역사학적·인류학적 연구는 이 글에서 다룰 대동 민주주의 개념에 결정적 단서를 제공한다는 점에서 검토할 가치가 있다(徐中舒 1998; 王樹民 1999; 付希亮 2009).

바, 이를 '대동 민주주의'로 개념화하고자 한다. 물론 이런 흔적은 고전에 단편적으로 산재해 있고, 또 마치 '숨은 그림'처럼 존재한다. 따라서 대동 민주주의의 개념을 체계적으로 엮어 내고, 또 이에 대한 문헌상의 흔적을 식별해 내기 위해서는 비유컨대 '조각 그림 맞추기'와 '숨은 그림 찾기'라는 접근법이 필요하다. 이 글에서는 이런 접근법을 적용해 발굴한 결과를 예비적인 시론의 형태로 제시하고자 한다.

이런 목적을 염두에 두고 이 글의 서술은 다음과 같은 순서로 진행된다. 먼저 서구 학계의 연구 성과를 토대로 고대사에서 민주정(또는 공화정)이 얼마나 광범위하게 존재했으며, 아테네 민주정은 고대 민주정의 역사에서 어떤 독특한 위상을 차지하는지 검토하고자 한다. 적지 않은 서구와 국내의 학자들에게 이런 논의는 일견 불필요하게 여겨질 법하지만, 이는 두 가지 점에서 서구 학계는 물론 국내 학계의 고정관념을 불식시키는 데 요긴할 것이다. 첫째, 학계에서는 서구중심주의의 마법에 의해 고대 문명에서 민주정의 존부를 아테네 민주정을 모델로 삼아 판단하려는 학문적 경향이 강하다. 규범적 차원으로까지 고양된 이런 경향은 도시국가에서 제국으로의 변화라는 전체적인 역사적 전개 내에서 아테네 민주정이 어떻게 가능했고 어떤 상대적 우월성과 한계를 갖는가를 보지 못하게 할 뿐만 아니라,[2] 더욱 중요하게는 지극히 예외적인 성격을 갖는 아테네 민주정을

---

[2] 앞으로 논의할 것처럼, 아테네 민주정은 제국으로의 도약을 자체적으로 성취하지 못한 고대 그리스 문명의 '역사적 지체 현상'과 역설적으로 그것이 가져온 도시국가 차원에서의 '민주정의 난숙성'으로 인해 독보적인 성취를 이룩했다. 아테네 민주정을 이런 전체적인 역사적 흐름에서 고찰할 때, 우리는 아테네 민주정의 전례 없는 독보적인 성취를 인정하되, 다만 그 예외성을 이유로 아테네 민주정을 고대 민주정의 보편적 모델로 삼고 고대 문명에서 민주정의 존부를 아테네 민주정을 중심으로 판단하는 것은 서구중심주의의 소산이라는 점을 지적할 수 있게 된다. 그리고 이 글에서 논하는 '대동 민주주의'가 아테네 민주정보다 그 민

민주주의의 보편적인 역사적 원천으로 탈바꿈시킴으로써 아테네 이외의 고대 문명, 예컨대 고대 중국 문명에서 민주정이나 공화정을 논할 수 있는 이론적 공간을 원천적으로 차단해 버린다. 그러므로 고대 문명의 정치사상사적 전개에 대한 탐구가 골동품 애호가적 탐미나 특수주의적 자아도취에 매몰되지 않기 위해서는, 역설적으로 보일 수도 있겠지만, 민주주의에 대한 이론적 공간을 장악하고 있는 서구중심주의화된 아테네 민주정을 역사화·지방화·상대화하는 이론적 논의가 필수적이다.

둘째, 아테네 민주정을 고대 민주정의 보편적 모델로 특화시키려는 서구중심주의적 기도는 역사에 의미를 부여하는 정치사상적·역사철학적 논의와 그런 역사 해석을 강화하는 선별적인 역사 연구의 성과가 결합됨으로써 정론으로 굳어졌다. 이 점에서 고대사에서 민주정이나 공화정이 광범위하게 산재해 있었다는 사실을 밝혀낸 최근 서구 학계의 연구 성과는 단순히 고대 문명에 대한 새로운 사실의 발견에 그치는 것이 아니라 서구중심주의적 역사 해석의 사실적 근거를 해체한 것이라는 의미를 갖는다. 이런 비판적 논의가 열어 놓은 이론적 공간은, 그간 주변화되었거나 새롭게 발굴되고 있는 역사적 사실에 주목하고 여기에 의미를 부여할 수 있는 새로운 이론을 구성해야 할 필요성을 낳는다. 이 점에서 이 글은 서구에서 축적된 최근의 연구 성과를 소개하고, 나아가 이런 비판적 논의를 토대로 중국 고대사에도 민주정(또는 공화정)이 존재했을 것이라는 추론을 제기한다. 그러나 앞에서도 이미 언급한 것처럼 이 글은 역사학적 연구가 아니기 때문에 고대 중국 문명에 민주정이 존재했다는 역사적 증거를 제시하지 못하는 한계를 갖고 있으며, 단지 유가의 고전이나 역사서에 산재해 있는

주성이 미흡하다는 이유로 쉽게 기각될 수 없다는 점 또한 분명해진다.

내러티브를 분석해 민주주의의 사상적 흔적을 체계적으로 제시할 뿐이다. 전자의 작업을 위해서는 역사학적 연구가 필요하며, 성공적인 역사학적 연구는 사상사적 연구에 국한된 이 글을 역사적 사실로 보완하는 한편, 추가적인 사상사적 연구에 새로운 방향과 추진력을 제공할 것으로 기대된다.

이어서 이 글에서는 '대동 민주주의'의 개념화를 위해 유가 고전에서 제시된 대동을 '위대한 조화'great harmony와 '위대한 합의'great consensus라는 두 가지 개념으로 나누어 고찰하고, 이 글에서 말하는 '대동 민주주의'가 '위대한 합의'에 의한 민주주의임을 밝힐 것이다. 그리고 이런 개념에 근거해 『서경』에 기술된 요堯·순舜·우禹의 이른바 '왕위 선양' 과정에 나타나는 정치적 결정을 대동 민주주의의 사상적 원형으로 개념화할 것이다. 나아가 대동 민주주의에 대한 공자와 맹자의 사상을 『사기』史記, 『서경』, 『맹자』, 『논어』 등에 나타난 여러 구절을 중심으로 비교 분석해 공자보다 맹자가 대동 민주주의에 친화적임을 지적할 것이다.

마지막으로 이 글은 그런 대동 민주주의의 흔적이 조선의 실학을 집대성한 다산 정약용(1762~1836)의 두 단편, 「원목」原牧과 「탕론」湯論에서 맹자 이후 2000여 년을 가로질러 거의 원형에 가까운 형태로 보존되어 명멸하고 있음을 확인할 것이다. 굳이 다산의 두 단편을 논하는 이유에 대해서 적지 않은 학자들이 의아해 할 법하다. 이와 관련해서는 이 글에서 주된 분석의 대상이 되는 『서경』, 『논어』, 『맹자』 등이 특정 시점에 공자나 맹자 또는 그 제자들이 그 최종본을 완성한 것이 아니라, 대개 전제 왕권이 공고화된 전한前漢 시대에 왕권의 정당화를 추구하면서 대동 민주주의와 관련된 기록을 의도적으로 삭제하거나 축소하는 지속적인 선별과 편집 과정을 거쳐 경전화되었으리라는 점을 추론하는 것이 긴요하다.³ 그럼에도 불구하고 맹자의 강한 사상적 개성 때문인지 『맹자』는 대동 민주주의에 대한 기록을 어느 정도 생생하게 보존하고 있다. 그러나 한내 이후 원시 유가의 문헌이 주로 전제 왕권을 정당화하는 경전으로 정착되면서 대동 민주주의에 대한 기억은 사실상 인멸되었을 법하다. 그렇기 때문에 '중국의 루소'로 알려진 황종희黃宗羲의 『명이대방록』明夷待訪錄에도 민(천하)이 주인主이고 군은 손님客이라는 대담한 주장이 나오지만, 그 외에 민주정이라고 평가할 만한 사상적 요소는 거의 보이지 않는다. 이와 달리 다산은 두 단편에서 정치 지도자의 선출 과정과 법률의 제정 과정을 서술하면서 대동 민주주의의 원칙을 선언하고 민이 정치의 주체임을 천명했다. 이 점에서 다산의 두 단편은 맹자 이후 거의 2000년을 가로질러 『맹자』에 보존되어 있던 대동 민주주의의 사상을 원형에 가까운 형태로 보존하면서 명멸하고 있으며, 따라서 각별한 검토가 필요하다. 이는 지금까지 유학 사상 일반에서 그리고 『경세유표』經世遺表, 『목민심서』牧民心書 등 다산의 주저主著에서 고립되어 외딴섬으로 존재하던 다산의 두 단편에 적절한 사상사적 위상을 부여하는 것일 뿐만 아니라, 나아가 동아시아에서 단순히 중국 사상가만의 기여가 아니라 조선 사상가의 기여에 의해서, 곧 다산의 급진적 회상에 의해 대동 민주주의의 전통이 계승·소생되었다는 점을 밝히는 작업이기도 하다.

3_ 이에 대해서는 뢰이(Loewe 1994)를 참조할 것. 따라서 이 글에서는 예컨대 공자가 『논어』와 『서경』에 기록된 언행을 직접 남기거나 그 내용을 직접 산정한 것으로, 맹자가 그의 제자와 함께 『맹자』를 집필한 것으로, 사마천(司馬遷)이 『사기』를 기록한 것으로 서술하는 문체를 사용하고 있지만, 그렇다고 해서 후대에 적지 않은 익명의 편집자들이 아마도 전제 왕권의 수립을 정당화할 목적으로 다양한 판본을 선별하고 필요에 따라 가감 삭제했을 가능성을 부정하는 것은 아니다. 그렇기 때문에, 이 글에서 예컨대 '맹자가 공자보다 대동 민주주의에 좀 더 호의적이었다'라는 주장을 한다면, 그 진의는 '맹자 저술의 편집자들이 공자 저술의 편집자들보다 대동 민주주의에 좀 더 호의적이었다'라는 식으로 받아들여져야 할 것이다.

2. 고대 민주정의 상대적 보편성과 아테네 민주정의 특이성

고대 아테네 문명이 이룩한 찬란한 성과는 철학·역사·문학·예술 등 인문 분야에서는 물론 정치적으로도 민주정의 발명을 통해 민주주의의 역사에 지대한 기여를 했다. 특히 르네상스 이후 근대 서구가 고대 그리스와 로마 문명을 적극적으로 전유함으로써 로마공화정과 더불어 아테네 민주정은 오늘날 보편적 정치 이념이자 제도인 민주주의의 원천으로서 굳게 자리 잡고 있다. 또한 근대 서구인들은 아테네 민주주의를 전유하는 과정에서 고대 그리스인들의 '편견'에 따라, 특히 아리스토텔레스의 『정치학』이 남긴 유산을 적극 수용하면서, '서양의 자유 대 동양적 전제정치'라는 이분법을 정식화했다. 이런 이분법은 고대 그리스인들이 페르시아인들을 대상으로 전개한 '그리스인들의 자유와 아시아적 폭군정(또는 참주정)'을 재활용한 것이었다. 고대 그리스인들은 서기전 5세기 초부터 당시 서남아시아 지역을 통합한 페르시아제국의 침략에 대해 전전긍긍하고 있었고, 근대 초 유럽인들은 유럽 대륙에 깊숙이 침투해 있던 오스만투르크제국에 대해 두려움을 느끼고 있었다. 자신들을 위협하는 타자를 '아시아적 폭군정' 또는 '동양적 전제정치'라고 주장하는 한편 자신들의 정치 공동체를 자유로운 정치체제로 규정함으로써, 고대 그리스인들과 근대 유럽인들은 각각 가공할 만한 적을 상대로 우월한 정체성을 확보하고자 부심했던 것이다.

그러나 고대 그리스인과 근대 유럽인이 내세운 이런 이분법적 규정은 고대사에 대한 비교 역사적 연구에 의해서 근거가 없는 것으로 밝혀졌고, 또한 서구(또는 그리스)중심주의 및 오리엔탈리즘의 소산이라고 광범하게 비판받고 있다(Wolff 1982; Bernal 1987; Springborg 1992; Vlassopoulos 2007). 중국 고대사에 명멸했던 내동 민주주의의 이념적 흔적을 발굴하고자 하는 이 글의 목적을 염두에 두고 그런 비판들 가운데서 중요한 의미가 있는 연구 성과를 제시해 보면, 그것은 고대 세계에 아테네 민주주의와 유사한 원시적 민주주의나 공화정이 광범위하게 존재했다는 역사적 사실의 발굴, 주변의 다른 국가(민족)들과 달리 도시국가 단위의 민주정을 청산하고 중앙집권적 제국으로 도약하지 못한 고대 그리스 문명의 상대적 후진성, 그리고 역사적으로 늦은 시기까지 정치적으로 민주정을 실천(연장)함으로써 아테네가 거둔 (후일의 잣대에 따라 판명된) 상대적 선진성으로 요약될 수 있다. 이를 차례대로 논해 보면 다음과 같다.

고대 문명에서 민주정의 광범위한 존재

고고학과 금석학의 연구에 따르면, 고대 수메르, 메소포타미아 등의 지역 — 서구중심적 용어로는 이른바 '중근동' — 에서 존재한 문명에 공화정적인 도시국가가 광범위하게 발생·산재했으며, 그리스의 폴리스는 그 문명의 일부로서 하나의 사례에 불과하다는 점이 밝혀지고 있다(Springborg 1992, 3). 고대 그리스 문명은 고립되어 존재한 예외적인 문명이 아니라 그보다 더 거대한 메소포타미아 문명 또는 지중해 문명의 일부로서 존재했던 것이다. 고대 문명은 도시의 발전을 전제로 하는바, 민주적인 또는 공화정적인 정치의 발전 역시 경제적으로 정교한 노동 분업을 갖추고 상업과 무역이 번창할 수 있는 자유로운 도시의 성장을 토대로 한 것이었다. 도시의 성장은 욕구의 호혜적인 충족 및 상품의 교환을 위해 함께 모인 자유롭고 평등한 자들의 상호작용은 물론 이에 기반을 둔 밀도 높은 사회적 교류의 누적적 산물이라 할 수 있다. 사적인 재산권과 계약 및 상거래를 규율하는 사법과 상법은 이런 교역과 교류의 전제이며, 메소포타미아 지역의 고대 도시국가들 역시 이런 체계를 나름대로 완비하고 있었다(Springborg 1992, 3).[4]

메소포타미아 지역에 대한 연구는 이 지역에 산재한 도시적 정치 공동체에 노예와 자유민의 구분이 존재했으며, 시민권과 자치self-government 및 공동의 자산으로서의 폴리스에 대한 인식이 존재했다는 점을 보여 준다(Vlassopoulos 2007, 104-105). 좀 더 구체적으로 이 지역의 도시들은 양원적인 입법부(민회는 자유민이자 일정한 재산을 소유한 자들에게만 허용), 법의 지배, 독립적인 사법부, 관리들에게 책임을 묻는 감사제도, 배심 재판, 관직의 순환, 투표 등 민주적 또는 공화정적인 제도를 갖추고 있었다(Springborg 1992, 3). 예를 들어 서기전 1894~1595년경 수메르 지역의 시파르Sippar라는 도시에는 귀족으로 구성된 원로원과 (일정한 재산을 소유한) 평민으로 구성된 민회가 있었고, 관리들은 사법과 행정에 종사하는 계급 및 상인 계급

4_고대 중국에서도 하(夏)·은(殷)·주(周) 시대부터 성곽도시 형태의 독립적인 농업형 도시국가 — 흔히 국(國)으로 알려진 — 가 무수히 존재해 왔다. 진(晉)·초(楚)·제(齊)가 30~50개의 '국'(國)들을 병합하고, 200여 개의 '국'들이 12개로 압축된 춘추(春秋)시대의 역사는 강대한 도시국가들 간의 패권 쟁탈의 과정으로 볼 수 있다(장현근 2004, 51). 전국시대로 들어가자 강대국들은 강력한 중앙집권적 군주정을 확립하면서 영토 국가를 지향하게 되었고, 영토 내에 포함된 종래의 도시국가들은 그 형태를 보존하면서도 독립성을 상실하게 되었다. 이런 변화와 함께 계급제도에도 변화가 일어났다. 중국의 도시국가에서는 상층의 사족(士族) 안에도 계서제가 발달해 있었다. 사족의 상층에는 세습 귀족 집단이라 할 수 있는 대부와 경(卿)이 있었고, 하층의 경우에는 서양의 자유민에 해당하는 사(士)가 이른바 국인층(國人層)의 핵심을 이루고 있었다. 그러나 서양 도시국가의 민회에 해당할 만한 제도가 발전하지 못했기 때문에 국인들의 정치적 발언권은 상당히 제한되어 있었다. 그리고 일반 서족(庶族)의 지위는 아주 예속적이었다(宮崎市定 1983, 70). 춘추 중기 이후 철기의 보급과 함께, 사와 서(庶)의 계급적 구별에도 혼란이 일어나기 시작했으며, 전국시대에 들어서는 귀족이 몰락하고 전제군주제가 발달하면서 사서(士庶)의 신분제가 폐지되었다. 그러나 서민의 지위 상승은 정치적 민주화 과정과 병행되지 않았고, 오히려 영세 소농민의 사회적 평준화 및 전제군주의 직접적 지배의 강화로 귀결되었다(宮崎市定 1983, 89). 또한 중국 고대의 도시국가는 주위 이민족의 압박으로 인해 독자적인 번영을 오랫동안 지속할 수 없었다. 이런 요인들로 인해 그리스와 같은 독특한 도시국가 문화를 발전시켜 후대에 유산으로 전할 수 없었고, 나아가 도시국가의 존재 자체가 "후세의 사가에 의해 망각되고 무시"되었던 것이다(宮崎市定 1983, 81).

으로 구성된 평등한 엘리트들 가운데서 1년 임기로 순환적으로 임명되었다. 심지어 라가시Lagash라는 도시는 아테네의 솔론Solon이 채무 노예를 방면하면서 사용했던 '자유'의 개념과 매우 유사한 개념을 솔론 시대보다 1800년 앞선 서기전 2350년에 이미 사용한 것으로 확인된다(Springborg 1992, 8).[5]

자치적인 도시 공동체의 존재는 고대의 이 지역에서 바빌로니아나 아시리아와 같은 강력한 제국이 출현했다는 역사적 사실과 일견 모순되는 것처럼 보인다. 그러나 바빌로니아 왕국과 뒤를 이은 아시리아 왕국에서도 왕국의 지배하에 있던 도시들은 광범위한 자치를 누렸다. 예를 들어 바빌로니아로 통일된 왕국에서도 왕국의 명칭은 도시와 함께 주어졌고, 별도로 전체적인 왕국을 지칭하는 용어는 없었다. 바빌로니아의 왕 역시 수도인 바빌론의 왕이었던 것이다. 따라서 바빌로니아 왕국의 신민은 항상 일정한 도시(부족 집단)의 시민으로서 광범위한 자치권을 누리고 있었다. 이는 당시 이 지역 국제 질서가 중층적이고 유동적어서 그 지역을 통일한 왕 역시 동맹을 굳건히 유지하기 위해 도시에 자치권을 허용하지 않을 수 없었다는 점을 시사한다. 도시는 왕의 세금과 부역 및 군대 징집에서 면제

---

[5]_필자가 개념화한 대동 민주주의가 역사적으로 고대 중국 문명에 실재한 것이라는 점을 밝히기 위해서는 지금 서술한 것과 유사한 민주주의의 제도적 형태를 역사학, 고고학, 문헌학, 갑골문 해석 등 여러 분야에서의 연구를 통해 '발굴'할 수 있어야 할 것이다. 참고로 장승구는 『주례』(周禮)에 서술된 소사구(小司寇)의 직책에 주목해 그 내용을 다음과 같이 기술하고 있다. "소사구(小司寇)의 직무는 외조(外朝)의 정사를 주관하면서 만민을 불러서 묻는다. 첫째는 국가의 위급에 대해 묻고, 둘째는 천도(遷都)에 대해서 묻고, 셋째는 군주를 세우는 문제에 대해 묻는다"(『周禮·秋官·小司寇』; 장승구 2000, 203에서 재인용). 이 구절을 근거로 장승구는 "주대에는 백성이 국가의 중대한 정치적 결정에 참여하여 의견을 표명하는 일종의 민회와 같은 제도적 장치가 있었던 것으로 보인다"라는 의미심장한 해석을 내놓고 있다. 향후 연구 방향을 시사하는 탁월한 해석이라 생각된다.

되었고, 도시에 거주하는 자유민의 이런 특권은 '신으로부터 부여된 안전', 곧 키디누kidinnu로 불렸다(Vlassopoulos 2007, 107). 바빌론의 한 시민은 왕에게 보낸 서한에서 "심지어 개도 도시에 들어서면 자유롭게 되고 특권을 누린다"고 서술했다(Springborg 1992, 12에서 재인용). 뒤에 좀 더 논하겠지만, 동시에 이런 사실은 고대의 왕국들이 강력한 중앙집권을 실천할 수 있는 관료제 등 행정 능력을 아직 발전시키지 못했다는 점을 보여 준다.

고대 그리스 지역의 상대적 후진성

고대 문명에서 도시국가들은 팽창과 정복을 통해 도시국가를 넘어선 중앙집권적인 거대 국가, 심지어 제국을 건설하려고 부단히 시도했지만, 대부분의 경우 이런 제국적 팽창은 불안정하고 붕괴되기 십상이었다. 그리하여 중앙집권화와 붕괴의 사이클을 반복했다. 더욱이 한 국가가 제국을 건설하고 다른 도시국가들을 지배한다고 할지라도, 정복된 도시국가들은 독립된 정치적 실체로서 존속했으며, 단지 그 지배자들이 새로운 통치자의 봉신으로 예속되거나 아니면 권력을 잃고 통치자가 임명한 새로운 지배자로 교체되었다. 그렇기 때문에, 앞에서 언급한 것처럼 바빌로니아 왕국에서도 바빌론의 왕에 의해 정복된 도시들이 높은 수준의 공화주의적 자치를 누렸던 것이다(Vlassopoulos 2007, 106-107).

그러나 신바빌로니아와 페르시아 왕국의 시대에 이르자, 지정학적 상황의 변화로 인해 키디누의 중요성이 감소하고, 복속된 도시국가들이 누리던 공화주의적 자치는 위협받기 시작했다. 이웃에 강력한 왕국들을 적으로 두고 있는 불안정한 세계가 조성되면서 이전처럼 바빌로니아 도시들을 동맹으로 유지하는 것은 정치적 불안의 불씨가 될 수 있었기 때문이다. 그 결과 페르시아 왕들은 강력한 권력을 기반으로 도시들을 자신들의 영토에 편입·병합시켜 직접 통치하게 되었다(Vlassopoulos 2007, 108). 이런 식의 과정을 통해 고대의 수메르, 메소포타미아, 이집트, 중국 등 이른바 수리 시설을 통한 관개농업에 종사하던 사회가 도시국가에서 제국으로 이행할 수 있는 능력을 갖추게 되었던 것이다. 패트리샤 스프링보그Patricia Springborg는 이들이 제국으로 도약하게 된 원인으로 아래와 같은 제도와 기술의 발전을 제시한다.

(a) 관료제에 의해 운영되는 비인격적 정부; (b) 시민으로서의 인간에 대한 개념; (c) 정치적 대표제의 형태; (d) 경제적 잉여의 창출; (e) 신용 제도, 상법, 무역 조약 및 국제적인 교역법의 발전을 수반하는 화폐화된 상업; (f) 발전된 군사기술로 무장한 상비군; (g) 기능적 분화에 따른 사회적 계층화(농민, 장인, 상인 및 행정 엘리트); (h) 합리적 법칙에 의해 지배되는 자연의 관념; (i) 지식의 획득, 조직화 및 배포에 관련된 제도; (j) 필기 수단 및 도구의 발전, 수학·기하학·천문학·항해·건축·공학 등 기초과학의 발전 및 건축·금속 제련·도자기·섬유·조각·회화 등 고도로 숙련된 기술(Springborg 1992, 7).

반면 아테네 등 그리스의 도시국가들은 위의 능력들 가운데 중요한 몇 가지를 결여함으로써 제국으로 도약하지 못했고, 후일 마케도니아왕국에 복속됨으로써 정치적 쇠망의 길에 접어들었다. 고대 그리스 문명에서 도시국가들은, 어느 정도 인구가 증가하면 관료제의 부진, 경제적 잉여의 부족, 통치 능력의 미숙 등으로 인해 늘어난 인구를 감당하지 못하고, 꿀벌이 분봉하듯이 일부 시민들을 다른 곳으로 이주시켜서 식민지를 건설했는데, 이 사실 역시 그리스 도시국가들의 정치적 미숙성을 보여 준다. 이와 달리 중앙집권화된 강력한 왕국이나 제국으로의 성장은 도시국가에서 결여된 정치적·경제적 능력을 보강했다는 점을 의미했다. 다시 말해, 동시대에 이집트와 서남아시아 지역에서는 광대한 영토와 인구를 다스릴 수 있는 중앙집권화된 강력한 국가들이 출현했던 데 반해 고대 그리스에서 그런 국가들이 출현하지 못했다는 사실은, 그리스 지역의 상대적 후진성을 시사하는 것이었다.

아테네 민주정의 상대적 선진성

앞에서 설명한 것처럼 고대사에서 중앙집권화된 왕국 및 제국으로의 이행과 도약이라는 측면에서 본다면, 고대 그리스 지역은 상대적으로 후진성을 면치 못했다. 그러나 민주정의 존속과 발전이라는 면에서 아테네 민주정은 민주주의에 대한 가장 풍성한 역사적 기록과 (특히 투키디데스Thucydides, 플라톤, 아리스토텔레스, 폴리비오스Polybios 등 뛰어난 철학자와 역사가를 통해) 심오한 이론적 성찰을 남겼다고 할 수 있다.

아테네 민주정은 서기전 594년 솔론의 개혁을 거쳐 서기전 500년경 클레이스테네스Cleisthenes 시기에 본격적으로 확립되었다. 그 후 수차례에 걸친 그리스-페르시아 전쟁에서 그리스 연합군이 아테네의 주도적 활약에 힘입어 승리하고, 서기전 454년 아테네를 맹주로 한 델로스 동맹의 본부를 아테네로 옮긴 후, 종국적으로 서기전 448년 페르시아와 칼리아스 평화조약을 체결하는 과정에서 그리스 도시국가들 사이에서 아테네의 패권적 지위는 확고부동해졌다. 그리고 페리클레스Perikles의 등장과 함께 아테네의 민주정 역시 절정에 달했다. 그러나 아테네 민주정은 서기전 338년 마케도니아왕국의 필리포스Philippos 2세(알렉산드로스Alexandros 대왕)의 정복에 의해 종식된다.

여기서 아테네에 민주정이 성립해 절정에 이르는 과정이 그리스를 여러 차례 침략해 괴롭혔던 고대 페르시아제국(서기전 550~330)의 시기와 대체로 일치한다는 점에 주목할 필요가 있다. 이 기간 동안 그리스 도시국가들은 페르시아와 같은 세계적 제국으로 도약하지는 못했지만, 페르시아가 리디아, 카르디아, 이집트를 정복하는 과정에서 멸망시켰던 도시국가적 정치형태를 유지하고 또 그 장점을 최대한 발전시켰다고 할 수 있다. 곧 페르시아가 정복한 지역에서 민주정이나 공화정에 의해 통치되던 도시국가들은 강력한 중앙집권적인 제국에 편입됨으로써 자율성을 상실하고 더 이상 민주정이나 공화정이 발전·심화되지 못했던 데 반해, 그리스 도시국가들은 페르시아의 침략을 격퇴하고 그들의 자유를 지켜 냈다. 이 과정에서 아테네 민주정은 그리스 도시국가들의 연합 내에서 제국적 지위를 누리는 한편, 그 지위로 인해 가능해진 보다 많은 대내외적 정치적 자유와 경제적 부를 근거로 하층계급에까지 시민권을 확장함으로써 민주정을 한 단계 발전시키는 성과를 이룩했던 것이다.[6]

특히 페르시아와의 전쟁에서 승리한 후 아테네의 페리클레스는 서기전 462년 귀족 세력의 거점인 아레오스파고스 회의의 권리를 박탈하고 평의회, 민중 재판소, 민회가 실권을 가지도록 하는 민주적 법안을 민회에 제출해 통과시켰으며, 하층 시민들에게도 집정관(아르콘)의 직위를 개방했다. 또한 풍부한 재정을 토대로 하여 배심원·관리들에게도 일당을 지불하게 함으로써 하층 시민 계급의 참여를 촉진했다. 그런데 여기서 주목할 점은 그리스 도시국가들 가운데서도 과두정이 대세였고, (우리가 보통 생각하는 것과 달리) 아테네를 제외하고는 세련된 민주정이 거의 부재했으며, 또한 아테네에서 절정에 달한 민주정은 아테네가 차지한 제국적 지위 때문에 비로소 가능했다는 사실이다. 다시 말해 아테네는 다른 도시국가들과

---

[6]_아테네에서 시민권이 하층계급에게까지 확장된 사실과 관련해, 해군을 중심으로 한 아테네의 군사력에도 주목할 필요가 있다. 중장보병이나 경장보병 등 보병을 중심으로 군대가 편제된 도시국가에서는, 스스로 무장력을 제공할 수 있는 유산계급의 시민만이 정치적 결정에 참여하는 과두정이 성립하기 쉽다. 이와 달리 해군을 중심으로 한 군사체제에서는, 무산계급의 시민들이 무장을 갖추지 않고도 함정에서 노를 젓는 병사로 전투에 참가할 수 있기 때문에 그들의 정치적 발언권도 커지게 된다.

달리 외부로부터의 정치적 간섭이나 종속에 직면하지 않고 (오늘날 우리가 이해하는) 주권을 최대한으로 향유했기 때문에, 또한 제국의 풍부한 물질적 부를 바탕으로 하층계급에게 재정적 지원을 할 수 있었기 때문에, 그리스의 다른 도시국가들은 물론 메소포타미아 등 서남아시아 지역의 다른 도시들과 비교해서도 충만한 민주주의를 오랜 기간 누릴 수 있었던 것이다. 그러므로 아테네가 펠로폰네소스전쟁에서의 패배로 일대 타격을 입고 헤게모니적 도시국가의 지위를 잃게 되자, 아테네의 민주정 역시 급격히 퇴조할 수밖에 없었다.

한편 자유로운 도시국가의 역사적 수명을 연장시키는 데 성공한 고대 그리스에서는, 특히 아테네를 중심으로 민주정에 대한 실험을 지속함으로써 민주정이 충만하게 발전했을 뿐만 아니라, 동시에 이런 경험을 바탕으로 민주주의에 대한 높은 수준의 이론적인(지적인) 성찰을 축적할 수 있었다는 점 역시 주목할 필요가 있다. 수메르·바빌로니아·아시리아의 왕국 시대에 자치적이고 공화정적으로 운영된 도시에 대한 경험도 점토판에 명기되어 자료와 기록의 형식으로 존재하지만, 거기에서 체계화된 이론적 성찰은 발견되지 않는다. 그렇기 때문에 아테네를 제외하고는 자유, 정치 및 시민권 등에 대한 체계적인 개념이나 사유를 탐지하기 어렵다. 이로 인해 서남아시아 지역의 고대 도시국가의 정치에 대해 연구하는 학자들은 행정적 또는 경제적 자료나 문학작품에서 그런 단어들이 단편적이고 부분적으로 사용된 용례를 연구함으로써 그들의 정치적 사유에 접근하는 수밖에 없다.[7] 이 점에서 아테네 민주정에 대한 풍성한 사실과 이에 대한 체계

7_그렇다고 해서 서남아시아 지역에서 민주주의와 관련된 현상들이 중요하지 않았다거나 존재하지 않았다고 해석해서는 안 될 것이다.

적인 성찰을 담고 있는 아리스토텔레스의 『정치학』은 매우 예외적이고 독보적인 지위를 차지한다. 이와 관련해 우리는 아테네를 제외한 그리스의 대다수 도시국가들, 가령 수많은 작은 도시국가들은 물론 스파르타, 코린트, 테베, 사모스와 같은 중요한 도시국가들 역시 자신들에 대한 기록 ― 법률이나 명령, 각종 정치기구의 운영 실태, 시민의 권리, 시민권의 범위 등 ― 을 거의 남기지 않았다는 사실을 유념해야 할 것이다.

따라서 세계사적으로 아테네 민주정이 민주주의에 관해 역사적으로나 이론적으로 위대한 발자취를 남겼다는 점을 부정할 수는 없다. 다른 문명과 달리 아테네는 민주정에 대한 실험을 역사적으로 연장해 풍부하고 깊이 있는 경험을 쌓았고, 패권적 지위와 이에 따른 사회적·경제적·문화적 조건을 활용해 심화된 민주주의에 대한 이론적 성찰을 성숙시킬 수 있었다. 그러나 아테네가 이룩한 이런 성과를 인정하는 것과, 이를 과장해 메소포타미아 등 서남아시아와 이집트 지역은 물론 고대 문명의 여러 지역에 도시국가적 형태의 민주정이나 공화정이 광범위하게 산재해 있었다는 사실을 부정하는 것은 전혀 다른 차원의 문제다. 우리에게 필요한 것은 서구 중심주의적인 시각에서 벗어나 고대의 민주주의적 발전의 실상을 파악할 수 있는 균형 잡힌 관점이다.

3. 대동의 두 가지 개념: 『예기』와 『서경』

중국의 유학 관련 고전에서 우리는 대동大同에 관한 두 가지 개념을 확인할 수 있다. 하나는 유가가 추구하는 이상 사회의 모습으로서 『예기』禮記의 「예운」禮運에 소강小康과 함께 서술된 '대동'(사회)이고 다른 하나는 『서경』에 나오는 정책 결정(의사 결정) 과정으로서의 '대동'이다. 그런데 학자들은 유가적 이상 사회로서의 대동과 소강에 대해서는 역사적으로 지대한 관심을 기울여 왔지만, 『서경』에 나오는 대동에 대해서는 특별한 관심을 보이지 않았다. 이 글에서는 이 두 가지 대동 개념을 유가 고전을 중심으로 제시하고, 의사 결정 과정으로서의 대동을 일종의 원시적 민주주의의 사상적 원형으로 해석함으로써, 원시 유가 사상에서 명멸했던 대동 민주주의의 사상적 흔적을 추적해 보고자 한다.

『예기』에 나오는 대동

먼저 『예기』의 「예운」에 나오는 대동을 인용해 보면 다음과 같다.

> 대도가 행해질 때에는 천하가 공공의 것이었다(天下爲公). 어질고 능력 있는 사람을 등용하여 신의를 가르치고 화목을 닦았다. 그러므로 사람들은 자기의 어버이만 어버이로 여기거나, 자기의 자식만 자식으로 여기지 않았다. 노인은 편안히 여생을 마치도록 하였고, 젊은이는 자기의 능력을 발휘할 수 있도록 하였으며, 어린이는 잘 자라나도록 하였다. 홀애비·과부·고아·늙어서 자식이 없는 사람·몹쓸 병을 앓는 사람 등이 모두 먹고 살 수 있도록 하였으며, 남자들은 직업이 있고 여자들은 시집갈 곳이 있게 하였다. 재물이 낭비되는 것을 미워했지만 반드시 자기가 소유하려고 하지는 않았으며, 몸소 일을 하지 않는 것을 미워했으나 반드시 자기만을 위해서는 일하지 않았다. 그러므로 간사한 음모가 생겨나지 않았고, 도둑이나 난리도 일어나지 않았다. 그리하여 문을 바깥으로 하여 잠그지도 않았다. 이것을 '大同'이라 한다(한글 번역은 이상익 2001, 87에서 따옴).[8]

유가는 위에서 인용된 천하위공天下爲公의 대동 사회가 천하위가天下爲家의 소강 사회와 함께 역사상 실재했다고 생각하고, 흔히 『서경』에 기록된 요堯·순舜 시대가 대동 사회에 해당하며, 하·은·주 3대의 우禹·탕湯·문文·무武·성왕成王·주공周公의 시대가 소강 사회에 해당한다고 본다. 여기서 대동 사회는 천하가 공공의 것인 상태로서 개인의 덕성과 재능을 존중하고, "자自·타他의 구별을 넘어선 보편적 인류애"가 넘치며, (개인 용도의) 사유재산이 있더라도 그에 대한 집착이 강하지 않을 뿐만 아니라, 오늘날의 의미에서 사회보장이 온전히 실현되어 있으며, 범죄와 전쟁이 없는 평화로운 사회로 묘사되고 있다(이상익 2001, 87-88). 대동 사회는 소외된 계급과 계층이 없는 사회이기 때문에 사람들 사이의 분쟁이나 공동체 간의 전쟁이 드물어 물리적 강제력을 행사하거나 동원할 필요가 거의 없었으며, 대공무사大公無私의 상태에서 행사되는 정치권력은 주로 교화의 기능을 행사하는 데, 즉 어질고 능력 있는 사람이 지도자가 되어 일반 백성들에게 신의를 가르치고 화목을 닦게 하는 데 그친 것으로 보인다. 이처럼 대동 사회는 "도덕적 통치를 통해 사회 구성원들이 화목해짐으로써 달성되는" 조화로운 사회였는데(장현근 2011, 13), 이 점에서 필자는 『예기』에 서술된 대동을 '위대한 조화'로 규정되는 사회구성체로 파악하고자 한다.[9] 역사적으로 적지 않은 유학자들이 합당한 논거를 제시하면서 「예운」편의 대동과 소강 사회에 대한 묘사는 공자가 직접 서술한 것이 아니라 후대 학자들이 삽입한 구절이라고 추정해 왔다.[10] 그럼에도 불구하고 「예운」에 서술된 대동

8_『禮記』「禮運」, "大道之行也, 天下爲公, 選賢與能, 講信, 修睦. 故人不獨親其親, 不獨子其子, 使老有所終, 壯有所用, 幼有所長, 矜寡孤獨廢疾者皆有所養. 男有分, 女有歸. 貨惡其棄於地也不必藏於己, 力惡其不出於身也, 不必爲己. 是故謀閉而不興, 盜竊亂賊而不作, 故外戶而不閉, 是謂大同."

9_중국 사상사에서 동(同)과 화(和)의 의미, 나아가 동(同), 대동, 화동(和同), 상동(尙同) 등에 대한 체계적인 정리로는 장현근(2011)을 참조할 것.

10_이런 논쟁에 대한 간략한 소개로는 이상익(2001, 90-91)을 참조할 것.

사회가 유학자들에게 미친 오랜 역사적 영향을 인정·존중해, 유가의 궁극적 이상은 대동 사회이며, 천하위가의 소강은 자·타의 구별이 존재하는 현실에서 실현 가능한 이상이라고 보는 해석이 지배적이다(이상익 2001, 91).[11]

『서경』에 나오는 대동

전통적으로 요·순 시대를 대동 사회라 규정하는 것이 유학자들의 관행이었지만, 흥미롭게도 그 시대에 대한 상세한 기록을 남기고 있는 『서경』이나 『사기』에는 실제 요와 순이 다스린 사회를 '대동'이라고 직접 규정하는 서술이 나오지 않는다. 그런데 더욱 주목할 만한 사실은, 맹자가 요와 순의 왕위 계승 과정이 독자적인 의미를 지닐 수 있는 또 다른 대동, 곧 『서경』의 「주서 홍범」周書 洪範에서 정치적 의사 결정 방식으로 서술된 '대동'의 방식에 따라 이루어졌다는 점을 드러내고 있다는 것이다. 이 점에서 이상 사회로서의 '대동'의 특징인 왕위 선양은 중요한 정치적 사항에 관한 의사 결정 방식으로서의 '대동'과 만난다.[12] 이를 좀 더 구체적으로 살펴보자.

『서경』에서 '대동'이라는 단어는 「주서 홍범」에 오직 한 번 나온다. 『서

11_여기서는 이 글의 목적과 직접적인 상관이 없기 때문에 '소강'에 대해서는 별도로 논의하지 않겠다.

12_이에 관해서는 좀 더 깊은 성찰과 분석이 필요할 것이라 생각하는데, 이상 사회로서의 대동 — 특히 왕위 선양과 관련해 — 과 의사 결정 방식으로서의 대동 — 『맹자』에서 급진적으로 회상된 왕위 계승 방식 — 은 상호 중첩적이며 의존적인 면이 있다. 그러나 전자와 후자는 분리될 수 있다. 「예운」에 서술된 대동과 소강의 구분에 따르면 주(周) 무왕(武王)의 시대는 대동이 아니라 기껏해야 소강에 불과한데, 기자가 홍범의 내용으로 대동에 따른 의사결정을 전해 주었다는 사실이 이를 상징적으로 보여 준다. 다시 말해 유가적 이상사회인 대동 사회가 아니더라도, 대동에 따른 의사결정은 그와 독립해 유효성을 가지게 되고, 실로 성왕의 치세가 아닐 때 대동에 따른 결정은 더욱 큰 가치를 발휘할 것이다.

경』의 서술에 따르면, 주나라 무왕武王이 은나라를 멸하고 기자箕子에게 찾아가 천도天道를 묻자 기자가 홍범을 전해 주었다고 한다. 본래 홍범은 우왕에게서 나왔는데, 기자가 미루어 부연하고 손익해 무왕에게 전한 것으로 서술되어 있다. 이 홍범구주洪範九疇의 일곱 번째 조항에서 대동에 관한 언급이 나온다.

> 너에게 크게 의심스러운 일이 있으면 먼저 네 마음과 상의하고 경사(卿士)와 상의하고 서인(庶人)과 상의한 뒤에 복서(卜筮)에 물으라. 너의 생각도 찬성이고 거북점과 시초점의 점괘도 찬성이고 경사와 서민도 찬성이면 이것을 대동이라 하니 몸이 건강하고 자손이 길함을 만날 것이다.[13]

여기서 우리는 기자가 전한 홍범이 무왕이 물은 '천도'의 내용을 구체적으로 천명한 것으로서 유가적 군주들에게 헌정적 규범이자 근본적인 가치로서 대대로 전승되고 따라서 내면화 — 그 현실적인 실천 여부를 떠나 — 되었을 것이라는 점을 강조할 필요가 있다. 따라서 필자는 '위대한 조화' great harmony로 특징지어지는 「예운」의 대동과 달리, 「홍범」에 나오는 대동

---

[13]_『書經集傳』(下) 「周書 洪範」(73), "汝則有大疑, 謀及乃心, 謀及卿士, 謀及庶人, 謀及卜筮. 汝則從, 龜從, 筮從, 卿士從, 庶民從, 是之謂大同, 身其康彊, 子孫其逢吉." 이 인용문에서 "몸이 건강하고 자손이 길함을 만날 것이다"라는 구절의 의미가 구체적으로 무엇인지는 분명하지 않으며, 유학자들의 주도 붙여져 있지 않다. 아마 오늘날의 관점에서는 '정치적 안정을 기하고 장기적으로는 나라의 장구함을 보존할 수 있다'는 의미로 해석될 수 있을 것 같다. 그리고 앞의 주 5에서 인용한 장승구의 해석을 확대 적용한다면, 여기서 경사(卿士)와 상의하는 것은 원초적인 '귀족원'(또는 '원로원')의 존재를, 서인(庶人)과 상의하는 것은 원초적인 '민회'의 존재를 시사하는 표현으로 해석할 수도 있을 것이다. 나아가 (나중에 논할 것처럼) 맹자가 요·순·우의 왕위 선양 과정을 설명하면서 관리(또는 귀족)와 백성의 지지를 언급한 내용은, 원초적인 양원제의 존재를 희미하게 암시하는 것으로 보인다.

을 '위대한 합의'great consensus를 통해 이루어지는 일종의 정치적 결정 방식으로 풀이하고자 한다. '위대한 합의'로서의 대동은 점괘는 물론 왕과 귀족 및 백성의 합의에 따른 결정을 지칭하기에 강한 민주적 함의를 부여받게 되는바, 이를 '대동 민주주의'로 정의할 것이다. 아울러 이상 사회로서의 대동에 너무 친숙한 일반 독자들이 이 글에 대해 품을 법한 오해를 피하기 위해, 이 글의 주된 관심은 이상 사회로서의 대동이 아니라 정치적 의사 결정 방식으로서의 '대동', 지금까지 소홀히 지나쳐 버린 '대동'이라는 점을 다시 한 번 강조하고자 한다. 그렇다면 민주적 함의를 지닌 위대한 합의가 구체화된 경우를 유가 고전이나 역사서에서 확인할 수 있는가라는 의문이 제기될 법하다. 그리고 이런 문헌에서 구체적으로 위대한 합의를 예시하는 사례를 찾기가 쉽지 않기 때문에, 「홍범」에 명시된 위대한 합의에 의한 대동 민주주의는 헌정적 규범이나 근본적인 가치가 아니라 단지 선언적이고 추상적인 수사에 불과한 것은 아닌가라는 의문에 빠질 수도 있다. 과연 그런가?

4. 원시 유가 사상에 명멸했던 대동 민주주의

이 장에서는 원시 유가의 고전이나 중국의 고대사를 기술하는 역사서에서 나타나는 대동 민주주의의 사상적 흔적을 본격적으로 추적하고자 한다. 이는 과거의 고전에 대한 고고학적 발굴 작업을 요구하는바, 이 과정에서 '숨은 그림 찾기'와 '조각 그림 맞추기' 전략을 통해 대동 민주주의의 사상적 유적을 발굴할 것이다. 또한 이를 적절히 수행하기 위해서는 같은 시대나 사건 또는 인물을 다루고 있는 고전을 비교함으로써 숨은 그림을 찾아내고 조각 그림을 맞추어 빠져 있는 빈자리를 채우려는 노력이 필요하다.

이를 위해 필자는 대동 민주주의의 흔적으로 일단 요·순·우의 양위 과정에서 차기 왕인 순·우·계啓가 선출된 과정을 집중적으로 분석해 그것이 『서경』의 「홍범」에서 제시된 대동 민주주의에 부합하는 것임을 보여 주고자 한다.[14] 이어서 대동 민주주의에 대한 공자의 부정적 태도와 맹자의 적극적 태도를 비교 고찰할 것이다. 여기서는 특히 공자가 산정刪定한 『서경』이, 주나라 여왕厲王 시대에 소목공召穆公이 간언하는 과정에서 상기시킨 대동 민주주의의 원칙에 대해 침묵하고 있다는 점에 주목할 것이다. 그리고 마지막으로 조선 시대 실학자인 다산 정약용이 자신의 단편인 「원목」과 「탕론」을 통해 대동 민주주의에 대한 급진적 회상을 시도했다는 점을 지적할 것이다.

요·순·우의 양위 과정에 나타난 대동 민주주의[15]

무엇보다도 우리는 요와 순 및 우로부터 각각 차기 왕 — 순과 우 및 계(또는 익益) — 에게 왕위가 승계되는 과정에 대한 『맹자』의 서술에서 '위대한

14_ 요·순·우 사이의 왕위 선양은 역사적으로 묵가는 물론 유가 학자들 사이에서도 비상한 주목을 받았다. 일본의 유명한 동양 사상 연구자인 시마다 겐지(島田虔次)는 1967년에 발표한 "堯舜民主政?"(1997년에 출간된 책에 수록)이라는 글에서 19세기 말 일본과 중국의 일부 유학자들이 서구의 민주주의에 맞서 요와 순의 왕위 선양을 일종의 공화정이나 민주정으로 개념화한 사실을 논하고 있다. 그러나 시마다 겐지의 견해를 포함해 그가 소개하고 있는 일본의 요코이 쇼난(橫井小楠)이나 중국의 량치차오(梁啓超) 등은 요와 순의 '민주정'을 저처럼 『서경』에 나오는 대동 개념과 연결시켜 서술하고 있지는 않다(島田虔次 1997).

15_ 이하의 처음 네 단락은 이전에 발표한 글을 압축적으로 요약하면서 옮겨 온 것이다(강정인 2005, 242-243).

합의'에 따른 대동 민주주의 사상에 접근하는 사례를 발견하게 된다.[16] 『맹자』의 「만장」萬章에는 맹자와 그의 제자인 만장이 주고받은 문답이 기술되어 있는데, 여기서 맹자는 요와 순이 임금일 때는 그들이 각각 천거해 섭정을 맡긴 순과 우에게 선위가 일어나고, 우가 임금일 때는 그가 천거해 섭정을 맡긴 익이 아니라 결과적으로 그의 아들인 계에게 왕위가 세습된 사실에 대해 체계적인 분석을 시도한다. 맹자에 따르면, 요와 순의 자식들이 불초했던 데 반해, 순과 우는 어질었고 또 오랫동안 백성들에게 은택을 베풀었기 때문에 순과 우가 왕위를 계승했다. 이와 달리 우의 경우에는 그가 천거한 익 못지않게 아들 계가 어질었고, 또 익이 은택을 베푼 기간(7년)이 얼마 되지 않아 백성들이 계를 따라갔으며, 그 결과 계가 우의 도를 공경히 승계했다는 것이다. 결론적으로 맹자는 "순·우·익의 도움이 오래고 짧과 그 아들의 어질고 불초함"에 따라 왕위가 계승되었으며, 이는 모두 하늘의 뜻으로 인간이 어찌할 수 없는 천명에 따른 것이라고 설명한다.[17]

이런 논의를 종합해 보면 대동 사회라 일컬어지는 요와 순 시절에도 성현에게 양위하는 것이 절대적인 원칙이라고 할 수는 없었던 것으로 보인

16_'요·순'에서 '순·우'로의 이른바 '왕위 선양설'을 둘러싸고, 전국시대 이후 현대에 이르기까지 다양한 논쟁이 전개되어 왔다. 대체로 유가와 묵가는 이를 긍정하는 입장이고, 장자와 한비자 등 도가와 법가는 선양을 폭력에 의한 찬탈을 은폐하기 위해 지어 낸 허구나 날조된 신화로 해석하는 입장이다. 맹자와 순자는, 선양과 관련해 평화적 왕권 승계를 받아들이더라도, 그 사실을 당대의 천자가 현인에게 천하를 '주었다'는 의미에서의 선양으로는 받아들일 수 없다는 논변을 개진한다. 이에 대한 국내의 최근 논의로는 장현근(2012)과 정재서(2009)를 참조할 것. 앞으로 논할 것처럼, 대동 민주주의와 관련해 선양을 논하는 이 글의 입장은 『맹자』의 프레임에 의존하고 있다.

17_『孟子集註』「萬章 上」(275), "舜禹益相去久遠, 其子之賢不肖, 皆天也, 非人之所能爲也. 莫之爲而者, 天也. 莫之致而至者, 命也."

다. 오히려 임금이 서거한 후 임금의 아들과 임금이 천거해 섭정을 맡긴 인물을 놓고 신하(제후와 관리)와 백성이 선택함으로써 왕위 계승이 이루어졌다. 따라서 맹자의 설명에 따르면, 만약 요와 순의 아들이 어질었고 또 요와 순이 각각 천거한 순과 우가 백성에게 은택을 베푼 기간이 짧았더라면, 신하와 백성은 아들들을 따랐을 수도 있었을 것이라는 추론이 가능하다. 그러나 우발적으로 요와 순의 아들들이 불초했기 때문에, 백성의 선택에 따라 당대의 성현인 순과 우에게 양위되었던 것이다.

대동 사회라 일컬어지는 요·순 시대에도 임금의 아들들은 세 가지 점에서 천거된 성현에 비해 우위를 누리고 있었다. 먼저 왕자의 경우 비록 성현에 이르지 못하더라도 선대의 업을 지킬 정도의 능력만 있으면 왕위를 물려받을 수 있었다. 다음으로 순·우·익과 같은 신하들의 경우 구체적인 은택과 공효를 백성들에게 충분한 기간에 걸쳐 베풀어야 했던 반면에, 왕자들의 경우에는 구체적인 공적을 쌓아야 할 부담이 없었다.[18] 마지막으로 민심의 선택에서 왕자로 하여금 우선권을 충분히 누릴 수 있도록 하기 위해 순·우·익은 각각 왕이 서거하고 삼년상을 마친 후에 자신의 몸을 숨겨야 했다.[19] 이와 달리 불초했던 요·순의 아들들은 물론 현명했던 (우의 아들) 계 역시 왕이 죽은 후 자신들의 몸을 숨기지 않았다. 왕의 아들이 누린 이런 우위를 고려해 볼 때, 요·순 시대에도 왕위가 천하의 성현에게 완전히 평등하게 개방되어 있다는 의미에서의 천하위공은 철저하게 관철되지 않았다고 해석할 수 있다.

18_물론 구체적인 은택을 오랜 기간 베풀 수 있는 능력을 가진 성현은 일단 그런 능력을 우선적으로 발휘할 수 있는 기회를 갖기 때문에 유리한 입장에 서있다는 반대의 해석도 가능하다.

19_선양을 찬탈로 해석하는 입장에 따르면, 이는 찬탈을 은폐하기 위해 지어낸 이야기라 할 수 있다.

왕의 아들과 섭정을 담당했던 성현 사이에서 백성과 신하들이 차기 왕을 선택하는 과정에 대한 맹자의 설명에서 우리는 '위대한 합의'에 따른 대동 민주주의의 실례를 발견할 수 있다. 차기 왕은 위대한 합의에 비견할 만한 '왕의 천거(선택)', '신하의 동의' 및 '백성의 지지'라는 세 당사자의 만장일치에 의해 선임되었던 것이다.[20] 맹자는 "천자는 천하를 남에게 줄 수 없는 것"[21]이라 말하며 '요가 천하를 순에게 주었다'는 주장을 부정한다. 그는 양위를 '하늘이 받아 주신 것'이라 말하면서 선양의 최종적 정당성을 천명에서 구한다. 그러나 "하늘은 말씀하지 않고, 행실과 일로써 보여 줄 뿐"[22]이므로, 대동 민주주의에 따른 세 당사자의 합의에 의한 결정을 하늘이 천명을 드러내는 방식으로 보아도 무방할 것이다.

이와 관련해 흥미로운 사실은, 『맹자』에는 섭정을 하던 순과 우와 익이 자신이 모시던 왕이 죽고 삼년상을 마친 후 몸을 숨기고, 이어서 제후, 관리 및 백성이 순과 우 및 계를 지지해 왕으로 옹립하는 과정에 대한 서술이 나오는데, 『서경』에는 그런 구절이 나오지 않는다는 점이다.[23] 『맹자』에는 요와 순의 승계 과정에 대해 다음과 같이 서술되어 있다. "요가 붕어崩御하시거늘, 삼년상을 마치고 순이 요의 아들을 피하여 남하의 남쪽으로 가 계셨는데, 천하의 제후로서 조회하는 자들이 요의 아들에게 가지 않고

20_ 다시 논할 것처럼, 계의 즉위는 왕인 우의 뜻보다는 신하와 백성의 뜻에 의한 것으로 기술된다.

21_ 『孟子集註』「萬章 上」(272), "天子不能而天下與人."

22_ 『孟子集註』「萬章 上」(272), "天不言 而行與事 示之而已矣."

23_ 섭정하던 순과 우와 익이 선왕이 죽은 후 삼년상을 마친 후 숨고, 그 과정에서 순과 우와 계가 관리와 백성의 지지를 받아 왕위에 오르는 과정은 『사기』의 「오제본기」(五帝本紀)와 「하본기」(夏本紀)에도 비슷하게 서술되어 있다.

순에게 갔으며, 옥사를 송사하는 자들이 …… 순에게 갔으며, 덕을 구가하는 자들이 …… 순을 구가하였다."[24] 이런 서술은 순이 죽은 후 우가, 그리고 우가 죽은 후 그의 아들 계가 익 대신 즉위할 때에도 발견된다.

순이 붕어하시거늘 삼년상을 마치고 우가 순의 아들을 피하여 양성으로 가 계셨는데, 천하의 백성들이 따라오기를 요가 붕어한 뒤에 요의 아들을 따르지 않고 순을 따르듯이 하였다. 우가 익을 하늘에 천거한 지 7년 만에 우가 붕어하시거늘, 삼년상을 마치고 익이 우의 아들을 피하여 기산의 북쪽으로 가 있었는데, 조회하고 옥사를 송사하는 자들이 익에게 가지 않고 계에게 가면서 말하기를 '우리 임금님의 아들이다' 하였으며, 덕을 구가하는 자들이 익을 구가하지 않고, 계를 구가하여 말하기를 '우리 임금님의 아들이다' 하였다.[25]

지금까지 서술에서 드러난 것처럼 우리는 왕의 뜻, 경사의 뜻, 백성의 뜻의 일치를 통해, 곧 「홍범」에서 명기된 대동의 원칙에 따라 차기 임금인 순과 우 및 계를 옹립하는 가장 중대한 의사 결정이 이루어졌다는 점을 알 수 있다. 그리고 이는 의사 결정 과정에 백성의 참여를 필수적 요소로 포함했다는 점에서 강한 민주적 함의를 갖는다. 물론 순과 우의 추대 과정은 세 당사자의 만장일치적 합의를 경유한 것이었지만, 계의 옹립은 왕인 우의 뜻과 달리 경사와 백성의 뜻에 따라 이루어진 것으로서 만장일치의 결과

24_『孟子集註』「萬章 上」(273-274), "堯崩, 三年之喪畢, 舜避堯之子於南河之南. 天下諸侯朝覲者, 不之堯之子而之舜, 訟獄者, 不之堯之子而之舜, 謳歌者, 不謳歌堯之子而謳歌舜."
25_『孟子集註』「萬章 上」(275), "舜崩, 三年之喪畢, 禹避舜之子於陽城. 天下之民從之, 若堯崩之後, 不從堯之子而從舜也. 禹薦益於天, 七年, 禹崩, 三年之喪畢, 益避禹之子於箕山之陰. 朝覲訟獄者不之益而之啟, 曰 '吾君之子也.' 謳歌者不謳歌益而謳歌啟, 曰 '吾君之子也.'"

가 아니었다고 할 수 있다. 이 사실에 대해서는 정교한 분석이 행해지지 않았는데, 이는 두 가지 점에서 흥미를 끈다. 첫째, 당시 천자인 우는 선양을 의도하고 익을 추천했는데 결과적으로 아들인 계가 차기 왕으로 즉위했다. 발단은 선양이었는데 그 귀결은 세습이라는 이런 당혹스러운 결과는, 이를 선양으로 볼 것인가 세습으로 볼 것인가라는 난처한 문제를 제기한다.[26] 둘째, 이 사실은 대동 민주주의에 따른 세 당사자의 합의 과정에서 왕의 뜻보다는 신하를 포함한 백성의 선택이 더 결정적이라는 점을 보여 준다. 앞에서도 논한 것처럼 맹자 역시 이 점에 대해 천명에 따른 것으로서 인간이 어찌할 수 없는 것으로 받아들이는바, 이는 익이 은택을 베푼 기간이 비교적 짧고 우의 아들 계가 어질었다는 사실을 전제로 하여, 백성과 신하의 지지와 동의가 왕의 천거를 압도해 이루어진 결정, 곧 왕의 의사로부터 독립된 신하와 백성의 주체적이고 민주적인 결정을 맹자가 천명으로 인정했다는 점을 시사한다.

마지막으로 지금까지의 논의에서는 제외되었지만, 우리는 「홍범」에 기술된 대동에서 지공무사至公無私한 방식으로 천명을 알아보는 과정으로 복서卜筮와 점괘가 중시되었다는 점을 간과할 수 없다. 그러나 맹자는 순과 우 및 계의 옹립 과정에서 대동의 중요 요소인 왕과 경사 및 백성의 합의에 대해서는 서술하고 있지만, 「홍범」에서 중요시되었던 복서에 대해서는 침묵하고 있다. 다만 맹자는 천명에 대해 하늘이 "행실과 일"로써 보여 주었

26_대부분의 학자는 이를 선양에 부합하지 않는 세습으로 보고 선양의 논의에서 제외한다(예를 들어 정재서 2009, 11 참조). 물론 '찬탈'을 은폐하기 위한 허구로 선양을 보는 입장에 따르면 계가 찬탈을 모면한 것으로, 선양설에 입각하더라도 우가 선양을 위장해 아들에게 세습시킨 것으로 해석하는 등 다양한 해석이 가능할 것이다. 그렇지만 이 글에서는 일단 맹자의 언설에 충실하게 해석하는 입장을 취한다.

다고 하면서(『맹자집주』「만장 상」, 272), "舜으로 하여금 제사를 주관하게 함에 온갖 신들이 흠향하였으니 이는 하늘이 받아 주신 것이요, 일을 주관하게 함에 일이 잘 다스려져 백성들이 편안하였으니 이는 백성들이 받아 준 것이다. …… 태서太誓에 이르기를 '하늘의 봄이 우리 백성의 봄으로부터 하며, 하늘의 들음이 우리 백성의 들음으로부터 한다' 하였으니, 이것을 말한 것이다"라고 덧붙인다.[27] 천명에 대한 맹자의 이런 해석은 대단히 민본주의적이고 합리적인 것으로 현대적 호소력이 크며 또한 민주적 요소가 강하게 내재되어 있다고 할 수 있다. 이런 해석은 명命과 신神에 대해서는 가급적 침묵을 지킨 공자 이래 유가의 세속적인 합리주의적 정신을 맹자 역시 이어받고 있음을 보여 준다.

그러나 맹자보다 훨씬 오랜 시대인 요·순과 하나라 시대에 복서를 의사 결정 과정에서 중요한 요소로 고려하지 않았다고 생각하는 것은 섣부른 단정임이 분명하다. 이와 관련해 우리는 순이 우에게 섭정의 자리를 맡기기 전에 점을 친 사실을 『서경』에 기술된 순과 우의 대화에서 확인할 수 있다. 순이 우가 그동안 쌓아 온 공적을 치하하고 덕을 가상하게 여기면서 우에게 섭정을 권하자, 우는 이를 사양하면서 "공신들을 낱낱이 점치시어 오직 길한 사람을 따르소서"라고 답변한다.[28] 우의 이런 언명은 예외적인 것이라기보다 당시의 관행에 따른 일반적 원칙을 제안한 것으로 해석할 수 있다. 우의 이런 제안에 대해 순은 자신의 결정이 '대동'에 따른 결정임을 다음과 같이 밝히는데, 결국 우는 순의 명령에 따라 섭정을 받아들이게 된다.

27_『孟子集註』「萬章 上」(273-274), "使之主祭而百神享之, 是 天授之, 使之主事而事治 百姓安之, 是, 民受之也"; "太誓曰 '天視自我民視, 天聽自我民聽', 此之謂也."

28_『書經集傳』(上)「禹書 大禹謨」(97-98), "枚卜功臣 惟吉之從."

우야! 관점(官占)은 먼저 자기의 뜻으로 결정하고 나서 큰 거북에게 명한다. 짐의 뜻이 먼저 결정되었는데, 사람들에게 물어 상의함에 모두 같으며 귀신이 따라 순하여 거북점과 시초점이 화합하여 따랐으니 점괘는 길할 때까지 거듭 치는 것이 아니다.[29]

『서경』에 기술된 순과 우의 위와 같은 대화에서 우리는 요가 순에게 그리고 우가 계에게 섭정을 명했을 때에도 순과 마찬가지로 점을 쳐서 자신들의 뜻과 하늘의 뜻이 부합하는지를 확인했을 것이라고 미루어 짐작할 수 있다. 숨은 그림을 찾듯이 어설프게 조합한 이런 해석을 받아들인다면, 우리는 요·순·우 시대 왕위 계승 과정은 「홍범」에서 언급한 대동 민주주의의 원칙에 명실상부하게 부합한 결정이었다고 풀이할 수 있을 것이다.

공자와 맹자 그리고 대동 민주주의

지금까지 『서경』과 『맹자』에 서술된 바를 중심으로 요·순·우 시대의 왕위 계승에서 '위대한 합의'로서 대동 민주주의 원칙이 어떻게 관철되었는가를 검토했다. 그리고 왕의 옹립 과정에서 민주주의의 중요한 요소인 백성의 지지나 동의가 『서경』이나 『논어』에서는 직접적으로 언급되지 않는 데 반해,[30] 『맹자』와 『사기』에서는 명시적으로 서술되어 있다는 점을 확

29_『書經集傳』(上)「禹書 大禹謨」(97-98), "禹, 官占, 惟先蔽志, 昆命于元龜. 朕志先定, 詢謀僉同, 鬼神其依, 龜筮協從, 卜不習吉." 인용문에서 일반 백성의 지지는 아직 언급되어 있지 않다.

30_특히 우의 재위 시절에 섭정을 담당하던 익 대신 우의 아들 계가 신하와 백성의 동의와 지지에 의해 왕위를 계승했는데, 『서경』에서 이에 대한 기록을 남기지 않은 것은 의미심장

인했다.³¹ 이런 차이는 같은 유가라도 공자가 군주와 귀족 중심의 엘리트 지배 체제를 옹호한 데 반해, 맹자는 공자보다 훨씬 더 민주적이었다는 점을 시사한다.³²

앞에서도 보여 준 것처럼 맹자의 이런 대동 민주주의적 사상은 제 선왕齊 宣王과의 문답에서 관리의 임면과 처벌에 대해 언급할 때에도 그 자취를 찾아볼 수 있다.

> 좌우의 신하가 모두 [그를] 어질다고 말하더라도 허락하지 말며, 여러 대부들이 모두 어질다고 말하더라도 허락하지 말고, 국인이 모두 어질다고 말한 뒤에 살펴보아서 어짊을 발견한 뒤에 등용하며, 좌우의 신하들이 모두 [그를] 불가하다고 말하더라도 듣지 말며, 여러 대부들이 모두 불가하다고 말하더라도 듣지 말고, 국인이 모두 불가하다고 말한 뒤에 살펴보아서 불가한 점을 발견한 뒤에 버려야 합니다. 좌우의 신하들이 모두 [그를] 죽일 만하다고 말하더라도 듣지 말며, 여러 대부들이 모두 죽일 만하다고 말하더라도 듣지 말고, 국인이 모두 죽일 만하다고 말한 뒤에 살펴보아서 죽일 만한 점을 발견한 뒤에 죽여야 합니다. 그러므로 국인이 죽였다고 말하는 것입니다.³³

한 침묵이라 할 수 있다.

31_『사기』에는 관련된 사실이 『사기 본기』(史記 本紀)에 나온다(『사기 본기』 「오제본기」, 18; 26; 「하본기」, 46-47).

32_물론 이런 해석은 맹자 사상에서 잘 알려진 다른 민주주의적 요소들 ― 민귀군경(民貴君輕), 여민동락(與民同樂), 항산론(恒産論), 폭군방벌론(暴君放伐論), 역위론(易位論) 등 ― 을 통해서도 확인할 수 있다.

33_『孟子集註』「梁惠王 下」(63), "左右皆曰賢, 未可也. 諸大夫皆曰賢, 未可也. 國人皆曰賢, 然後察之, 見賢焉, 然後用之. 左右皆曰不可, 勿聽, 諸大夫皆曰不可, 勿聽. 國人皆曰不可, 然後察之, 見不可焉, 然後去之. 左右皆曰可殺, 勿聽, 諸大夫皆曰可殺, 勿聽. 國人皆曰可殺,

곧 관리의 임면과 처벌에 있어서 맹자는 대동의 원칙에 따라 군주, 관리 및 백성(또는 국인)의 만장일치적 합의를 요구한 셈이다. 그러나 『논어』에 기술된 공자의 언행에서는 이와 유사한 구절을 발견하기 어렵다.

마지막으로 『서경』에 서술된 만장일치적 '대동' 민주주의 개념에도 불구하고 『서경』과 『논어』에서는 이를 구현한 구체적 사례를 찾아보기 어려운 데 반해, 『맹자』에서는 이를 확인할 수 있는 구절이 나오는 것을 어떻게 해석해야 하는가? 순과 우와 계의 즉위 과정에서 순과 우와 익이 숨었지만, 제후와 관리 및 백성들의 선택과 지지에 의해 순과 우와 계가 즉위했다는 구절을 『맹자』와 『사기』를 제외한 다른 유가 고전에서는 찾아볼 수 없다.[34] 그리고 우리는 맹자가 무엇을 근거로 그런 일화(와 그에 대한 해석)를 자신이 저술한 『맹자』에 포함시켰는지를 확인할 수 없다. 다만 우리는 그런 설화나 신화가 상당히 오랜 기간 동안 널리 유포되어 있었는데, 공자는 『서경』을 산정하면서 그런 일화를 부적절하거나 불필요하다고 생각해서 제외했고, 맹자는 적절하거나 필요하다고 생각해서 포함시켰다고 추정해 볼 수 있다. 그렇다면 공자는 의도적으로 엘리트주의적인 '망각'을 선택했고, 맹자는 민주적 '기억'을 급진적으로 소생·유지시켰다고 풀이할 수 있을 것이다.[35]

然後察之, 見可殺焉, 然後殺之." 앞에서도 언급한 것처럼 여기서 국인(國人)은 하층 사(士) 계급으로서 중국의 고대 도시국가를 구성했던 자유 시민을 지칭한다. 그들이 아테네 민주주의의 전성기 시민처럼 적극적인 참정권을 행사할 정도로 자유롭지는 못했겠지만, 그리스의 다른 과두제 도시국가의 시민만큼 자유로운 계급일 수 있다. 이는 검토해 볼 필요가 있을 것이다.

34_ 사마천 역시 『사기』를 집필하면서 어떤 사료를 근거로 해서 대동 민주주의에 관련된 사실을 포함시켰는지는 확실치 않다. 다만 그가 『사기』를 집필했을 때 이미 『맹자』를 접한 적이 있었다고 추정할 수 있다.

맹자와 대비되는 공자의 이런 반민중적 태도는 다른 중요한 역사적 사실에 대한 『서경』의 의미심장한 침묵(또는 삭제)에서도 확인된다. 주나라 여왕厲王은 천하의 이익을 독점하는 것은 물론 포악하고 사치하며 교만했다. 이에 백성들이 왕을 비방하자 비방하는 자들을 감시하고 죽임으로써 백성들의 입을 막았다. 당시 여왕이 백성의 비방을 성공적으로 침묵시킨 것에 기뻐하자, 이에 대해 소공召公은 강력한 민주적 함의를 담은 간언을 여왕에게 올렸다. 그리고 『사기』(와 『국어』國語)는 이를 직접적으로 전하고 있다.

백성의 말을 막는 것은 물을 막는 것보다 심각합니다. 물이 막혔다가 터지면 피해가 대단히 큰 것처럼, 백성들 또한 마찬가지입니다. 때문에 물을 다스리는 자는 수로를 열어서 물이 흐르게 하고, 백성을 다스리는 자는 그들을 이끌어서 말하게 해야 합니다. 그러므로 천자는 정무를 처리할 때 공경에서 일반 관원에 이르기까지 시(詩)를 바치게 하고, 악관에는 악곡을 지어서 바치게 하며, 사관에게는 전대의 정치를 적은 역사서를 바치게 하고, 악사에게는 잠언(箴言)을 바치게 하는 것입니다. 또한 수(瞍)는 시편을 낭송하게 하고, 몽(矇)은 음악 없이 시를 읊게 하며, 백관은 간언하게 하고, 백성은 왕에게 간접적으로 의견을 전달하게 하며, 좌우 시종은 간언을 살피는 책임을 다하게 하고, 친척은 왕의 과실을 보완하고 살피게 하며, 악사와 사관은 악곡과 사실로써 천자를 바르게 인도하고, 늙은 신하에게는 이 모든 것을 정리하게 하는 것입니다. 그런 후에 왕이 이들을 헤아려 보고 취사하면 정치는 잘 행해지고 사리에 위배되지 않는 것입니다. …… 백성들이 마음껏 말하도록 하면 정치를 잘하고 못함이 다

35_ 앞 구절에서도 언급한 것처럼, 이런 해석은 그런 설화가 공동의 지적 자산으로 널리 이용 가능했다는 가정을 수용할 때 비로소 가능하다.

반영되어 나오는 것입니다. …… 무릇 백성이 속으로 생각하여 입으로 말하는 것은 속으로 많이 생각한 후에 말하는 것입니다. 그런데 그들의 입을 막는다면 찬동하는 자가 몇이겠습니까?[36]

그러나 왕은 소공의 간언을 듣지 않았으며, 그 후에는 나라에서 감히 정치에 대해 말하는 자가 없었다. 3년이 지나자 마침내 백성들이 이를 견디다 못해 서로 연합해 난을 일으켜 왕을 습격했고, 왕은 체彘로 달아나 그곳에서 세상을 떠났다. 이 사건은 「예운」의 소강에 서술된 것처럼 "백성에게 재앙을 끼치는 군주라 하여 [백성이 군주를] 폐출"한 일종의 '민중혁명'에 해당한다. 여왕의 축출 이후 역사적으로 '공화'共和라고 일컬어진 14년의 궐위 기간 동안 소공과 정공定公은 왕을 대신해 정사를 관리하다가 그들이 몰래 키워 온 왕의 아들 태자 정靜, 즉 주 선왕宣王을 즉위시켰다. 여기서 여왕이 백성의 봉기에 의해 폐출된 사건은 물론 소목공이 여왕에게 간한 말은 강한 민주적 함의를 띠고 있다. 특히 소공의 간언은 각득기소各得其所에 따른 대동 민주주의적 참여를 극대화하고 있다는 점에서 매우 의미심장하다.[37]

36_『史記 本紀』「周本紀」(91), "防民之口, 甚於防水. 水壅而潰, 傷人必多, 民亦如之. 是故爲水者決之使導, 爲民者宣之使言. 故天子聽政, 使公卿至於列士獻詩, 瞽獻曲, 史獻書, 師箴, 瞍賦, 矇誦, 百工諫, 庶人傳語, 近臣盡規, 親戚補察, 瞽史敎誨, 耆艾脩之, 而后王斟酌焉, 是以事行而不悖. …… 口之宣言也, 善敗於是乎興. …… 夫民慮之於心而宣之於口, 成而行之. 若壅其口, 其與能幾何?";『국어』「주어 상」(52-53)도 참조할 것.
37_여왕에 대한 소목공의 간언과 비슷한 내용이 『춘추좌씨전』(春秋左氏傳, 魯襄公 二 十四年)에 좌구명(左丘明)이 붙인 「전」(傳)에서도 사광(師曠)과 진후(晉候)가 주고받은 문답을 통해 발견된다. 진후가 "위인(衛人)이 그 임금을 축출하였으니 너무 심하지 않은가?"라고 묻자, 사광은 악정(惡政)을 행한 임금을 축출하는 것은 당연하다고 답변하는데, 여기서

이에 반해 공자는 『서경』을 산정하면서 소공의 간언은 물론 여왕의 폐출과 민란에 대한 서술을 무시했거나 삭제했다. 만약에 공자가 대동 민주주의에 호의적이었다면, 당연히 여왕과 관련된 일화를 『서경』에 포함시켰어야 할 것이다. 그러나 민중의 정치적 능력에 대해 회의적이거나 부정적이었던 공자는 이런 사례를 소개하는 것이 민란을 조장하고 선동하는 함의가 있기 때문에 '삭제를 통한 망각'을 시도했던 것으로 추정된다.

공자의 이런 태도는 『논어』에서 천하에 도가 시행되는지의 여부에 따라 정사가 수행되는 상이한 양상을 언급할 때에도 확인된다.

천하에 도가 있으면 예악과 정벌이 천자로부터 나오고 천하에 도가 없으면 예악과 정벌이 제후로부터 나온다. …… 천하에 도가 있으면 정사의 주도권이 대부에 있지 않고 천하에 도가 있으면 서인들이 의론하지 않는다.[38]

도 대동 민주주의의 흔적을 찾아볼 수 있다.

사관은 임금의 거동(擧動)을 기록하고 악사는 시(詩)로써 풍간(諷諫)하고, 악공은 잠간(箴諫)을 음송하며, 대부는 규간(規諫)해 임금을 가르치고 사(士)는 임금의 과실을 대부에게 전하며, 서민들은 모여서 비방하고 상인들은 시장에 득실을 비평하며, 백공은 기예를 바칩니다. 그러므로 『하서』(夏書)에 '주인(遒人)이 목탁을 흔들며 도로를 순행하면서 「관사(官師)는 서로 경계하고 공인은 기예를 가지고 논하라」는 명을 선포한다'고 하였습니다. 정월 맹춘(孟春)이 되면 이때에 주인이 도로를 순행하며 목탁을 흔드는 일이 있는 것은 사람들로 하여금 상도를 벗어난 임금의 과실을 간하게 하기 위함입니다. 하늘이 백성을 사랑하는 것이 지극하니 어찌 한 사람[임금]으로 하여금 백성의 위에서 방자히 사악한 짓을 멋대로 하여 천지의 성(性)을 버리도록 놓아두겠습니까? ……(史爲書, 瞽爲詩, 工誦箴諫, 大夫規誨, 士傳言, 庶人謗, 商旅於市, 百工獻藝, 故夏書曰, 遒人以木鐸徇于路, 官師相規, 工執藝事以諫, 正月孟春, 於是乎有之, 諫失常也, 天之愛民甚矣, 豈其使一人肆於民上, 以從其淫 ……; 『春秋左氏傳』(4)(魯襄公 二 [傳] 十四年), 189-190).

38_『論語集註』「季氏」(330-331), "天下有道, 則禮樂征伐, 自天子出, 天下無道, 則禮樂征伐,

이 구절에서 정사란 예악과 정벌 등 정치의 거시적 결정(의 궁극적 소재)을 언급한 것이기 때문에, 대부 계급이 위정자爲政者가 아니라 종정자從政者로서 정치에 참여하는 것을 부정한 것으로 읽혀서는 안 될 것이다. 문제가 되는 것은 "천하에 도가 있으면 서인들이 [정사를] 의론하지 않는다"는 구절이다. 이에 대해 주자朱子는 "위에서 실정이 없으면 아랫사람들이 사사로이 의논함이 없는 것이니, 그들의 입에 재갈을 물려서 감히 말하지 못하게 하는 것은 아니다"上無失政, 則下無私議, 非箝其口, 使不敢言也라는 주석을 붙였다. 주자의 이런 해석에 일견 동의할 수 있지만, 공자나 주자가 공유하고 있는 가정 ─ 다시 말해 '서인이 정사를 의론한다는 사실은 천하에 도가 없다, 곧 천하가 제대로 다스려지지 않는다는 점을 의미한다' 또는 역으로 '서인이 정사를 의론하지 않는다는 사실(서인의 침묵)은 천하가 제대로 다스려진다는 것을 의미한다' ─ 은 반민주적 가정이라 할 수 있다. 반면 앞에서 소공이 왕의 친척 및 관리를 포함한 모든 백성의 언로를 다양한 방식으로 열어야 한다고 했을 때, 그는 다양한 채널을 통해 백성들이 정치에 대해 발언하는 것이 선정善政의 필수적 요건임을 강조한 것이다. '결과로서의 선정'은 백성의 각득기소에 따른 민주적 참여, 곧 '절차로서의 선정'에 의해 비로소 확보된다는 것이다.

그러나 공자나 주자는 일견 백성의 정치적 침묵을 선정의 결과인 바람직한 상태로 받아들이고 있다. 물론 이에 대해 공자와 주자는 선정의 경우 백성의 만족에 의한, 악정惡政의 경우 백성의 억압에 의한 정치적 침묵이 가능한데, 자신들은 전자를 지칭한다고 답변할 수 있을 것이다.[39] 백성을 정

自諸侯出 …… 天下有道, 則政不在大夫, 天下有道, 則庶人不議."

39_이는 서양의 사회계약론을 해석할 때 침묵을 묵시적 동의로 해석할 것인가 아니면 묵시적 반대(반발)로 해석할 것인가라는 쟁점과 관련되어 있기도 하다. 또한 현대 자유민주주의

치의 '주체'라기보다는 '대상'으로 간주해 온 유학의 전통적이고 대세적인 입장(민본 또는 위민사상)을 고려할 때, 이 점에서 공자나 주자가 예외적인 인물은 아니다. 그렇다 하더라도 유학이 본격적으로 정립되기 이전인 주나라 시대에 소공과 같이 백성의 참여와 의론이 그 자체로 선정의 구성 요소라는 점을 이해하고 강조한 정치가가 있었다는 역사적 사실을 기억하는 것은 중요하다. 그러나 공자는 자신이 장차 정립하게 될 유학에서 그 기억을 망각시키고자 하는 대안을 선택한 것으로 보인다.[40]

대동 민주주의에 대한 다산 정약용의 급진적 회상

유가 전통에서 대동 민주주의에 대한 기억은 공자 등 주류 유학자들의 침묵과 망각에 의해 전적으로 단절된 것이 아니며, 소공이나 맹자 등이 남긴 급진적 회상(기억)을 통해 간헐적으로 분출되어 왔다. 후대의 이런 분출로 우리는 조선의 대표적 실학사상가인 다산 정약용이 지은 두 단편 「원목」과 「탕론」을 들 수 있다.[41] 먼저 「원목」에서 다산은 "목민관이 백성을 위해

에서 시민의 정치적 무관심과 불참을 '정치적 만족'의 결과로 볼 것인가 아니면 '정치적 소외'의 결과로 볼 것인가라는 쟁점과 관련되어 있다. 여기에서 공자는 전자의 입장에, 소목공은 후자의 입장에 접근한다.

40_ 『논어』에 묘사된 공자는 소인인 백성들이 교육을 받으려는 것에 대해서는 개방적이었지만, 그들이 직접 정치에 관여하는 것에 대해서는 매우 소극적이었거나 부정적이었던 것으로 해석된다.

41_ 이 글을 쓰는 과정에서 필자는 민주적 요소를 찾기 위해 공론에 대한 주자의 이론 및 황종희의 『명이대방록』을 검토한 바 있지만, 그들의 사상에서 민주주의의 기본적 발상이라 할 수 있는 '민에 의한 정치 참여'를 발견할 수 없어서 대동 민주주의에 대한 논의에서 이를 제외했다. "천리에 따르고(順天理) 인심에 부합하여(合人心) 천하의 사람들이 모두 함께 옳게 여기는 것(天下之所同是者)"으로 공론을 정의하는 주자의 공론론은 공론의 우선적 주

서 있는 것인가, 백성이 목민관을 위해서 있는 것인가?"라는 급진적인 질문을 던진 후에 "목민관이 백성을 위해 있는 것"이라고 단언한다. 그리고 대동 민주주의의 원칙에 따라 백성들의 합의와 추대를 통해 정당한 권력이 탄생한다고 주장하면서 이를 통해 상향식으로 권력이 형성되는 과정을 서술한다. 곧 백성들이 공정하고 덕망과 학식이 있는 사람을 추대해 우두머리로 삼고 그를 통해 분쟁을 해결했으며, 지역적 단위가 확대됨에 따라 그 우두머리가 '이정里正 → 당정黨正 → 주장州長 → 국군國君 → 방백方伯 → 황왕皇王' 순으로 상향식으로 추대되었다는 것이다. 뒤이어 그는 황왕의 근원이 이정으로부터 시작된 것이며 따라서 목민관은 백성을 위해 존재한다는 점을 재확인한 후, 우두머리의 선출은 물론 법률의 제정 과정에 대해서도 대동 민주주의를 주장한다.

이정이 백성들의 소망을 따라서 법을 제정하여 당정에게 올렸고, 당정은 백성들의 소망을 따라서 법을 제정하여 주장에게 올렸으며, 주장은 국군에게 올리고, 국군은 황왕에게 올렸다. 그리하여 그 법이 모두 백성에게 편리했던 것이다.[42]

체로 사림(士林)을 상정하고 있기 때문에(이상익 2004, 306-307; 312-313) 잠재적으로 강한 민주적 함의를 띠고 있지만, '민에 의한 참여'를 강조하는 민주주의적 발상에는 아직 미치지 못하고 여전히 민본이나 위민의 수준에 머물러 있다는 것이 필자의 해석이다. 또한 '중국의 루소'라고 일컬어지는 황종희의 『명이대방록』 역시 사회경제적 개혁이 아니라 정치사상의 측면에서 살펴보면, "군(君)이 주인이 아니라 민이 주인이며 군은 객(客)에 불과하다"(『明夷待訪錄』, 51)는 군주제에 대한 강한 비판, 그리고 "내가 …… 벼슬하는 것은 천하 백성을 위한 것이지 군주를 위해서가 아니다"(『明夷待訪錄』, 59)라는 언급에서 나타나는 위민사상의 재강조에서 나름 민주적 지향성을 엿볼 수 있지만, '민에 의한 참여'를 강조하는 발상이나 그 제도화를 언급하는 데는 미치지 못하고 있다. 이 점에서 황종희를 '중국의 루소'라고 칭하는 것은 과장된 감이 있다.

42_『與猶堂全書』(第一集 卷十)「原牧」, "里正從民望而制之法, 上之黨正, 黨正從民望而制之

이어서 다산은 후세에 와서 한 사람이 자기 스스로 황제가 된 후, 하향식으로 자기 가족, 친척 및 가까운 사람들을 제후로 봉하고, 또 그 제후들은 사적으로 자신들에게 가까운 자들을 주장으로 세우고, 이런 과정이 다시 당정과 이정을 세우는 데도 반복되어, 위정자들이 자기 욕심대로 법을 만들어 백성들을 탐학하게 되었으며, 그로 인해 이제는 "얼핏 보기에 백성이 목민관을 위해 있는 꼴"이 되었다고 개탄했다. 유학자로서 다산은 유덕자가 통치해야 한다는 유가적 기본 신념을 포기하지 않았지만, 유덕자가 통치하기 위해서는 대동 민주주의의 원칙과 절차에 따라 아래로부터 백성의 동의와 지지에 의해 상향식으로 검증·추대되어야 한다는 점을 강조했던 것이다.

다산의 이런 대동 민주주의 사상은 "탕왕湯王이 걸桀을 추방한 것이 옳은 일인가, 신하가 임금을 친 것이 옳은 일인가"를 논하는 「탕론」에서도 재현된다. 먼저 그는 신하가 왕을 친 경우가 비단 탕왕에게 국한되는 것이 아니며 그 최초의 사례는 『사기』의 「오제본기」에서 신하인 헌원씨軒轅氏가 신농씨神農氏인 염제炎帝를 전쟁을 통해 물리치고 황제黃帝로 등극한 사실로까지 거슬러 올라간다는 점을 지적하면서, 궁극적으로는 단순히 '신하가 임금을 쳤다'는 사실 자체가 아니라 그 '신하가 제후와 백성의 지지를 얻어 천자의 지위에 올랐는가'라는 사실이 더 중요하다고 주장한다.[43] 이를 위

法, 上之州長, 州上之國君, 國君上之皇王, 故其法皆便民."

43_ 이 점에서 중국 고대 설화에 나타나는 황제의 등극 과정과 은나라의 탕왕과 주나라의 무왕이 각각 하나라의 걸(桀)과 은나라의 주(紂)를 방벌해 나라를 세우는 과정은, 정치권력의 통상적인 행사는 물론 그 기원에 폭력이 잠복해 있다는 인류의 원초적 경험을 상징적으로 보여 준다. 이 점은 서양의 경우에도 쉽게 확인되는바, 한나 아렌트가 지적한 것처럼, 『성서』의 「창세기」편 기록에 따르면 카인은 동생 아벨을 죽이고 난 후 도시 — 곧 '정치사회' — 를 건설했으며, 로마의 건국설화에서 로물루스(Romulus) 역시 동생인 레무스(Remus)

해 그는 천자의 지위의 기원에 대해 「원목」에서 전개한 것과 비슷한 논리를 제시한다. 곧 다산에 따르면, 정치적 우두머리는 백성들의 합의에 의해 상향식으로 '인장隣長 → 이장里長 → 현장縣長 → 제후諸侯 → 천자天子'의 순으로 추대된다. 나아가 다산은 이런 논리에 따라 상향식으로 여러 사람에 의해 추대된 정치 지도자들을 다시 각 정치적 단위를 구성하는 개별 단위들이 의논해 교체하는 것이 당연하다고 주장한다. 즉 오가五家가 의논해 인장을 개정하는 것이나 구후九侯와 팔백八伯이 의논해 천자를 교체하는 것이나 그 원리는 동일한 것인데, '누가 신하가 임금을 쳤다고 말할 수 있겠는가?'라고 반문하고 있는 것이다. 이 점에서 다산은 정치 지도자를 추대한 아랫사람들이 대동 민주주의적 절차를 통해 상호 의논·협의해 윗사람들을 교체·축출하는 것이 정당하다고 보았다.

마지막으로 다산은 「원목」과 「탕론」에서 자신이 세운 논리에 근거해서 '순'順과 '역'逆에 대한 당대의 지배적 사고를 정면으로 뒤집고 있다.

> 한나라 이후로는 천자가 제후를 세웠고 제후가 현장을 세웠으며, 현장이 이장을 세웠고 이장이 인장을 세웠기 때문에 감히 공손하지 않은 짓을 하면 '역'(逆)이라고 명명하였다. 이른바 역이란 무엇인가. 옛날에는 아랫사람이 윗사람을 추대하였으니 아랫사람이 윗사람을 추대한 것은 순(順)이고, 지금은 윗사람이 아랫사람을 세웠으니 윗사람이 아랫사람을 세운 것은 역이다. 그러므로 왕망(王莽)·조조(曹操)·사마의(司馬懿)·유유(劉裕)·소연(蕭衍) 등은 역이고, 무

를 죽이고 로마를 건설했다(Arendt 1965, 9-11). 이 점에서 다산 역시 정치권력의 기원에 폭력이 필연적으로 내재해 있음을 부정하지 않고, 선양과 방벌 등 정치권력의 교체에 있어서의 정당성을 오로지 피치자의 동의와 지지 여부, 곧 대동 민주주의의 원칙에 따라 파악하고 있는 것으로 보인다.

왕·탕왕·황제(黃帝) 등은 현명한 왕이요 성스러운 황제(皇帝)이다.⁴⁴

다시 말해 다산의 대동 민주주의에 따르면, 정치적으로 윗사람들이 아랫사람들을 임명하는 당대의 관행이 '역'이고, 오히려 아랫사람들이 의논해 윗사람을 추대하는 것이야말로 '순'이다. 다산보다 오래 전에 맹자 역시 '공'恭과 '경'敬의 개념을 변형해 민주적 함의를 강화한 바 있다. 본래『논어』에 자주 나오는 '공'은 '손'遜이나 '경'과 결합해 자신을 낮추거나 사양하는 것 또는 공경을 지극히 하는 의미를 담고 있었다. 그러나 맹자는 군주에 대한 신하의 태도를 논하면서 공과 경의 개념을 다음과 같이 급진적으로 변형해 서술하고 있다. "어려운 일을 인군人君에게 책하는 것을 공恭이라 이르고, 선한 것을 말하여 사심을 막는 것을 경敬이라 이르고, 우리 군주는 불가능하다 하는 것을 적賊(해침)이라 이른다."⁴⁵ 맹자와 마찬가지로 다산 역시 과거의 원시 유가에 명멸했던 대동 민주주의에 대한 기억을 급진적으로 소생시키는 과정에서 '순'과 '역'에 대한 당대의 사고를 전복하고 대동 민주

44_『與猶堂全書』(第一集 卷十一)「湯論」, "自漢以降, 天子立諸侯, 諸侯立縣長, 縣長立里長, 里長立鄰長, 有敢不恭其名曰逆, 其謂之逆者何. 古者下而上, 下而上者順也. 今也上而下, 下而上者逆也.故莽操懿裕衍之等逆也, 武王湯黃帝之等, 王之明帝之聖者也."

45_『孟子集註』「離婁 上」(199), "責難於君 謂之恭 陳善閉邪 謂之敬 吾君不能 謂之賊." 이 문장에 대해 주자가 모아 놓은 범(范)씨의 주(註)는 독자의 이해를 돕기 위해 인용할 만하다. "신하가 어려운 일을 군주에게 책하여, 그 군주로 하여금 요·순과 같은 성군이 되게 하는 자는 군주를 높임이 큰 것이요, 선도(善道)를 개진하여 군주의 사심(邪心)을 막아, 행여 그 군주가 과실이 있는 곳에 빠질까 두려워하는 자는 군주를 공경함이 지극한 것이요, 군자가 선도를 행할 수 없다고 생각하여 말하지 않는 자는 그 군주를 해침이 심한 것이다"(199). 주자나 범씨는 오랜 세월 세습 군주제에서 정착된 존군론의 입장에서 이 구절의 의미를 해석했을 법하다. 그렇지만 그 급진적 의미는 여전히 살아 있다. 이 구절을 민이 주권자라는 대동 민주주의의 원칙에 따라 해석하면, 그 의미는 어떻게 될까?

주의 원칙을 회복하고자 했던 것이다.[46]

5. 맺는말

지금까지 이 글은 『서경』, 『사기』, 『춘추좌씨전』, 『논어』, 『맹자』, 『국어』 등 고대 중국 고전을 분석해 산재해 있는 대동 민주주의의 이념적 흔적을 탐사했다. 그러나 이 글은 여전히 시론적인 것으로서 적지 않은 문제점을 안고 있다. 따라서 이 글이 안고 있는 한계를 지적함으로써 추후의 연구 지침으로 삼고자 한다. 무엇보다도 먼저, 이 글에서 제시된 '대동 민주주의'는 적절히 개념화된 것인가, 곧 이를 과연 '민주주의'로 부를 수 있는가에 대한 의문을 제기할 수 있다. 이런 난관으로 인해 필자는 군주, 귀족 및 시민이 정치에 참여하는 공화정을 포함시킴으로써 민주주의 개념을 확장했지만, 이에 대해서는 좀 더 고민이 필요한 듯하다. 둘째, 분석 대상이 중국 고대의 유가 관련 고전으로 제한되어 있기 때문에, 이를 묵가 사상 등 다른 학파로 확장해 대동 민주주의의 이념적 흔적을 찾아볼 필요가 있다. 이와 더불어 중국 고대 역사서는 물론 일본 및 한국의 고대 역사서도 검토할 가치가 있는 것으로 보인다. 셋째, 고대 그리스나 서남아시아의 민주정과 공화정에 대한 실제 역사를 검토하면, 민주정이나 공화정의 발전이 상공업 등에 자유롭게 종사하면서 정치에 참여할 수 있는 광범위한 시민 계층의

---

[46] 정치사상사에서 탁월한 사상가들은 자신이 전개하는 정치사상의 거대한 비전과 구도에 따라 중요한 정치적 개념의 통상적 의미를 전변(轉變)시키는 경향이 강하다. 이 점은 서양의 사상가들은 물론 공자, 맹자, 순자, 한비자 등에서도 흔히 발견된다.

존재와 이를 가능케 하는 도시 문명의 번영을 전제로 한다는 점을 알 수 있다. 따라서 고대 동북아시아 지역에서 민주정이나 공화정이 실재했다는 점을 입증하기 위해서는 고대 중국을 포함한 동북아시아 지역에서도, 형태와 내용은 다르더라도 정치적으로 활성화된 도시 문명이 번영했다는 역사적 증거를 필요로 한다. 마지막으로 이 글은 대동 민주주의의 '개념'을 유가 문헌과 역사서의 분석을 통해 밝힌 것에 불과하다. 따라서 단순히 사상적인 차원을 넘어 역사적으로도 대동 민주주의가 중국 고대 문명에 '실재'했다고 주장하기 위해서는 앞에서 논한 것처럼 서남아시아의 고대 문명에서 광범위하게 발견되는 민주적 제도 — 예를 들어, 양원적인 입법부(귀족원/원로원과 민회), 법의 지배, 관리들에게 책임을 묻는 감사제도, 배심 재판, 관직의 순환, 선거 등 — 와 유사한 제도와 관행이 존재했다는 점을 입증할 필요가 있다(Springborg 1992, 3). 마지막에 제기한 두 가지 한계를 타개하기 위해서는 역사학·고고학·금석학·문헌학 분야의 추가적인 연구 성과가 필요하다고 생각된다. 보편적 실재로서의 대동 민주주의 또는 원시적 민주주의는 대체로 부족 연합 국가 단계에서 발견되는데, 고대 중국에서는 부족 연합 국가에서 중앙집권적 왕조 국가로의 이행이 지중해 문명이나 서남아시아 지역의 문명보다 역사적으로 훨씬 일찍 진행되어 원시적 민주주의에 대한 기록이 제대로 보존되지 않았고, 그나마 보존되어 있었던 것도 왕조 국가의 정치적 목적에 따라 인멸되었을 것이라는 추정이 가능하다. 그렇기 때문에 고대 중국의 맹자 또는 후대 조선의 다산과 같은 인물이 대동 민주주의와 같은 급진적인 민주주의를 관념적으로 소구 訴求하더라도, 그들은 이를 발아시키고 숙성시킬 수 있는 역사적 토양을 결여하고 있었던 것은 아닌가 생각된다. 다시 말해 그들은 역사적으로 실재했을 법한 민주주의의 운영에 대한 기록 또는 기억이 없었기 때문에, 실제 운영 가능한 정치제도를 통해 민주주의에 대한 그들의 급진적 상상력을 구체화할 수 없었던 것이 아닐까?

| 6장 |

율곡 이이의 정치사상에 나타난
대동大同·소강小康·소강少康
시론적 개념 분석

1. 글머리에

이 글은 율곡栗谷 이이李珥의 정치사상에 나타난 대동大同과 소강小康, 그리고 소강少康 개념을 분석하고자 한다.[1] 이를 통해 율곡이 자신의 성리학적 도통론, 군신공치론 및 경장론을 정당화하고 강조하기 위해 대동 및 小康 개념을 『예기』禮記 「예운」禮運편에 나온 대동 및 小康 개념과 다르게 혁신했음을 밝힐 것이다. 결과적으로 율곡은 대동에 小康을 흡수함으로써 대동 개념을 확장하는 한편, 대동과 小康을 통합해 맹자의 왕도王道 개념과 일치

1_ 소강(小康)과 소강(少康)은 이 글의 핵심 개념에 속하는데 양자의 한글 발음이 같기 때문에, 매번 한글 단어에 한자 표기를 병행하기보다는 편의상 한자 표기만 사용하도록 하겠다.

시키고 있다. 따라서 율곡 사상에서는 『예기』에 나오는 小康 개념의 상당히 많은 실질적인 요소들이 대동에 포섭되어 있다. 이 점은, 나중에 논할 것처럼, 『율곡전서』栗谷全書[2]에서 小康이라는 용어를 율곡이 직접적으로 사용한 적이 없다는 사실에서 재차 확인된다. 나아가 小康과 少康을 혼용하던 조선 시대의 일반적 언어 관행과 달리, 율곡은 小康과 少康을 엄격하게 구분하고 있으며, 종래 '다소 강안康安하다'는 의미에서 포괄적으로 사용되던 少康을 한·당漢·唐 시대 현군賢君의 치세, 즉 왕도보다는 열등한 패도覇道에 해당하는 치세를 규정하는 용어로 명확히 구분해 사용하고 있다. 따라서 이 글의 목적은 필자의 이런 주장을 밝히고 정당화하는 것이다. 그런데 필자는 대동과 小康에 관한 율곡의 개념적 혁신을 선행 연구에서 이미 자세히 논한 바 있다(강정인 2005). 그래서 이 글에서는 율곡의 小康과 少康 개념을 집중적으로 분석할 것이다. 그러나 이를 이해하기 위해서는 율곡이 시도한 대동과 小康의 개념적 혁신에 대한 필자의 기존 연구를 간략하게나마 소개할 필요가 있다.

이런 목적을 달성하기 위해 이 글은 다음과 같은 순서로 진행된다. 먼저 『예기』와 율곡 사상에 각각 나타난 대동과 小康을 비교하면서 율곡이 두 개념을 혁신했음을 밝힐 것이다. 이어서 율곡이 조선 시대의 일반적인 언어 관행과 달리 小康과 少康을 구분해 사용했음을 밝히고 양자가 지닌 의미상의 차이를 『율곡전서』에 나타난 용례를 중심으로 해명할 것이다.

---

[2] 이 글의 본문에서 자주 인용될 『율곡전서』의 대본으로는 한국정신문화연구원(현재 한국학중앙연구원)에서 발간한 『국역 율곡전서』(國譯 栗谷全書)를 사용했다. 본문에서 인용할 때 국역본의 한글 번역이 다소 부자연스럽게 여겨지는 경우에도 혼란을 피하기 위해 그 번역을 그대로 따랐다. 다만 당시의 철자법이 현재의 철자법과 다른 경우에는 현재의 철자법으로 바꾸었다(예를 들어, 하였읍니다 → 하였습니다). 그리고 예외적으로 번역을 약간 수정한 경우에는 이를 밝혔다.

이 과정에서 『조선왕조실록』朝鮮王朝實錄과 『율곡전서』에 나타난 小康·少康 개념을 상호 비교할 것이다. 나아가 율곡의 대동·小康·少康 개념에 대한 필자의 분석에 근거해, 율곡에 대한 기존의 국내 연구가 이런 차이를 적절히 인지하지 못했음을 지적할 것이다. 그리고 마지막으로 이 연구가 제기하는 추가적인 의문과 한계를 제시하면서 논의를 마무리할 것이다.

2. 『예기』와 율곡 사상에 나타난 대동과 小康[3]

율곡은 「성학집요」聖學輯要의 마지막 권인 "성현도통"聖賢道統편에서 『예기』에 나오는 전통적인 대동 및 小康 개념을 대폭 수정함으로써 사실상 자신만의 독창적인 대동 및 小康 개념을 전개하고 있다. 무엇보다도 율곡은 『예기』에 나오는 대동에 대한 서술을 탈도가화脫道家化하는 동시에 성리학적 입장에 맞게 수정하고 있다. 이를 위해 율곡은 도가적 서술을 삭제하는 한편, 『서경』·『맹자』·성리학에 근거해 대동 사회에 원시 유가적 색채[4]와 성리학적 요소를 가미하고 있다. 이와 더불어 경장更張과 시무時務를 중시하는

3_앞에서도 언급한 것처럼 이 장의 내용은 필자가 과거에 발표한 논문을 압축적으로 요약하는 한편 새롭게 표를 만들어 정리한 것이다. 이에 대한 상세한 내용은 강정인(2005) 참조.
4_일반적인 통념에서 원시 유가는 두 가지 의미를 가지고 있다. 한당 유가 이전의 유가를 원시 유가라 하기도 하며, 유가에 음양가, 도가 등의 사상이 유입되기 이전, 즉 공자와 맹자 사상의 원형적 형태를 원시 유가라 하기도 한다. 여기서 '원시 유가적 색채를 가미'했다는 표현은 후자를 지칭한다. 곧 율곡이 성인군주의 적극적인 통치행위를 긍정한 공자와 맹자의 사상에 입각해 『예기』에 나타난 도가의 '무위지치'(無爲之治)적 대동 상태에 대한 서술을 삭제함으로써, 대동 개념을 원시 유가의 사상적 지향에 맞게 수정했다는 것을 의미한다.

자신의 경세론(=변통론)을 유가 사상의 본원이자 목표인 대동 사회에 배치하고 있다. 이를 통해 율곡은 자신의 경세론을 유가 사상의 기원과 목적의 관점에서 정당화하고 있다. 마지막으로 율곡은 『예기』에 나오는 대동과 小康 개념의 구분을 폐지하고, 小康을 사실상 대동에 흡수·통합함으로써 대동을 맹자의 왕도 개념으로 환원시키고 있다. 이하에서는 이런 해석을 뒷받침하기 위해 먼저 『예기』에 나오는 대동과 小康을 검토하고 이어서 "성현도통"에 나오는 대동과 小康에 해당하는 구절을 인용한 후, 양자의 공통점과 차이를 비교·검토하도록 하겠다.

『예기』에 나타난 대동과 小康

유가가 추구하는 이상 사회의 모습으로는 『예기』에 나오는 '대동'과 '小康' 사회가 흔히 언급되어 왔다. 이를 순서대로 인용해 보면 다음과 같다.

> 대도(大道)가 행해질 때에는 천하가 공공의 것이었다[天下爲公]. 어질고 능력 있는 사람을 등용하여 신의를 가르치고 화목을 닦았다. 그러므로 사람들은 자기의 어버이만 어버이로 여기거나, 자기의 자식만을 자식으로 여기지 않았다. 노인은 편안히 여생을 마치도록 하였고, 젊은이는 자기의 능력을 발휘할 수 있도록 하였으며, 어린이는 잘 자라나도록 하였다. 홀아비·과부·고아·늙어서 자식이 없는 사람·몹쓸 병을 앓는 사람 등이 모두 먹고 살 수 있도록 하였으며, 남자들은 직업이 있고 여자들은 시집갈 곳이 있게 하였다. 재물이 낭비되는 것을 미워했지만 반드시 자기가 소유하려고 하지는 않았으며, 몸소 일을 하지 않는 것을 미워했으나 반드시 자기만을 위해서는 일하지 않았다. 그러므로 간사한 음모가 생겨나지 않았고, 도둑이나 난리도 일어나지 않았다. 그리하여 문을 바깥으로 하여 잠그지도 않았다. 이것을 '대동'이라 한다(『예기』「예운」; 번역은 이상익 2001, 88에서 인용).[5]

이제 대도가 이미 숨어, 천하가 개인의 가처럼 되었다(天下爲家). 그리하여 각각 자기의 어버이만 어버이로 여기고, 자기의 자식을 자식으로 여기며, 재물과 힘을 자기를 위해 사용하게 되었다. 천자와 제후의 자리를 부자간에 전승하거나 형제간에 전승하는 것을 예로 여기고, 성곽과 구지(溝池)를 건고하게 하였으며, 예의로 기강을 세웠다. 이로써 군신 관계를 바르게, 부자 관계를 돈독하게, 형제 관계를 화목하게, 부부 관계를 화목하게 하였다. 또한 이로써 제도를 베풀고, 경작지와 마을을 세웠으며, 용기와 지식이 있는 사람을 훌륭하게 여기고, 공을 자기의 것으로 삼았다. 그러므로 꾀를 씀이 생겨나고, 전쟁이 이로써 일어나게 되었다. 우·탕·문·무·성왕·주공은 이런 상황에서 선출된 사람들이다. 이 여섯 군자들은 예를 삼가지 않은 사람이 없었다. 이로써 의(義)를 밝히고, 신(信)을 이루고, 허물을 밝히고, 인(仁)을 모범으로 삼고, 겸양을 가르쳐서, 백성들에게 떳떳한 법도를 보여 주었다. 만일 이런 것에 말미암지 않은 군주가 있다면, 백성에게 재앙을 끼치는 군주라 하여 폐출(廢黜)하였다. 이것을 '소강'(小康)이라 한다(『예기』「예운」; 번역은 이상익 2001, 88에서 인용).

유가는 위에서 인용된 대동 사회와 小康 사회가 역사상 실재했다고 생각하며, 흔히들 『서경』에 기록된 요堯·순舜 시대가 대동 사회에, 하夏·은殷·주周 3대의 우禹·탕湯·문文·무武·성왕成王·주공周公의 시대가 小康 사회에 해당한다고 본다. 먼저 대동 사회는 천하가 공공의 것인 상태로서 개인의 덕

5_ 『禮記集說大全』禮運第九 참조. 무엇보다도 지면상의 제약으로 인해, 한문 원전을 번역해 인용할 경우 세간에 널리 알려진 구절, 원문의 해석상 논란의 소지가 없는 구절에는 한문을 주에 첨가하지 않겠다. 다만 이 글의 내용과 관련해 특별히 중요한 구절, 필자가 참조한 『국역 율곡전서』의 한글 번역문을 다소 수정한 경우, 그리고 해석상 논란의 소지가 있는 경우에는 한문 원문을 주에 밝혔다.

성과 재능을 존중하고 "자·타의 구별을 넘어선 보편적 인류애"가 넘치고, (개인 용도의) 사유재산이 있더라도 그에 대한 구분이나 집착이 강하지 않으며, 오늘날의 의미에서 소외된 계층에 대한 사회보장이 온전히 실현되어 있고, 범죄와 전쟁이 없는 평화로운 사회로 묘사되고 있다(이상익 2001, 87-88). 따라서 정치권력은 교화의 기능을 행사하는 데 그친 것으로 보인다.

그러나 대도가 숨게 됨에 따라 천하위공天下爲公의 대동 사회는 천하위가天下爲家의 小康 사회로 변모하게 된다. 小康 사회는 인간의 이기심과 자기애가 지배적인 흐름이 되며, 이와 더불어 경작지와 마을이 세워짐으로써 사유재산이 좀 더 뚜렷하게 형성되고, 재물·능력·가족·국가 등에 있어서 자기의 것과 타인의 것을 엄격하게 구분하게 되며, 권력의 세습이 일어난다. 이런 변화로 인해 사람들 사이에 분쟁과 전쟁이 발생하게 된다. 따라서 군신·부자·형제·부부 관계를 적절히 규율하기 위해 유교적 인륜 질서가 발생하게 되며,[6] 이와 함께 인간을 다스리기 위한 정치·사회 제도가 발생하게 된다. 이런 시대에 우·탕·문·무·성왕·주공 등과 같은 정치 지도자가 나와 인仁·의義·예禮·지智·신信[7] — 오상五常 — 등 공동체의 기강을 세우고 법제를 정비하게 되는바, 이를 小康 사회라고 일컫게 된다. 일반적으로 유가는 이런 小康 사회를 실현 가능한 이상 사회로 받아들인다.

율곡 사상에 나타난 대동과 小康: 「성학집요」를 중심으로

우리는 율곡이 대동과 小康에 대해 일견 이중적인 태도를 취하고 있다는

6_물론 이는 오륜(五倫)을 지칭한다. 인용된 小康 사회에서는 장유(長幼)와 붕우(朋友)의 관계에 대한 언급이 없으나, 커다란 차이는 없다고 생각된다.

7_이 글에서는 인용문에 나오는 '허물을 밝히는 것'을 지(智)의 기능으로 받아들이고자 한다.

점에 주목할 필요가 있다. 율곡은 「성학집요」의 "위정"을 마무리하는 마지막 장인 "위정공효"爲政功效의 모두에서 『예기』에 나오는 대동 사회를 "인仁이 천하를 덮는 공효에 대한 말씀"이라는 소제목하에 인용하고 있다. 이를 옮기면 아래와 같다.

> 대도가 행할 때에는 천하를 공유로 생각하여 어진 이와 능한 이를 선발하여 신의를 강구하고 화목을 닦는다. 그러므로 사람들은 자기의 어버이만 어버이로 여기지 아니하고, 자기의 아들만 아들로 여기지 아니하며, 늙은이는 종신할 곳이 있고, 젊은이는 쓰일 곳이 있으며, 어린이는 자랄 곳이 있으며, 홀아비와 과부와 고아와 독신, 그리고 병든 불구자도 모두 부양될 곳이 있다. 이러므로 모략이 일어나지 아니하며, 도둑이 일어나지 아니하여 사립문을 열어 놓고 닫지 아니하니, 이것을 대동이라 한다(『국역 율곡전서(V)』「성학집요」 위정 하 위정공효, 397-398).[8]

이 구절은 유교적 이상 사회인 대동에 관한 『예기』의 전통적 인용이라고 생각된다. 그러나 궁금한 점은 대동에 짝하여 항상 나오는 小康 사회에 대해서는 율곡이 "위정공효" 장에서 아무런 언급도 하지 않고 있다는 것이다. 아울러 좀 더 놀라운 사실은 「성학집요」를 마무리하는 "성현도통"의 말미에서 대동 사회에 대한 자신의 개념을 본격적으로 제시하는바, 거기

8_『栗谷全書』卷之二十五 聖學輯要七 爲政第四下 爲政功效章第十, "大道之行也 天下爲公 選賢與能 講信修睦 故人不獨親其親 不獨子其子 使老有所終 壯有所用 幼有所長 鰥寡孤獨廢疾者 皆有所養是故 謀閉不興 盜賊不作 外戶不閉 是謂大同." 인용문의 한글 번역이 다소 다른 것은 『국역 율곡전서』를 그대로 인용했기 때문이다. 또한 양자를 대조해 볼 때, 『예기』에 나온 서술이 다소 생략되어 있지만 대의는 거의 동일하다.

에 나타난 대동 사회에 대한 서술은 "위정공효"에서 인용한 『예기』의 대동 사회에 대한 서술과 현저한 차이를 보이고 있다는 점이다. 율곡은 "위정공효"에서와는 달리 책을 마무리하는 최종 단계에서 도가적 색채가 진한 구절을 삭제하는 한편, 『서경』, 『맹자』 등에 서술된 원시 유가적 입장, 성리학적 세계관 및 자신의 입장을 가미하고 자신의 경세론을 덧붙임으로써 대동 사회에 대한 '독창적'인 정의를 시도하고 있다.[9]

따라서 『예기』에 나오는 대동 사회에 대한 서술과 본격적으로 비교 분석하기에 앞서, "성현도통"에 나오는 율곡의 대동 사회에 대한 서술을 다소 길지만 인용할 필요가 있다.

> 태초의 생민들은 풍기(風氣)가 처음으로 열리어 새처럼 거처하고 혈식하여 생활의 도리가 구비되지 못하였으며, 머리를 풀어 헤친 채 발가벗고 있었으며 인문(人文)이 구비되지 못하여 임금도 없이 모여 살고 있었으므로 물어뜯고 손톱으로 움켜쥐어 먹고 살았는데, 소박한 생활은 이미 흩어지고 대란이 일어나려고 하였습니다(『국역 율곡전서(V)』「성학집요」성현도통, 448).[10]

> 여기에 성인이 여러 중물 가운데서 뛰어나, 총명과 지혜로써 그 성품을 온전하게 하니, 억조의 백성들이 자연히 돌아오게 되었습니다. 다툼이 있으면 해결해 주기를 구하였고, 의문이 있으면 가르쳐 주기를 구하여 백성들이 받들어 임금

---

[9] 물론 율곡의 정의가 원시 유학이나 성리학에서 벗어났다는 의미에서 '독창적'인 것이라고 평가한 것은 아니다. 그의 정의는 『예기』에 서술된 대동 사회보다 원시 유학이나 성리학에 오히려 더 충실하다.

[10] 이 글이 참조한 『국역 율곡전서(V)』의 「성학집요」에서는 '…… 일어나려고 하였습니다' 대신에 '…… 일어나려고 할 때에'로 번역했는데, 이 글에서는 '하였습니다'로 문장을 끊었다.

으로 삼았는데, 민심의 향하는 바가 바로 천명天命의 돌아오는 바이라, 이 때문에 성인은 억조의 백성이 스스로 돌아온 것을 알고 군사君師의 직책을 맡지 않을 수 없었습니다. 천시天時에 순하고 지리에 따라서 백성을 기르는 기구를 만들었습니다. 여기서 궁실과 의복과 음식과 기용器用이 점차로 구비되고 백성들이 필수품을 얻어서 생을 즐기면서 업에 편안하게 되었습니다. 그러나 또 안일하게 지내면서 가르치지 않으면 금수에 가까워짐을 근심하여 인심에 따르고 천리에 근본하여 교화의 기구를 만들었습니다. 부자父子・군신君臣・부부夫婦・장유長幼・붕우朋友가 각각 그 도리를 얻으니, 하늘의 질서가 이미 밝아지고 또 시행되었습니다. 또 시대가 같지 않기 때문에 제도를 마땅히 하여야 하고, 현우賢愚가 같지 않기 때문에 교치矯治하는 방법을 고려하여 인정을 절제하고 시무時務를 촌탁해서, 이에 더하고 줄이는 규범을 만들었습니다. 여기서 문질文質과 정령政令과 작상爵賞과 형벌이 각각 마땅하게 되었는데, 그 과한 것은 억제하고 그 미치지 않은 것은 끌어 올려서, 착한 이는 일으키고 악한 자는 징계하여 마침내 대동大同으로 돌아왔습니다. 성인이 하늘을 이어 준칙을 세워 일세를 다스린 것도 이런 것에 불과하였고 도통의 이름은 여기서 생겼습니다. ……그러므로 성인이 이미 세상을 떠나면 또 다른 성인이 나와서 대신 천하에 군림하여, 수시로 변통하면서 백성으로 하여금 궁하지 않게 하였습니다. 그리고 소위 인심에 따르고 천리에 근본한다는 도리는 조금도 변하지 않았습니다. 변치 않는 것은 천지의 상경이요, 변통하는 것은 고금의 통의입니다(『국역 율곡전서(V)』「성학집요」성현도통, 448-449).

위 인용문이 율곡이 묘사한 (대동 사회에 선행하는) 일종의 '자연 상태'와 '대동 사회'의 모습이다. 그러나 현실에서 실현 가능한 '小康 사회'에 대한 서술은 이 인용구를 전후해 명시적으로 보이지 않는다. 다만 위 인용문 뒤에 나오는 다음의 구절은 율곡의 입장에서 『예기』의 '小康 사회에 해당하는 것'을 서술한 것으로 보인다.

시대가 점차 내려오면서 풍토가 옛날과 같지 않고 성인이 드물게 나서 성군聖君으로써 성군을 이을 수가 없었기 때문에 대통大統이 정해지지 않아서 도리어 간웅이 이것을 엿보게 되었습니다. 그러므로 성인이 이것을 근심하여 바로 아들에게 전하는 법을 세웠는데, 아들에게 전한 뒤에는 도통이 반드시 임금에게 있지 않았습니다. 그리하여 반드시 아래에 있는 성현聖賢들이 도와서 재결裁決하고, 보필輔弼하는 도를 이루어서 사도斯道의 전통을 잃지 않았습니다. 이러므로 3대 이상은 임금이 반드시 성스럽지 않아도 천하가 치평治平된 것입니다(『국역 율곡전서(V)』「성학집요」성현도통, 449).

양자의 비교

이제 율곡이 서술한 대동 사회를 『예기』에 나오는 대동 사회와 비교하면서 살펴본 후, 대동과 小康의 전통적 구분에 대한 율곡의 입장을 검토하기로 하자.

율곡의 대동 사회론을 『예기』의 대동 사회와 비교할 때, 우리는 율곡이 자신의 대동 사회론을 전개하면서 『예기』의 대동 사회에 나오는 도가적 색채를 지닌 구절 ― '대도'의 시행 여부, 천하위공과 천하위가의 구분 등 ― 을 삭제했다는 사실에 주목할 필요가 있다. 필자는 율곡이 이런 삭제를 정당화하기 위해 『예기』의 서술과 달리 대동 사회 이전에 홉스적인 전쟁 상태에 근접하는 일종의 원시적인 자연 상태를 상정하지 않았나 추정한다. 문명이 발생하기 이전의 율곡식의 '자연 상태'에서는 인간 사이에 분쟁이 발생해도 이를 해결해 줄 수 있는 임금이 없어 '대란'이 일어나려 했는데, 성인이 출현해 군사君師의 직책을 떠맡아 이를 해결함으로써 비로소 대동 사회가 출현한다. 이처럼 율곡은 홉스적 자연 상태를 설정함으로써 태초의 세계를 무위자연의 이상이 실현된 것으로 상정한 도가적 세계관을 원천적으로 부정하고 있다. 도가적 세계관을 삭제함으로써 율곡에게 대동 사회는 이제 인위적인 문명 세계로 나타난다. 따라서 대란을 구원하기 위해 출현한 성군이 행하는 중요한 사업은 인간들 사이의 분쟁을 해결하고 이를 위한 적절한 규범과 제도를 수립하는 것, 곧 유가적 문명을 건설하는 것이다.

그런데 대동 사회에 대한 율곡의 본격적인 서술은 아이러니하게도 『예기』의 小康 사회의 성격을 더 강하게 지니고 있다. 다만 율곡의 대동 사회에서도 요와 순이 각각 자기 아들이 아닌 순과 우에게 선위한 것처럼 왕위가 성인들 사이에 선양된다는 점에서, 천하위공이라는 『예기』의 대동 사회의 모습을 일부 유지하고 있을 뿐이다. 그 밖의 다른 조건들은 『예기』의 대동 사회보다는 小康 사회에 더 잘 들어맞는다. 이 점에서 율곡의 대동 사회는 小康적 제도 정비와 백성의 교화를 통해 '마침내 귀결된 상태', 즉 '小康의 최대치'로 나타난다.[11] 율곡식 대동 사회의 특징을 몇 가지 항목으로 나누어 살펴보자.

첫째, 율곡은 자신의 대동 사회에서 유가가 최고의 덕목으로 상정하는 윤리·기강을 확립한다. 『예기』의 대동 사회에서는 보편적 인류애가 넘치기 때문에 효를 비롯한 '오륜'에 대한 강조가 없는데 반해, 율곡은 "부자父子·군신君臣·부부夫婦·장유長幼·붕우朋友가 각각 그 도리를 얻"게 되는 '오륜'의 윤리를 정식으로 도입한다. 당연한 지적이지만 이는 『예기』의 대동 사회에 대한 서술과는 배치되며, 오히려 "군신 관계를 바르게, 부자 관계를 돈독하게, 형제 관계를 화목하게, 부부 관계를 화목하게" 정비한 小康 사회에 대한 서술에 더 부합한다.

11_이런 해석은 학술발표회에서 이 논문의 초고를 읽고 논평을 해준 한형조 교수(한국학중앙연구원)의 예리한 논평에 힘입은 것이다.

둘째, 『예기』의 대동 사회에서는 인간들 사이에 분쟁이나 갈등이 없는 데 반해 율곡의 대동 사회에서는 백성들 사이에 다툼과 갈등이 있으며, 성군의 직무는 이를 해결하고 가르쳐 주는 것이다. 따라서 율곡의 대동 사회에 대한 서술은 "…… 꾀를 씀이 생겨나고, 전쟁이 이로써 일어나게 되었다"라는 小康 사회에 대한 『예기』의 서술에 오히려 더 근접한다.

셋째, 앞의 인용문에서 볼 수 있는 것처럼, 율곡의 대동 사회에서는 성군이 양민養民과 교민敎民을 위해 다양한 법제를 정비한다. 이는 『예기』에 나오는 대동 사회의 내용과 부합하지 않고 오히려 小康 사회에 대한 서술에 더 적합하다. 대동 사회에 대한 서술에서 율곡은 후대 성리학의 개념들인 '천리', '도통' 등을 활용하면서 과거의 대동 사회를 소급적으로 재해석하고 있다. 나아가 변통과 경장을 중시하는 자신의 경세론이 이상 사회인 대동 사회에서부터 존재했다는 점을 부각시킴으로써, 자신의 입장의 정당성을 대동 사회에까지 소급해 근원적으로 확보하고자 한다.

지금까지 서술한 것처럼 "성현도통"에 나오는 율곡의 대동 사회는 『서경』에 서술된 요순의 '대동 사회적' 치세, 성리학적 세계관, 경장과 변통을 중시하는 율곡의 유가적 신념에 부합되게 서술되어 있다. 여기서 우리는 율곡의 이런 서술이 왕위 선양과 왕위 세습의 차이를 제외하고는, 『예기』에 나오는 대동 사회와 小康 사회의 구분을 부정하는 함의를 갖고 있다는 점을 알 수 있다. 그렇기 때문에 『예기』의 小康 사회에서 왕위 세습의 특징만을 수용한 율곡식의 '小康 사회'에서는 세습된 왕이 대통을 계승하기는 하지만 도통을 계승한 "아래에 있는 성현聖賢들이 도와서 재결裁決하고, 보필輔弼하는 도를 이루어서" 천하가 유교적 이상에 맞게 다스려진다. 이 점에서 새롭게 구성된 율곡식 대동과 小康 사회의 개념은, 왕위 선양과 왕위 세습의 차이가 지닌 중요성을 부정한 맹자의 왕도 개념의 다른 이름일 뿐이다(『맹자집주』(孟子集註) 「만장장구 상」, 274-277 참조).

지금까지 제시한 『예기』에 나오는 대동 및 小康과 율곡 사상에 나오는

『예기』의 대동·소강과 "성현도통"의 대동·소강● 비교

		『예기』		"성현도통"
최초의 세계		천하위공의 이상적인 대동 사회		대동 사회 이전에 원시적 자연 상태를 상정 -인간의 이기심 발호 -정치 지도자의 부재로 혼란 발생 -성인이 출현해 임금이 군사(君師)의 지위를 떠맡음으로써 대동 사회 출현
도의 행(行)·불행(不行)에 따른 구분	대동	선(先)문명적인 도의 행, 천하위공		선(先)문명적인 도의 행·불행에 따른 천하위공, 천하위가의 구분 삭제, 대동 사회 역시 문명 세계로서 유가적인 도가 지배
	소강	선문명적인 도의 불행, 천하위가		
소유관계	대동	사유재산 개념이 미약		대동 사회와 소강 사회 모두에서 초보적 형태의 사유재산이 형성됨
	소강	사유재산이 뚜렷이 형성, 가족 단위로 분할해 소유		
분쟁의 유무	대동	자·타의 구별이 약한 보편적인 인류애의 세계로 분쟁이 발생하지 않음.		대동과 소강 모두 인간의 이기심과 사유재산으로 인한 분쟁 발생
	소강	인간의 이기심과 자애심이 지배적인 흐름을 이루며 사유재산의 형성으로 인해 분쟁과 전쟁 발생		
정치의 주요 기능	대동	강제력의 행사가 불필요한 공공의 기능만을 수행, 법제의 정비가 부재		대동과 소강 모두 분쟁을 해결하기 위해 유교적 인륜질서에 기반해 정치의 기강을 세우고 법제를 정비하며 경장이 이루어짐
	소강	분쟁과 전쟁을 해결하기 위해 유교적 인륜질서에 기반해 정치의 기강을 세우고 법제를 정비		
통치권의 향방	대동	성인 사이의 선양	대동	성인 사이의 선양, 천명과 민심에 의해 지지됨
	소강	권력의 세습	소강	권력의 세습 -세습된 왕의 대통 계승 + 성현의 도통 계승 -군신공치의 제도화

● 이 표에서는 율곡의 서술에 따라 왕위 세습이 일어나지만 성현의 보필에 의해 도가 이루어지는 사회를 잠정적으로 小康으로 표기함.

대동 및 小康에 대한 비교를 표로 정리하면 위 〈표〉와 같다.

3. 율곡 사상에 나타난 '少康'과 '小康'

앞의 논의에서 율곡이 "위정공효"와 "성현도통"에서 유교의 이상 사회인 대동을 논하지만, 그에 짝하여 으레 나타나는 小康 사회에 대해서는 침묵을 지켰다는 점을 살펴보았다. 그렇다고 하더라도 『율곡전서』에서 율곡이

小康을 전혀 언급하지 않는 것은 아니다. 또한 율곡은 『예기』의 小康과 구분되는 少康 개념을 고안해 주로 패도를 지칭하는 의미로 사용하고 있다. 따라서 이 장에서는 율곡 사상에 나타난 小康과 少康 개념을 분석하도록 하겠다. 그렇지만 율곡의 少康 개념을 이해한 연후에 그가 사용한 小康 개념을 더 잘 이해할 수 있기 때문에, 少康을 먼저 분석하도록 하겠다. 그러고 나서 조선 시대에 小康과 少康이 자주 동의어로서 혼용되어 사용되어 왔다는 점에 주목하고자 하며, 이런 사실이 율곡이 엄격히 구분하고자 한 小康과 少康에 덧씌워짐으로써 당대는 물론 오늘날에 이르기까지 율곡 사상의 정확한 이해에 상당한 혼란과 차질을 초래해 왔다는 점을 지적할 것이다.

『율곡전서』에 나타난 少康

『율곡전서』에 小康과 少康이 여러 차례 나타나지만 율곡은 少康을 小康보다 더 빈번히 언급하고, 나아가 少康을 사실상 패도와 거의 동일시하며, 왕도와 함께 치평治平에 포함시킨다. 이 점을 밝히기 위해 먼저 "성현도통"에서 율곡이 少康을 언급한 구절을 다소 길지만 여기에 인용할 필요가 있다.

> 시대가 더욱 내려가면서 풍기가 혼란하고 백성들의 거짓이 날로 더하여 가서 교화가 이루어지기 어려웠고, 임금은 이미 자기 수양의 덕이 없으며 또 현인을 좋아하는 성의가 결핍되어, 천하를 자기의 오락으로 삼고는 천하를 근심하지 않았으며, 사람을 덕으로써 쓰지 않고 세상을 도로써 다스리지 않았으니, 이래서 아래에 있는 성현은 스스로 조정에 설 수가 없어서 …… 보물을 쌓아 두고 일생을 그냥 마치게 되었습니다. …… 도통이 군상(君相)에게 있지 않은 것은 참으로 천하의 불행입니다. 이 뒤로부터는 교화가 무너지고 풍속이 퇴폐하였을 뿐만 아니라, 이단(異端)이 횡행하고 기만하는 계책이 치열하여 …… 삼강

이 윤락되고, 구법(九法)이 괴멸되니, 도학의 전통이 항간에서도 끊어지게 되었는데, 천지의 암흑이 여기서 극도에 달했습니다. 간혹 임금이 재지(才智)로써 소강(少康; 국역본은 小康으로 오기)을 이루었으나, 대개는 공리설(功利說)에 빠져서 도덕의 실마리를 찾을 수 없었는데, 비유하면, 이것은 마치 어둡고 긴 밤에 반짝이는 불빛과 같을 뿐이니, 어찌 우주를 지탱하고 일월을 밝게 하여 도통을 전하는 책임을 맡겠습니까?(『국역 율곡전서(V)』「성학집요」성현도통, 449-450).[12]

앞에서 길게 인용한 것처럼 율곡은 "성현도통"의 말미에서 율곡식 '대동'과 '小康'을 서술한 이후 "천지의 암흑"이 극도에 달한 상태로 귀결되는 현실 세계의 타락 과정을 간략히 묘사한다. 이 과정에서 율곡은 '少康'이라는 독특한 개념을 도입하는데, 그 암흑 속에서라도 "간혹 임금이 재지로써 소강少康을 이루었으나, 대개는 공리설功利說에 빠져서 도덕의 실마리를 찾을 수 없었"다는 언급이 그것이다. 여기서 율곡이 언급한 '少康'이 『예기』의 小康과 다른 것임은 분명하다. 유가가 이상으로 삼는 小康은 공리설과는 거리가 먼 사회이기 때문이다. 그렇다면 율곡이 말한 "어둡고 긴 밤에 반짝이는 불빛"에 불과해 "우주를 지탱하고 일월을 밝게 하여 도통을 전해줄 수는 없는" '少康' 사회의 구체적 내용은 무엇인가?

이를 좀 더 잘 알기 위해서는 「성학집요」를 저술하기 6년 전에 집필된

12_『栗谷全書』卷之二十六 聖學輯要 聖賢道統 第五單章, "時世益下 風氣淆漓 民僞日滋 教化難成 而人君旣無自修之德 又乏好賢之誠 以天下自娛 不以天下爲憂 用人不以德 治世不以道 於是 在下之賢聖 不能自立於朝 …… 蘊寶終身 …… 道統之不在君相 誠天下之不幸也 自此以降 教化陵夷 風俗頹敗 加之以異端橫騖 權詐熾興 …… 三綱淪而九法斁 以至於道統之傳 亦絶於閭巷 則乾坤長夜 於此極矣 間有人君 或以才智能致少康 而類陷於功利之說 不能尋道德之緒 譬如長夜之暗 爛火之明爾 安能撑拄宇宙 昭洗日月 以任傳道之責乎."

"동호문답"東湖問答의 모두에서 율곡이 少康과 패도를 연관시켜 명시적으로 언급하고 있는 논의를 참조할 필요가 있다. 율곡은 치평이 이루어지는 두 가지 형태를 왕도와 패도로 구분하고, 그것이 이루어지는 방식을 주체에 따라 각각 두 가지로 구분한다. 먼저 왕도는 "인의仁義의 도道를 몸소 행하여 남을 차마 해치지 못하는 정치不忍人之政를 행하고 천리天理의 올바름을 극진히 하는 것"을, 패도는 "인의의 이름만을 빌어 권모술수權謀術數의 정책을 씀으로써 공리功利의 사私를 이룩하는 것"을 지칭한다. 여기서 왕도 정치는 주체의 역량에 따라 재지가 특출한 성군이 직접 왕도 정치를 편 경우와 임금이 성신聖臣의 정성스러운 보필을 받아 왕도 정치를 편 경우로 구분되는데, 전자에는 5제 3왕(복희伏羲·신농神農·황제黃帝·요·순의 5제 그리고 우·탕·문무의 3왕)의 정치가, 후자에는 이윤伊尹의 보필을 받은 은의 태갑太甲, 주공의 보필을 받은 주의 성왕成王의 정치가 해당된다(『국역 율곡전서(IV)』「잡저」 동호문답, 77-78).[13]

이어서 율곡은 패도 정치의 두 가지 분류에서 재지가 뛰어나서 직접 패도 정치를 이룩한 왕으로 진晉의 문공文公과 도공悼公, 한漢의 고조高祖와 문제文帝, 당唐의 태종太宗, 송宋의 태조太祖를 예시하고 있으며, 어진 이에게 맡겨 패도를 이룬 경우로는 각각 관중管仲과 제갈량諸葛亮의 보좌를 받은 제齊 환공桓公과 촉한蜀漢의 소열昭烈을 들고 있다. 율곡에 따르면 패도는 "나라를 부강하게 하고 백성을 번성하게는 했지만" 군주가 "능히 몸소 행하고 마음으로 터득하여 선왕先王의 도를 회복"하지 못하거나 어진 신하인 관중이나 제갈량이 성현의 도를 제대로 알지 못했기 때문에 왕도에까지 이르지 못한 것으로 설명된다(『국역 율곡전서(IV)』「잡저」 동호문답, 78-79).

13_앞에서도 언급한 것처럼 이는 율곡식 대동과 小康의 구분에 해당한다.

그러나 율곡은 패도 정치를 어느 정도 긍정적으로 평가하는바, 한·당의 패도 정치를 少康으로 규정하고, 나아가 이를 (제한적 차원에서지만) 긍정하는 것을 "동호문답"의 다음과 같은 구절에서 확인할 수 있다.

왕도에 뜻을 둔다면 요순시대의 정치의 교화도 모두가 내 분수 안의 일이요, 패도(覇道)에 뜻을 둔다면 한·당(漢·唐) 정도의 소강(少康; 국역본은 小康으로 오기)도 또한 이룰 수 있는 것입니다(『국역 율곡전서(IV)』「잡저」동호문답, 96).

어찌 말이 그렇게 지나치오. 왕도(王道)가 행해지지 않은 것은 한(漢)나라 때부터 이미 그러하였는데, 하물며 오늘날의 사람들은 한(漢)나라 사람들보다도 훨씬 떨어지는데 말입니다. 우리나라는 기자(箕子) 이후로 다시는 선정(善政)이 없었으며, 지금의 풍속을 살펴보면, 결코 전조(前朝)만도 못합니다. 그러니 만약 소강(少康; 국역본은 小康으로 오기)이나 바란다면 혹시 가능하겠지만 자기의 도(道)를 행하고자 한다면 한갓 처사(處士)의 큰 소리만 되고 말 것입니다(『국역 율곡전서(IV)』「잡저」동호문답, 93).

위에서 살펴본 인용문들을 통해 우리는 율곡이 패도를 少康 개념과 동일시하는 한편, 이를 본받아야 할 정치로 적극 권장하지는 않았지만, 치평治平이라는 점에서 어느 정도 긍정적으로 묘사하고 있다는 점을 알 수 있다. 사실 왕도 정치가 구현된 적이 있다가 단절된 (3대 이후의) 세계에서는 패도 정치가 '그나마 볼만한 정치' ― "소강少康이나 바란다면" ― 였다고 할 수 있기 때문이다.

그러나 우리는 율곡이 정의한 '패도'(='少康') 개념에 대해 다소 혼란스러움을 느끼게 된다. 이를 구체적으로 살펴보기로 하자. 율곡은 세 차례에 걸쳐 '패도'(='少康')를 다음과 같이 간략하게 정의한다.

1. "간혹 임금이 재지(才智)로써 소강(少康)을 이루었으나, 대개는 공리설(功利說)에 빠져서 도덕의 실마리를 찾을 수 없었는데 ……"(『국역 율곡전서(V)』「성학집요」성현도통, 450).
2. "인의의 이름만을 빌어 권모술수(權謀術數)로 공리(功利)의 사(私)를 이룩하는 것은 패도입니다"(『국역 율곡전서(IV)』「잡저」동호문답, 77).
3. 패도란 "나라를 부강하게 하고 백성을 번성하게는 했지만", 군주가 "능히 몸소 행하고 마음으로 터득하여 선왕(先王)의 도를 회복"하지 못하거나 어질고 재주 있는 신하가 "성현(聖賢)의 도(道)"를 제대로 알지 못한 정치를 말합니다(『국역 율곡전서(IV)』「잡저」동호문답, 79).

여기서 우리는 '패도=少康'에 대한 율곡의 개념이 맹자의 패도 개념과 대체로 일치함을 발견할 수 있다. 먼저 패도는 성현의 도를 회복하지 못한 단계라는 점에서 맹자와 율곡은 인식을 같이한다. 나아가 첫 번째 정의에 나온 '공리설'에 빠진 경우나 두 번째 정의에 나오는 "인의의 이름만을 빌어 권모술수權謀術數의 정책을 씀으로써 공리功利의 사私를 이룩하는 것" 역시 맹자의 패도 개념에서 발견된다. 먼저 맹자는 왕자王者를 "덕으로 인을 행한 자"로, 패자霸者를 "인의 행위를 빌린 자"로 구분하고 있다(『맹자집주』「공손추장구 상」, 97). 맹자는 왕도와 패도 치하의 백성을 비교함으로써 그 차이를 밝히기도 한다. "패자의 백성들은 매우 즐거워하고 왕자의 백성들은 호호皞皞하다"(『맹자집주』「진심장구 상」, 381-382). 이에 대해 주자朱子와 정자程子 및 양씨楊氏는 주註를 통해 패자의 백성들이 즐거움을 느끼기 위해서는 인위적으로 조작한 바가 있어야 하며 반드시 도를 어기고 칭찬을 요구하는 일이 있을 것인 데 반해, 왕자의 백성들은 광대해 '천지의 조화'를 따르듯이 자연스럽게 만족해한다고 해석한다(『맹자집주』「진심장구 상」, 381-383). 마지막으로 맹자는 "요·순은 본성대로 한 것이요, 탕·무는 실천하신 것이요, 5패는 빌린 것이다. 오래도록 빌리고 돌아가지 않았으니 어찌 그 자신이 가지고 있는 것이 아님을 알겠는가"(『맹자집주』「진심장구 상」, 397-398)라고 말한다. 이런 논의에서 우리는 패자에 대한 맹자의 개념이 '인의의 이름을 빌리기만 하고 도덕의 실마리를 찾지 못한 것', '선왕의 도를 회복하지 못한 것', '공리의 사를 이루는 데 그친 것'으로 규정한 율곡의 패도(=少康) 개념과 대체로 일치함을 알 수 있다.

여기서 우리는 율곡이 패도의 개념 규정에 있어 맹자에 접근하면서도, 그 평가에 있어서는 왜 맹자보다 좀 더 긍정적이었는가라는 의문에 봉착하게 된다.[14] 앞서 언급한 "동호문답"에서 볼 수 있는바, 율곡은 왕도와 패도를 바람직한 정치 질서로서의 "치평"이란 범주에 동일하게 배치하고 있다. 왕도와 패도를 엄격히 구분한 맹자와는 분명히 다른 입장인 것이다. 이와 관련해 우리는 공자와 맹자 역시 전면적이지는 않지만 부분적으로 패도를 긍정적으로 평가한 적이 있다는 점에 주목할 필요가 있다. 예를 들어, 잘 알려진 것처럼 공자는 관중의 공을 장하게 여겨, 그를 '인'仁이라 일컬은 적이 있으며(『논어집주』論語集註「헌문」, 284-285), 맹자 역시 "5패는 3왕의 죄인이요, 지금의 제후들은 5패의 죄인이요, 지금의 대부들은 지금 제후의 죄인이다"라고 말함으로써, 패자인 5패가 왕도를 행한 3왕의 죄인이라는 점을 비난하긴 하면서도 동시에 당대의 제후와 대부는 5패에도 미치지 못함을 지적하고 있다. 따라서 이 구절은 맹자가 자신이 살던 전국시대의 상황과 비교해 춘추시대에 천자의 뜻을 받든 환공의 채구葵丘의 회맹을 들어, 5패를 긍정적으로 평가할 구절이라 할 수 있다(『맹자집주』「고자장구 하」, 358-360; 「공손추장구 하」, 116 참조).

14_물론 율곡의 사상이 패도(=少康)에 만족하지 말고 왕도 정치를 추구할 것을 강조하고 있다는 점은 그의 많은 저작에서 너무나 명백하기 때문에 새삼 지적할 필요가 없다.

그렇다 하더라도 우리는 율곡이 패도를 치평의 하나로 인정함으로써 그 평가에 있어서 맹자보다 좀 더 적극적이었다는 판단을 부정할 수 없고, 따라서 그 이유에 대해 묻지 않을 수 없다. 이에 대한 명확한 답변은 어렵지만 율곡의 긍정적인 평가에 대한 이 글의 추론은 다음과 같다. "동호문답"에서 인용된 대화에서 율곡이 주장한 것처럼, 먼저 정치가로서 율곡은 맹자 사후 오랜 세월이 흘렀지만, 중국은 물론 조선에서도 왕도 정치가 한 번도 구현된 적이 없었다는 역사적 사실을 고려했을 것이다. 또한 율곡은 후대의 인물로서 맹자 이후의 중국 유학자들 역시 공자나 맹자보다는 어느 정도 긍정적으로 패도를 평가한 사실을 알고 있었을 것이다.[15] 아울러 우리는 선조宣祖 시대 신하들 역시 경연석상에서 선조와의 대화 도중 원칙적으로 패도를 비판하지만, 제한적인 차원에서는 긍정적으로 언급하고 있는 사례를 발견할 수 있다(예를 들어『선조실록』宣祖實錄 7년 2월 1일 참조). 이런 이유로 율곡 역시 패도를 맹자보다는 좀 더 긍정적으로 평가한 것으로 생각된다.

이제 우리는 율곡이 다른 곳에서 少康을 언급했을 때, 위에서 살펴본 少康 개념과 일관되게 사용했는지를 검토할 필요가 있다. 앞에서 언급한 경우 외에도 율곡은 『율곡전서』에서 여섯 번 정도 少康을 사용하고 있는 바, 이를 차례대로 살펴보도록 하자.

먼저 율곡은 「경연일기」經筵日記에서 선조에게 모든 사람들로 하여금 나라 일에 힘쓰도록 하려면 반드시 다스리고자 하는 왕의 뜻을 주지시킬 것을 촉구하면서 아래와 같이 말한다.

15_대표적으로 송대에 패도를 긍정하려고 한 진량(陳亮)과 주자 사이에 격렬하게 전개된 왕패(王覇) 논쟁을 들 수 있을 것이다. 이에 대해서는 이승환(1998), 이상익(2007)을 참조할 것.

전하께서 만약 당요(唐堯)·우순(虞舜)·삼대(三代)의 정치를 하시려면 비록 조종(祖宗)의 법이라도 고치지 않을 수 없는 것이 있을 것이요, 만일 소강(少康; 국역본은 小康으로 오기)에 그치시려면 조종(祖宗)의 좋은 법과 좋은 뜻을 준수할 것입니다. 지금의 이른바 조종을 법받는다는 것은 다만 근래의 규례 가운데 전습해 오는 것만을 지킬 뿐, 조종의 좋은 법과 좋은 뜻은 실상 폐지하고 행하지 아니하니 이 점이 심히 옳지 못한 것입니다(『국역 율곡전서(VI)』「경연일기」만력 이년 갑술, 141; 번역문 일부 수정).[16]

이 구절에서 당우삼대唐虞三代는 대동과 小康을 모두 지칭하는 것이니 少康은 거기에 미치지 못하는 패도에 해당하는 치세라 할 수 있다.[17] 그렇지만 위 인용문에서 율곡은 "조종의 좋은 법과 좋은 뜻"을 따르는 少康이 '그나마 볼만한 정치'라는 전제 위에서, 그것을 따른다는 명분하에 오히려 당대의 잘못된 규례를 따르는 현실 정치를 꼬집고 있다.

「성학집요」의 "용현"用賢에서 율곡은 선조에게 신하를 믿고 정치를 맡길 것을 촉구하면서 아래와 같이 말한다.

…… 그에게 위임하기를 심히 성실성 있게 하여 두 가지 마음을 먹지 않아야만 도를 행하고 다스림을 지극히 할 수 있어서, 오직 하고 싶은 대로 한 시대를 훈

16_『栗谷全書』卷之二十九 經筵日記二. 萬曆二年甲戌, "殿下若欲做唐虞三代之治 則雖祖宗法 亦有不得不改者矣 若欲少康而止 則可遵祖宗良法美意也 今之所謂法祖宗者 只守近規之傳襲者 而祖宗良法美意 實廢不行 此甚不可也."
17_그렇지만 국역본에서는 '小康'으로 표기되어『예기』의 小康의 의미에 익숙한 독자는 혼란에 빠질 법하다. 그러나 율곡은 그런 혼란을 피하기 위해 분별 있게 少康이라는 용어를 사용하고 있다.

도(薰陶: 임금이 백성을 교화함)하고 그 여운을 만세에 끼칠 수 있습니다. 군신이 서로 만나는 것이 어찌 우연한 일이겠습니까. 5제·3왕도 모두 이 도에서 말미암았으니, 후왕은 마땅히 본받아야 할 것입니다. 후세에 비록 소강(少康: 국역본은 小康으로 오기)한 임금이라 하더라도, 사람을 쓰지 않고 혼자서는 다스리는 이가 없었습니다. 다만 임금이 선왕의 성덕에 미치지 못하고, 신하가 고인의 현명한 것만 같지 못하기 때문에, 공렬(功烈)이 비열해지는 것을 면하지 못합니다(『국역 율곡전서(V)』「성학집요」위정 하 용현, 322).

이 구절에서 少康의 군주는 5제·3왕처럼, 곧 선왕처럼 성스럽지는 못한 군주로서 『예기』의 小康에 이르지 못하고 단순히 패도를 이룬 군주를 지칭한다고 할 수 있다.

지금까지의 검토와 달리 『율곡전서』의 다른 곳에서 우리는 율곡이 언급한 少康이 위에서 지적한 '패도'가 도달한 치평의 의미가 아니라 다른 의미로 사용된 경우를 발견할 수 있다. 먼저 율곡은 "진시사소"陳時事疎에서 황주 판관의 개혁을 칭송하면서 선조에게 개혁을 촉구할 때, 少康이라는 용어를 사용한다.

황주판관(黃州判官)이 혁파되자 이민(吏民)이 뛰고 춤추며 서로 경하하였으니, 두 읍을 하나로 병합하는 것도 판관을 혁파하는 것과 마찬가지이므로 알기 어렵지 않습니다. 백성들의 고통이 조금 편안해질[少康; 국역본은 한자 표기 생략] 수 있는데, 전하께서 어찌 한 번 혜택을 베풀지 않으십니까?(『국역 율곡전서(II)』「소차」진시사소, 309)[18]

---

[18]_『栗谷全書』卷之七 疏箚五 陳時事疎, "黃州判官之革也 吏民蹈舞相賀 二邑爲一 亦與革判

이 구절에서 율곡은 백성들의 번다한 역을 덜어 주기 위해서 주현州縣의 통폐합을 건의하고 있다. 그런데 여기서 사용된 少康은 왕의 치세를 지칭하기보다는 위정자의 좋은 정치로 인해 백성이 '다소 강안康安함을 느끼는 상태'를 뜻하는 것으로 읽힌다. 따라서 이는 우리가 관심을 갖고 있는 임금의 치세에 대한 분류, 곧 대동·小康·少康과는 다른 용례라 할 수 있다.

율곡이 왕명을 받아서 쓴 "황해도 관찰사로 부임하는 박대립朴大立에게 내리는 교서"에서 나타난 少康이라는 표현 역시, 위에서 언급한 인용문처럼, 객관적인 치세를 지칭하기보다는 서술어로서 백성이 '다소 편안함을 느끼는 상태'를 뜻한다.

아! 백성의 수고로움을 다소라도 편안히[少康; 국역본은 한자 표기 생략] 할 수 있겠는가. 그대는 가서 공경히 직무를 수행하여 나의 명령을 폐지하지 말라 (『국역 율곡전서(III)』「응제문」교 황해도관찰사 박대립 서, 246).

위 두 인용문에서 알 수 있는 것처럼 백성이 '다소 편안함을 느끼는 상태'를 지칭하는 少康에 대해 국역본은 괄호 속에 少康을 표기하지 않고 단순히 서술어로 풀어쓰고 있다.

그러나 율곡이 언급한 少康의 의미가 불분명한 경우도 있다. 선조 6년

官一也 不難知矣 斯民憔悴 訖可少康 殿下何不一施惠澤乎." 여기서 흥미로운 사실은 『선조수정실록』(宣祖修正實錄) 16년 4월 1일자에도 동일한 표현이 율곡의 발언으로 서술되어 있는데, 거기에는 少康이 아니라 小康으로 표기되어 있다는 점이다. 어느 정도 다스림이 이루어져 백성들이 느끼는 '다소 편안한 상태'를 지칭하기 위해 조선 시대(『조선왕조실록』)에 小康과 少康이 혼용되어 온 것은 사실이지만, 『선조수정실록』의 표현은 일견 율곡의 용례에 벗어난 것으로 여기서 인용한 『율곡전서』의 표현이 율곡의 용례에 부합한 것으로 생각된다.

(1573년)에 임금이 치도에 뜻을 두고 있지 않다고 근심한 신하들이 자신들의 출처를 논하는 과정에서 정인홍鄭仁弘과 이이가 대화를 나누는데, 정인홍은 이이의 사람됨을 평가하면서 少康이라는 단어를 사용한다.

> 정인홍이 말하기를, "임금의 마음이 굳게 정해져 일을 하지 않으려 해도 또한 희망은 있는 것이오?" 하니, 이이가 답하기를, "주상이 위에 계신 지 7년인데 보좌할 만한 사람이 없어 할 수 없는 상태에 이르게 된 것이오. 만일 어진 사람이 조정에 있어서 정성껏 보좌하면 혹 만의 하나라도 희망이 있을까 하오." 하였다. 정인홍이 나가 어떤 사람에게 말하기를, "숙헌(叔獻)이 만일 일을 맡게 되면 오늘날 어쩌면 소강(少康)을 기할 수 있을 것이다. 그렇지 않으면 숙헌을 제외하고는 모두 보통 재상으로 될 수밖에 없다." 하였다(『국역 율곡전서(VI)』 「경연일기」 만력 원년 계유, 130; 번역문 일부 수정함).[19]

위의 인용문에 나온 少康의 의미는 분명하지 않다. 곧 이에 대해서는 앞에서와 같이 少康을 『예기』의 小康을 의미하는 것으로 읽을 것인가, 小康의 치세에 필적하지 못하지만 그래도 긍정적인 의미를 지닌 패도로 읽을 것인가, 아니면 국가나 백성이 '다소 강안함을 느끼는 상태'를 지칭하는 서술어로 받아들일 것인가 하는 의문이 제기된다. 이 글은 세 가지 해석 가운데 두 번째의 것을 지지한다. 먼저 세 번째 해석은 지지하기 어렵다. 왜냐하면 율곡이 "어쩌면 少康을 기할 수 있"다는 정인홍의 평은 율곡을 칭찬하는 말인데, 그 칭찬이 "진시사소"나 "박대립에게 내리는 교서"에서처럼

19_『栗谷全書』卷之二十九 經筵日記二 萬曆元年 癸酉, "仁弘曰 君心堅定 不欲做事 則亦有可望乎 珥曰 主上在位七年 無人輔導 故馴致不可爲 若賢者在朝 盡誠輔導 則恐有萬一之望也 仁弘退謂人曰 叔獻若做事 則今日或可少康矣 不然則除是叔獻 變爲凡宰相也."

단순히 백성이 '다소 강안함을 느끼는 상태'인 少康을 지칭한다면 이는 문맥상, 곧 칭찬의 의도에 비추어 부적절하게 여겨지기 때문이다. 다른 한편 『예기』의 小康을 의미하는 것으로 해석하고자 하는 첫 번째 입장은 두 번째 입장에 대해 다음과 같은 반론을 제기할 법하다. 즉 율곡은 항상 3대의 치治를 이루고자 했고 기회가 있을 때마다 이를 선조에게 역설하곤 했는데, 율곡이 단순히 패도에 해당하는 少康을 기할 수 있다는 평은 율곡에게 오히려 모욕적일 수 있다는 것이다.[20] 또 이런 해석은 정인홍의 평이 율곡의 인물됨(도학)에 대한 최대한의 칭찬 ― 곧 율곡이 『예기』에 묘사된 유교의 이상적 치세인 小康 또는 맹자가 옹호한 왕도를 성취할 수 있는 도학적 역량이 있다 ― 을 담고 있다는 점을 시사한다. 정인홍의 이런 평이 그 자신의 주관적 평가이기 때문에 우리는 이런 해석을 전적으로 배제할 수 없다. 그러나 당시의 일반적 정세와 그에 대한 율곡의 판단 그리고 임금으로서 잘 다스려 보고자 하는 의지가 약했던 선조의 인물됨을 고려했을 때, 패도에 해당하는 少康을 기할 수 있다는 평 역시 여전히 율곡에 대한 칭찬으로 받아들일 수 있다. 특히 "동호문답"에서 율곡이 "패도에 뜻을 둔다면 한·당 정도의 少康도 또한 이룰 수 있다"고 말했던 것을 고려하면, 이는 여기서의 少康이 문경지치文景之治(한 문제와 경제景帝의 치세) 또는 정관지치貞觀之治(당 태종의 치세)와 같은 한·당 시대의 치세, 즉 패도에 해당하는 少康을 가리킨다는 해석에 무게를 실어 준다. 그러나 우리는 첫 번째와 두 번째 해석 중 어느 것이 타당한지에 대해 결정적인 해답을 얻을 수는 없다. 그러나 만약 두 번째 해석을 지지하는 이 글의 해석이 타당하다면, 율곡은 少康의 의미

20_물론 이런 반론은, 뒤에서 상세히 논할 것처럼, 조선 시대에는 빈번히 小康과 少康을 혼용해 사용했으며 율곡 역시 때때로 그랬을 것이라는 전제 위에 서있다.

를 일관되게, 곧 패도에 해당하는 치세를 지칭하기 위해 사용했다고 풀이할 수 있다. 만약 첫 번째 해석이 타당하다면 율곡 역시 小康과 少康을 때로 혼용했다고 풀이할 수 있다. 그러나 이 경우에도 여기서 언급된 少康이 일단 정인홍의 말을 인용한 것이라는 점을 감안해 이 인용문을 제외함으로써, 율곡이 여전히 少康 개념을 일관되게 사용했다고 주장할 여지는 남아 있다.

마지막으로, 율곡이 언급한 少康이 하夏나라의 중흥주인 少康을 지칭할 때도 있다. 율곡은 "천도인사책"天道人事策에서 한의 소열을 거론하면서 少康이라는 단어를 사용한다.

> 진실로 주환왕(周桓王)이 문왕, 무왕의 업을 닦았더라면 서경(西京)을 회복할 수 있었을 것이요, 한 소열이 소강(少康) 같은 덕이 있었다면 간흉을 제거할 수 있었을 것이요, 조송(趙宋)도 주 선왕(周 宣王) 같은 공을 본받았다면 오랑캐들을 소탕할 수 있었을 것입니다. 이제 이렇게 인사는 다하지 않고 천도의 감응을 바라는 것이야말로 어찌 작은 소리가 크게 메아리치기를 바라는 것과 무엇이 다르겠습니까(『국역 율곡전서(IV)』 「습유」 천도인사책, 434).

이 구절에서 거론되는 少康은 패도를 행할 수 있는 왕의 역량을 지칭하는 것이 아니라 종통이 끊어진 지 40년 만에 하나라를 중흥시킨 少康이라는 군주의 이름을 거명한 것이다(『국역 율곡전서(IV)』 「습유」 천도인사책, 434, 주 22 참조). 물론 구문상 이 구절을 패도에 해당하는 少康을 가리키는 말로 해석해 소열에게 '少康을 이룰 만한 덕이 있었다면'으로 해석할 수도 있을 것이다. 그러나 이런 해석은 "동호문답"에서 율곡이 이미 한 소열을 제갈량의 도움을 받아 少康을 이룬 군주로 해석했다는 사실과 논리적으로 모순된다. 따라서 이런 해석은 받아들이기 어렵다.

지금까지 『율곡전서』에 나타난 少康 개념을 분석했다. 이 과정에서 하나라 군주인 少康을 지칭한 경우를 제외하고는, 율곡이 少康을 대체로 두 가지 의미로, 곧 '패도'를 지칭하거나 백성이 '다소 강안함을 느끼는 상태'를 서술하기 위해 사용했다는 점을 밝혔다. 동시에 우리는 율곡이 직접 '패도'를 언급할 때는 거의 항상 부정적인 평가나 서술어(수식어)를 수반시키지만,[21] 少康을 언급할 때는 ('비록' 또는 '어쩌면'이라는 양보적인 의미의 수식어가 붙더라도) 대체로 긍정적인 평가나 서술어를 부가한다는 점을 확인했다. 이렇게 볼 때 우리는 율곡이 '패도=少康' 등식을 어느 정도 받아들이되, 이에 대해 이중적인 태도를 취했다고 해석하는 것이 온당할 듯하다. 율곡은 성리학자로서 '공리功利의 사사로운 이익'을 추구하며, 이를 위해 임시방편적 조치와 모략을 구사하는 패도에 대해 원칙적이고 공개적으로는 비판적인 태도를 일관되게 견지했다. 하지만 이와 동시에 패도 정치가 삼대三代 이후에는 '그나마 볼만한 정치'였던 한·당 시대의 少康, 즉 '다소 강안康安'했던 치세를 만들어 냈다는 주장을 신중하게 제기하면서 패도를 어느 정도 승인하는 현실주의적 태도를 취하고 있다. 다시 말해, 그는 부정적인 어감을 지닌 패도의 결과 얻어진 치세를 다소 긍정적인 뉘앙스를 담은 少康에 연결시킴으로써 그 부정적 의미를 약화시키고 있었고, 조선 시대 유학자들 사이에서 이는 어느 정도 묵인된 관행이었던 것으로 보인다.

『율곡전서』에 나타난 小康

이제 우리는 『예기』의 小康과 율곡의 少康 개념을 충분히 검토했기 때문

21_율곡이 '패도'에 대해 긍정적으로 평가하는 언급을 한 때는 "동호문답"의 가상적인 대화편에서 '주인'으로 가탁하면서 왕도와 패도를 '치평'으로 분류했을 때뿐이다. 그러나 곧 이어서 그는 패도에 대해 비판적인 설명을 달고 있다.

에 『율곡전서』에 사용된 小康 개념을 좀 더 쉽게 이해할 수 있는 입장에 서 있다. 『율곡전서』에는 네 번에 걸쳐 小康의 용례가 나오는데 모두 율곡 자신이 아닌 타인의 말과 글을 인용한 것이다. 그중 두 번은 선조의 동일한 발언을 반복해서 인용한 것이고, 한 번은 정명도程明道의 소차疏箚를 인용한 것이며, 마지막 한 번은 율곡의 사후 그를 추모하면서 심희수沈喜壽가 지은 만사挽詞에 나오는 것이다. 그렇게 보면 율곡은 적어도 자신이 남긴 글에서 小康이라는 용어를 '직접적으로' 사용한 적은 없다고 할 수 있다. 이를 검토하면서 그 뜻을 분석해 보면 다음과 같다.

먼저 선조가 小康을 언급한 것은 「경연일기」(선조 6년 11월)에서 인용되고 있다.

> 상이 이르기를, "예전부터 새로 나라를 세운 임금의 그 행실을 상고하면 실덕(失德)이 없지 않아도 오히려 소강(小康)을 이루었다. 그러나 건국한 지 오래되어 차차 쇠미하게 되면 아무리 어진 임금이라도 잘 다스리지 못하는 것이다." 하였다. [이이가 아뢰기를, "이것도 그렇지 아니합니다. 주 선왕(周 宣王), 한 광무(漢 光武)는 다 중흥을 이룩한 임금입니다. 두 임금이 어찌 [주나라] 무왕(武王)이나 [한나라] 고조(高祖)보다 현명하였겠습니까? 진 도공(晉 悼公) 같은 이는 겨우 14세에 즉위하매, 육경(六卿)은 강하고 공실(公室)은 약하였으나 도공이 능히 스스로 분발하여 마침내 패업(霸業)을 이루었으니, 그 뜻을 세우기에 달렸습니다"(『국역 율곡전서(VI)』「경연일기」 만력 원년 계유, 126).

이 구절은 선조가 자신은 "재덕이 없는데다 마침 다스리기 어려운 시대를 만났다"라고 하면서 자포자기하는 듯한 태도를 취하자, 율곡이 선조에게 오직 뜻을 세워 다스림을 구할 것을 촉구하면서 만약 재덕이 없다면 어진 이를 얻어 정치를 맡길 것을 권하는 과정에서 나온 말이다(『국역 율곡전서(VI)』「경연일기」 만력 원년 계유, 126). 여기서 선조가 언급한 小康의 의미는 분명하지 않다. 그러나 전체적인 맥락을 고려할 때 여기서 小康은 '치' 治(다스림)와 등가적인 의미 관계를 형성하고 있으며, 율곡은 그 '치'를 실현한 자로서 주나라 선왕과 한나라 광무, '패업'을 이룬 진나라 도공을 들고 있다. 따라서 선조와 율곡 사이에 상호 주관적인 의사소통이 이루어지고 있다고 본다면, 여기서 小康은 『예기』에 나오는 小康이 아니라 패업을 통한 少康을 지칭하는 것으로 해석하는 것이 온당할 듯하다. 우리가 『예기』에 나오는 엄밀한 小康의 정의를 고수하는 한, 인용된 왕들의 치적이 小康에 필적할 수는 없기 때문이다.[22]

다른 한 번은 「성학집요」 "법선왕"法先王에서 율곡이 정명도를 인용하는 과정에서 나온다.

> 정자는 [송나라] 신종(神宗)에게 차자를 올려 아뢰기를, "신은 삼가 아룁니다. …… 비록 이제(二帝)·삼왕(三王)이라도 때를 따라 개혁하고 일을 따라 더하고 줄이는 제도가 없지 않았으나, 정치하는 근본과 백성을 다스리는 도(道)의 요령이야 앞 성인이나 뒷 성인들이 어찌 같지 않은 것이 있겠습니까. …… 만약 생민을 다스리는 데 궁한 것이 있다면, 성스러운 임금의 법으로써 개혁할 수 있습니다. …… 후세에서도 능히 이 도를 다하면 크게 다스려지고[大治], 혹시 편벽되게 한다면 소강(小康) 상태가 될 것이니, 이것은 역대를 내려오면서 밝게 실증(實證)된 것입니다"(『국역 율곡전서(V)』「성학집요」 위정 하 법선왕, 338).

22_선조와 율곡이 거의 똑같은 문답을 교환한 대화가 율곡의 "행장"(行狀)에도 나온다(『국역 율곡전서(Ⅶ)』「부록」 행장, 168). 거기서는 율곡의 답변에서 주나라 선왕의 비교대상이 주나라 무왕에서 주나라 문왕으로 바뀌었지만, 전체적인 대의는 같기 때문에 그 대화를 별도로 분석하지는 않겠다. 동일한 대화가 율곡의 「연보」에 세 번째로 나오는데, 거기에는 흥미롭게도 '小康'이 아니라 '少康'으로 표기되어 있다(『국역 율곡전서(Ⅶ)』「부록」 연보 상, 45).

여기서 정명도가 사용한 小康의 의미는 분명치 않다. 다만 전체 맥락을 고려할 때, 『예기』의 小康에 해당하는 3대의 통치라 할 수 있는 3왕, 곧 우·탕·문무의 통치가 대치大治에 해당한다면, 거기에 대응하는 小康은 문맥상 『예기』의 小康이 아님은 분명하다. 따라서 小康에 미달하는 少康을 포함해 어느 정도 다스림이 이루어진 상태를 지칭하는 것으로 읽어야 할 것이다. 물론 이 구절 역시 율곡이 직접적으로 小康이라는 용어를 사용한 것은 아니다.

마지막으로는 심희수가 율곡을 추모하면서 지은 만사에서 小康이라는 용어가 나온다.

성심으로 옛 것을 좋아하여 선성(先聖)을 스승 삼고,
시대 걱정하는 뜻 간절하여 소강(小康)을 부끄러워했네
(『국역 율곡전서(VII)』「부록」 사제문, 355).

이 구절에서 小康의 의미 역시 『예기』의 小康으로 읽기에는 거북함이 따른다. 율곡은 항상 小康을 의미하는 3대의 다스림[治]을 이상으로 삼아 이를 실현하기를 갈구했기 때문이다. 따라서 이 구절의 小康 역시 패도에 해당하는 少康이나 아니면 임금이나 백성이 '다소 편안함을 느끼는 상태'를 지칭하는 것으로 해석하는 것이 온당할 것이다. 지금까지 살펴본 것처럼 『율곡전서』에는 小康이라는 용어가 4번 정도 사용되지만, 선조, 정명도, 심희수의 말과 글에서 나타날 뿐 율곡 자신은 小康이라는 용어를 자신의 글에서 직접 사용한 적이 없다. 그리고 네 번 나타난 小康을 모두 『예기』의 小康이 아니라 少康 또는 그에 미치지 못하는 치세나 상태를 의미하는 것으로 해석하는 것이 온당하다고 생각된다.

『조선왕조실록』과 『율곡전서』에 나타난 小康·少康 개념의 비교

조선 시대 小康과 少康의 용례에 대한 체계적인 이해를 위해서는 조선 시대 문헌을 포괄적으로 검토하고, 나아가 그 용례가 시대적으로 어떤 변화를 겪어 왔는지를 치밀하게 분석해야 할 것이다. 다만 이 글에서는 여러 가지 한계로 인해 『조선왕조실록』을 중심으로 하여 추출된 小康과 少康의 용례를 간략히 수집해 그 의미를 정리하고자 한다. 필자가 조사한 바에 따르면 『실록』에는 小康과 少康의 의미가 혼용되어 사용되고 있으며, 그 의미는 대략 다음과 같이 정리된다.

① 특기할 만한 천재지변이나 내우외환이 없이 그저 평온한 상태(小康, 『중종실록』 23년 9월 2일; 少康, 『세종실록』 25년 5월 25일)[23]

② 어느 정도 다스림이 이룩되어 국가(임금)나 백성이 '다소 강안(또는 편안)함을 느끼는 상태'(小康, 『세종실록』 14년 3월 12일; 少康, 『선조수정실록』 20년 9월 1일)

③ 한·당 시대 현군(賢君)의 치세(小康, 『세조실록』 1년 7월 5일; 少康, 『효종실록』 4년 7월 4일)

④ 『예기』의 小康에 해당하는 치세(小康, 『태종실록』 7년 4월 18일; 少康, 『현종개수실록』 1년 11월 23일)

⑤ 종종 '하소강'(夏少康)이라 표기되는 하나라를 중흥시킨 少康이라는 임금의 이름(少康, 『선조실록』 31년 9월 28일; 小康, 『선조실록』 26년 5월 25일)

23_ 여기서 괄호 속에 표기된 小康과 少康은 각 의미를 드러내기 위해 실제 사용된 용어이며, 일자는 『조선왕조실록』에 기록된 일자다. 이하에서도 마찬가지다.

여기서 ①과 ②는 다소 중복될 수 있으며, 또한 ①과 ②는 한글로 번역될 때 치세를 지칭하는 명사보다는 '다소 강안(또는 편안)함을 느끼는 상태'를 의미하는 서술어로 번역된다. ③과 ④는 유가에서 개념상 엄격히 구분되어야 하지만, 실제 용례에 있어서는 종종 혼용되기도 하고, 문맥상 그 의미가 명확하게 식별되지 않을 때도 있다. ⑤는 고유명사이기 때문에 少康으로 표기되어야 마땅하지만, 예외적으로(오기로 인해?) 小康으로 표기된 때도 있다(『선조실록』26년 5월 25일 등).

이런 용례에 따라 『율곡전서』에 나타난 小康이라는 용어를 검토해 보면 그 의미가 다소 명료하지 않은 편이다. 그렇지만 필자는 小康을 ③의 의미로 일관되게 해석했다. 먼저 정명도와 심의수가 사용한 小康 개념을 ③으로 해석했다. 또한 『율곡전서』의 「경연일기」와 "행장"에 기록된 선조와 율곡의 문답에서 나타나는 '小康'의 경우 그 의미가 분명히 드러나지 않지만, 필자는 선조의 언술보다는 율곡의 답변을 중시해 ③으로 해석했다. 물론 선조는 사실 ④의 의미에서 小康을 언급했을 수도 있다. 조선의 건국 초, 특히 태종, 세종, 성종 치세에는 임금이나 신하가 새로운 국가를 수립한 자부심과 낙관적 확신에 차서, 그 시대를 당대에 평하거나 나중에 회고하면서 ④의 의미인 小康으로 묘사한 경우가 종종 발견되기 때문이다.[24] 그러나 일단 필자가 선택한 (『율곡전서』에 나타난) 小康에 대한 해석은 일관되게 ③의 의미였다.

『율곡전서』에 나타난 少康이라는 용어를 검토해 보면 율곡은 자신의 체계적인 저술이라고 할 수 있는 "동호문답"이나 「성학집요」에서 少康을

24_ 예를 들어 『태종실록』7년 4월 18일, 『성종실록』5월 15일, 『숙종실록』14년 12월 2일 등의 기록을 볼 것.

일관되게 ③의 의미로 사용했다. 그런데 여기서 유의할 점은 『조선왕조실록』과 『율곡전서』에서 ③의 의미로 사용되는 少康의 의미가 조금은 다를 수 있다는 점이다. 『조선왕조실록』과 『율곡전서』모두 ③의 少康을 한·당 시대 현군賢君의 치세를 가리키는 것으로 사용하고 있다. 하지만 "동호문답"에서 율곡은 한·당 시대 현군의 정치를 명백하게 "패도를 행한 것"으로 규정하고 있다. 즉 『율곡전서』에서 ③의 少康은 한·당 시대 현군의 치세이면서 동시에 패도의 의미로 사용되고 있는 것이다. 이와 별도로「경연일기」에서 율곡이 정인홍의 말로 인용한 '少康'의 의미는 ③인지 ④인지 분명하지 않은데 이 글은 일단 ③으로 해석했다. 그런데 "진시사소"와 "박대립에게 내리는 교서"에서는 少康을 백성이 '다소 강안(또는 편안)함을 느끼는 상태'를 지칭하는 ②의 의미로 사용하고 있으며, 이에 따라 국역본에서는 서술어로 옮기고 있다. 마지막으로 율곡은 "천도인사책"에서 少康을 ⑤의 의미에서, 곧 하나라를 중흥시킨 임금을 지칭하기 위해 사용하고 있다.

4. 기존 연구의 검토

이제 지금까지 이 글이 분석한 율곡의 대동과 小康, 그리고 少康에 따라 국내의 기존 연구를 검토할 차례다.[25] 먼저 율곡의 대동 개념을 논하는 학자

25_본래 기존 연구의 검토는 논문의 모두에서 행해지는 것이 관행이다. 그러나 이 글의 성격상 율곡의 대동·小康·少康 개념에 대한 분석을 제시하기에 앞서 기존 연구에 대한 비판적 검토를 서술하는 일이 매우 어렵게 여겨졌기 때문에, 부득이 글의 마지막 부분에서 수행하게 되었다. 또한 이 글에 대해 한 논평자는 이 글에서 인용된 일반 문헌이 수적인 면에서 많

들은 "성현도통"에 나오는 율곡의 대동에 대한 서술을 인용할 때, 이를 『예기』의 대동 개념과 대체로 동일한 것으로 인식하면서 율곡의 대동 개념(의 혁신)에 대해 별다른 언급을 하지 않고 있다(장숙필 1992, 168-170; 황준연 1995, 188-193; 황의동 1998, 80-83; 황준연 2000, 180; 전세영 2005, 220-221; 송하경 2007, 51-53). 그러나 이 글이 제시한 것처럼 "성현도통"에 나타난 율곡의 대동 개념이 『예기』의 대동 개념과 다른 것이 확실하다면, 국내 율곡 연구자들의 혼동 또는 침묵은 매우 당혹스럽다.

대부분의 율곡 연구자들은 율곡 사상의 小康 개념에 대해서도 마찬가지로 침묵을 지키고 있다. 율곡이 『율곡전서』에서 小康을 스스로 언급한 적이 없기 때문에 이는 오히려 당연한 것으로 여겨지기도 한다. 그러나 앞에서도 검토한 것처럼 율곡이 사용한 少康 개념이 국역본의 오기로 인해 종종 小康 개념과 동일한 것으로 오해되기도 할 법한데, 그런 오해는 특히 "성현도통"과 "동호문답"에서 율곡이 논한 (小康으로 오기된) '少康'에서 비롯되는 것 같다.[26] 이에 따라 어떤 연구자들은 "성현도통"의 마지막 부분에 나오는 少康에 대한 서술을 小康으로 오인해 논하고 있다(전세영 2005, 223; 황준연 1995, 188-189; 192-193).[27] 다른 한편 전세영은 율곡이 치란의 주체

이 부족하다고 지적했다. 이 글을 쓰는 과정에서 필자는 『율곡학연구총서』 등 율곡 사상에 관한 적지 않은 문헌을 섭렵했다. 그러나 압도적 다수의 문헌은 율곡의 대동·小康 개념이 『예기』의 그것과 동일하다는 가정에 따라 별다른 언급을 하지 않았다. 또한 이 글에서 제시한 小康과 少康의 구분에 대해서는 아예 거론조차 하지 않았다. 따라서 이 글에서 제시한 주요한 논점에 대해 침묵을 지키고 있는 대다수의 관련 문헌을 긍정적이든 비판적이든 인용할 수 없었다는 점을 밝혀 둔다.

26_앞에서 필자는 율곡 사상에 『예기』의 小康에 해당하는 개념이 전혀 없는 것은 아니며, 율곡이 대동을 서술한 다음 왕위 선양이 왕위 세습으로 전환되는 과정을 묘사하면서 부분적으로 小康에 해당하는 언급을 했다는 점을 지적한 바 있다.

로서 군주를 세 가지 유형으로 나누었다고 해석하면서, "성왕군주聖王君主, 소강군주小康君主, 난망군주亂亡君主가 그것"이라고 주장한다. 그는 小康군주를 "덕이 성왕군주에는 미치지 못하나 인재를 발굴하여 그들에게 정치를 분산"시키고 "예를 통치 원리로 소강 세계의 치세를 구축한 군주"로 정의한다(전세영 2005, 113). 그러나 이 글이 검토한 것처럼, 율곡 사상에서는 대동군주든 小康군주든 차별 없이 왕도로 파악되고, 또 『예기』의 小康에 정확히 부합하는 개념이 없기 때문에 전세영의 이런 분류를 율곡 사상에 적합한 것으로 받아들이기는 어렵다.

이런 혼동은 『율곡전서』에 대한 한글 번역본에서도 자주 발견된다. 『국역 율곡전서』에서 少康을 小康으로 오기한 사례는 율곡의 小康과 少康 개념을 분석하면서 이미 충분히 지적한 바 있다. 이외에도 최근에 번역된 『성학집요』나 『동호문답』에서도 비슷한 오류가 발견된다. 먼저 김태완은 『성학집요』에서 "성현도통"편의 少康에 대한 부분을 이렇게 옮기고 있다. "그 사이에 임금이 혹 재능과 지혜로 잠정적인 평화[小康]를 이루는 데 그치고 대개는 이익을 추구하는 학설에 빠져 도덕의 실마리를 찾을 수 없었다"(이이[김태완 옮김] 2007, 617). 역자 자신의 주가 없어서 잘 알 수 없지만, 그는 원문의 '少康'을 '小康'으로 잘못 이해한 후 그 의미에 대해 고심하면서 『예기』의 小康을 뜻하는 것으로 옮기기에는 부적절하다고 생각해 (필자의 추측에 따르면) 국가나 백성이 '다소 강안함을 느끼는 상태'에 해당하는 '잠정적인 평화'로 옮긴 것으로 보인다.

안외순이 한글로 옮긴 『동호문답』 역시 두 차례 나오는 少康을 아래와

27_이는 매우 흥미롭다. 두 학자 모두 율곡의 少康에 대한 서술이 「예운」의 小康에 대한 서술과 다르다는 점을 식별하지 못하고 있기 때문이다. 나아가 두 학자 모두 자신들의 한글 인용에서 "성현도통"편에 나오는 소강(少康)을 소강(小康)으로 괄호 속에 오기하고 있다.

같이 옮기고 있다.

> 만일 소강(小康)을 이루고자 한다면 몰라도 왕도 정치를 이루고자 하는 것은 처사가 큰소리치는 것과 같은 것 아니겠습니까?(이이[안외순 옮김] 2005, 49).

> 그리고 패도 정치에 뜻을 두더라도 한(漢)·당(唐)의 소강(少康) 정도는 가능하겠지요(이이[안외순 옮김] 2005, 57).

필자가 보기에 안외순은 두 차례에 나오는 少康 가운데 한 번은 원문과 다르게 기재하고, 다른 한 번은 정확하게 표기했다. 여기서 홍미로운 것은 그가 각각 나오는 小康과 少康에 대해 지적 불편함을 느끼면서 주를 달고 있다는 점이다. 먼저 그는 첫 번째 인용문에 나오는 小康에 대해 "원래는『예기』禮記「예운」禮運편에 나오는 현실적인 모범 정치이나 율곡은 그다지 높이 평가하고 있는 것 같지 않다"(이이[안외순 옮김] 2005, 147)는 주를, 두 번째 인용문의 少康에 대해서는 "일반적으로 '소강'은 '小康'으로 기재하나 율곡은 '少康'으로 기재하고 있다"(이이[안외순 올김] 2005, 148)라는 주를 달고 있다. 만약 김태완이나 안외순이 원문 대조를 좀 더 꼼꼼히 하고, 또 小康과 少康에 대한 율곡의 구분에 좀 더 주의를 기울였더라면, 그런 오류를 범하지 않았을 것이다.

『예기』의 小康 개념과 율곡 스스로 고안한 少康 개념에 대한 율곡 자신의 엄격한 구분이 제대로 인지되지 못한 것을 단순히 오늘날 학자들의 부주의 탓으로만 돌릴 수는 없다. 앞에서『조선왕조실록』에 대한 간략한 검토를 통해 드러난 것처럼,『실록』에서도 양자는 자주 혼용되었기 때문이다. 이런 언어적 관행이 오늘날에 이르기까지 전승된 결과, 최초의 한글 번역본인『국역 율곡전서』는 율곡이 원문에서 少康이라고 표기한 적지 않은 구절들을 부주의하게 小康으로 표기하는 오류를 범하게 되었다. 그 결과 오늘날의 적지 않은 학자들 역시 율곡의 엄격한 구분을 간취하지 못했다고 생각할 수 있다. 이렇게 볼 때, 小康과 少康에 대한 율곡의 엄격한 구분이 제대로 이해되지 못한 원인을 조선 시대에는 양자의 혼용에서, 오늘날에는 혼용의 전통과 그에 덧씌워진 국역본의 오기에서 찾을 수 있는 것 같다. 그렇다 하더라도 "동호문답"과 "성현도통"에서 제시된 少康 개념이 『예기』의 小康 개념과 명백히 다르며 패도에 해당한다는 논변을 율곡이 때로는 명시적으로, 때로는 내용상의 명료한 서술을 통해 분명히 밝혔음에도 불구하고 당대의 학자는 물론 현대의 학자들 역시 이를 포착해 내지 못했다는 것은 다소 당혹스러운 사실이다.

5. 맺는말

지금까지 율곡의 정치철학에 나타난 대동·小康·少康 개념을 분석하면서 율곡의 대동·小康 개념이 『예기』에 나오는 대동·小康의 개념과 다르며, 나아가 율곡은 小康과 少康의 개념을 구분하지만 스스로 小康이라는 용어를 직접 사용한 적이 없으며, 少康을 『예기』의 小康과 달리 패도에 해당하는 치세를 지칭하기 위한 명사 또는 임금이나 백성이 '다소 강안함을 느끼는 상태'를 묘사하기 위한 서술어로 사용했다는 점을 밝혔다.

그러나 이 글이 시도한 율곡의 대동·小康·少康 개념에 대한 분석은 몇 가지 추가적인 의문점을 제기한다. 첫째, 앞에서도 잠시 언급한 것처럼, 「성학집요」 '위정'의 말미에 붙인 "위정공효"의 모두에서 율곡 스스로 인용한 『예기』의 '대동'과 "성현도통"의 말미에서 율곡이 근본적으로 혁신해 제시한 '대동'의 관계를 어떻게 볼 것인가 하는 점이다. 둘째, 율곡이 맹자를 좇아 당우삼대, 곧 『예기』의 대동·小康에 해당하는 왕도 정치를 이상으로 삼았음에도 불구하고, 패도에 해당하는 少康을 구분해 '그나마 볼만한 정치'로서 긍정한 이유가 무엇이며, 이 경우 왕도와 패도(또는 少康)의 관계를 어떻게 설정해야 하는가다. 물론 율곡이 "성현도통"에서 암울하게 묘사한 것처럼 역사적으로 3대 이후 오랫동안 패도에도 훨씬 못 미치는 폭군·혼군·용군의 통치가 넘쳐 났던 것이 사실이기 때문에 부득이 少康이라도 '그나마 볼만한 정치'로서 긍정적으로 평가하지 않을 수 없었다는 설명은 일견 설득력이 있다. 하지만 율곡이 추숭했던 맹자와 주자가 그토록 왕도와 패도를 엄격히 구분하고자 했던 점을 고려한다면, 패도에 少康이란 새로운 개념적 위상을 부여하고 이를 왕도와 더불어 긍정적인 통치 형태를 가리키는 치평이란 범주에 배치한 점을 어떻게 이해할 수 있는가라는 의문은 여전히 남아 있다.[28] 마지막으로 조선 시대 유학자들 가운데 율곡처럼 少康을 小康과 엄격하게 구분해 개념화한 학자들이 존재하거나 아니면 율

---

[28]_궁극적으로 패도에 대한 율곡의 이중적 입장은 당혹감을 느끼게 한다. 성리학자로서 율곡은 패도를 준엄하게 비판하는 듯하면서도 정치 질서의 가치적 위계 서열을 구조화하는 과정에서는 패도를 왕도보다는 못하지만 폭군·혼군·용군의 통치보다는 나은 정치 질서로서 평가하고 있다. 이에 따라 패도(=少康)는 왕도의 차선으로서 상대적으로 안정적인 개념적 위상을 부여받게 된다. 이런 논리적 구조는 패도에 대한 맹자와 주자의 입장을 고려할 때, 상당히 파격적이다. 특히 주자는 패도에 대한 일체의 긍정적 가치 평가를 완강하게 거부했다. 예를 들어 주자는 '삼대(三代)는 천리의 시대요, 한·당은 인욕의 시대'라는 식의 주장을 전개하면서 당태종 등을 패도로 규정하고, 도덕적 동기가 아닌 사사로운 이익에서 정치를 행했다고 비판하고 있으며, 패도에 대해 차선의 지위조차 허용하지 않고 있다(이상익 2007, 333-335). 그런데 율곡은 주자와 마찬가지로 한문제, 당태종 등을 패도를 지향하고 그것에 안주했다는 이유로 비판하면서도, 패도에 대해서는 치평의 범주에서 왕도에 버금가는 차선의 지위를 부여하고 있다. 즉 패도군주는 비판하면서도 그들에 의한 패도적 치세는 상대적으로 긍정적으로 평가하고 있는 것이다. 어떤 면에서 이는 공자가 『논어』에서 관중의 부족한 인격과 비례(非禮)적 행위를 비판하면서도 그의 정치적 업적은 인정하는 모습과 흡사하다.

곡의 구분에 주목한 학자들이 있었는지, 나아가 전통 시대 중국이나 일본의 유학자들 가운데 율곡과 같은 구분을 내린 학자들이 있었는가다. 이런 추가적인 의문들에 대한 답변은 필자의 학문적 능력을 넘어서는 과제다. 다만 필자의 시론적 연구가 추가적 연구의 디딤돌이 될 수 있다면, 이 연구는 스스로 설정한 목표를 초과 달성한 셈이 될 것이다.

마지막으로 이 연구의 의의를 평가하면서 이 글을 마무리 짓고자 한다. 앞에서도 지적한 것처럼 조선 시대에는 小康과 少康이 혼용되어 널리 사용되었다. 이런 이유로 인해 현대 유학을 연구하는 국내 학자들 역시 대부분 이를 당연시해 온 것 같다. 그러나 지금까지 제시된 이 글의 분석이 타당하다면, 율곡은 이를 명확히 구분해 사용했다. 율곡은 자신의 경장론을 통해 현실을 개혁하고자 했듯이, 기존 유가의 주요 개념인 대동과 小康의 개념적 혁신을 통해 동시대의 유학을 경장하고자 했다.[29] 현실이나 학문 영역 모두에서 창업과 수성 못지않게 경장이 필요하다고 판단했기 때문이다. 그러나 율곡의 경장론이 현실에서 받아들여지지 않았듯이, 이를 학문적으로 뒷받침하기 위한 대동·小康·少康에 대한 그의 개념적 혁신 역시 제대로 인식되지 못한 것 같다.

만약 율곡의 개념적 혁신에 대한 이 글의 발견과 해석이 타당하다면, 잘 알려진 '벌거벗은 임금님'이라는 동화가 시사하듯이, 이는 임금을 가까이서 모시면서 권위와 전통(관행)의 마법에 친숙한 신하들보다는 그 마법에 생소한 (필자와 같은) 어린 아이의 벌거벗은 눈(육안)에 진실이 더 잘 보일 수 있다는 역설을 시사한다. 이 점에서 현실의 경장에 못지않게 현실을

---

[29] 필자는 '이통기국'(理通氣局), '기발이승일도'(氣發理乘一途) 등 이기심성(理氣心性)에 대한 율곡의 주요 명제들 또한 이런 사례에 속한다고 본다.

보는 안목에 해당하는 학문의 경장 역시 중요하다. 서세동점 이후 지난 200년간 동북아시아 사상은 격동적인 변화를 겪어 왔다. 그동안 어려운 여건 속에서 국내의 유학 연구자들은 온갖 시련에 맞서 유학을 보존하고 전승하기 위해 수성에 몰두해 왔고, 그 노고는 값진 것이다. 바야흐로 이제 한국이 세계의 중심부에 진입했다는 낙관론이 대두하고 있다. 이런 낙관론을 학문적으로 현실화하기 위해 이제 우리에게 부여된 과제는 유학을 포함한 우리의 전통문화를 수세적으로 수성하기보다는 적극적으로 경장하는 것이라 믿는다.

제4부

한국 현대 정치사상

| 7장 |

한국 현대 정치의 이념적 지형
비동시성의 동시성의 관점에서

1. 글머리에

사상사적으로 조망할 때, 해방과 분단 이후 한국 현대 정치는 보수주의, 자유(민주)주의, 민족주의, 급진주의 등 4대 이데올로기가 상호 각축하면서 전개되어 온 것으로 파악할 수 있다. 아울러 1987년을 기점으로 지난 25년 동안 한국 정치가 민주주의로의 이행과 공고화를 경험하면서, 이제 4대 이데올로기는 일정한 변형과 수렴 과정을 겪고 있다. 이 글은 민주화 이후 현재의 관점에서 주로 1987년 민주화 이전까지의 시기에 초점을 맞추어, 4대

● 이 논문은 2012년 정부(교육과학기술부)의 재원에 의한 한국연구재단의 지원(NRF-2012S1 A5B8A03043926)과 2012년도 서강대학교 교내 연구비(201210033.01)의 지원을 받아 집필되었다.

이데올로기들을 중심으로 전개되어 온 한국 현대 정치의 이념적 지형을 유럽의 선발국인 영국, 프랑스, 독일 등과의 비교를 통해 살펴보고자 한다.[1] 그리고 이런 작업은 독일의 마르크스주의 철학자 에른스트 블로흐 Ernst Bloch가 고안한 '비동시성의 동시성'이라는 개념을 통해, 중심부 선발국 사상의 수용 과정에서 한국과 같은 주변부 후발국이 겪게 되는 특징적 경험을 조명하면서 수행될 것이다. 그렇지만 이 글의 목적이 한국 정치의 이념적 지형의 개요를 거시적인 차원에서 서구와 비교해 제시하는 것이기 때문에 이 글의 서술은 구체적인 논의보다는 대단히 추상적인 수준에 남아 있다는 점을 미리 밝혀 둔다.

이 글에서는 먼저 블로흐가 고안한 비동시성의 동시성 개념을 간략히 살펴보고, 이 글에서 사용되는 비동시성 개념이 블로흐의 개념과 어떻게 구분되는지 명확히 한 후, 민주화 이전 한국 정치의 이념적 지형의 가장 현저한 특징의 하나로 비동시성의 변증법에 따른 '이중적 정치 질서의 중첩적 병존과 한국 보수주의의 이념적 모호성'을 지적할 것이다. 이어서 비동시성의 변증법에서 파생되는 한국 정치의 이념적 지형의 여러 특징을 '최종적인 완성물로서 다양한 이데올로기의 수용', '다양한 이데올로기의 조

1_물론 한국 정치의 이념적 지형이 지닌 특징에 대한 포괄적 이해는 단순히 근대 서구의 경험과 비교하는 데 그치지 않고, 비서구권인 동남아시아나 라틴아메리카 국가들, 동남부 유럽 국가들 또는 역사적 문화유산이 비슷한 중국·일본과의 비교를 수행함으로써 좀 더 온전한 모습으로 얻어질 수 있을 것이다. 예를 들어 19세기 동유럽의 민족주의에 대한 임지현의 연구는 19세기 후반 이래 전개된 한국 민족주의의 이해에 많은 도움을 준다(임지현 1998, 215-255). 서구가 주도하는 세계 학계의 주된 관행은 비서구 사회에 대한 지식이 주로 그 사회의 경험을 서구의 개념과 경험에 비추어 검토함으로써 얻어지고 축적된다는 의미에서 다분히 서구중심적이다. 이는 실로 극복되어야 할 개탄스러운 관행이지만, 그 작업이 쉽지 않다는 현실을 또한 부정할 수 없다. 이 점에서 이 글 역시 그런 한계를 벗어나지 못하고 있다.

급한 충돌과 자유민주주의의 조숙한 보수화', '탈맥락적으로 갈등하는 이데올로기들' 및 '진정성 논쟁'이라는 소주제를 통해 고찰할 것이다. 결론 부분에서는 민주화 이후 20여 년이 지난 현재 한국 정치의 이념적 지형이 서구의 그것에 수렴하고 동시화하는synchronize 현상을, 이념적 다양성을 수반하는 정당 체제의 형성이라는 차원에서 검토할 것이다. 이어서 비동시성의 변증법이 단순히 세계 체제의 주변부 후발국에서만 관찰되는 현상이 아니라 중심부인 서구에서도 관찰되는 현상임을 확인하고, 필자가 한국 정치의 주요한 이념적 특징으로 규정한 비동시성의 변증법에서 서구와 한국의 차이가, 궁극적으로는 '종류의 차이'가 아니라 '정도의 차이'라는 관점에서 재해석될 수 있다는 점을 밝힐 것이다.

2. 비동시성의 동시성: 이중적 정치 질서의 중첩적 병존과 보수주의의 이념적 모호성

비동시성의 동시성

분단 정부 수립 후 지난 60여 년 동안 진행된 한국(남한)의 민주화, 민주주의의 한국화 과정을 검토하기 위해서는 자유(민주)주의는 물론 보수주의, 민족주의, 급진주의 등 근대 서구에서 연원한 정치사상이 한국에 수용되어 전개된 과정과 그 특성, 곧 한국 현대 정치사상(사)의 이념적 지형을 이해하는 작업이 선행되어야 한다. 필자는 이런 작업이 (서구 문명에 대한) 한국 정치체政治體의 주변성과 후발성에 대한 첨예한 인식과 철저한 해명을 바탕으로 수행되어야 한다고 믿는다. 즉 한국 정치사상의 발전이 서구 문명이 주도하는 세계사적인 맥락에서 보편성과 특수성을 갖게 되는 구조적 조건에 대한 거시적이고 면밀한 성찰이 필요하다는 것이다. 이 점을 염두에 두고 한국 현대 정치사상의 흐름을 전체적으로 개관할 때, 필자는 서구에서의 근대 정치사상의 전개와 구분되는, 주변부 후발국으로서 한국 정치사상의 전개가 드러내는 특징을 '비동시성의 동시성'simultaneity of the non-simultaneous이라는 개념을 통해 파악하고자 한다. 이 개념은 한국 정치사상의 전개 과정에서 세계사적 시간대와 한국사적(일국사적) 시간대의 교차와 불일치가 빚어낸 일방에 의한 타방의 압도·반발·변이를 설명하기 위해 도입한 것으로, 서구와 달리 전개된 한국 현대 정치사상사의 흐름을 이해하는 데 매우 유용하다.

비동시성의 동시성은 독일의 마르크스주의 철학자 블로흐가 나치 정권이 본격적인 맹위를 떨치기 전인 1935년에 펴낸 『우리 시대의 유산』 Erbschaft dieser Zeit; Heritage of Our Times이라는 저작에서 바이마르공화국에서 나치즘Nazism, 곧 민족 사회주의라는 진보적 명칭으로 출현한 반동적 극우 민족주의'의 대두를 설명하기 위해 고안한 개념이다. 블로흐는 비동시성의 동시성이라는 개념을 일국 내에서 급속하게 형성된 자본주의적 구조와 그럼에도 불구하고 아직 청산되지 않은 과거의 사회문화적 구성체 사이의 괴리 및 그 괴리로 인해 빚어지는 현상을 지칭하기 위해 사용했는데, 넓은 의미에서 그 개념은 오늘날 우리가 이해하는 '문화적 지체'cultural lag 또는 '토대와 상부구조의 엇갈림'에 해당한다고 할 수 있다. 블로흐에 따르면, 부르주아혁명이 부재한 상황에서 1918년까지 독일이 수행한 경제적·정치적 변형은 영국이나 프랑스보다 덜 근본적이었기 때문에, 이질적이고 반동적인 사회 세력들이 (영국과 프랑스에 비해) 매우 허약한 부르주아지와 나란히 병존했다. 그리고 '청산되지 않은' 과거가 지닌 문제적problematic 성격의 확실한 징후는, 근대사회가 경제적으로 합리화되는 상황에서도 과거의 낡은 심성이 집요하게 존속하는 데서 발견되었다. 낡은 심성을 소지한 계층들은 당대의 위기에 반응하면서 신성한 신화, 좌절된 기대, 비합리적인 설명에 사로잡혔으며, 나치는 전 자본주의적 과거를 이상화해 호소함으로써 정권을 잡을 수 있었다(Bloch 1991).

독일·일본 등 후발 자본주의국가에서 두드러지게 나타난 비동시성의 동시성은 제2차 세계대전 후 독립한 한국과 같은 신생독립국에서는 훨씬 더 격렬한 양상으로 분출했다. 정치 질서에서 비동시성의 동시성은 한국에서 권위주의와 자유민주주의라는 '이중적 정치 질서의 중첩적 병존'overlapping coexistence of dual political order으로 나타났다. 그러나 한국에서 '비동시성의 동시성'의 정치적 발현은 블로흐가 설명한 독일에서와 같이 일국 차원에서 형성된 자본주의적 경제구조와 사회문화적 구성체 사이의 부정합 때문이 아니라, 자유민주주의를 정당한 정치 이념으로 신봉하고 부과하는 세계사적 시간대의 압도와 이를 받아들이고 적절히 운영할 수 있는 사회구조와 정치문화를 결여하고 있었던 한국사적 시간대의 반발 및 충돌로 인해 초래되었다. 이 점에서 블로흐의 비동시성의 변증법이 '일국적 차원'에서 토대와 상부구조의 괴리를 문제 삼는 전통적인 마르크스주의에 기초하고 있다면, 이 글에서 비동시성의 동시성은 한편으로는 전 지구적 차원에서 ─ 제2차 세계대전 이후의 상황에서는 특히 냉전 질서하에서 ─ 이념적 동시화를 압박하는 세계사적 시간대와, 다른 한편으로 경제적 토대는 물론 사회문화적 구성체에 있어서도 이념적 동시화를 감당할 수 없는 주변부 후발국의 지역적 시간대의 충돌과 갈등에서 비롯된 '세계적 차원'의 변증법에 초점을 맞추고 있다고 할 수 있다. 이 글에서 비동시성 개념은 토대에 의한 상부구조의 결정이라는 마르크스의 사적 유물론의 공식을 전제로 하지 않고, 일국사적 차원의 역사적 시간대를 떠나 세계사적 차원과 일국사적 차원의 역사적 시간대의 상호작용에 초점을 맞추며, 나아가 세계사적 시간대의 조숙한 압박과 지체된 일국사적 시간대의 완강한 저항의 차원에서 이데올로기의 충돌과 반발을 고려한다는 점에서 블로흐의 비동시성의 변증법과 구별된다. 곧 이 글에서 사용하는 비동시성은 발상과 영감에 있어서는 블로흐의 영향을 받았지만, 구체적인 관점perspective과 초점focus에 있어서는 중심과 주변의 구분을 전제로 한 세계 체제를 염두에 두고 또 이념들 간의 상호작용을 다룬다는 점에서 블로흐와 구분된다.[2] 또한 필자가 관심을 갖는 비동시성의 변증법은 종래 일정 정도 자족성과 자율성 및 안정성을 유지하던 주변부 후발국이 세계사적 시간대로부터 조숙한 충격을 받으면서, 그리고 종종 식민화 과정까지 겪으면서 전개되는 것이기 때문에, 일국 내의 내생적 사회 역학에 의해서 초래되는 것보다 훨씬 더 '강압적인 작용'과 '격렬한 반작용'의 양상을 띠게 된다. 이 점에서 후발 국가latecomer에 해당하는 독일·일본보다 한국과 같은 식민지 경험을 겪은 후-후발국가late latecomer에서 비동시성의 변증법이 더욱 격렬하게 분출되었다.

2_본래 '비동시성의 동시성' 개념은 블로흐에 앞서 독일의 미술사가인 빌헬름 핀더(Wilhelm Pinder)가 1926년 출간한 저술에서, 미술사가들이 일정한 시대에 지배적인 화풍을 설정하고 이에 따라 화풍의 시대적 변화를 체계적이고 일관되게 구성한 것과 달리 과거 시대는 물론 당대에서 유래한 또는 조숙하게 미래지향적인 다양하고 상이한 화풍이 교차하고 공존하는 현상을 지칭하기 위해 제시한 것이다. 이런 관점에 따르면 "모든 시대는 상이하게 경험되기 때문에 한 시대를 통합하는 단일의 정신"이란 있을 수 없으며, 한 시대의 "시대정신"을 구현한 지배적 "화풍의 출현"이란 관념은 해체되어 버린다(Schwartz 2001, 61-63). 마르크스주의적 관점에서 본다면, 한 시기에 목격되는 다양하고 상이한 화풍의 교차와 공존을 지칭하기 위해 고안된 비동시성의 동시성 개념은 단지 '상부구조 내에서의 현상'을 설명하기 위한 것이라 할 수 있다. 그런데 블로흐는 이 개념을 경제적 토대와 사회문화적 구성체의 불일치를 지적하기 위해 마르크스주의적으로 전유한 것이다. 이렇게 볼 때, 비동시성의 동시성 개념을 통해 한국 정치의 이념적 지형에서 목격되는 상이한 기원을 가진 다양한 이데올로기의 교차와 착종을 설명하려는 이 글의 시도는, 그 개념을 본래의 미술사적인 것으로 환원시킨 것이라 풀이할 수 있다.

비동시성의 변증법: 권위주의와 자유민주주의라는 이중적 정치질서의 중첩적 병존과 보수주의의 이념적 모호성

권위주의와 자유민주주의라는 이중적 정치 질서의 중첩적 병존이라는 민주화 이전 한국 정치의 특징은 비동시성의 변증법에 의해 초래된 것으로서 한국 현대 정치에서 '자유민주주의와 보수주의의 관계' 또는 한국 '보수주의의 이념적 모호성'을 이해하는 데 매우 유용하다. 우리는 민주화 이전 한국 정치에 군림했던 이승만·박정희·전두환 정권을 이념적 측면에서 '보수(주의) 정권'이라고 부르는 데 주저하지 않는다. 그런데 한국 정치의 보수주의를 (자본주의 체제는 논외로 하고) 그 정치적 측면에서 논할 때, 보수주의의 개념에 충실하고자 하는 한, 우리는 "보수 세력이 지키고자 하는 이른바 '기존 질서' 또는 '현상'現狀, the status quo이 과연 무엇인가?"라는 문제에 직면한다. 이 문제는 단명에 그친 제2공화국을 제외한다면 1987년 이전까지 한국의 헌법과 역대 정권이 자유민주주의를 표방했음에도 불구하고, 실상은 그와 반대되는 권위주의 정권에 의한 통치였다는 사실에서 비롯된다. 따라서 한국 보수주의의 핵심은 '권위주의'였다. 권위주의 체제에서 정치 지도자는 정치권력을 빈번히 그리고 자의적恣意的으로 기존의 법과 제도에 구애받지 않고 행사하며, 시민들은 그런 지도자를 자유롭고 공정한 선거를 통해 교체할 수 없다. 이 점에서 현대의 권위주의 정권은 민주주의와 대척점에 서있다. 이렇게 볼 때, 한국 정치에서 자유민주주의는 (실천된 이념이 아니라) 표방된 이념으로 남아 있었으며, 따라서 완성된 체제로서 보수되어야 할 것이 아니라 미래의 질서로서 장차 실현되어야 할 측면이 더 강했던 것이다.

하지만 그렇다 하더라도 우리는 민주화 이전 한국 정치에서 자유민주주의를 단순히 허공에 뜬 구름처럼 무시할 수 없다. 먼저 무엇보다도 우리는 앞에서 제시한 권위주의 개념이 암묵적으로(또는 이면적으로) 민주주의를 전제하며 그것에 의해 조형되어 있음을 알 수 있다. 민주주의는 권위주의의 반대말로, 곧 정치 지도자가 정치권력을 법과 제도에 따라 행사하며, 시민들은 정치 지도자를 자유롭고 공정한 선거를 통해 교체할 수 있는 체제로 정의될 수 있기 때문이다. 이 점에서 현대의 이른바 권위주의 정권은 권위주의와 (자유)민주주의를 동전의 양면으로 하고 있는 이중적 정치체제에서 그 표면을 지칭하는 것으로 해석하는 것이 합당할 것이다. 이런 이중적 질서의 중첩적 병존은 단순히 개념적으로뿐만 아니라 현실적으로도 확인된다. 한국은 물론 제3세계 권위주의 정권의 대부분은 자유민주주의로 정향된 세계사적 시간대에 따라 서구 자유민주주의의 헤게모니적 영향력 하에서, 항상적인 정당성의 위기에 시달리면서 부단히 민주화의 압력을 받고 있었기 때문이다. 다시 말해 정당성의 잣대로서 권위주의 정권을 시험·비판하고 있는 자유민주주의 역시 한국 정치의 현실을 구성하고 있었던 것이다. 이로 인해 많은 경우 정치 현실과 이를 구성하는 정치적 담론이 자유민주주의적 실천 및 용어와 개념을 통해 구성되어 있었는데, 바로 이런 사실이야말로 심각하게 왜곡된 반민주적 정치 현실의 존재에도 불구하고 부분적으로 그 체제가 자유민주주의였다는 점을 반증하며, 또 이를 통해 그 왜곡의 정도를 인식하게 하고 나아가 민주화 운동을 촉발시켰다는 점을 시사한다. 한국에서 보수 세력과 보수주의를 논할 때 부딪히는 이런 문제는 한국과 같은 비서구 후발 국가가 직면했던 상황, 곧 비동시성의 동시성이 초래한 이중적 질서(과거 질서인 권위주의와 미래 질서인 자유민주주의)의 중첩적 병존으로부터 빚어진 것으로 (자유)민주주의를 표방하던 권위주의적 보수 정권이 직면했던 독특한 문제라 할 수 있다.

우리가 익히 알고 있듯이, 서구의 민주화 과정에서 비민주적이고 보수적인 집권 세력 — 예를 들어, 영국의 토리당Tory Party, 프랑스의 나폴레옹Napoléon Bonaparte 집권기, 왕정복고기 및 7월 왕정기, 나폴레옹 3세Louis-Napoléon Bonaparte 집권기 등의 정권, 독일의 비스마르크Otto von Bismarck 정권, 오스트리아의 메테르니히Klemens von Metternich 정권 등 — 은 자신들의 정권을 민주주의의 이름으로 정당화할 필요가 없었으며, 노골적이고 공개적으로 민주주의에 적대적인 정권이었다. 그러나 앞에서 논한 것처럼, 한국의 보수 정권은 민주주의의 이름으로 권위주의 정권을 정당화해야 한다는 딜레마에 봉착했다. 따라서 한국의 보수적인 집권 세력은, 우리가 이승만·박정희·전두환 정권에서 경험했듯이, 권위주의와 민주주의라는 대립적 정치 질서를 어떤 식으로든 연결 짓지 않을 수 없었다.

이렇게 볼 때, 민주화 이전 한국의 보수주의는 집권 우익 세력이 공산주의의 침략과 위협으로부터 자유민주주의를 방어하고 국가 안보(반공)와 경제 발전에 필요한 정치적 안정을 유지한다는 명분을 앞세워 권력이 집중된 권위주의적 정치 질서를 옹호하기 위해 제시한 이념으로 정의하는 것이 온당할 것이다. 권위주의적인 보수 정권의 정치 지도자나 그 이념적 대변인들은 이중적 질서의 중첩적 병존으로 인해 민주적 정당성의 결여에 민감하게 반응하지 않을 수 없었으며, 그 결과 반공과 경제 발전을 민주주의와 연결시키는 담론을 생산해 내야 했던 것이다. 다시 말해 반공을 주장하더라도 단순히 권위주의가 아니라 민주주의를 수호하기 위해 반공이 필요하다든가, 경제 발전이 권위주의 체제의 유지를 위해서가 아니라 장차 민주적 질서를 성취하기 위한 필요조건(또는 선결 조건)이라는 논리를 개발해야만 했다.[3] 이처럼 '이중적 질서의 중첩적 병존'으로 인해 권위주의 체제는 그 자체로 정당성을 획득할 수 없었다. 즉 권위주의 체제는 '궁극적' 정당성이 아니라 단지 '매개적 또는 과도기적' 정당성만을 인정받을 수 있었을 뿐이다. 공산주의 사상이나 운동을 억압하기 위해 또는 경제 발전을 수행하기 위해 권위주의적 통치나 정책을 추진하더라도, 그 궁극적 목표

3_이에 대한 논의로는 강정인 외(2008)를 참조할 것.

가 '권위주의'가 아니라 '자유민주주의'의 수호나 실현이라는 점에서 정당성이 허용되었던 것이다.

권위주의와 자유민주주의의 중첩적 병존은 또한 한국의 민주화 운동이 '호헌', '개헌 반대', '민주 수호', '민주 회복'이라는 다소 역설적인 명칭으로 전개된 사실을 이해하는 데도 도움이 된다. 그런 명칭들은 집권 세력이 자신들의 반민주적인 정치적 목적을 달성하기 위해 헌법 개정을 시도하거나 단행했을 때, 원래의 헌법적 질서를 유지하거나 회복해야 한다는 명분을 부각시키기 위해 사용되었다. 이런 사실은 실제의 정치 현실은 권위주의였지만, 규범적인 정치 현실은 또한 민주주의였다는 이중성을 함축하며, 민주화 운동은 전자에 반대해 후자를 강조했고, 때로 민주 회복을 위해 개헌을 주장하기도 했다. 물론 '호헌', '민주 수호', '민주 회복' 등의 용어가 보수적인 논리와 수사학을 머금고 있다는 점을 부정할 수 없는데, 이는 부분적으로 권위주의 정권이 그 정권에 대한 저항운동을 공산주의자들의 선동으로 몰아붙여 탄압하는 것을 피하기 위한 전술의 일환으로 채택된 측면이 있기도 하지만, 한편으로 이는 이중적 질서의 중첩적 병존 때문에 소기의 효과를 십분 발휘할 수 있었다.[4]

앞에서 서술된 논점의 연장선상에서 우리는 이중적 질서의 중첩적 병존이 사실상 한국 정치의 민주화 과정을 보수적으로 귀결시키는 하나의 요인으로 작용했다고 해석할 수도 있다. 1980년대 전두환 정권기에 '혁명화', '전투화'된 운동권이 민중민주주의 또는 인민민주주의와 같은 급진 민

---

[4] 1980년대 전두환 정권기에는 급진 운동 세력에 의한 반정부 운동이 혁명화·급진화함에 따라, 기존의 용어에 담긴 보수성을 배제하기 위해 이를 '민주화' 운동이라 명명했다. 그리고 이처럼 수정된 명칭은 자유민주주의를 넘어서는 급진적 민주주의에 대한 지향도 담고 있는 것이었다.

주주의를 제창하기도 했지만, 대다수의 국민은 권위주의 정권에 대한 대안을 과거의 '민주 회복', '민주 수호'라는 논리에 따라 상상해 왔기 때문에 1987년 이후 한국의 민주화 역시 자유민주주의의 지평 내에서 진행되었던 것이다. 특히 민주화 투쟁의 대상이 되었던 역대 권위주의 정권에 대한 경험적 반작용의 일환으로, 그들은 민주주의를 1인의 장기 집권, 국민의 참정권을 사실상 박탈하는 선거인단에 의한 대통령의 간접선거, 군사 쿠데타에 의한 군부 집권 등에 대한 반대와 동일시했다. 이런 논점은 1987년 6월 항쟁에서 절정에 이른 민주화 운동의 최대 연합을 견인했던 구호가 '대통령 직선제 개헌 쟁취'였으며, 이는 사실상 '민주 회복', '민주 수호'라는 용어에 다름 아니었다는 점에서도 확인된다.

이런 현상은 또한 민주화 이후 김영삼·김대중·노무현 민주 정부가 단행한 민주적 개혁에 대한 국민들의 평가가 담담하거나 인색하고, 오히려 그 실정失政에 더 민감하고 비판적이었다는 사실과도 연관되어 있다. 대부분의 국민들에게 민주주의는 규범적 현실이었고 또한 간접적으로나마 경험되고 있었다. 그 때문에 정작 실제적 현실이 규범적 현실에 수렴하게 되었을 때 — 개혁 정책의 추진 당시에는 일시적인 관심과 지지를 표출하고 성취감을 느꼈을지도 모르지만 —, 그처럼 수렴된 현실은 당연시되면서, 마치 과거에 아무런 일이 없었던 것처럼, '평범한' 일상생활로 신속하게 흡수되었던 것이다. 더욱이 일반 국민들은 권위주의 정권 시절에도 이미 텔레비전 등의 대중매체와 교육을 통해 서구 민주국가의 정치 현실에 익숙해져 있었기 때문에, 민주화된 한국의 정치 현실에 일시적으로 참신한 느낌을 받더라도 쉽게 '일상적 보수'로 환원되어 버렸다. 그리고 민주화 투쟁 과정에서는 민주주의를 만병통치약으로 간주했지만 민주화된 현실이 이런 기대를 충족시키지 못한다는 점, 또는 한국 정치 현실이 서구 민주주의와의 거리를 좀처럼 좁히지 못하고 있다는 점을 발견하고 쉽게 절망과 냉소에 사로잡히기도 했다. 민주화가 진행된 지 25년 정도밖에 지나지 않았음에도 불구하고 대통령 선거나 국회의원 선거에서 유권자의 투표율이 선진국(?) 수준으로 조숙하게 하락하는 현상은 지금껏 실현된 민주주의에 대한 이런 실망과 냉소를 반영하는 것으로 풀이될 수도 있을 것이다.[5]

이중적 질서의 중첩적 병존은 민주화 이후 한국 정치에 서구의 선발 민주국가들이 경험하지 못한 이른바 '과거사 청산'이라는 정치적 문제를 제기했다. 서구의 민주화는 민주주의가 이미 정당성을 확보한 상태에서 진행된 목적론적 변화가 아니라 (민주주의가 점차 정당성을 확보해 가는) 인과론적 변화의 성격이 강했기 때문에,[6] 영국과 프랑스 등 선발 민주국가에서는 민주주의가 어느 정도 완성된 이후 과거의 정치적 박해나 탄압 등에 대해, '과거사 청산'이라는 문제가 체계적으로 제기되지 않았다. 예를 들어 1848년 2월 혁명 직후 프랑스혁명 정부는 같은 해 6월 파리에서 일어난 노동자들의 봉기를 무자비하게 진압했고 1871년 파리코뮌에서도 수많은 파리 시민과 노동자들이 학살당했지만, 1875년 온건한 민주주의라 할 수 있는 제3공화국이 수립된 후에도 이런 과거사에 대한 청산 문제는 정치적으로 거론되지 않았다. 당대의 시각에서 보았을 때, 보수 세력과 민주 세력 사이의 갈등과 각축은 어떤 의미에서 모두 자신들의 입장이 정당하다고 '주장'하고 또 '인정'되는 세력들 사이의 투쟁이었기 때문에 민주주의가 실현된 이후 과거 투쟁 과정에서 빚어진 정치적 박해와 가해에 대해 진상 규명, 가

---

[5]_1987년 민주화 이후 총선 투표율은 다소 기복이 있지만 지속적으로 하락하고 있다. 2008년 총선의 투표율은 46.1%에 불과했다. 2012년 총선에서는 투표율이 54.2%로 상당히 상승하긴 했지만, 이는 민주화 초기의 70%를 넘는 투표율은 물론 2004년 총선의 60.6% 투표율에도 훨씬 못 미치는 수치다. 대통령 선거의 투표율 역시 민주화 초기의 80%를 웃도는 수준에서 점진적으로 감소해 2002년에는 70.8%, 2007년에는 63.0%를 기록했다. 다만 2012년 선거에서는 75.8%라는 이례적으로 높은 투표율로 많은 이들을 놀라게 했다.

[6]_목적론적 변화와 인과론적 변화의 구분에 대해서는 강정인(2004, 364-367)을 참조할 것.

해자의 처벌, 피해자의 명예 회복 및 보상 등 과거사 청산 문제가 거론되지 않았던 것이다. 그러나 남아프리카공화국, 아르헨티나, 한국 등 현대의 비서구 국가들이 민주화된 이후 겪었던 사례에서 목격할 수 있는 것처럼 자유민주주의와 권위주의라는 이중적 정치 질서가 중첩적 병존하는 경우에는, 과거 권위주의 정권의 반민주적 통치로 인해 초래된 정치적 박해나 가해를 둘러싼 과거사 청산 문제가 첨예하게 제기된다.[7]

3. 비동시성의 동시성과 현대 한국 정치의 이념적 지형: 다른 특징들

후발적인 정치체에서 '비동시성의 동시성'에 따라 자유주의, 보수주의, 민족주의, 급진주의 등 서구의 여러 이데올로기들의 출현이 압축적·동시적으로 이루어지는 경우, 서구에서처럼 점진적·계기적으로 일어나는 경우와 비교해서 어떤 특징을 지니게 되는가? 앞에서 논의한 이중적 질서의 중첩적 병존 이외에 이념적 지형의 여러 특징들을 간략히 제시해 보면 다음

---

[7] 물론 이런 해석이 오늘날 비서구 권위주의 국가들이 민주화된 이후 모두 과거사 청산 문제를 체계적 또는 성공적으로 추진했다는 사실을 주장하려는 것은 아니다. 대다수의 동남아시아 국가들이나 라틴아메리카 국가들에서는 민주화가 진행된 후에도 군부 세력이 강력히 존속하거나 아니면 권위주의적 집권 세력의 저항이 드세거나 또는 다른 복잡한 현실적 변수들이 존재하기 때문에, 과거사 청산을 정치적 문제로서 제대로 제기하지 못하거나 또는 제기했다 하더라도 온전히 실천에 옮기지 못하고 있는 것이 현실이다. 그렇다 하더라도 오늘날 민주화된 비서구 후발 국가에서는 과거사 청산 문제가 정당하게 제기될 '명분'이 존재한다는 점에서 서구와 다르다는 것은 명심할 필요가 있다.

과 같다.

최종적인 완성물로서 다양한 이데올로기의 수용

비동시성의 동시성은 한국 현대 정치에서 정치사상이 내재적 발전 계기를 거치면서 자생적으로 성장하기보다는 그 계기를 생략 또는 압축당한 채 외부로부터 최종적인 완성 형태로서 수용되는 양상을 빚어냈다. 정치사상의 혁신 과정을 돌이켜 볼 때 중심부에서는 대체로 정치 세계의 급격한 변화에 따라, 또는 이론 내적인 모순에서 기인한 사상적 패러다임의 붕괴 가능성에 의해 내재적으로 또 원초적으로 사상의 혁신을 도모하는 경우가 많다. 반면 주변부에서는 외세에 의한 정치 공동체의 생존 위협(및 이를 극복하기 위한 정치 공동체 자체의 변화 필요성) 또는 보편적으로 여겨지는 선진적인 외래 사상을 수용할 필요로 인해, 내재적으로 사상을 혁신하기보다 외래 사상을 수용해 자기화自己化하는 경우가 더 빈번하다.[8] 따라서 사회의 변화는 물론 사상의 변화 역시 목적론적 성격을 강하게 띠게 되고, 나아가 목표로서 추구되는 사상은 주변부 사회에서 내재적인 정당성을 확보하기에 앞서 선진적인(또는 우월적인) 중심부에서 유입되었다는 점에서 '빌려 온 정당성'을 누리게 된다.

이런 현상은 주변부 사회의 특수성을 강하게 반영할 수밖에 없는 민족주의나 보수주의와 같은 이데올로기보다 좀 더 보편적인 성격을 띠고 있는 자유주의와 사회주의와 같은 이데올로기에서 훨씬 더 현저하다. 또한

8_물론 여기서 서술된 중심과 주변의 차이는, 2장에서 이미 지적한 것처럼, '종류'의 문제라기보다는 '정도'의 문제로 해석되어야 할 것이다.

앞에서도 언급한 것처럼, 목적론적 변화와 수용의 성격상 주변부에서 파생적으로 출현한 자유주의나 사회주의는 중심부에서의 최종적 산물인 완제품이 수입된 것이었다. 따라서 해방 후 한국에 출현한 자유주의는 17~18세기의 과두제적 부르주아 공화정의 이데올로기가 아니라 서구에서 진화 과정을 겪으면서 최종적으로 일반 대중의 참정권을 폭넓게 인정한 자유민주주의의 형태로 수용되었다. 마찬가지로 일제강점기 한반도 사회주의사상의 주류는 러시아혁명 이후 정식화된 마르크스-레닌주의였다.[9] 마찬가지로 해방 후 한국에서 전개된 보수주의와 민족주의는, 19세기 유럽 대륙에서 전개된 대부분의 보수주의나 민족주의가 민주주의에 적대적이었던 것과 달리, 민주주의를 포용하는 20세기의 버전이었다. 우리는 이런 사실을 비동시성의 동시성이 초래한 '선진적' 또는 '선제적' 효과로 풀이할 수 있다.

이런 식으로 후발적인 주변부에 수용된 사상은 중심부에서와는 다른 역사적 궤적을 밟는다. 서구의 경우 영국에서 자유주의가 처음 등장했을 때, 자유주의는 '저항 이념'으로서 등장해 "정치적 절대주의", "종교적 순응주의" 및 "귀속적 지위"에 저항했고, 혁명·내전 등 정치적 투쟁과 진통을 통해 종국적으로 '지배 이념'으로서 지위를 자생적으로 확보했다(볼·대거 2006, 91-171).[10] 그러나 한국과 같은 후발국에서는 자체적으로 수용·소화

9_ 조소앙이나 여운형과 같은 독립운동가들은 사회주의보다는 사회민주주의를 선호했다. 그렇기 때문에 해방 공간에서 좌우합작에 적극적으로 참여했다.

10_ 자명한 논점이지만, 영국에서 자유주의가 선진적이고 본격적으로 전개되었을 때 서유럽 대부분의 국가는 동일 문명권 내에서 동시대적인 역사적 공간을 공유하면서 상호 영향을 주고받고 있었다. 따라서 비록 인접 국가들이 자유주의를 전개하는 과정에서 영국 자유주의의 영향을 받기는 했지만, 이 국가들에 '비동시성의 동시성'이 적용되었다고 보기는 어려운 것 같다.

해 전개되는 경로를 따르기보다는 세계사적 이념 지형의 선차적 규정을 받아, 또 '빌려 온 정당성'에 따라, 그리고 제2차 세계대전 종전과 함께 남한을 점령한 미국의 압도적인 영향하에서 자유주의의 최종적 완성 형태인 자유민주주의가 위로부터의 지배 이념으로 수용되었다.

이처럼 해방 이후 남한에서 자유주의가 '지배 이념'으로 도입되었지만, 그것을 내재적으로 소화해 운용할 수 있는 역량을 갖추지 못했기 때문에 (일국사적 시간대의 미숙 또는 반발), 자유주의는 권위주의적 보수 정권을 명목적으로 정당화하는 다분히 허구적인 이념으로 기능했다. 그리고 이로 인해 권위주의에 저항하는 민주화 운동 과정에서 자유주의는, 민주화 세력에 의해 주장되는 '저항 이념'으로 하강한 후 민주화와 함께 재차 '지배 이념'으로 상승하는 역의 경로를 거쳤다.[11] 비록 자유주의가 외부에서 한국으로 수용된 것이라 할지라도 19세기 말 독립협회 등의 개화파 인사 또는 애국 계몽 운동을 포함한 개혁 운동이 자유주의를 저항 이념으로 내세워 유교적 정치 질서를 타파하거나 혁신하면서 자율적인 근대화를 이룩했더라면(물론 이는 반反사실적인 가정이지만), 그 과정에서 자유주의는 서구에서처럼 저항 이념을 거쳐 지배 이념으로 상승할 수 있는 계기를 확보할 수도 있었을 것이다. 그러나 이런 시도를 변변히 해보지도 못한 상태에서 조선은 일본의 식민지로 병합되었다. 뒤이어 일제는 조선의 전통적인 정치 질서를 무너뜨렸지만, 그 통치는 정치적 자유주의와는 거리가 먼 것이었다. 일제는 자본주의적 경제 질서를 도입해 기업 활동의 자유 등 경제활동의 자유만을 부분적으로 보장했으며, 3·1 운동 이후에는 일시적으로만 문

11_ 앞 단락은 물론 이하에서 자유주의를 '지배 이념'과 '저항 이념'으로 나누어 고찰한 것은 문지영(2004)의 연구를 따른 것이다.

화적 자유를 보장했다. 그리하여 식민지 한국에서 정치적 자유주의는 지리멸렬한 상태에서 지배 이념으로서도 저항 이념으로서도 그 정치적 활력을 축적하지 못했다.

해방 후에는 분단 정부 수립과 함께 자유민주주의가 최종적인 완성 형태로서 수용되어 헌법에 명문화되었지만, 자유민주주의가 저항 이념으로서 전통문화의 잔재인 권위주의나 군주전제의 요소를 혁파함으로써 문화적 헤게모니를 축적·장악하는 과정을 거치지 못한 상태에서 위로부터 표면상의(또는 공식적인) 지배 이념으로 수용되었고 실제 정치 현실에서는 권위주의가 군림했기 때문에, 현대 한국 정치에서 정치적 자유주의는 제도와 현실이 표리부동한 이중적 국면을 겪게 되었다. 따라서 권위주의 치하에서 전개된 자유주의적 민주화 운동은 저항 이념으로서의 자유주의를 '민주 회복' 또는 '민주 수호'라는 슬로건으로 재차 호명하면서, 진정한 지배 이념으로서 현실화할 것을 촉구하는 측면을 띠게 되었는데, 자유주의의 이런 이중적 분화 현상은 서구의 선진국과 달리 한국과 같은 주변부 후발국에서 자유주의가 지배 이념에서 저항 이념으로 전환하는 역의 경로를 보여 주었다. 이 점에서 한국의 민주화 과정은 저항 이념으로서의 자유주의가 재차 지배 이념으로 상승하는 과정이었다고 풀이할 수 있다. 요컨대 영국·프랑스와 같은 서구의 선발국에서 자유주의가 저항 이념에서 지배 이념으로 상승하는 과정을 밟았다면, 제2차 세계대전 이후 독립한 한국과 같은 국가에서는 자유주의가 지배 이념으로 도입된 후, 권위주의 정권에 저항하는 과정에서 저항 이념으로 기능하고 다시 민주화와 함께 지배 이념으로 재상승하는 경로를 밟았던 것이다(문지영 2004).

또한 자유주의의 최종적 완제품인 자유민주주의가 남한의 분단 정부에 수용되었다는 사실은 서구에서는 자유주의와 민주주의가 상호 대립적이면서도 모순적인 관계를 형성하면서 자유민주주의로 수렴되었던 데 반해,[12] 한국 정치에서는 자유주의와 민주주의 사이의 모순적인 긴장 관계가 적어도 민주화 이전에는 형성되지 않았다는 점과 긴밀하게 연관되어 있다. 영국에서 기원한 자유주의는 보통선거권의 실시에 따른 중우정치의 위험, 다수의 횡포로 인한 재산권 등 개인의 자유에 대한 침해 등을 이유로 민주주의에 반대했던 데 반해, 해방 후 남한에서는 빌려 온 정당성의 선제적 효과로 인해 자유민주주의가 아무런 반발 없이 수용되었다. 또한 권위주의 정권에 저항한 반대 세력 역시 자유주의와 민주주의 사이의 갈등을 느끼지 않으면서 민주화를 요구했다.[13] 다른 한편 한국 정치는 김대중 정부가 들어선 이래 오히려 자유주의와 민주주의 간의 첨예한 갈등을 경험해 왔다. 뉴라이트 등 자유주의적으로 변신한 보수 세력이 법치주의, 헌법재판, 삼권분립, '작은 정부, 큰 시장', 사유재산권 보호 등을 내세우면서 개혁적 민주 정부를 압박하고, 사회보장제도 등 분배 정책의 강화와 일반 시민의 정치 참여 활성화에 반대하기 위해 '포퓰리즘'populism 또는 '친북 좌파 정권'이라는 담론 공세로 개혁적 민주 정부를 몰아붙였기 때문이다.[14]

다양한 이데올로기의 조급한 충돌과 자유민주주의의 조숙한 보수화

영국과 프랑스 등 서구 주요 국가의 근대 정치사상의 전개 과정에서 자유주의, 보수주의, 사회주의 등 주요 정치사상이 순차적(계기적)으로 출현했

12_ 물론 이런 서술이 양자의 보완적인 관계를 무시하려는 것은 아니다.

13_ 단, 1980년대에 급진 운동권이 지향한 민주주의는 궁극적으로 자유민주주의의 틀을 넘어서고자 했기 때문에 이런 서술이 적용되지 않는다.

14_ 서구 민주국가들 역시 민주화 이후 사회보장제도의 확대를 도모하거나 수정자본주의적 정책을 채택하고자 했을 때, 자유주의자들의 격렬한 반대에 부딪혔다. 민주화 이후 한국 보수주의의 전개 과정 또는 자유주의와 민주주의의 충돌에 대해서는 박찬표(2007), 강정인(2008a; 2008b)을 참조할 것.

던 데 반해, 한국과 같은 주변부 후발국에서는 이런 사상들이 동시적(압축적)으로 수용되었다. 예를 들어 영국과 프랑스에서는 자유주의가 먼저 출현하고, 뒤이어 자유주의에 대항해 구체제를 옹호하기 위한 보수주의가 의식적인 전통주의로서 출현했으며, 마지막으로 산업화 및 자본주의의 본격적인 진전과 더불어 자유주의-자본주의를 비판하는 사회주의가 등장했다. 이 과정에서 영국의 자유주의는 18세기 초부터 19세기 후반까지 적어도 거의 150년 동안 사회주의의 본격적인 도전을 받지 않은 상태에서 지배 이념으로서의 지위를 확고히 다질 수 있는 충분한 역사적 여유를 누렸고, 또 프랑스의 자유주의는 1789년 프랑스대혁명 이후 1848년 2월 혁명의 발발 시기까지 혁명적 독재 또는 왕정복고 세력과 힘겨운 싸움을 치르기는 했지만, 상당한 시간을 거치면서 지배 이념으로서의 지위를 굳혔다.[15] 나아가 양국에서는 자유주의가 사회주의의 도전과 함께 보수화되고, 보수주의 역시 사회주의라는 급진적인 이념에 맞서 자유주의화되는 과정에서, 자유주의와 보수주의가 점차 수렴·연대하는 경향을 보여 왔다. 다른 한편 혁명적 사회주의의 도전에 직면해 자유주의가 부분적으로 사회주의적 요소를 수용해 버전업한 복지 자유주의가 토머스 그린Thomas H. Green 등에 의해 19세기 후반 영국에서 출현하고, 또 프랑스·독일 등에서는 의회주의를 통해 사회주의로의 점진적 이행을 추구하는 온건한 사회민주주의가 출현해 자유주의와 사회주의가 상호 접근하는 양상을 보여 주기도 했다.

그러나 영국과 프랑스에 비해 국민국가의 수립이 지연되고, 또 산업화는 물론 사상의 전개 역시 압축적인 과정을 보였던 독일에서는 독일 민족

---

[15] 마르크스와 엥겔스의 "공산당 선언"이 발표된 1848년을 사회주의의 본격적인 도전이 시작한 기점으로 볼 수 있을 것이다.

의 통일 과정에서 민족주의와 자유주의의 연대 필요성이 제기되었고(Langewiesche 2000, xiv-xvi), '비동시성의 동시성'에 따른 사회주의의 조숙한 출현에 의해 자유주의가 그 역사적 진보성을 다 수행·소진하지 못한 상태에서, 국가사회주의라는 이름을 내건 반동적 극우 민족주의(나치즘)의 출현이라는 독특한 양상이 나타났다. 이 점에서 한국은 영국이나 프랑스보다는 독일에 가까운데, 그렇다 하더라도 독일보다 훨씬 더 후발적으로 근대를 맞이했기 때문에 비동시성의 동시성으로 인한 다양한 이데올로기들 사이의 갈등이 훨씬 더 치열한 양상을 띠었다. 일본의 식민지 상태이던 1920년대에 독립운동 진영에서 독립 투쟁의 전략과 독립국가의 정치적 미래상을 놓고 자유주의와 사회주의가 거의 동시에 출현해 격렬하게 대립했고,[16] 해방 공간에서도 자유주의와 사회주의는 아무런 시차 없이 출현해 격돌했던 것이다.

그런데 해방 정국에서 남한이 일제로부터 물려받은 정치경제적 상황을 고려할 때, 보수 세력인 이승만과 한국민주당 등이 추진·추구하고자 했던 자본주의적 경제 질서나 자유민주주의적 정치 질서는 보수되어야 할 기존 질서라기보다는 오히려 혁신적 또는 개혁적으로 장차 실현되어야 할 '진보적' 성격을 지닌 것이었다. 지주 — 소작제가 광범위하게 온존된 전근대적 경제체제는 자본주의적으로 장차 개조되어야 할 질서였고, 일본의 파시즘적인 식민지 정치체제 역시 자유민주주의적으로 혁파되어야 할 질서였다. 이 점에서 한국의 보수주의자들에게도 당대의 역사적 과제는 자본주의와 자유민주주의를 좀 더 온전히 실현하기 위해 한국 사회를 혁신

16_앞에서 언급한 것처럼 한국에서 자유주의가 출현한 시점을 19세기 말의 개화운동, 독립협회 운동, 애국 계몽 운동 등에서 찾는 경우 자유주의의 기원은 좀 더 소급될 것이다.

적으로 개조하는 것이었다. 다시 말해 자본주의와 자유민주주의는 완성된 체제로서 보수되어야 할 기존 질서가 아니라 미래의 과제로서 장차 실현되어야 할 질서로서의 성격이 더 강했던 것이다.

이렇게 본다면, 해방 정국에서 자유주의와 사회주의는 모두 진보적인 잠재력을 갖고 있었지만, 지배 이념으로 수용된 자유주의는 조숙하게 출현한 사회주의에 맞서 조기에 보수화하는 양상을 드러냈다. 지배 이념으로서의 자유주의는 한국의 정치 현실을 자유주의적으로 개혁할 수 있는 이념적 활력과 계급적 역량이 미비한 상태에서 자유주의보다 더 광범위한 호소력을 지닌 사회주의에 직면하게 되자, 사회주의로부터 자신을 방어하기 위해 일거에 보수화·반동화할 수밖에 없었던 것이다. 게다가 보수적 집권 세력은 북한과의 대결 속에서 국가 안보를 위한 반공의 필요성, 근대화를 위한 경제 발전의 시급성 등을 주장하면서 정치적 우선순위에서 자유민주주의의 온전한 실천을 배제하고 권위주의적 통치를 유지하는 것을 정당화하고자 했다.[17] 이로 인해 분단 정부가 수립된 이후 역대 권위주의 정권에서 자본주의적 경제 질서는 정착되어 갔지만, 권위주의 정권에 대한 정치적 반대 세력들에게 자유민주주의는 자신의 이념에 적합하게 현실 정치를 온전히 개혁하지 못한 상태에서 사회주의 북한 체제에 맞서 단순히 권위주의 체제를 옹호하는, 다분히 허구화된 명분으로 비쳐지게 되었다.

탈맥락적으로 갈등하는 이데올로기들

한국과 같은 후발국에서는 이처럼 동시적으로 출현한 여러 이데올로기들

17_이에 대해서는 강정인(2004, 297-354)을 참조할 것.

이 "내재적인 가치"나 "논리적인 정합성" 차원이 아니라 사변적 추상성의 차원에서, 곧 상대 이데올로기에 대한 탈脫맥락적인 이데올로기적(관념적) 비판을 통해 그 정당성을 놓고 경합하기 때문에, 이데올로기들의 충돌이 적어도 외견상으로는 더욱 격렬하고 급진적인 성격을 지니게 되었다(마루야마 1998, 70 참조). 서구에서처럼 — 각국의 구체적인 경험은 상이하지만 — 여러 사상의 출현이 점진적·계기적으로 이루어지는 경우에는, 진보적 이데올로기였던 자유주의가 지배 이념으로서 사회·정치적 개혁을 어느 정도 자유주의적 비전에 따라서 추진한 이후에 드러난 현실적 모순을 놓고 사회주의가 도전하기 때문에, 대립의 지점이 좀 더 실제적이고 구체적이다. 그러나 한국의 경우처럼, 자유주의가 지배 이데올로기로서 정치 공동체를 주조하기 이전에 도전 이데올로기로서 등장한 사회주의는 자유주의의 "내재적인 가치"나 "논리적인 정합성"을 비판하기에 앞서(마루야마 1998, 70), 자유주의를 그 이데올로기적 측면에서 공박하는 관념적 급진성과 교조성을 강하게 띤다.[18] 이 경우 자유주의나 사회주의 모두 현실 세계

18_민주화 이전은 물론 민주화 이후 상당 기간 동안 한국의 많은 사회주의적 운동 세력이나 지식인들이 부르주아지 계급도 제대로 형성되지 않은 한국 사회에 대한 면밀한 분석과 성찰을 외면한 채, 그리고 인권 보장, 법의 지배, 권력분립 등 자유민주주의의 기본적 원리가 제대로 실현되지 않은 군부 권위주의 정권하에서, 마르크스주의적 입장에 따라 한국의 자유민주주의를 본질적으로 부르주아계급의 이데올로기, 한국의 자유민주주의를 부르주아민주주의라고 규정하고 이를 비판·배척한 것이 그 대표적 사례에 해당한다(임영일 1991, 76-77). 그렇지만 이 글의 본문에서 비동시성의 변증법의 효과를 강조하는 논변은 어느 정도 완화될 필요가 있다. 좌파와 우파의 격렬한 이데올로기적 충돌은 남북한의 격렬한 이념적 대결과 그 배후에 있는 전 세계적 냉전이라는 정치적 현실을 일정 부분 반영한 것이기 때문이다. 그렇다 하더라도, 격렬한 이념적 갈등과 관련해 민족 분단의 영향력을 지나치게 강조하는 입장 역시 근시안적이라 할 수 있다. 마루야마 마사오는 한국처럼 민족 분단을 경험하지 않은 전전의 일본에서 이미 동일한 현상을 발견했기 때문이다.

를 장악하지 못한 관념적 차원에 머물러 있기 때문에 이들의 대결은 현실성을 결여한 관념의 세계에서 상호 타협과 대화를 거부한 채, 훨씬 더 강한 반동성 또는 급진성 그리고 이것이 조합된 내용적 공허성과 교조적 격렬성을 띠고 분출된다. 해방 이후 좌우익의 이념적 대결 또는 1980년대 급진 운동권에서 진행된 사상적 논쟁은 이런 모습을 잘 보여 주는 대표적 사례라 할 수 있다.[19]

이런 현상은 메이지유신 이후 서구적 근대화를 저돌적으로 추진해 온 일본의 지성계에서도 발견되는바, 마루야마 마사오는 이를 예리하게 포착하고 있다. 그는 이런 현상을 후발국인 일본 정치의 이념적 지형에서 "이데올로기 비판의 조숙한 등장"이라는 개념을 통해 파악하고 있다. 여기서 이데올로기 비판이란 "…… 사상을 그 내재적인 가치나 논리적 정합성이라는 관점에서보다도 오히려 '바깥으로부터', 즉 사상이 수행하는 정치적·사회적 역할 ― 현실의 은폐나 미화와 같은 ― 을 지적함으로써, 혹은 그 배후에 숨겨져 있는 동기나 의도의 폭로를 통해서 비판하는 양식"을 지칭한다(마루야마 1998, 70).

이데올로기 비판은 마르크스가 본격적으로 발전시킨 것으로 마르크스의 경우에는 서구의 "근대 시민사회 및 근대 합리주의가 내포한 문제성에 대한 조숙한" 비판으로서 나름대로 당대의 사회에 대한 역사적 맥락을 확보하고 있었다(마루야마 1998, 70). 그렇지만 마루야마 마사오가 보기에 일본의 경우에는 그런 이데올로기 비판이 일본 사회에 대한 역사적 맥락을 도외시한 채 서구의 역사적 맥락을 중심으로, 곧 서구중심주의적으로 전

---

[19] 민주화 이후 한국 정치에서 드러나는 좌우파의 정치적 논쟁이나 이념적 대결 역시 이런 과거 전통을 계승한 것으로 보이는데, 이는 오랫동안 지속된 권위주의 시기에 억압되고 은폐되었던 것의 공개적인 분출인 만큼 매우 소란스러운 양상을 드러냈다.

개된다는 점에서 그 문제가 심각했다. 그는 이 점을 다음과 같이 지적한다.

> 메이지유신 이래 일본이 추구하는 진화의 목표는 '선진' 유럽이었으므로, 거기서 사상을 평가하는 데서도 서양 콤플렉스와 진보 콤플렉스는 떼놓을 수 없게 결부되어 사상 상호간의 위[열]이, 일본의 지반에서 현실적으로 갖는 의미라는 관념보다는 흔히 서양사에서 그들 사상이 생겨난 시대의 선후(先後)에 의해 정해진다. …… 온갖 이데올로기를 일본의 현실이라는 장(場)에서 검증하는 절차를 거치지 않고 사회적 문맥을 빼버린 채 사상의 역사적 진화나 발전을 도식화하는 것이었는데 …… (마루야마 1998, 76-79).[20]

이런 관점에서 마루야마 마사오는 1950년 일본에서 좌우 이데올로기의 격렬한 대립이 보여 준 내용적 공허함과 표면적 급진성을 다음과 같이 지적하고 있다.

> 현재 문제가 되고 있는 그런 이데올로기 — 예를 들어 자유주의라든가 공산주의라든가, 사회민주주의라든가 하는 — 는 사상(思想)으로서는 어느 것이나 수입된 것이며, 일본인이 스스로 생활 체험 속에서 만들어 간 것은 아니지. 민주주의가 미국인에게 이른바 '삶의 양식'이 되어 있는 것과는 달리, 일본인의 일상 생활양식과 그런 다양한 이데올로기는 실은 아직 거의 대부분 무매개적으로 병존하고 있는 데 머물러 있어. 이런 사실은 끊임없이 지적되면서도 일본의 인텔리 내지 의사(擬似) 인텔리는 정작 당면한 정세를 판단하는 단계가 되

20_이런 사례의 대표적 예로 그는 일본의 한 보수적 지식인이 "진화론을 내걸고 천부인권론의 '망상'"을 유행에 뒤떨어진 시대착오적이고 진부한 것으로 비판한 것을 꼽는다(마루야마 1998, 78-81).

면 흔히 그런 기본적인 사실을 잊어버리거나 혹은 고의로 눈길을 돌려버려서, 마치 미국적 민주주의와 소련적 공산주의의 투쟁과 같은 도식으로 일본의 정치적 현실을 재단해가려고 하지(마루야마 1997, 181).

마루야마가 지적하듯이, 한국에서도 이처럼 표면적으로 요란스럽게 진행된 이념 논쟁과 대립은 현실과 무매개적으로 진행되는 경향이 농후했기 때문에, 논쟁이 되고 있는 이데올로기들이 한국인들의 일상적인 생활양식으로 뿌리를 내리는 데는 실질적인 기여를 하지 못했던 것으로 보인다(김동춘 1997).

진정성 논쟁

위에서 언급한 논점과 연관된 것이지만, 후발국에서는 비동시성의 동시성이 빚어내는 효과의 하나로 각종 이데올로기에 대한 진정성authenticity 논쟁이 서구에 비해 더욱 빈번하고 격렬하게 일어난다. 서구에서는 사상이 생성되는 과정이 원초적이고 점진적이었기 때문에, 또 '빌려 온 정당성'에 편승해 사회 현실보다 조숙하게 또는 선진적으로 수용된 것이 아니었기 때문에 각 사상이 충분한 정치사회적 기반을 확보할 수 있었고, 따라서 자유주의, 사회주의, 보수주의, 민족주의 등 각종 사상에 관한 진정성 논쟁이 별로 발생하지 않았다. 게다가 어떤 사상의 발생과 전개에 대한 고찰이 그것이 충분히 성숙한 후에 사후적으로 이루어졌기 때문에 당대에 진정성 논쟁이 일어날 소지가 별로 없었다. 예를 들어 우리가 사용하는 '자유주의'의 정치적 용례는 스페인 의회의 한 파벌이 '자유주의자들'Liberales이라는 명칭을 사용하기 시작했던 19세기 초에 나타났다. 그 후 이 용어가 스페인에서 프랑스와 영국으로 건너갔는데, "영국에서는 휘그Whig로 알려진 정당이 1840년대에 이르러 자유당Liberal Party으로 발전했다"(볼·대거 2006, 92).

그렇기 때문에 그 전에 활약했던 로크, 몽테스키외, 볼테르, 루소, 아덤 스미스Adam Smith 등이 진정한 자유주의자인지 아닌지에 대한 (학술적 논쟁은 몰라도) 정치적 논쟁이 당대는 물론 후대에도 제기될 필요가 없었다.

    보수주의 역시 마찬가지인데, '보수주의'라는 단어는 프랑스의 프랑수아 샤토브리앙François Chateaubriand이 발행해 단명에 그친 잡지 『보수주의자』 Le Conservateur(1818~1820)의 이름에서 유래했다(Klemperer 1972, 164). 그러나 잘 알다시피 오늘날 우리가 보수주의의 원조 사상가로 부르는 영국의 에드먼드 버크Edmund Burke는 자신의 보수주의 사상을 1789년 프랑스대혁명이 발발한 직후에 본격적으로 주장하기 시작했다. 따라서 형식적으로 보면 버크나 그와 동시대에 활동했던 보수적인 토리당의 정치가들은 '보수주의 이전의 보수주의자'라 말할 수 있다. 마찬가지로 프랑스혁명에 격렬하게 반발했던 보수주의 사상가인 조제프 드 메스트르Joseph de Maistre 또는 미국 독립 시기에 활약했던 보수주의적 정치가들인 존 애덤스John Adams, 알렉산더 해밀턴Alexander Hamilton 등도 주로 1820년대 이전에 활동했으며, 그들 역시 사후적事後的으로 보수주의 사상가로 평가된 것이다. 그렇기 때문에 이런 인물들을 놓고 당대에 이들이 진정한 보수주의자인지에 대한 정치적 논쟁이 제기될 가능성은 아예 없었다. 후대에 그런 논쟁이 일어나더라도 이는 정치적이라기보다는 학술적인 차원에서의 고증적 논쟁에 불과했다. 예외적으로 마르크스주의의 경우에는 그 사상이 당대에 또는 사후적으로 얻게 된 교조성과 독점성 때문에 일종의 "이론 신앙"으로 전환하게 되었고,[21] 이로 인해 진정성 논쟁이 당대는 물론 후대에도 마르크스주

21_간단히 말해 "이론 내지 사상의 물신숭배 경향"을 마루야마 마사오는 "이론 신앙"이라 부른다. 이에 대한 자세한 설명으로는 마루야마(1998, 118-121) 참조.

의의 현저한 속성이 되었다. 그 결과 역사적으로 오랫동안 정통-수정 마르크스주의 논쟁이 일어나게 되었는데, 이는 사상으로서 마르크스주의가 지닌 독특한 특성과 역사에서 비롯한 것으로 해석하는 것이 온당할 것이다.

이와 달리 한국 현대 정치에서는 각종 이데올로기에 대해 진정성 논쟁이 빈번하고 격렬하게 일어났다. 그런 현상은 좀 더 심층적으로 그 원인을 탐구할 필요가 있겠지만, 비서구 국가 일반의 속성과 한국 정치의 특유한 속성이 한데 얽혀서 발생한 것으로 추정된다. 무엇보다도 한국 현대 정치에 수용되고 논의된 다양한 이데올로기들이 그 원산지를 서구에 두고 있고, 유동적이고 유연한 역사적 전개 과정을 생략당한 채 대부분 최종적인 완제품의 형태로 수입되었기 때문에, 서구의 이데올로기를 초역사적이고 본질주의적으로 보편화·이상화해 일종의 모델(이념형)로 설정했다는 점을 들 수 있다. 그런데 너무나 당연한 사실이지만, 한국의 역사적·정치적 상황은 서구의 이데올로기가 (원산지에서 실현된) 순수한 형태로 수용·전개되는 것을 좀처럼 용납하지 않았다. 이처럼 '보편적으로 상정된 서구의 이데올로기'와 '한국 정치에서 현실화된 이데올로기' 사이의 현저한 균열과 괴리가 무엇보다도 진정성 논쟁을 가져온 주된 원인이라고 지목할 수 있다.

이런 진정성 논쟁을 한국 사회에서 통용되는 자유주의 담론에 적용해보자. 자유주의, 특히 반공을 자유보다 우선시하는 '반공주의적' 자유주의[22]는 종종 진정한 또는 서구적 의미의 자유주의에 부합하지 않는다는 이유로 '양심적', '진정한', '진짜' 자유주의(자)에 대비되는 '사이비', '의사'擬似,

---

22_ 이 글은 한국 정치에서 '반공주의적' 자유주의와 '반공적' 자유주의를 구분하고자 하는데, 전자는 반공을 위해 정치적 자유의 본질적 부분을 기꺼이 희생하려는 입장이고, 후자는 반공을 주장하지만, 이를 위해 자유의 본질적 부분을 희생하는 것을 용납하지 않으려는 입장이다. 예를 들어 함석헌, 장준하 등이 후자에 속한다 할 수 있다.

'얼치기', '엉터리', '가짜', '타락한' 자유주의(자)로 호명된다. 이는 한국 자유주의자의 행태에 대한 신랄한 비판이기도 하지만 동시에 진정성 논쟁을 담고 있는 것이다.[23] 또 다른 예를 들어보면 한 자유주의적 지식인은 우리 사회에서 '자유주의'란 서양에서 수입된 말들 중에서 "가장 오해가 심한 말"일 것이라고 지적하면서, "수구적 인사들"은 이를 "반공주의와 동일어로 오용"하는 반면에, "진보적 인사들"은 이를 "탐욕스러운 이기주의라고 비난하는" 현실에 대해 개탄한 바 있다. 그는 이런 현상이 "억압적이고 차별적이었던 절대군주제와 전통적 계급사회를 무너뜨리고 민주주의와 법치주의라는 근대 시민사회를 건설한 근대 시민들의 건강한 이념"인 자유주의에 대한 오해에서 비롯되었다고 주장한다(이근식 2001, 13). 한국 사회에서 자유주의에 대한 만연된 오해와 올바른 이해를 강조하는 그의 이런 주장에는 '자신과 같은 진정한 자유주의자가 한국 사회에서 오해받고 있다'는 푸념이 섞여 있는데, 이 점에서 그의 주장 역시 진정성 논쟁에 연루되어 있다.

진정성 논쟁은 보수주의에서도 나타나는데, 이는 한국 보수주의를 비난하기 위해 '진정한' (또는 서구적 의미의) 보수주의와 대조적으로 사용하는 '보수 반동', '수구' 또는 '수구 꼴통'이라는 표현에서 직접적으로 발견되며, 또 그런 비난을 피하기 위해 '개혁적', '합리적', '중도' 보수라는 용어를 사용하는 데서도 간접적으로 확인된다. 반면 선거를 앞두고 안정을 희구하는 보수 성향의 중산층의 표를 얻기 위해 정당들이 경쟁할 때에는 '선명' 보수 논쟁이 정치판을 장식하기도 하는바, 1996년 실시된 15대 총선거를 앞

23_이런 표현은 김동춘(1996; 2006)에서 발췌한 것이다. 김동춘은 자유주의자가 주장하는 '양심의 자유'를 긍정적으로 보기도 하지만, 대체로 그들의 행적을 부정적으로 평가한다 (김동춘 2006, 171; 173; 179-180; 184 참조).

두고 신한국당과 자민련은 스스로를 '보수 원조' 또는 '원조 보수당' 또는 '정통 보수'로 자처하면서, 국민들의 반공 의식을 동원하는 색깔 공세의 일환으로 개혁적 보수를 내세운 김대중의 새정치국민회의를 '위장 보수'라고 공격하기도 했다.[24] 이런 현상 역시 보수주의에 대한 진정성 논쟁을 함축하고 있었다.

급진화된 민주화 운동이 지배하던 1980년대에는 급진 운동권 내에서 누가 진정한 마르크스-레닌주의자인가를 놓고 격렬한 논쟁이 일어나곤 했는데, 이는 한국이 후발국으로서 서구의 사상을 수용했다는 사실보다는 앞에서 언급한 마르크스-레닌주의의 교조적 성격에서 유래하는 것으로 해석하는 것이 온당할 것이다. 그러나 대체로 보수적인 집권 세력이나 정치인들이 자신들과 정치적 의견을 달리하는 정치인들을 '빨갱이', '친북 좌파', '좌경' 또는 '불순 좌익' 세력으로 몰아세우면서 제기하는 색깔 논쟁은, 반공주의적 자유주의의 입장에서 중도적인 이념적 입장을 일절 용인하지 않고 한국 정치의 이념적 지형을 단순히 '우파 자유주의'와 '좌파 공산주의'의 이분법에 따라 파악한 뒤, 자신에게 반대하는 세력을 모두 '자유주의'에 반대하는 '좌파 공산주의자'로 몰아붙이는 논리를 전개해 왔다.[25] 이런 논리는 (자신들이 편협하게 이해한 '반공=자유주의'라는 도식에 따라) 오직 자신들만을 '진정한' 자유주의자로 자처하는 심성에서 비롯되는데, 이 점에서 색

24_2007년 12월 대통령 선거를 앞두고 이회창은 정통 보수의 기치를 들고 한나라당을 탈당해 무소속으로 출마했다. 그러나 그에 의해 위장 보수로 공격을 받은 후보가 여당인 대통합민주신당의 정동영 후보가 아니라 한나라당의 이명박 후보였다는 점은 매우 흥미롭다. 정통 보수를 자처하는 입장에서 볼 때, 위장 보수는 좌와 우 양편에 모두 존재하는 것 같다. 뉴라이트 역시 과거 우익 세력에 의해 기회주의적인 위장 보수라고 공격을 받았다.

25_심지어 이승만 대통령은 정치적 필요에 따라 자신의 정치적 입장에 반대하는 조병옥과 같은 공인된 우파 정치인들마저 '빨갱이'로 몰아붙이는 것을 주저하지 않았다.

깔공세 역시 자유주의에 대한 진정성 논쟁을 역설적인 또는 은폐된 차원에서 함축하고 있다고 풀이해도 될 것이다. 이런 심성은 반공주의에 대한 물신적 숭배(그러나 근본적으로는 공산주의에 대한 공포)에서 유래하는 것으로, 이들은 비(非)반공주의적 자유주의를 일종의 형용모순으로 받아들일 법하다.

진정성 논쟁은 한국 민족주의에 대한 정치적·학술적 논의에서도 매우 빈번하게 표출된다. 민족주의에서 일어나는 진정성 논쟁은 일제강점기의 친일 논쟁, 일제의 식민지 통치 평가 및 그 후 국교 정상화 등 한일 간의 정치적 분쟁, 남북 분단으로 인해 제기된 민족 통일 문제 등을 중심으로 특정 정치인의 행적과 사상을 민족주의적으로 해석할 수 있는가를 놓고 특히 격렬하게 전개된다. 일제강점기의 국권 상실의 경험과 민족해방 투쟁, 해방 후 남북 분단으로 인한 통일된 민족국가 수립의 비극적 좌절과 뒤이은 동족상잔의 한국전쟁, 민족의 지상 과제로 설정된 통일에의 열망 등으로 인해 한국에서 민족주의는 (오염될 수도 있는) 자유주의·사회주의·보수주의와 달리 '오염될 수 없는' 또는 '오염되어서는 안 되는' 일종의 성역화된 이데올로기로 군림해 왔다.[26] 민족주의를 둘러싼 진정성 논쟁은 남북한 정권 사이와 남한 내 정치 세력 사이라는 두 차원에서 전개되었다. 남북한의 집권 세력은 항상 자신들만을 민족을 대변하는 정통적 정권으로 자처하

26_물론 제2차 세계대전 이후 식민지 상태에서 벗어나 독립한 거의 모든 신생국가에서 민족주의는 다른 이데올로기보다 선차적이고 우월한 위상을 확보해 왔다. 그러나 한국은 해방과 함께 진주한 미소 양국에 의한 분단, 동족상잔의 한국전쟁, 통일에의 열망이라는 예외적인 경험 때문에 민족주의가 더욱 특별한 지위를 점하고 있으며, 이는 한국 정치의 이념적 지형의 매우 독특한 특징이라고 할 수 있다. 필자는 이를 '민족주의의 신성화'로 개념화한다. 그러나 이는 매우 복잡한 주제이기 때문에 이 글에서는 자세히 다루지 않고 다음 기회에 상세히 검토하고자 한다.

고, 상대방 정권을 외세의 괴뢰(또는 예속 정권)이자 분단을 획책하고 유지하는 민족 반역자(또는 반민족, 역도逆徒)로 비난하면서 상대방 정권을 합법적인 정치적 실체로서 인정하기를 거부해 왔다. 그리고 현대 남한 정치에서도, 예를 들어 이승만·박정희 대통령의 행적이나 정책을 민족주의적인 것으로 평가할 수 있는가를 놓고 격렬한 논쟁이 진행되어 왔다. 그리하여 민족주의를 논하는 글에서 어떤 학자는 "이승만 시기와 박정희 시기의 민족주의"를, 비록 민족주의적 담론이나 수사를 남발하기는 했지만 "민족주의 세력을 억압하고 탄압하는 반민족주의적 민족주의"였다는 모순어법을 통해 평가하기도 했다(박명림 1996, 66). 이처럼 현대 한국 정치에서 민족주의는 일종의 '정치적 종교'의 위상을 차지하고 있기 때문에, 어떤 정치 세력이나 정치인을 '민족 반역자', '반민족주의자' 또는 '반민족적'으로 규정하는 언술은 사실상 정치적 사형선고의 효과를 노리는 것이었다.[27]

4. 맺는말

지금까지 다양한 이데올로기들의 출현이 압축적·동시적으로 이루어진 한국 정치의 이념적 지형의 특징을 그것들이 점진적·계기적으로 일어난 서구와 비교하면서 고찰했다. 그러나 이를 통해 드러난 특징은 그것이 전체적인 이념적 지형이든 개별 이데올로기이든 다분히 시론적 수준에서 검토

27_그렇기 때문에 임지현에 의해 "민족주의는 반역이다"라는 역설적 제목으로 출판된 책이 학계의 비상한 주목을 받기도 했다(임지현 1999).

된 것으로 구체적인 정교화 작업이 필요하리라고 생각된다. 그러나 지금까지의 논의를 토대로 판단하더라도, 서구에서는 3백 년에 걸쳐 전개·진화된 다양한 이데올로기들이 현대 한국 정치에서는 비동시성의 동시성이 초래한 압축적 과정을 통해 불과 60년 만에 어느 정도 그 명색을 갖추게 된 것임을 알 수 있다. 민주화 이후 20년이 경과한 시점에서 한국 국회에서 활약하는 정당의 이념적 분포를 본다면, 거시적으로 한국의 정당 구도는 서구의 민주국가, 그중에서도 사민주의적 정당과 자유주의적 정당이 양당 체제를 형성하는 유럽의 정당 구도가 아니라 진보적 자유주의 정당과 보수적 자유주의 정당이 양당 체제를 형성하는 미국의 정당 구도에 수렴하는 현상을 보이고 있다. 이런 구조는 선거에 의한 최초의 평화적 정권 교체가 일어난 김대중 정부와 뒤이은 노무현 정부 등 개혁적 민주 정부가 들어서면서 기본적 모양새를 갖추기 시작했다. 그리고 2004년 17대 총선에서는 진보적 자유주의 정당이자 여당인 열린우리당(152석)이 처음으로 다수당으로 부상하고 보수적 자유주의 정당이자 전통적으로 다수당이었던 야당인 한나라당(121석)이 소수당으로 자리바꿈하는 이변이 연출되었다. 이후 한국 정치의 정당 구도는 기본적으로 진보적 자유주의 정당과 보수적 자유주의 정당이 경합하는 양당제로 자리 잡는 한편, 사회민주주의적인 민주노동당(10석)과 보수적인 자유민주연합(4석)이 포진해 약간의 이념적 다양성을 가미했다. 2012년에 실시된 19대 총선에서도 보수적 자유주의 정당이라 할 수 있는 새누리당(152석)이 2008년 총선에 이어 여당이자 다수당으로서의 지위를 유지하면서, 진보적 자유주의 정당이라 할 수 있는 야당인 민주통합당(127석)과 경합하는 양당 구도가 실현되었다. 여기에 10석이 넘는 의석을 차지한 사회민주주의적 성격의 통합진보당(13석)과 보수주의적인 자유선진당(5석)이 자리 잡음으로써 이념적 다양성이 가미된 2004년의 구도를 기본적으로 유지했다.[28] 비록 앞서 지적한 정당들의 이념적 특징이 일관되고 체계적으로 드러나는 것은 아니지만, 이들 정당들은 정책이나 선거공약을 통해 어느 정도 식별 가능한 이념적 특징과 차이를 표출하고 있다. 이에 따라 색깔이 다양한 정당들 사이에서 전개되는 정당정치가 정당 일체감을 통해 일반 국민들의 정치교육에 영향을 미치면서 국민들의 정치 사회화에 어느 정도 기여할 것이라 기대된다.

마지막으로 영국·프랑스 등 선발 서유럽 국가와 한국 정치의 이념적 지형의 차이를 선명하게 대조하기 위해 사용한 '비동시성의 변증법'이 지닌 한계를 지적하면서 이 글을 마무리하고자 한다.『탈근대주의 또는 후기 자본주의의 문화적 논리』(1991)라는 저서를 출판해 일약 탈근대주의에 대한 최고의 마르크스주의 이론가로 부상한 프레드릭 제임슨은 그 저서에서, 블로흐의 비동시성의 동시성 관념에 호소해 근대주의modernism를 "사회 발전의 불균등한 계기에 독특하게 상응하는 것," 다시 말해 "역사의 근본적으로 상이한 계기들로부터 비롯되는 현실들의 공존"에 독특하게 상응하는 것으로 특징지었다(Jameson 1991, 307). 그의 이런 언명은 이제껏 자신이 견결하게 옹호하던 죄르지 루카치György Lukács의 "모든 것을 포섭하는 자본주의의 총체성"이라는 관념, 곧 '동시성의 변증법'을 포기하고, 근대주의의 근본적 특징을 "에른스트 블로흐가 이른바 '비동시성의 동시성'Gleich-zeitigkeit des Ungleichzeitigen이라고 부른 것, 곧 상이한 시대에서 비롯되는 경제구조와 사회문화적 구성체의 공존이 빚어내는 종종 혼란스러운 배치로 특징지어지는 역사적 상황에 해당하는 감성의 구조"라고 규정한 것이다(Durst 2001, 171). 제임슨의 이처럼 놀라운 전환에 대해 다비드 더스트David C. Durst는 그 주된 원인을 베를린장벽이 무너진 1989년 이후 탈근대적 서

28_그러나 총선 이후 통합진보당의 일부 의원이 탈당해 2012년 10월 진보정의당을 창당하면서, 통합진보당은 6석, 진보정의당은 7석을 각각 차지하게 되었다.

유럽이 새롭게 직면하게 된 부정할 수 없는 엄연한 현실, 구사회주의권 국가들이 자본주의적 불균등 근대화라는 전환의 고통스러운 과정에 진입하게 됨으로써 유럽의 일부 지역에 자본주의적 근대가 귀환한 현실을 들고 있다(Durst 2001, 171). 이처럼 과거의 때늦은 귀환에 직면해, 제임슨은 '총체성의 변증법'을 포기하고 '비동시성의 변증법'을 수용하지 않을 수 없었던 것이다. 그러나 이 글에서 논의된 한국 현대 정치의 이념적 지형에 대한 분석이 잘 보여 준 것처럼, 근대성의 해석에 있어서 제임슨의 최근의 놀라운 전환이나 그 전환의 이유에 대한 더스트의 해석은 다분히 서구중심적이다. 한국 정치를 포함한 비서구 세계의 다양한 정치적 경험이 보여 주듯이, 전 지구적 차원에서 근대성은 루카치가 말한 "모든 것을 포섭하는 자본주의의 총체성"이 아니라 "비동시성의 동시성"으로 체험된 것임이 분명하기 때문이다. 이 점에서 선발적으로 근대화를 추진한 서구 일부 국가와 후발적으로 근대화를 추진해야 했던 비서구 다수 국가들에서 비동시성의 동시성은 이제 어느 정도 공통된 현상으로서 양자의 차이는 '종류의 차이'가 아니라 '정도의 차이'에 근접하는 것으로 이해되어야 할 것이다.[29] 이 점에서 제임슨과 같은 서구 지식인들은 비서구 국가들이 일상적으로 경험했던 비동시성의 동시성을 구사회주의권의 붕괴 및 체제 전환과 함께 뒤늦게 발견한 셈이라고 할 수 있다.

이런 성찰을 받아들인다면, 근원적인 차원에서 '비동시성의 동시성이란 급속한 변화를 겪는 모든 사회에서 발견되는 보편적인 현상이 아닌가'라는 반론이 제기될 법한데 이를 검토해 볼 필요가 있다. 예를 들어, 자체

---

[29] 서구 자본주의 발전과정에서 불균등한 발전 및 이로 인해 초래된 비동시성의 변증법을 비판적으로 상기시킨 역작으로는 핼퍼린(Halperin 1997)을 참조할 것.

적으로 변화를 성취한 — 따라서 외부의 충격에 의해 비동시성의 동시성이 강압적으로 초래되지 않은 — 한 사회 내에서 공식적인 제도와 가치로는 남녀평등이 강조되지만, 그 제도를 운영하고 가치를 실천하는 관행과 문화 및 일상생활은 여전히 가부장적으로 남아 있는 이중적 현상을 들 수 있다. 그러나 자생적이고 자족적으로 변화를 수행하는 사회에서 그런 비동시성의 변증법은 일시적으로 심각한 병리적 현상을 수반하더라도 점진적인 타협과 학습을 통해 수렴과 동시화로 나아갈 개연성이 높다. 그리고 남아 있는 비동시성의 동시성은 근절되지는 않더라도 봉합된 상태로, 곧 사회 전반에 상대적으로 무해한 그리하여 무시해도 좋은 상흔scar으로 남아 있게 마련이다. 이에 관해서는 현대 독일의 신나치주의자, 미국의 3K단 Ku Klux Klan(인종차별주의자), 또는 한국 지리산의 청학동 등을 예로 들 수 있을 것이다. 또한 예를 들어 "서울은 전통적 요소(건축물), 근대적 요소(건축물), 탈근대적 요소(건축물)가 공존하는 '비동시성의 동시성'을 특징으로 하는 도시다"라는 명제는 '비동시성의 동시성'을 다분히 긍정적으로 평가하는 언명이라 할 수 있다. 그러나 지금까지 이 글에서 논한 것처럼, 해방과 분단 이후 한국 정치의 이념 전개 과정에서 목격된 '비동시성의 변증법'은, 한국이 독일 등 유럽의 후발 국가보다 훨씬 더 늦게 그리고 식민지 경험을 겪어 가면서까지 강압적으로 근대를 맞이했기 때문에, 훨씬 더 극렬하게 전개되었으며 그 병리적 현상이 단기간에 집중적으로 분출해 이념적 지형을 뒤틀리게 했다고 해석할 수 있다. 그 결과 비록 민주화 이후에 한국 현대 정치의 이념적 지형이 서구에 수렴하는 '정상화' 과정을 겪고 있기는 하지만, 그 지형은 비동시성의 변증법이 남긴 거의 반半영구적인 충격적 외상trauma을 간직하고 있으며, 이것이 한국 현대 정치의 이념적 특징을 구성한다고 할 수 있다.

| 8장 |

민주화 이후 한국 정치에서 자유민주주의와 법치주의의 충돌

1. 글머리에

이 글에서는 먼저, 서구의 정치(사상)사를 볼 때 발생사적으로 자유민주주의와 사회민주주의는 구분되지만 오늘날 민주주의 국가들 가운데 서구 선진 국가에서는 물론 전 세계적으로도 자유민주주의와 사회민주주의 사이의 이념적·정책적 수렴이 이루어지고 있으며, 따라서 '헌정 체제상'으로 양자를 구분하는 것이 커다란 의미를 지니지 않는다는 입장을 취하고, 그 논거를 간략히 제시할 것이다. 아울러 우리 헌법에 나타난 자유민주주의

● 이 논문의 일부는 필자가 2005년 12월 헌법실무연구회에서 발표한 미출간 논문, "한국에서 자유민주주의와 헌정주의"를 기초로 하여 작성되었다.

와 사회민주주의의 수렴 현상을 확인하기 위해 헌법의 경제 관련 조항을 간략히 일별할 것이다. 이어서 우리 헌법의 해석에 있어서 일반적으로 민주공화국의 '민주', '민주적 기본 질서', '자유민주주의', '자유민주적 기본 질서' 등에 담긴 '민주주의'의 의미와 내용에 커다란 차이가 없다고 생각되지만, '민주적 기본 질서'와 '자유민주적 기본 질서'라는 구절이 들어간 조항들이 명문화된 당시의 입법 연혁(또는 정치사)을 살펴보았을 때, '자유민주적 기본 질서'는 '민주적 기본 질서'에 비해 강한 반공주의를 내포하고 있으며, 오늘날 그 유산이 정치는 물론 법체계에서도 지속되고 있다는 점을 지적할 것이다. 또한 노무현 대통령 탄핵 사건 및 행정 수도 이전에 관한 헌법재판소의 판결과 관련해 두 사건을 정치학계 일각에서 주장하는 것처럼 민주주의와 법치주의의 충돌로 볼 수 있는지 검토한 후, 이 두 사건을 민주주의와 법치주의의 본격적인 충돌로 보기는 어렵다는 의견을 밝힐 것이다. 마지막으로 한국 정치에서 민주주의와 법치주의의 충돌을 민주주의와 자유주의의 충돌이라는 관점에서 논할 것이다.

2. 어떤 민주주의인가: 자유민주적 기본 질서와 민주적 기본 질서

자유민주주의와 사회민주주의는 구분되는가

서구의 정치사를 볼 때 '이념'적으로 자유민주주의가 자유주의로부터, 사회민주주의가 사회주의로부터 출발했다는 기원상의 차이는 명백히 존재한다. 그러나 오늘날 대부분의 사회민주주의 체제가 자유민주주의 체제 내에서 자유민주주의의 헌정적 틀 — 다당제에 바탕을 둔 대의제도, 기본적 시민권의 보장, 권력분립, 선거를 통한 정권 교체 등 — 을 수용하면서 발전해 왔기 때문에, '체제'면에서 자유민주주의와 사회민주주의를 구분하기란 다음 두 가지 이유로 대단히 어렵다.

첫째, 서구의 선진 민주국가들에서 목격되는 것처럼, 자유민주주의를 표방하던 정당과 사회민주주의를 표방하던 정당들 간에 일어나고 있는 이념적·정책적 수렴 현상을 들 수 있다. 나라마다 차이가 있겠지만, 오늘날 사회민주주의를 운위할 수 있는 대부분의 서구 선진 국가에서는 보수적인 또는 자유주의적인 정당들 역시 제2차 세계대전의 종결 이후 복지국가 또는 수정자본주의의 이념을 받아들여 사회보장제도를 도입하고 확충하는 데 노력을 기울여 왔기 때문에, 사회민주주의 정당과 비교할 때 정책과 정강에서 사실상 커다란 차이가 없다. 마찬가지로 대부분의 사회민주주의 정당 역시 비효율성, 관료제의 비대 등을 이유로 국유화 강령, 계획경제의 강화 등 사회주의의 본격적인 실현을 목표로 추진되는 정책들을 폐기하고 사유재산제도와 시장경제 원칙을 원칙적으로 수용함으로써 두 세력은 어느 정도 정책적 수렴 현상을 보여 왔다. 아울러 냉전 종언 이후, 신자유주의의 전 세계적 확산으로 인한 이념적 지형의 변화와 함께 종래 진보적인 사회민주주의 정당들 역시 '제3의 길' 또는 '생산적 복지' 등을 주장하면서 (기존 복지 정책의 후퇴를 포함해) 우경화된 노선으로 방향 전환을 시도했기 때문에, 기존에 관찰되던 수렴 현상은 더욱더 현저해지고 있다.

둘째, 현실 정치에서 사회민주주의라는 독특한 정치체제를 식별해 내기가 어렵다는 점을 지적하지 않을 수 없다. 예를 들어, 우리는 가령 '전후 서독 또는 최근의 통일 독일에서 기독교민주연합이 집권하면 자유민주주의 체제이고, 사회민주당 등 좌파 연합이 집권하면 사회민주주의 체제라고 구분하는 것이 설득력을 갖는가?'라는 질문을 제기해 볼 수 있다. 이런 질문을 영국, 이탈리아, 프랑스, 스웨덴, 덴마크 등에 대해서도 제기할 수 있을 것이다. 만약 이런 질문에 긍정적으로 답한다면, 이들 국가에서 보수적인 정당이 집권하다가 좌파 정당이 선거를 통해 집권하면 그 체제는 사회민주주의 체제로 전환한 것이고, 반대로 좌파 정당이 집권하다가 보수 세력이 선거를 통해 집권하게 되면 이제는 자유민주주의 체제로 전환한 것이라는 주장 역시 긍정하지 않을 수 없을 것이다. 그렇게 되면 논리적으로 해당 국가가 동일한 헌정 체제를 유지하면서도 유동적이고 우발적인 선거 결과에 따라 자유민주주의 체제와 사회민주주의 체제를 오락가락한다는 결론이 나온다. 그러나 이 국가들의 정치 현상을 관찰해 볼 때, 집권 정당의 변화에도 불구하고 이 국가들의 헌정 체제는 물론 대부분의 정책 역시 커다란 변화가 없었다. 의미심장한 차이를 꼽는다면 단지 복지 정책에서 비교적 여러 변화가 있었다는 점 정도를 들 수 있을 뿐이다. 요컨대 자유민주주의를 표방하는 세력과 사회민주주의를 지향하는 세력은 양자가 각각 자유주의와 사회주의라는 상이한 이데올로기를 배경으로 출발했지만, 적어도 오늘날 서구 선진 민주국가의 현실을 볼 때, 양자는 선거에서 승리하기 위해 정책적으로나 이념적으로 수렴하고 있다.

지금까지의 논의를 종합할 때, 자유민주주의와 사회민주주의를 체제 면에서 구분하는 것은 현재로서는 커다란 실익이 없다는 것이 이 글의 입장이다. 나아가 우리나라 대부분의 헌법학자들 역시 제6공화국의 헌법이 사회민주주의를 수용할 수 있는 것으로 해석한다(성낙인 2008, 133; 정종섭 2007, 195; 홍성방 2008, 91-93). 예컨대 헌법 "전문"前文에 선언된 "국민 생활의 균등한 향상"이라는 구절, 인간의 존엄과 가치, 행복추구권 및 평등권을 선언한 제10~11조, 재산권 행사를 공공복리나 공공 필요에 따라 제한할 수 있게 한 제23조의 재산권 조항, 근로의 권리 및 최저임금제 시행을 규정한 제32조, 사회보장제의 실시를 규정한 제34조, 국민 보건에 대한 국가의 보호를 규정한 제36조, 그리고 마지막으로 시장경제 질서를 존중하면서도 다양한 목적으로 기업의 국유화, 부분적인 계획경제의 도입 및 경제민주화를 규정한 제119조에서 제127에 이르는 경제 관련 조항은 현행 헌법 아래에서도 상당한 수준에서 사회민주주의적 개혁이나 정책을 가능케 하는 것으로 보인다. 따라서 한국 정치 역시 헌법 개정 없이도 이른바 사회민주주의에서 강조하는 사회경제적 불평등을 해소할 수 있는 방향으로 성장·전화하는 것이 가능할 것이다. 헌법학자들이 우리 헌법의 기본 원리로 "사회 복지국가 원리", "사회국가 원리", 사회 경제 질서의 원리로 "사회 복지주의", "사회적 시장 경제주의" 등을 제시하는 것도 이런 해석을 뒷받침한다(성낙인 2008; 홍성방 2008; 김철수 2006).

우리 헌법에 나타난 자유민주적 기본 질서와 민주적 기본 질서

현행 헌법에서는 제1조 1항의 '민주공화국'이라는 표현 이외에도 '민주적 기본 질서'와 '자유민주적 기본 질서'라는 용어를 사용하고 있는데, 양자의 관계를 어떻게 볼 것인가, 구분의 실익이 있는가에 대해서는 헌법학자들 사이에 의견이 분분하다.[1] 헌법 "전문"은 "…… 자율과 조화를 바탕으로 자유민주적 기본 질서를 더욱 확고히 하여"라고 하고, 제4조는 "…… 자유민주적 기본 질서에 입각한 평화적 통일 정책을 수립하고 이를 추진한다"고 하여 '자유민주적 기본 질서'라는 용어를 사용하는 데 반해, 제8조 4항은 정당의 해산과 관련해 "정당의 목적이나 활동이 '민주적 기본 질서'에 위배될 때에는 …… 헌법재판소의 심판에 의하여 해산된다"고 규정하고 있다. 아울러 흥미롭게도 현행 헌법 제32조 2항은 "국가는 근로의 의무의 내용과 조건을 민주주의의 원칙에 따라 법률로 정한다"라는 규정을 두고 있다.

1_앞에서도 언급한 것처럼, 이 글을 쓰기 위해 참조한 대부분의 학자들은 구별의 실익이 별로 없다고 생각한다(성낙인 2008, 133; 정종섭 2007, 195; 홍성방 2008, 91-93).

헌법 조항을 전체적으로 살펴볼 때, 우리 헌법이 궁극적으로 추구하는 가치라는 점에서는 자유민주적 기본 질서나 민주적 기본 질서 사이에 큰 차이가 없다고 판단된다. 하지만 양자 가운데 어느 쪽이 더 강한 '방어적 민주주의'를 함축하고 있는가라는 점에서는 차이가 있다. 예컨대 서독 기본법에서 명문화된 정당 조항과 기본권 상실 조항은 방어적 민주주의를 강조하기 위해 '자유민주적 기본 질서'freiheitliche demokratische Grundordnung라는 용어를 사용하고 있는데 반해, 우리 헌법의 정당 조항은 방어적 민주주의의 취지로 '민주적 기본 질서'라는 표현을 사용한다. 그런데 그 제정 취지나 문구를 보면 '민주적 기본 질서'가 오히려 서독 기본법의 번역어로 사용된 '자유민주적 기본 질서'에 비해 허용적이고 관용적인 성격이 강하다. 반면 아래에서 구체적으로 논할 것처럼, "전문"과 제4조에서 평화적 통일정책과 호응해 등장하는 '자유민주적 기본 질서'는 북한을 의식해 방어적 성격이 매우 두드러진다. 다시 말해 제8조 정당 조항의 '민주적 기본 질서'보다 "전문"과 제4조의 '자유민주적 기본 질서'가 훨씬 강한 방어적 민주주의의 색채를 띠고 있다는 것이다.

민주적 기본 질서와 자유민주적 기본 질서를 구분하는 김철수는 그 논거로, 우리 헌정 질서가 적극적으로 복지주의를 추구하는데 만약 민주적 기본 질서를 자유민주적 기본 질서와 동일시하면, "사회민주적 기본 질서에서 나온 복지주의를 배척하는 정당도 합헌이라는 곤란한 결과"가 나온다는 해석을 제시한다(김철수 2006, 116). 이런 해석에 담긴 진보적인 발상은 복지주의에 대한 김철수 개인의 신념을 피력하는 것은 물론, 우리 헌법 조항들이 사회민주주의에서 주장되었던 복지주의를 많이 담고 있다는 점에서 상당한 설득력을 가지고 있다. 그러나 이런 해석은 민주적 기본 질서를 자유민주주의와 사회민주주의의 공통 개념으로 보는 김철수 자신의 논리(김철수 2006, 113)와 모순되는 측면이 있다. 공통 개념이라면 자유민주주의와 사회민주주의의 교집합을 의미하기 때문에 그 내용이 (양자의 최대

공약수 선에서) '최소한'으로 설정되어야 할 것이다.[2] 그렇다면 역사적으로 (발생사적으로) 사회민주주의를 자유민주주의와 비교할 때 큰 차이를 보이는 사회적 기본권의 강조, 곧 사회적 정의와 복지의 추구 — 이것은 김철수 역시 인정하고 있다 — 를 공통 개념으로 상정하는 것은 논리적으로 무리가 있지 않은가?[3]

필자는 우리 헌법이 수정자본주의에 입각해 사회적 기본권을 광범위하게 인정하고 있기 때문에, 우리 헌법하에서 사회민주주의를 추구하는 정당이 출현해 집권을 하면서 정부의 적극적인 개입을 통해 복지와 분배 정책을 추구하더라도, 사유재산제도와 시장경제를 전면적으로 또는 원칙적으로 부정하지 않는 한, 우리 헌법이 추구하는 '민주적 기본 질서'는 물론 '자유민주적 기본 질서'에 위배되지 않는다는 입장을 취한다. 그리고 국내의 많은 헌법학자들 역시 원칙적으로 이와 비슷한 입장을 취하리라고 생각한다.

다른 한편 필자는 김철수와는 다른 이유로, 곧 사상사적인 차원 및 한국 헌법사적인 차원에서는 '자유민주적 기본 질서'와 '민주적 기본 질서'가 구분된다고 생각한다. 우리 헌법 "전문"에 '자유민주적 기본 질서'(실제로는 '자유민주주의 기본 질서')[4]라는 용어가 처음으로 들어간 것은 유신헌법 제정

---

[2] 자유민주주의와 사회민주주의의 교집합으로서 (최대공약수 차원에서) '최소한'의 민주적 기본 질서를 강조하는 입장과 자유주의의 부분집합으로서 '최소한'의 민주주의를 요구하는 입장은 물론 다르다. 후자에 대한 비판은 아래에서 다시 구체적으로 제기될 것이다.

[3] 다만 복지주의를 배척하는 정당은, 고전적인 자유민주주의보다 훨씬 더 광범위하게 사회(복지)국가 원리, 사회복지주의를 채택하고 있는 우리 헌법에 배치된다는 논거로 위헌 정당으로 규정될 수 있을 법도 하다.

[4] 이 글에서는 '자유민주적 기본 질서'와 '자유민주주의 기본 질서'를 사실상 동일한 표현으로 본다.

을 통해서다. 그 전의 헌법 "전문"에는 '민주주의', '민주 생활', '민주공화국' 등의 용어가 나오지만, '자유민주적 기본 질서' 또는 '자유민주주의'라는 용어는 나오지 않았다. 헌법 "전문"에 '자유민주적 기본 질서'가 최초로 삽입된 유신헌법의 "전문"에서 관련된 구절은 다음과 같다. "유구한 역사와 전통에 빛나는 우리 대한국민은 3·1 운동의 숭고한 독립 정신과 4·19 의거 및 5·16 혁명의 이념을 계승하고 조국의 평화적 통일의 역사적 사명에 입각해 '자유민주주의 기본 질서'를 더욱 공고히 하는 새로운 민주공화국을 건설함에 있어서 ……." 여기서 새로 삽입된 "자유민주주의 기본 질서를 더욱 공고히 하는" 과제는 "조국의 평화적 통일의 역사적 사명"과 연관되어 있다. 하지만 여기에는 통일에 대한 염원에 몰입해 '자유민주주의 기본 질서를 더욱 공고히 하는' 과제를 소홀히 해서는 안 되며, 자칫 소홀히 할 경우 제2공화국의 장면 정권에서처럼 혁신계와 학생들의 급진적인 통일 논의 등을 통해 자유민주주의를 위협하는 정치적 혼란과 불안이 초래될 수 있다는 강한 우려와 경계심이 암시되어 있는 것이다. 그리고 현행 헌법의 "전문" 역시 유신헌법의 "전문"을 이어받아 또는 그 흔적으로서 "…… 자유민주적 기본 질서를 더욱 확고히 하여"라는 표현을 담고 있는데, 그 앞에는 "…… 조국의 민주개혁과 평화적 통일의 사명에 입각하여 ……"라는 구절이 나온다. '민주개혁'이라는 단어가 추가되어 있기는 하지만, '자유민주적 기본 질서'는 여전히 '조국의 평화적 통일'과 호응하고 있는 것이다. 마찬가지로 제6공화국 헌법에 신설된 "…… 자유민주적 기본 질서에 입각한 평화적 통일 정책을 수립하고 이를 추진한다"라는 제4조의 규정 역시, 북한과의 통일을 위한 대화와 협상의 과정에서 야기될 수 있는 정치적 혼란은 물론 '통일 후의 정치체제를 둘러싼 이념적 논쟁과 혼란'을 염두에 두고, 통일을 추진하더라도 '자유민주주의'는 포기할 수 없다는 점을 못 박은 것이라 할 수 있다. 필자는 사회민주주의를 포함하는 넓은 의미의 자유민주주의 질서를 현실주의적 관점에서 수용하기 때문에 헌법의 이런 조항에 대해 반대하지는 않는다. 그러나 우리 헌법에서 '자유민주주의'의 동의어로서 나오는 '자유민주적 기본 질서'는, 북한을 의식한 대단히 방어적인 표현으로 사실상 강한 반공주의와 반북 의식을 내포하고 있다는 점에서 주목할 필요가 있다.[5]

그렇다면 명문화 당시 '자유민주적 기본 질서'(현행 헌법 4조)의 구체적 의미는 무엇인가? 물론 오늘날 우리 헌법이 추구하는 궁극적 가치나 '자유민주적 기본 질서'와 관련된 구절에 따르면, 우리는 북한의 인민민주주의는 배척할지언정 통일된(통합된) 한반도(조선 반도)의 정치체제로서 형태상 연방제(국가연합, 흡수 통일/통합)와 이념상으로 자유민주주의, 사회민주주의 또는 타협적으로 1국가 2체제론(그러나 남한은 자유 또는 사회민주주의)을 받아들일 수 있을 것이다.[6] 우리 헌법의 자유민주주의는 사회민주주의를 배척하지 않기 때문이다.

그러나 한국 현대 정치사에서 분단 정부 수립 또는 6·25 전쟁 이후부터 민주화 이전까지 대부분의 기간 동안 자유민주주의는 적극적으로 실현되어야 할 '실질적 가치'라기보다는 북한의 위협으로부터 남한을 지켜야

5_ "자유민주적 기본 질서라고 할 때 자유의 의미는 인민민주주의(공산주의)와 구별하려는 의미 이상이 있다고 보기는 어렵다"는 견해(계희열 2005, 298 주 207) 역시 자유민주적 기본 질서의 '배제성'에 주목한 해석이라 할 수 있다. 성낙인 역시 우리 헌법이 수용하는 정치체제로서의 자유민주주의는 "다원성을 부정하는 전체주의와 인민민주주의"라고 하면서 자유민주주의의 배제성에 주목하고 있다(성낙인 2008, 133). 우리 헌법 전문(全文)에서 '자유민주주의'라는 단어는 나오지 않는다.

6_ 한편 이석연은 자유민주적 기본 질서에 반하는 통일 정책은 위헌적이라고 판단한다. 그는 "통일은 자유민주주의를 달성하기 위한 수단이어야지, 자유민주주의가 통일의 희생물이 되어서는 결코 안 됩니다"라고 주장한다(이석연 2003, 72). 남북 통합의 형태로 연방제나 1국가 2체제론을 받아들이더라도, 북한의 인권이 현재보다 대폭 개선되지 않는다면 통합 반대론은 합당하게 제기될 수 있다.

한다고 언명할 때 동원되는 '명목적 가치'의 성격이 강했다. 그렇기 때문에 북한의 위협에 대비한 반공과 경제성장을 위해 자유민주주의적 가치가 상당히 희생될 수 있었던 것이다. 나아가 헌법상 정당 조항의 존속 여부를 떠나 우리 헌정사에서 자유민주주의는 반북과 반공이라는 비수를 정치적 반대 세력에게로 돌리는 다분히 선제 공격적인 성격을 함축하고 있었다. 이런 사실은 한국 현대 정치사에서 (민주화 이전의) 집권 세력은 물론 우익 단체들이 항상 반공을 주장하는 동시에 실현되지도 않은 '자유' 또는 '자유민주주의' 수호를 외쳤다는 점, 민주화 이후에도 여전히 정치판에서 색깔 논쟁(색깔 공세)이 제기되며 '친북 좌파' 정권이라는 호칭이 운위되고 있다는 점에서 여실히 확인된다. '자유민주주의의 수호'라는 담론은 민주화 이전에는 실현을 위한 적극적 가치가 아니라 사상적으로 의심스러운 인사들 또는 정부에 반대하는 세력의 위협에 대처하려는 목적으로 행사된 공격적이고 적대적인 언술로 기능했으며, 민주화 이후에는 보수 세력이 김대중–노무현 정부의 개혁 조치에 제동을 걸기 위한 언술로 작동해 왔던 것이다. 이런 의미에서 민주화 이전 한국 정치에서 자유민주적 질서는 규범상 방어적 민주주의 개념에 입각한 것이라 할 수 있지만, 동시에 실현되지도 않은 자유민주적 질서를 방어하기 위해 정치적 반대 세력에게 선제공격을 가할 수 있는 매우 적대적인 담론으로 활용되었다. 그렇기 때문에 북한을 의식하고 있는 "조국의 평화적 통일" 또는 "평화적 통일 정책"이라는 구절 뒤에 '민주적 기본 질서'라고 덧붙여도 무방할 것을 반공적 의미를 암묵적으로 부가하기 위해 '자유민주적 기본 질서'라는 표현을 사용한 것이라 생각된다. 이런 사실은 '자유민주적 기본 질서'의 내용은 "······ 모든 폭력적 지배와 자의적 지배, 반국가 단체의 일인 독재 내지 일당독재를 배제하고 ······"라는 헌법재판소의 해석에서도 확인된다(헌재 1990/04/02 선고, 89 헌가 113; 김철수 2006, 116 주 1에서 재인용). 나아가 '자유민주적 기본 질서'의 강력한 반공주의적 성격은 민주화 이후 개정된 국가보안법 조항들에서

"국가의 존립·안전이나 자유민주적 기본 질서를 위태롭게 한다"는 구절이 반복해서 출현하는 것을 통해서도 여전히 지속되고 있다.

그렇다면 4·19 혁명 이후에 개정된 제2공화국 헌법에서 제13조 2항으로 정당 조항이 신설되면서 '헌법의 민주적 기본 질서'라는 용어가 나온 것은 어떻게 볼 것인가? 김영수는 『한국헌법사』에서 이 조항에 대해 "우리나라 헌정사상 최초로 정당에 관한 규정을 신설하여 정치발전을 도모하였다"고 평하면서 이렇게 말한다. "이는 제1공화국 당시의 거대 여당의 위헌적 정당 활동을 사전에 방지하려는 정치적 의도 및 정치·사회적으로 보호를 받는 정당을 기타 일반 단체와 구별하여 헌법적 수준에서 보호를 받도록 함으로써, 긍정적 정치발전을 이루는 한편, 반민주적인 정당의 활동을 금지하여 민주적 기본 질서를 안정시키고 이를 통한 헌법의 수호를 완수하려는데 그 주된 목적이 있다"(김영수 2001, 457). 그러나 김영수의 이런 해석은 그 근거를 당시 국회에서의 헌법 개정 과정과 관련된 사실(토론, 논쟁, 회의록)을 통해 입증하지 않고 있기 때문에 단지 추론의 수준에 머물러 있는 것으로 보인다.

당시 정당 조항의 신설 배경 및 김영수의 해석과 관련해 두 가지 의문이 있다. 첫째, 왜 우리 헌법에서는 정당의 해산 기준으로 반공적 성격이 더 강하고 또 서독 기본법에서도 채택하고 있는 '자유민주적 기본 질서'라는 용어 대신 '민주적 기본 질서'라는 용어를 사용했는가? 둘째, 김영수가 말하는 것처럼 정당 해산 조항이 "당시의 거대 여당의 위헌적 정당 활동을 사전에 방지하려는 정치적 의도"에서 기인한 것으로 해석할 수 있을 것인가? 이 두 개의 의문에 대한 필자의 추론은 김영수와 다르다. 먼저 필자는 '자유민주적 기본 질서' 대신 '민주적 기본 질서'라는 용어를 쓴 것은 민주적 기본 질서가 자유민주주의와 사회민주주의의 공통 개념으로서 민주주의의 최소한을 지시하기 때문에 정당의 목적이나 활동에서 허용 범위가 넓어지는 효과를 의도했다고 본다. '자유민주적 기본 질서'라는 용어는 사회민주주의와 구분되는 협소한 의미의 '자유민주주의'로 받아들여질 여지가 있으며, 이 경우 자유민주주의 헌정 체제를 받아들이지만 사회주의로의 평화적 이행을 전제로 주요 생산수단의 국유화, 복지 제도의 광범위한 시행 등 자유 시장과 사유재산권을 크게 제한하는 정책을 추구하는 (서구 헌정 체제에서는 허용되는) 사회민주주의적 정당이 '자유민주적 기본 질서'에 위배되는 것으로 해산될 수 있었기 때문이다. 따라서 당시 정당 조항은 최소한 자유민주주의는 물론 최대한 사회민주주의를 주장하는 정당까지 그 활동을 보장하겠다는 허용 조항으로 해석되어야 한다. 우리 헌법의 정당 조항은 서독 기본법 등에 영향을 받아 방어적 민주주의 개념을 내포한 것이었지만, 한국 헌정사의 측면에서 볼 때에는 앞에서 언급한 자유민주주의처럼 선제 공격적인 방어 개념이 아니라 정당의 헌법적 보호 그리고 사회민주주의 정당까지 그 활동을 보장하려는 (당시의 강한 반공적 풍토를 고려할 때) 매우 진취적인 허용 규정의 성격이 강했다.[7][8]

다음으로, 우리 헌법의 정당 조항이 진보적인 사회민주주의 정당의 존

---

[7] 이렇게 볼 때 "사회민주적 기본 질서에서 나온 복지주의를 배척하는 정당도 합헌이라는 곤란한 결과"가 나온다는 김철수의 해석은 적어도 1960년 당시의 시점에는 적합하지 않다고 생각된다. 물론 우리 헌법은 건국 헌법부터 사회민주주의적 조항을 적지 않게 포함하고 있었지만, 그것은 주로 방침적 규정이었지 현실적으로 그를 실천할 수 있는 국가적 역량은 갖추지 못하고 있었기 때문이다. 그렇다고 하여 필자가 제정 당시의 시점에 적합한 해석이 항상 합당하다는 입장을 고수하는 것은 아니다.

[8] 나아가 필자의 이런 해석은, 앞에서도 인용한 바 있는 헌법 제32조 2항, "모든 국민은 근로의 의무를 진다. 국가는 근로의 의무의 내용과 조건을 민주주의 원칙에 따라 법률로 정한다."에 나오는 "민주주의 원칙"을 이해하는 데도 도움이 될 듯하다. '민주주의 원칙'은 국민의 실업을 방임·방치할 법한 '자유민주주의 원칙'보다 훨씬 더 근로자에 우호적인 사회민주주의 원칙을 포함할 것이라는 점에서 정당 해산 조항의 '민주적 기본 질서'처럼 포용적이고 진보적인 느낌을 준다.

재와 활동을 허용하려는 규정이라는 필자의 해석은 "당시의 거대 여당의 위헌적 정당 활동을 사전에 방지하려는 정치적 의도"라는 김영수의 해석과 배치된다. 김영수가 그런 추론의 근거로서 어떤 논리와 사실을 제공할 수 있는지는 모르지만, 이승만 정부 당시 벌어졌던 두 차례에 걸친 자유당의 불법적인 개헌 등 위헌적인 정치 활동을 감안할 때, 정당 조항이 자유당과 같은 거대 여당의 위헌적인 횡포를 장차 저지하겠다는 의도를 내포할 수 있었으리라는 점은 일견 수긍이 간다. 그러나 그 이후 전개된 제3공화국과 유신헌법 체제는 물론 전두환 체제의 헌정사를 고려할 때, 거대 여당의 위헌적 활동을 문제 삼아 정당 해산 판결을 내린다는 것은 일종의 사법 쿠데타로서 민주화 이전 상황에서는 감히 상상하기 어려운 일이었다. 오히려 필자는 첫 번째 의문에 대한 추론적 답변의 연장선상에서 그 입법 취지를 '진보당'과 같은 반공적이면서도 사회민주주의적인 정당을 정부가 강제해산하는 것을 막기 위한 의도로 해석하고자 한다. 제2공화국에서 여당이 된 민주당이 제1공화국에서는 같은 야당의 처지에 있으면서도 조봉암의 사형과 진보당의 강제해산을 사실상 묵인했기 때문에 이는 다소 의외로 여겨질 수 있다. 그러나 4·19 혁명 공간이 가져온 민족사적 진보성이 그런 진보적 조항의 명문화를 가능하게 했을 것이라고 추론할 수 있다. 4·19 혁명 공간은 민주당으로 하여금 가능한 한 민주적 색채를 강조하도록 했다. 이는 과거 같은 야당으로서 조봉암과 진보당의 성장에 위협을 느끼고 조봉암의 사형과 진보당의 강제해산에 암묵적으로 협조한 사실에 대한 보상 조치를 전향적으로 취하는 것이 오히려 이제 정권을 잡게 될 민주당의 정치적 기반을 공고히 하는 데 도움이 된다는 인식을 낳게 했을 것이다. 이런 해석의 타당성은 제2공화국 당시에 출간된 헌법 교과서에서도 어느 정도 확인된다. 한태연은 1960년에 출간한 『신헌법』이라는 저서에서 이탈리아 헌법과 서독의 본Bonn 기본법의 사례를 인용한 후, 신헌법에 신설된 정당 조항에 대해 정당의 자유를 단순히 언론·출판·집회·결사의 자유의 측면에서 인정하는 것이 아니라 "좀 더 고차적으로 보장하려는 데에 그 정치적 의의가 있다"(한태연 1960, 63)고 평가했다. 그리고 정당을 헌법재판소의 결정에 의해 해산하게 한 것은 정부의 일방적인 행정처분에 의해 정당을 불법화하고 해산하는 것을 방지하기 위한 것이라며, 과거 진보당의 해산의 경우가 바로 그런 사례라고 지적했다(한태연 1960, 54).[9] 다시 말해 "후진 국가에서 흔히 발견할 수 있는 정부에 의한 야당 탄압을 방지"하기 위한 조항으로 해석했던 것이다(한태연 1960, 54). 당시의 정치 상황에 근접해 있던 이와 같은 한태연의 해석이 김영수의 해석보다 더 설득력이 있으며 앞서 이 글에서 제시한 추론과도 부합한다고 생각한다.[10]

아무튼 자유민주주의에 대한 현행 헌법 조항과 헌법학계의 일반적 해석에서 발견할 수 있는 것은 헌법에 규정된 또는 헌법이 추구하는 자유민

9_2008년 이 글이 발표된 이후 조사한 바에 따르면, 제2공화국 헌법 제정을 위한 "제35회 국회임시회의속기록"에서 한태연의 해석에 부합하는 발언을 확인할 수 있었다. 예를 들어, 정당 해산 조항의 헌법 신설 이유를, 진보당 사건에서와 같은 "정부의 일방적인 해산 처분"을 방지하기 위해 "정당의 자유를 일반 집회결사의 자유로부터 분리"해 "정당에 관한 규정을 따로 두고, 정당의 국가 기관적인 성격을 확실"히 하고자 함이라고 밝히고 있다("제35회 국회 임시회의 속기록" 제35호, 16쪽; 제33호, 8쪽도 참조). 이 자료를 찾아 준 서희경 선생에게 감사드린다.

10_김철수, 홍성방 역시 과거 정당 조항의 신설 취지를 진보당의 해산과 관련시켜 해석하고 있다(김철수 2001, 172; 홍성방 2008, 112). 주 9에서 새롭게 발견해 제시된 자료에 따르면, 이제 김영수의 해석은 부적절한 것으로 판단된다. 또한 이런 해석은, 학생과 혁신계의 급진적인 활동으로 빚어진 정치적 혼란을 명분으로 5·16 군사 쿠데타를 일으킨 박정희와 군부 세력이 반공을 국시로 주장하면서도, 왜 그 후 헌법 개정 과정에서 정당 조항의 '민주적 기본 질서'라는 구절을 '헌법의'라는 부분만 삭제한 채 그대로 존치시킴으로써 장차 혁신정당이 활동할 수 있는 여지를 법적으로 남겨 두었는가라는 의문을 제기한다. 이와 관련해서는 1962년 12월 확정된 헌법 개정안을 둘러싼 논쟁과 협상에 대한 역사적 사실을 검토해 보아야 할 것이다.

주주의가 사회민주주의를 절대 배제하지 않고 오히려 사회적 법치국가, 사회복지주의, 사회적 시장경제주의, 사회국가 원리, 실질적 법치주의, 사회적 기본권 등 사회민주주의 원리를 적극적으로 포용할 수 있는 많은 구절들로 충만해 있다는 사실이며, 나아가 헌법재판소 역시 그에 합당한 판례를 적잖게 내놓고 있다는 것이다. 적어도 헌법, 헌법학계, 헌법재판소에서 자유민주주의가 방어적 차원에서 정부에 비판적인 정치 세력이나 국민을 선제공격하는 무기로 인식되지 않고 있다는 점은 매우 의미심장하다.

그러나 민주화 이후 한국 정치는 헌법학계의 추세에 필적하지 못하고 있다. 과거 권위주의 시절 집권 세력이 자유민주주의를 규정한 헌법을 명목적 헌법으로 받드는 데 만족했듯이, 민주화 이후에 보수 세력은 자유민주주의를 매우 협소하게 이해하고 우리 헌법이 설정하고 있는 사회국가 원리의 실현을 시장경제와 법치주의의 논리를 내세우면서 반대하는 데 앞장서는 '역사적 지체 현상'을 드러내고 있기 때문이다. 이에 대해서는 나중에 민주주의와 자유주의의 긴장을 검토할 때 좀 더 자세히 논하기로 하고, 이에 앞서 노무현 정부에서 일어난 탄핵 사건과 행정 수도 이전을 둘러싼 정치권의 공방과 헌법재판소의 판결을 이른바 민주주의와 법치주의의 충돌이라는 관점에서 검토하도록 하겠다.

3. 민주주의와 법치주의의 충돌

많은 학자들이 지적하듯이, 한국 정치에서 1987년 민주화 이전 권위주의 시대에는 민주주의와 법치주의[11]가 긍정적 상관관계에 있는 것으로 인식되어 왔다. 권위주의 정권이 불법적으로 개헌을 하거나 법을 위반해 가면서 장기 집권을 꾀하고 국민의 인권을 탄압한 적이 많았으므로, 민주화 운동의 목표는 권위주의 정권에 대항해 민주주의를 쟁취함으로써 한국 정치에 (넓은 의미의) 법의 지배를 확립하는 것이라 생각되었기 때문이다. 그러나 1987년 민주화 이후, 특히 1997년 평화적 정권 교체를 통해 집권한 김대중과 뒤이은 노무현 개혁 정부의 출범 이후 한국 정치에서 민주주의와 법치주의의 갈등을 우려하는 목소리가 제기되어 왔다. 물론 한국 정치에서 (넓은 의미의) 법치주의의 비교적 명실상부한 실현은 민주화의 산물이며, 민주화 이후 지난 20년 동안 법치주의가 국민의 인권 신장 및 민주주의에 기여한 측면을 결코 과소평가할 수 없을 것이다. 그러나 김대중-노무현 개혁 정부의 출범 이후 야당과 반대 세력들이 헌법을 동원하며 법치주의를 내세워 두 정부를 공격함에 따라 그런 우려가 등장했다. 특히 2004년 3월 노무현 대통령이 국회에 의해 탄핵 소추를 당하고, 또 2004년 10월에는

11_ 이 글에서는 '법치주의'(the rule of law)를 넓은 의미와 좁은 의미로 구분한다. 넓은 의미에서 법치주의는 다음과 같이 정의된다. 첫째, 법치는 자의적(恣意的)인 권력에 의한 지배에 반대되는 관념이며 일반적인 법의 최고성을 지칭한다. 이 점에서 법치는 인치(人治, rule of men)에 대비되는 개념으로서 인간의 자의적인 정치권력을 규제하며 그것을 비인격적인 것으로 전화시킨다. 둘째, 법치는 법 앞의 평등, 곧 계급과 계층에 상관없이 공직자를 포함한 모든 사람들이 일반적인 법의 평등한 적용을 받는다는 관념을 지칭한다. 셋째, 법치는 최고의 법, 곧 헌법이 상위법으로서 통상적인 법을 구속한다는 관념을 지칭한다. 그리고 세 번째 요소를 위해서 독립된 사법부가 입법부나 행정부의 정치적 행위에 대해 헌법과 같은 상위법에 의거해 사법심사(위헌 심사)를 할 수 있는 권한을 보유하는 제도가, 오늘날 법치의 필수적 요소로 인식되고 있다. 이 점에서 법치주의의 세 번째 요소는 서구 근대사상의 전개 과정에서 전통적으로 존재하던 입헌주의(또는 헌정주의; constitutionalism)가 법치와 결합한 결과 추가된 것이다. 따라서 현대 법치주의는 기본권의 보장, 권력의 분립, 성문헌법의 존재와 함께 자유주의적 입헌주의(헌정주의)의 필수적 구성 요소로 인정된다(강정인 2005에 인용된 문헌 참조). 그리고 이 글에서 민주주의와 법치주의의 충돌을 다룰 때는 주로 좁은 의미의 법치주의, 곧 법치주의의 세 번째 요소인 사법부에 의한 '사법심사'(위헌 심사)를 지칭한다. 한편 대통령제하에서 법의 제정과 집행의 주체인 입법부와 행정부는 '민주주의', 곧 '다수의 지배'를 상징한다.

헌법재판소가 국정 최대 현안인 행정 수도 이전 계획의 근거법인 '신행정수도의건설을위한특별조치법'(이하 '특별조치법')을 위헌으로 판결함에 따라 민주주의와 법치주의의 갈등 또는 충돌에 대한 우려가 최고조에 달했다.

이런 우려를 최장집은 이렇게 표현했다. "…… 헌법을 동원해 민주주의를 공격하려는 경향이 점차 노골화되는 오늘의 시점에서 헌법과 사법부의 역할 나아가 헌정주의와 민주주의의 관계를 어떻게 이해할 것이냐 하는 문제는 더 이상 회피될 수 없는 한국 민주주의의 중심 문제가 아닐 수 없다"(최장집 2005, 13). 박명림 역시 한국 정치의 초기 민주화 과정은 법치로 인해 발전했지만, 이제 법치가 "민주주의를 부정하는 동시에 심대하게 제약한다"고 언급했다(박명림 2005, 268). 두 학자 모두 민주화 이후 한국 정치에서 목격되는 '정치의 사법화' 현상을 전 세계적으로 점증하는 추세의 한국적 발현이라고 보며, 이를 민주주의를 위협하는 현상으로 염려한다. 이처럼 헌법재판소의 헌법재판과 탄핵 심판을 통해 발생하는 정치권과 사법부 간의 긴장과 갈등은 흔히 민주주의(다수의 지배)와 법의 지배(소수의 지배)[12]의 충돌로 인식되고 있다. 특히 민주주의와 법치주의의 충돌에서 사법부의 법해석을 통한 법의 지배를 문제 삼는 이유는 다수의 지배로서 민주주의를 표상하는 대통령의 직무상의 활동이나 의회가 제정한 법률이 민주적 대표성이 결여된 사법부의 반다수결주의적인 결정the countermajoritarian decision에 종속당하기 때문이다. 아래에서는 민주주의와 법치주의의 충돌 문제를 노무현 대통령의 탄핵 심판과 행정 수도 이전 위헌 결정을 둘러싼 정치학계에서의 논의에 기대어 간략히 검토하고자 한다.

12_좁은 의미에서 '법의 지배'는 '법의 해석을 전담하는 소수 법조인의 지배'를 초래한다는 점에서 '소수의 지배'로 등치된다.

먼저 탄핵 사태를 보자. 대통령을 헌법재판소에 탄핵 소추하는 탄핵 제도는 현행 헌법에 명문화되어 있는 제도이고, 대통령이 그 직무를 행사함에 있어서 중대한 위법행위를 저질렀을 때 국회는 권력의 상호 견제와 균형의 원칙에 따라, 다수결에 의해 대통령을 탄핵 소추할 권한이 있다. 그러므로 탄핵 사태에서 대통령과 국회의 관계는 민주주의와 법치주의의 충돌로 보기 어렵고 오히려 삼권분립에 따른 권력의 상호 견제와 균형의 결과라고 해석하는 것이 합당하다.[13] 국민의 대표인 국회가 다수결에 따라 민주적으로 선출된 대통령의 위법행위를 문제 삼아 탄핵 소추를 의결했기 때문에, 이 점에서 보면 국회와 대통령의 충돌은 오히려 민주주의(다수의 지배: 국회) 대 민주주의(다수의 지배: 대통령)의 충돌이다. 또한 탄핵 소추에 대한 심판권을 헌법재판소가 행사하고, 민주적 대표성이 미흡한[14] 9명의 헌법 재판관의 결정에 민주적 대표성을 지닌 대통령과 국회가 복종해야 한다는 사실 역시 입헌주의(또는 헌정주의)를 구성하는 권력분립주의에 따른 것이기 때문에 엄밀한 의미에서 법의 지배와 민주주의의 충돌로 보기 어렵다.[15] 더욱이 우리 헌법 제65조에 의해, 대통령은 물론 행정부의 고위

13_권력분립주의의 한 표현인 권력의 견제와 균형이 탄핵 소추와 탄핵 심판처럼 법치주의를 매개로 한 경우도 있지만, 그렇지 않은 경우도 있다. 주요 국가기관의 담당자를 임명하는 데 있어서 관련 기관들이 행사하는 동의권과 제청권 및 지명·선출권, 국회의 예산심의권, 국정감사·조사권, 국무위원 해임 건의, 중요 정책에 대한 동의권, 대통령의 법률안 거부권 등이 그 예다.

14_헌법재판관 9명 중 대통령이 직접 임명하는 3명, 국회에서 선출되어 대통령이 임명하는 3명은 대법원장이 지명해 임명되는 3명과 달리 어느 정도 민주적 대표성을 갖는다. 2005년 6월 30일 개정된 인사청문회법에 따라 헌법재판관과 선거관리위원 후보(피추천자)들도 청문회 대상에 포함되어 민주적 대표성이 보장되었다.

15_그러나 삼권분립의 원리에 따른 사법부에 의한 입법부와 행정부의 견제는, 불가피하게 (현실적으로) 소수의 지배로 다수의 지배를 압박하는 효과를 갖는다.

공직자, 헌법재판소 재판관, 법관, 중앙선거관리위원회 위원들 등도 직무상 위법행위로 인해 탄핵 소추의 대상이 될 수 있다는 점을 고려한다면 탄핵제도 자체가 민주주의와 법치주의의 충돌의 사례로 파악되기 어려운 점이 있다. 그러나 미국의 경우 동일한 입헌주의 원리를 따르고 있으면서도 탄핵 심판을 국민의 대표 기관인 상원이 수행하기 때문에, 국민적 대표성이 결여된 반다수결주의적인 소수의 지배라는 문제가 일어나지 않는다. 곧 상원의 다수 결정에 의한 탄핵 결정 역시 (달리 구성된) 다수의 지배로서 다수의 지배가 소수의 지배에 종속당한다는 불합리함이 일어나지 않는 것이다. 따라서 상원 제도가 없어 국민적 대표성이 미흡한 헌법재판소의 결정에 의해 대통령의 탄핵 여부가 결정되는 우리나라의 탄핵 제도는 민주주의의 입장에서 우려되는 대목이 있다. 특히 민주화 이후 대통령 선거 주기와 국회의원 선거 주기가 불일치함으로써 대통령의 소속 정당과 국회의 다수당이 상이한 분할 정부가 자주 발생하는 우리 헌정 제도하에서 이런 우려는 상당한 근거를 갖는다.

그런데 이런 원칙적이고 규범적 측면에서의 우려를 더욱 증폭시키는 것은 우리의 정치 현실, 곧 대통령과 국회, 여당과 야당이 정치적 대화와 타협을 통해 국정을 운영하기보다는 대립과 충돌을 일으켜 빈번한 정국 경색이 나타나는 정치 문화라 할 수 있다. 국회의 탄핵 소추 의결 절차상의 하자와 탄핵 소추 사유가 된 노무현 대통령의 행위가 중대한 위법행위가 아니었다는 점을 고려할 때, 탄핵 심판에 대한 결과 여하를 떠나 정치인들이 탄핵 제도를 이용해 민주적으로 선출된 대통령의 지위를 박탈하려고 시도한 사실은 탄핵 제도를 정쟁의 도구로 활용한 것으로서, 정치적으로 볼 때는 분명히 법치주의의 남용에 의한 민주주의의 공격이라 할 수 있다.[16] 이 점은 탄핵 소추에 앞장선 야당의 지도부가 행한 '대통령이 사과를 하면 탄핵 소추를 철회하겠다'는 식의 발언(사실상 탄핵을 추진할 정도로 위법이 아니었다는 점을 자인한 언행), 총선을 앞두고 탄핵 소추에 대한 국민적 반발이 거세지자 탄핵 소추 후 야당 내에서 나온 탄핵 철회 논란, 야당 내에서 탄핵을 추진한 핵심 세력들을 배제시킨 조치 등에서도 여실히 확인되었다(박명림 2005, 266-267). 이렇게 볼 때 현 단계 한국 민주주의의 미래와 관련해 좀 더 심각하게 제기되어야 할 문제는 헌법재판소의 비민주적 구성이나 법리상 문제가 있는 판결, 민주주의와 법치주의의 충돌에서 빚어지는 갈등보다 오히려 법치주의를 빙자한 탄핵 소추 제도의 정치적 남용, 그리고 이로 인해 초래될 법치주의와 민주주의의 동반 추락 위험성이라 하겠다.

이처럼 당시 한나라당을 비롯한 야당이 법치주의를 정쟁의 도구로 남용한 결과, 지난 대통령 선거에서 압도적인 지지로 당선되어 취임한 지 얼마 안 되는 이명박 대통령 역시 탄핵 소추의 사유가 될 만큼 중대한 위법행위가 없음에도 불구하고, 일련의 실정失政에 더하여 미국산 쇠고기 수입을 허용한 조치가 기폭제가 되어 최근 사이버공간에서 탄핵 청원 서명의 대상이 되었다. 그리고 네티즌의 열화와 같은 호응 및 이에 대한 정부의 미숙한 대응 등으로 인해 대통령 및 집권 여당에 대한 지지율이 폭락하는 등 집권 세력이 현실 정치에서 심각한 정치적 타격을 입고 있다. 탄핵 소추를 무

16_결과적으로 헌법재판소의 탄핵 기각 판결은, 17대 총선에서 여당인 열린우리당의 압승이 노무현 대통령에 대한 신임투표를 상징하는 등 탄핵 소추와 탄핵 결정을 전후해 국민의 압도적 다수가 노무현 대통령의 탄핵에 반대했기 때문에, 국민 다수의 의사와 부합한 민주적 결정이었다고 할 수 있다. 그러나 헌법재판소가 국회의 소추 절차상의 하자를 국회의 자율성을 존중한다는 명분으로 문제 삼지 않은 점은 대통령의 사소한 위법행위를 문제 삼은 것과 대조해 볼 때 법치주의의 적용에 있어서 형평에 어긋난다고 생각된다. 또한 중앙선관위와 헌법재판소가 대통령의 광범위한 정치적 역할을 무시하고 노무현 대통령이 선거에서의 중립의무를 위반했다고 확인한 점 역시 법치주의의 남용이자 부적절한 '사법의 정치화'로 해석될 소지가 있음은 물론이다(김종철 2004; 최장집 2005, 60; 박명림 2005, 258).

분별하게 남용한 한나라당과 이명박 대통령은 그 부메랑효과를 톡톡히 누리고 있는 셈이다.[17]

대통령 탄핵 심판과 달리 행정 수도 관련 '특별조치법'을 위헌으로 결정한 헌법재판소의 판결은 민주주의와 법치주의의 본격적인 충돌에 해당한다. '특별조치법'에 대한 헌법재판소의 위헌판결은, 노무현 대통령이 선거기간 동안 행정 수도 이전을 선거공약으로 내세워 당선됨으로써 일단 국민적 승인을 받았다는 점 그리고 국회에서 여·야당 모두가 압도적 다수로 '특별조치법'을 통과시켰다는 점에서 다수에 의한 민주적 결정이 법치주의(사법 심사)에 의해 전복된 것으로, 민주주의와 법치주의의 충돌의 전형적 사례다. 2004년 10월 21일 헌법재판소는 이석연 변호사 등이 제기한 '특별조치법'이 위헌이라는 헌법 소원에 대해, 우리나라 수도가 서울이라는 것이 관습헌법에 해당한다는 점과 관습헌법의 개정은 원칙적으로 성문헌법의 개정 절차에 따라야 한다는 점을 선언한 후, '특별조치법'은 수도 이전의 의사 결정에 해당하기 때문에 헌법 개정 절차를 거쳐야 하는바, 이에 필요한 국회의 헌법 개정 절차와 국민투표 과정을 거치지 않았기 때문에 특별조치법이 국민의 국민 투표권을 침해한 위헌 법률이라고 판시했다 (2004 헌마 554, 566 병합).[18]

---

[17] "루이 보나빠르뜨의 브뤼메르 18일"의 서두에 나오는 유명한 구절에서 마르크스가 말한 것처럼, 중대한 역사적 사건은 한 번은 비극적으로 일어나고, 또 한 번은 희극적으로 반복된다(마르크스 1987, 146). 그러나 우리를 더 슬프게 하는 것은 그 희극적인 재현이다.

[18] '특별조치법'에 대한 헌법재판소의 결정과 관련해 반론이 적지 않다. 그 요지는 헌법재판소가 관습헌법을 근거로 들었는데, 설령 수도가 서울이라는 점이 관습헌법이라 할지라도 헌법 개정은 성문헌법의 내용을 수정·삭제·증보하는 것이기 때문에, 관습헌법에 대한 헌법 개정은 있을 수 없고, 따라서 있을 수 없는 헌법 개정에 대한 국민투표권 침해 운운하는 것은 법리적으로 근거가 없다는 것이다. 헌법재판소의 이런 판결의 부당성을 비판적으로

위헌판결의 법적 논리가 적절하다는 전제하에, 정치학적·법학적인 입장에서 제기하고 싶은 문제는 두 가지다. 첫째, 위헌판결이 내려진 후 한나라당이 보여 준 자기모순성이다. 헌법재판소의 위헌판결이 내려지자 당시 야당이었던 한나라당은 헌법재판소의 판결을 환영했다. 당시 한나라당 박근혜 대표는 "국민들이 국가 정체성과 법질서가 무너지는 것을 보며 불안해했는데, 법치주의가 살아 있다는 것을 일깨운 선고가 아니겠느냐"라는 발언을 통해 판결을 법치주의의 승리로 받아들였다(『세계일보』 2004/10/22). 나아가 한나라당의 어떤 의원은 "노 대통령이 행정 수도 이전에 명운을 걸었는데 위헌 결정이 났으니 내각이 총사퇴해야 하는 것 아니냐"라는 발언을 하여 논란을 빚기도 했다(『국민일보』 2004/10/21). 그러나 야당이자 다수당이었던 한나라당은 2003년 12월에 헌법 개정 절차를 밟지 않고 하위 법령에 의해 헌법을 개정하고자 한 '특별조치법'에 대해, 임박한 2004년 총선을 의식하면서 (내심 반대하더라도) 충청권의 민심 이반을 우려해 대부분 찬성 표결을 했다. 그럼에도 불구하고 헌법재판소의 위헌판결이 내려진 후, (비록 2004년 5월경부터는 일부 의원들이 국민투표 등 국민적 합의 과정을 반드시 거쳐야 한다고 다소 막연하게 주장하긴 했지만) 이른바 "위헌적인 헌법 개정" 시도와 관련해 다수당으로서 자신들이 지닌 책임에 대해서는 별다른 언급 없이 노무현 정부만을 비판한 것은 일종의 자기모순을 드러낸 것이라 아니할 수 없다.[19]

분석한 대표적인 글로는 김경제(2005a; 2005b)를 참조할 것.

19_당시 한나라당의 전여옥 대변인은 성명을 통해 "마음속 깊이 상처 입었을 충청도민에게 위로를 드린다. 한나라당도 국민 뜻을 헤아리지 못하고 신행정수도특별법을 통과시켰던 데 대해 사과한다"고 밝혔는데(『국민일보』 2004/10/21), 이는 국민의 뜻을 헤아리지 못한 점에 대한 정치 도의적 책임만을 언급한 것으로, 전여옥 대변인 역시 한나라당의 헌법적

둘째, 내각이 총사퇴해야 한다는 어떤 의원의 발언은 지나가는 정치 공세로 들릴 수도 있지만, 사실 헌법재판소의 위헌 결정이 지닌 중요한 헌법적·정치적 함의를 시사하고 있다. 즉 그 발언은 '행정 수도 이전을 추진한 노무현 정부의 주요 공직자들은 탄핵감에 해당하고, 이를 통과시킨 국회의원들은 사퇴를 해야 하는 것이 아닌가'라는 비판을 잠재적으로 담고 있는 것이다. 만약 헌법재판소의 판결대로 헌법 개정에 해당하는 사안을 국민투표에 회부하지 않음으로써 국민투표권을 침해했다는 논리를 받아들인다면, 노무현 정부는 물론이고 '특별조치법'을 통과시킨 국회 역시 부정투표나 불법 개표 등의 작위를 통해 국민의 국민투표권을 침해한 것과 마찬가지로, 부작위에 의해 국민투표권을 침해했다고 할 수 있다. 어떤 의미에서 후자는 국민의 국민투표권을 아예 처음부터 봉쇄했기 때문에 전자보다 더 중대한 위법행위에 해당할 수 있는 것이다. 따라서 취임 후 노무현 대통령이 행한 선거에서의 중립의무를 위반한 발언이나 재신임을 묻기 위한 국민투표 실시 의사 표명 등이 다수의 국회의원들이 판단하기에 탄핵의 사유가 될 만큼 중대한 위법행위라면, 헌법 개정에 해당하는 정책을 헌법적 절차를 거치지 않고 국민의 국민투표권을 침해하면서까지 추진하려고 한 노무현 대통령이나 이를 통과시킨 국회의 대다수 의원들 역시 (고의 여부를 떠나) 위법행위를 저지른 것으로서 탄핵이나 국회의원직 사퇴 사유가 된다는 것이다.[20]

책임에 대해서는 침묵했다.

20_물론 이 경우 노무현 대통령의 위법행위에 대해 탄핵을 소추했어야 마땅한 대부분의 국회의원들이 위법한 정책을 통과시킨 데 대한 책임으로 사퇴해야 한다면, 새로 국회가 구성될 때까지 일종의 헌법 불능 또는 헌법 흠결 사태가 발생하는 것이 아닌가 싶다. 필자의 이런 의문은 '정치의 사법화'의 논리를 극단적으로 극단으로 몰고 간 것으로, 현실 정치적으로

그런데 지금까지 진행된 민주주의와 법치주의(사법적 검토)의 충돌에 대한 논의는 일원적 민주주의관monistic view of democracy에 따른 것이다. 곧 선거에서 승리해 다수의 지지를 획득한 대통령이나 국회의 다수당은 다음 선거까지 국가의 중요한 정책이나 법률을 자신들이 적절하다고 판단하는 바에 따라 채택하거나 제정할 수 있으며, 선거에서의 승자에 대한 제도적인 견제는 반민주적이라는 것이다. 이 입장에 따르면 민주적 대표성이 미흡한 헌법재판소를 포함한 사법부가 재판을 통해 국회나 정부의 결정을 전복시킨다면, 이는 명백히 반민주적인 것이다.

그러나 이원적 민주주의관dualist view of democracy에 따르면, 주권의 위임을 받은 국회의 다수파나 대통령의 결정이 곧바로 다수의 지배로 승인되지 않으며, 국정의 중요한 현안이나 사법적으로 문제가 제기된 사안(위헌 법령 심사, 헌법 소원의 대상이 된 사안)에 대해서는 국민 여론 다수의 지지나 사법부의 검토에 의해 사법적 확인을 받을 것이 요청된다.[21] 이 점에서 국정의 중요한 현안은 국회나 정부의 일원적 다수의 동의가 아니라 '중첩적 다수'overlapping majorities의 동의를 요청한다고 할 수 있다. 따라서 대통령이 결정한 정책이나 국회가 제정한 법률이 심각한 국론 분열을 야기하는 등 커다란 논란의 대상이 될 경우 다수 국민의 지지 또는 사법적 검토를 통한 사법부의 '소극적 지지'[22]를 얻을 때 비로소 민주적인 다수의 지배로 승인

한국의 헌정 질서가 감당하기 어려운 것임은 물론이다. 정치의 사법화의 의의와 한계에 대해서는 김종철(2005)을 참조할 것.

21_ 일원적 민주주의와 이원적 민주주의에 대한 이런 구분은 브루스 애커먼의 시도에서 착안한 것이지만, 그의 구분과 일치하는 것은 아니다(Ackerman 1991, 1-33).

22_ 헌법재판소에서 위헌 법률심사나 헌법 소원과 관련해 정부나 국회의 결정에 반하는 판결을 내릴 경우 6명 이상의 찬성을 요한다. 하지만 '중첩적 다수'의 경우에는 정부, 국회, 사법부 및 국민 여론의 동의가 상호보완적인 역할을 하기 때문에, 정부나 국회는 헌법재판소의

되는 것이다.

이런 논리는 의회의 다수 또는 대통령의 입장이 국민 다수의 입장과 일치하지 않음으로써 야기되는 대의 민주주의의 한계를 민주적으로 보정하는 함의를 갖는다. 대의민주제를 채택한다고 해도 주권자인 국민의 집합적 의사는 여전히 중요한 정치적 영향력을 행사한다. 더욱이 오늘날에는 정보사회의 도래와 함께 국민의 집합적 의사(=민의, 여론)를 집계하고 파악해 정책이나 입법에 반영하는 것이 과거와 달리 매우 용이한 일이 되었다.[23] 일반 국민의 여론은 수많은 언론 매체와 사이버공간을 통해 끊임없이 확산·유포되고, 또 수렴·결집되고 있다. 과거 대의 민주주의를 정당화하는 데에는 중요한 정책을 결정함에 있어 일반 국민의 정치적 식견을 신뢰하기 힘들다는 이유도 있었지만, 그에 못지않게 수많은 국민이 동시에 한 장소에 모여 집단적 숙의와 결정을 내리기 힘들다는(또는 일반 국민의 의견을 수렴·집계하기가 어렵다는) 행정적인 이유도 작용하고 있었다. 그러나 정보사회의 도래로 이런 행정적인 어려움이 상당한 수준에서 극복되고 있기 때문에, 오늘날 민주주의에서 대의제도의 정치적 비중은 19세기 민주주의에서보다 점차 감소하고 있다.

이런 상황에서 정치 지도자와 일반 시민의 정치적 상호작용은 중요한 정치적 변수로 부각되며, 일반 국민의 여론이 차지하는 정치적 비중도 중대하고 있다. 따라서 대의 민주주의를 취하더라도 오늘날 선거에서 다수표를 획득한 정치가나 정당은, 과거처럼 다음 선거까지 위임된 주권을 국

과반수에 미달하는 4명 이상의 지지를 확보할 경우에도 자신들의 결정에 대한 사법부의 승인을 받는 셈이라는 점을 말하기 위해 '소극적 지지'라는 표현을 사용했다.

23_ 물론 동시에 설문의 교묘한 조작, 표본 추출 방법의 편향성 등에 의한 여론조사 결과의 왜곡 현상이 중요한 문제로 거론되기도 한다는 점을 간과해서는 안 된다.

민과의 감응 없이 국민적 다수의 이름으로 일괄적으로 행사할 수 있는 것이 아니라, 그 국민적 다수의 지지를 확인하고 유지해야 한다는 부담을 안게 된다. 다시 말해 선거에서 승리한 정당이나 정치 지도자의 민주적 정당성은 다음 선거까지 포괄적으로 부여된 것이 아니라, 이제 국민적 지지의 부침에 따라 지속적으로 확인되고 유지되어야 하는 것이다. 그리고 오늘날 많은 민주국가에서 여론조사 기관과 언론 매체는 대통령이나 정당에 대한 국민의 지지도를 조사하고 보고하는 임무를 수행하고 있다.

이처럼 대의민주제하에서도 주권자인 국민의 집합적 의사를 국정의 지침으로 삼아야 한다는 이원적 민주주의관을 취하면, 대통령 탄핵 심판과 행정 수도 이전 위헌판결을 보는 우리의 시각 역시 상당한 변화를 겪게 된다. 이원적 민주주의관에 따라 탄핵 사태를 보면, 국민의 대표로서 선출된 의회의 의사와 국민의 집합적 의사가 충돌할 때 '대의민주제하에서 일단 국회에 대표권(주권의 행사)을 위임한 이상 국민은 묵묵히 복종해야 하는가'라는 문제가 당연히 제기된다. 당시 탄핵 소추를 결의하는 데 앞장선 정당들의 지도부는 일반 시민들의 촛불 시위, 가두시위 등 격렬한 반발에 직면해, 일단 헌법재판소의 심판을 기다리라는 식으로 대응하면서 국민의 순응을 종용했다. 그러나 우리 국민들은 '절묘한' 기회를 통해 자신들의 의사를 표출할 수 있었다. 탄핵 소추 결의 후 실시된 17대 총선에서 국민들은 주권을 행사해 탄핵 소추에 앞장선 정당들의 후보들을 대거 낙선시키고 다수당으로서 한나라당의 지위를 박탈함으로써 그들을 응징했던 것이다. 따라서 만약 총선에서 확인된 민의를 무시하고 헌법재판소가 노무현 대통령에 대해 탄핵 결정을 내렸더라면, 한국 정치는 예측할 수 없는 헌정적 위기로 내몰렸을 것이다. 노무현 대통령의 탄핵에 관한 한, 국민의 집합적 의사에서는 국회의 탄핵 소추 이전이나 이후에도, 그리고 헌법재판소의 판결 이전까지도 줄곧 탄핵에 반대하는 입장이 우세했기 때문이다.

한편 이원적 민주주의론의 입장에서 '특별조치법'에 대한 위헌판결을 볼 때, 우리는 노무현 정부의 최대 국정 과제인 행정 수도 이전에 대한 국민의 지지가 취임 초에 현저히 증가했다가 그 후 지속적으로 감소하고 있었다는 사실에 주목하게 된다. 『한겨레신문』의 여론조사에 따르면, 행정 수도 이전에 대한 국민 여론은 노무현 대통령 취임을 전후한 2003년 2월 국민의 57%가 찬성함으로써 대통령 선거 이전보다 찬성이 18% 정도 증가했으며, 동시에 사전에 국민의 의견을 묻되 국회 통과 절차(17.1%)보다는 국민투표 절차(80.4%)가 바람직하다고 생각하는 것으로 나타났다(『한겨레신문』 2003/02/26). 그러나 2004년 6월 『한겨레신문』의 여론조사에서는 서울에서 충청 지역으로 행정 수도를 옮기는 것에 대한 찬성과 반대 의견이 각각 40.1%와 42.9%(무응답은 17.0%)로 반대 의견이 다소 우세한 것으로 집계되었다(『한겨레신문』 2004/06/14). 나아가 헌법재판소의 판결을 2개월 앞둔 2004년 8월 초에 여론조사 전문 기관인 '현대리서치연구소'가 행한 조사에 따르면, 찬성이 36.7%, 반대는 57.4%로 반대 의견이 찬성 의견보다 20% 가량 많은 것으로 나타났다(『동아일보』 2004/08/08). 그리고 이런 조사에서 일관되게 발견되는 사실은 줄곧 60% 이상의 응답자가 수도 이전에 관해 국민투표 실시를 요구했다는 점이다. 이런 사실은 판결 이후에도 확인되는데, 한국방송공사KBS가 2004년 10월 21일 헌법재판소 판결 직후 전국의 성인 남녀를 대상으로 긴급 여론조사를 실시한 결과, '매우 잘한 결정'이 38.6%, '대체로 잘한 결정'이 24.7% 등 도합 전체 응답자의 63.3%가 '잘했다'고 답한 반면, '잘못했다'는 응답은 32.2%에 그침으로써 국민들의 60% 이상이 헌법재판소의 판결을 지지한 것으로 드러났다(『프레시안』 2004/10/22).

이처럼 국민의 다수가 행정 수도 이전에 반대했고 또 추진하더라도 국민투표를 실시하기를 원했기 때문에, 노무현 정부는 2004년 총선 이후 야당과 반대 세력들이 행정 수도 이전 계획에 대해 문제를 제기했을 때, 행정 수도 이전 계획을 축소 조정 또는 철회하든지 아니면 헌법이 허용하는 한도에서 국민투표회부나 헌법 개정 등 다른 정치적 방안을 강구해서 국민적 합의 과정을 거쳤어야 했다.[24] 그러나 당시 국회의 다수를 확보하고 있던 열린우리당과 노무현 정부는 자신들이 선거에서의 승리를 통해 국민의 주권을 포괄적으로 위임받았다고 확신하는 일원적 민주주의관에 심취한 나머지, 행정 수도 이전에 대한 국민 다수의 반대를 정치의 합목적성의 차원에서 고려하지 않았다. 당시 정부와 열린우리당 및 그들을 지지하는 세력들은 개혁에 반대하는 보수 세력의 책동에 헌법재판소 역시 공모해 법치주의의 이름으로 민주주의(다수의 지배)를 전복했다고 비판하고 싶었을지 모른다. 그러나 국민 다수가 일관되게 행정 수도 이전에 반대했다는 사실을 고려한다면, 이런 비판은 성립하지 않는다. 그리고 상황을 바꾸어 최근 이명박 대통령이 선거공약으로 내세웠고 취임 후 추진하려고 하는 대운하 건설에 대해 반대파의 입장에서 생각해 본다면, 그런 비판의 취약성을 공감할 수 있을 것이다. 만약 이명박 정부와 국회의 다수석을 확보한 한나라당이 (여론조사를 통해 확인된) 다수 국민의 반대를 무릅쓰고 대운하 건설 계획을 추진한다면,[25] 이에 반대하는 정치 세력이나 일반 국민은 이를 민주적 결정에 의한 것으로 받아들여야 할 것인가? 앞에서 제시한 이원적 민주주의관에 따른다면, 이를 민주적 결정으로 받아들이기는 어려울 것이다.

결론적으로 탄핵 사건과 행정 수도 이전 판결에서 헌법재판소의 결정

24_당시 대통령 지지도가 낮았던 것은 물론 국민 여론을 감안할 때 국민투표 통과를 낙관할 수 없었던 노무현 정부는, 행정 수도 이전 정책에 관한 국민투표는 법 규정과 법적 근거가 없다고 주장하면서 국민투표에 회부하지 않았다.

25_물론 최근 『중앙일보』가 실시한 여론조사에 의하면, 18대 의원 35%가 "환경 보존에 역행하므로 무조건 폐지해야 한다"고 답하고, 50%가 "국민 의견이 충분히 수렴될 때까지 보류해야 한다"고 답함으로써, 대운하 건설 계획에 대해 '폐지나 보류'가 85%에 달하는 것으로 나타났다(『중앙일보』 2008/05/17). 흥미로운 점은 행정 수도 이전 위헌판결을 교훈으로 삼아 국회의원의 다수 역시 이원적 민주주의관의 입장에서 답한 사실이다.

은 대의적 다수의 결정이 아니라 국민 다수의 의사를 수용한 것이었다. 따라서 형식적으로 민주주의와 법치주의가 충돌한 것처럼 보이지만, 이원적 민주주의의 견지에서 보면 대의적 다수와 직접적 다수의 충돌에서 헌법재판소가 직접적 다수의 손을 들어준 것으로 해석해도 무방할 것이다. 정치학자의 입장에서 볼 때, 탄핵 심판이나 행정 수도 이전 판결에서 헌법재판소는 브루스 애커먼이 말한 대로, "자신들의 혁신적 조치에 대해 광범위하고 심층적인 인민의 지지를 얻는 데 실패한 정치 엘리트에 의한 [민주주의의] 침식에 대항해" 국민 다수의 의사를 존중함으로써 "민주주의에 기여"했다고 할 수 있다(Ackerman 1991, 10). 이처럼 두 사건에 대해 헌법재판소는 민의의 수호자라는 역할을 수행함으로써 궁극적으로 한국 민주주의에 의미심장한 기여를 한 셈이었다. 그리고 헌법재판소가 내린 판결의 결론이 국민 다수의 지지를 받았기 때문에, 그 결론에 도달하는 과정에서 나타난 법리상의 심각한 결함에도 불구하고 정치적으로 후폭풍을 일으키지 않은 것으로 보인다. 물론 그렇다 하더라도 법리상의 결함을 국민의 지지가 치유하는 것은 아니기 때문에, 장차 헌법재판소는 판결문에 나타나는 법리상의 결함을 개선하기 위해 한층 더 노력해야 할 것이다.

마지막으로 우리는 국민의 대표자인 정치 엘리트의 행위가 전적으로 국민 다수의 의견과 헌법재판소의 판결에 의해 무효화·무력화되는 것은 아니라는 점에 주목할 필요가 있다. 비록 헌법재판소의 판결이나 심판이 단심제이기 때문에 상소의 기회가 주어지지 않는다는 불편한 점이 있지만, 대통령이 추가적으로 탄핵 심판을 받을 만한 위법행위를 저지르면 국회의 다수는 다시 탄핵 소추를 의결할 수 있고, 행정 수도 이전 위헌판결 후의 사태 전개가 보여 주듯이, 정부와 의회의 다수파는 행정 중심 복합 도시 건설을 위한 일종의 후속 대체 입법을 통해 헌법재판소의 판결에 적시된 논지를 우회하면서 자신들의 정치적 목적을 원래대로 관철하거나 그것이 여의치 않으면 본래의 목적을 축소 조정 또는 변경함으로써 부분적으로 본래의 목적을 달성할 수 있기 때문이다. 정치 엘리트에게 허용된 이런 정치적 활동의 반경은, 대의제적 엘리트가 제기한 의제에 반응하는 방식으로 형성되는 국민 여론의 소극적 성격과 제기된 소송에 대해서만 심판할 수밖에 없는 사법제도의 수동적 성격으로 인해 의외로 넓은 활동 공간을 갖는다. 정치적 활동의 이런 여지는 헌법재판소의 단심제적 판결이 추구하는 정치적 안정의 신속한 확보를 기하는 동시에 대의제적 다수에게도 일정한 범위 내에서 자유로운 행위를 허용하는 민주적 재량 공간이라 할 수 있다.

4. 민주주의와 자유주의의 충돌[26]

사회경제적 민주화의 장애물로서 (신)자유주의

영국의 사회학자인 토머스 마셜은 (영국을 중심으로 본) 서구 민주주의 발전사를 시민권의 확장과 관련해 3단계로 단순화시켜 고찰한 바 있다. 첫 번

---

[26] 민주화 이전의 한국 정치에서는 권위주의가 자유민주주의를 압도했기 때문에 자유주의와 민주주의의 충돌을 논할 수 있는 이념적 여건이 조성되지 않았던 반면, 민주화 이후의 한국 정치에서는 복지 정책의 도입 등 사회경제적 개혁과 관련해 민주주의와 자유주의의 충돌이 예견되었다. 그러나 냉전 종언과 사회주의권의 붕괴에 수반된 세계사적 이념 지형의 급격한 변형에 따라, 민주화 이후 한국 민주주의가 맞이한 것은 과거의 서구 민주국가들처럼 자유주의의 소극적·수세적 저항이 아니라 시장 원리주의에 입각한 신자유주의의 적극적·공세적 저항이었다. 따라서 필자가 다음에서 한국적 맥락과 관련시켜 서술하는 내용은 주로 '민주주의'와 '신자유주의'의 충돌에 관한 것이라는 점을 미리 밝혀 둔다.

째 단계는 대략 18세기로 시민권의 기본권적 측면 — 예를 들어, 언론·사상·종교의 자유 등 기본적 인권의 보장 — 이 확보되는 국면이며, 두 번째 단계는 대략 19세기로 시민권의 정치적 측면, 곧 참정권이 실현되는 국면이고, 세 번째 단계는 대략 20세기로 복지국가가 출현해 시민권의 사회경제적 측면이 보장되는 국면이다(Marshall 1965, 4장). 이 도식에 따르면, 서구의 민주주의 발전사에서는 자유주의의 기본적 인권 보장과 참정권 확대를 통해 정치적 민주주의가 확보되었고, 이후 사회민주주의 또는 복지국가 이념의 확산과 더불어 일정한 수준에서 사회경제적 민주주의가 실현되었다. 필자 역시 한국을 비롯한 비서구권 국가의 민주주의 발전 단계를 '권위주의 체제 → 민주주의로의 이행 → 민주주의의 정착(공고화) → 민주주의의 내포적 심화'로 구분한 적이 있다. 여기서 민주주의의 '내포적 심화'란 정치적(절차적) 민주주의가 실질적 차원에서 민주화되는 것, 곧 노동자·여성·(종교·인종·이념·문화 등에서의) 소수집단·장애자·노인·청소년 등 주변화되고 소외된 모든 계층의 정치적 평등은 물론 실질적인 사회경제적 평등이 확보되고, 나아가 민주주의의 실천이 단순히 공식적인 정치 영역에만 한정되지 않고 직장·기업·학교·병원·가족 등 통상 사적인 영역으로 간주되는 일상적인 삶의 영역으로 확산되는 것을 포함한다. 요컨대 내포적 심화는 (정치적 평등의 전제조건인) 사회경제적 평등을 상당한 수준에서 확보하고 참여 민주주의를 확산시킴으로써 정치적 민주주의에서 민주주의의 핵심 개념인 '평등'과 '참여'(또는 적극적 자유)의 요소가 강화되는 것을 그 요체로 한다(강정인 1998, 69-72).

압축적 민주화를 경험해 온 한국의 경우 1987년 민주화 이후의 변화는 주로 시민권의 기본적 인권과 참정권이 명실상부하게 확보되는 과정이었으며, 이제 사회적 시민권 또는 민주주의의 내포적 심화를 달성해야 하는 단계에 진입해 있다. 그러나 1997년 금융 위기를 극복하기 위해 본격적으로 도입된 신자유주의적 개혁은 이런 과제의 달성을 어렵게 하고 있다. 특히 민주주의의 내포적 심화에 해당하는 사회민주주의나 참여 민주주의는 '시장에 대항하는 정치' 또는 '시장의 전횡을 거부하는 민주주의'로서의 속성을 강하게 지니고 있는데, '큰 시장, 작은 정부'를 모토로 하면서 시장 지상주의적 자유주의의 성향을 띤 신자유주의는 민주주의의 내포적 심화에 더욱더 적대적이게 마련이다.

서구의 선진 민주국가들 역시 '두 국민 헤게모니 프로젝트' 또는 '20 대 80의 사회'로 상징되는 전 지구적 신자유주의의 공세에 의해, 지금까지 성취한 사회민주주의적 성과를 잠식당해 왔다. 그러나 한국은 사회경제적 불평등을 완화하려는 시도를 본격적으로 시작해 보기도 전에 신자유주의의 거센 파고를 맞이했고, 상대적으로 진보적이었던 김대중-노무현 정부 역시 노동자 및 빈자를 위한 보상적인 분배 정책을 제대로 수립·실천하지 못한 채 신자유주의적 개혁을 실시하도록 강요받았다.[27] 신자유주의적 개혁은 자본의 자유로운 활동을 보장하기 위해 시장의 자율성을 최대화하고자 하는데, 국가 주도 경제성장의 결과 왜곡된 시장이 제대로 개혁되지 못한 상황에서 이는 또 다른 부작용을 초래하고 있다. 김대중 정부 이후 추진된 일련의 경제 개혁이 왜곡된 시장의 합리성과 투명성을 제고시키는 데 일정한 기여를 한 점은 부정할 수 없다. 그러나 국가 주도의 경제 발전 과정에서 형성된 재벌 위주의 경제구조, 곧 불평등하고 비대칭적 경제구조가 상대적으로 평등하고 대칭적인 것으로 개혁되지 않은 상태에서, 시장의 자율성 보장과 확대는 단지 사회경제적 불평등을 더욱 증폭·심화시키는 데 기여할 뿐이다(이광일 2003, 229). 그 결과 과거 국제적인 냉전 질서와

27_통계청이 2008년 5월 22일 발표한 1/4분기 가계 수지 동향에 따르면, 상위 20% 가구의 월평균 소득(731만2천 원) 대비 하위 20% 가구의 월평균 소득(86만9천 원)은 8.41 대 1로, 2003년 관련 통계가 작성된 이래 소득 격차가 최대로 벌어졌다(『한겨레신문』 2008/05/23).

반공주의가 정치적 민주화에 걸림돌로 작용한 것처럼, 이제는 신자유주의적 세계 경제 질서와 이에 부응하는 신자유주의적 개혁이 한국 민주주의의 심화에 장애물로 작용하고 있다.

민주화 이후 한국 정치에서 민주주의와 자유주의의 충돌

최근 한국 정치에서 '헌법 등대지기'라는 영광스러운 별명을 얻을 정도로 법의 지배를 관철하는 데 헌신해 온 이석연 변호사는 『월간조선』과의 인터뷰에서 우리 헌법과 자신이 추구하는 헌법 가치로, '인간의 존엄과 가치', '자유민주주의', '시장경제', '법치주의'(내지 적법절차)를 제시했다(이석연 2003). 그러나 그는 좁게는 자유주의와 민주주의 사이의 긴장과 충돌, 넓게는 법치주의·자유주의·시장경제와 인간의 존엄과 가치 및 민주주의 사이의 긴장을 심각하게 의식하지 않는 것 같다.[28] 이석연은 우리 헌법상 보장된 민주주의를 최소한의 민주주의로 이해하고 자유주의의 틀 내에서 작동하는 민주주의로 상정하며, "시민운동도 헌법적 테두리에서, 시장 경쟁과 자유주의 정신의 테두리에서 해야 한다"고 주장한다(이석연 2004, 534). 나아가 그는 대부분의 헌법학자들과 달리 "우리 헌법은 경제에 대한 국가의 조정을 최소화한 법리를 적용해 '자유 시장경제 원리'를 채택한다"고 역설하면서, "경제는 민주화의 대상이 아니다"라고 못을 박는다(이석연 2004, 533). 그러나 이석연의 입장에서처럼 민주주의를 최소한으로 정의하면 민주주의는 자유주의의 부분집합으로서 양자의 충돌이 일어나지 않지만, 사회경

28_여기서 법치주의는 민주주의에 보완적이기도 하고 갈등적이기도 하다. 그러나 이석연은 법치주의를 주로 적법절차로 이해함으로써, 실질적 법치주의가 아니라 형식적 법치주의 수준에서 해석하고 있는 듯하다.

제적 민주화와 참여 민주주의를 민주주의의 핵심적 의제로 보는 입장에 따르면 민주주의와 자유주의의 충돌은 필연적이다.[29]

역사적으로 영미의 민주주의에서 민주주의와 법의 지배의 충돌이라는 형태로 일어나는 갈등은 그 내용상 민주주의와 자유주의의 충돌을 함축하는 경우가 많았다. 대표적으로 미국의 프랭클린 루스벨트Franklin D. Roosevelt 대통령이 뉴딜 정책을 실시하면서 의회에서 통과시켰던 많은 법들은 연방 대법원에 의해 위헌판결을 받음으로써 무력화되었는데, 거기서 빚어진 다수의 지배와 법의 지배의 충돌은 그 내용상으로는 민주주의와 자유주의(특히 사유재산권과 계약의 자유의 보장)의 충돌이었다(Ferejohn & Pasquino 2003, 257).

한국 정치에서도 김대중-노무현 정부에 들어와 민주주의와 자유주의의 본격적인 충돌이 발생하기 시작했다. 예를 들어, 2004년 10월 20일 열린우리당이 4대 개혁 법안을 국회에 제출하자, 행정 수도 이전 위헌판결로 기세가 오른 한나라당과 보수 우익 단체들은 개혁 법안의 위헌 가능성을 주장하면서, 여당의 안대로 개혁 법안이 통과되면 위헌 소송을 제기하겠다고 여당을 압박했다. 이는 의회의 다수를 차지한 여당이 수적 우세를 내세워 법안을 통과시킬 경우 헌법 소원으로 대응한다는 전략을 채택한 것으로, 민주주의와 법치주의의 충돌을 예고하는 것이었다. 당시 4대 법안은 '국가보안법 폐지안 및 형법 중 개정 법률안'(이하 '국가보안법'), '정기간행물

---

[29] 물론 필자가 앞에서 자유민주주의와 사회민주주의를 구분할 실익을 부정하면서 검토했던 우리 헌법의 여러 조항들은, 이석연의 주장과 달리, 우리 헌법이 민주주의와 자유주의를 조화시키기 위해 고심하고 있다는 점을 보여 준다. 따라서 이하에서 한국 정치를 두고 민주주의와 자유주의의 충돌을 논의하는 것이 우리 헌법을 비판하기 위한 것은 아니라는 점을 미리 밝혀 둔다.

의 등록 등에 관한 개정 법률안'(이하 '언론관계법'), '사립학교법 중 개정 법률안'(이하 '사립학교법'), '진실 규명과 화해를 위한 기본 법안 및 일제강점하 친일반민족행위 진상규명에 관한 특별법'(이하 '과거사법')이었다. 야당과 보수 세력이 공언한 것처럼 여당의 개혁 법안은 처음부터 위헌 논쟁에 말려들었다. 그러나 표현의 자유, 양심의 자유 등과 관련된 '국가보안법'의 폐지 문제는 마셜의 분류에 따르면 사실상 자유주의적 의제에 속하는 시민적 기본권의 보호에 관련되는 것이기 때문에 굳이 민주주의(=다수의 지배)와 자유주의(=기본적 인권의 보호)의 충돌의 문제로 볼 필요가 없는 것이다. 한편 '언론관계법'과 '사립학교법'에 반대하는 의원들은 개정법이 재산권 보장을 규정한 헌법 제23조 1항(그리고 제37조 2항)을 위배한다는 근거로 위헌 논쟁을 제기했다. 이는 법치주의(=헌법재판)가 사유재산권 등 자유주의적 가치를 옹호하기 위해 민주주의(=다수의 지배)에 맞서 동원된 것이다.

이처럼 4대 개혁 법안의 경우 열린우리당과 한나라당의 충돌이 형식적으로 다수의 지배라는 민주주의와 법치주의의 충돌로 표면화되었지만, 그 일부는 사실상 내용면에서 민주주의와 자유주의의 충돌이었다. 물론 4대 개혁 법안을 둘러싼 모든 공방이 민주주의와 자유주의의 충돌과 관련된 것은 아니지만, 계약 및 시장의 자유와 사유재산권의 존중에 근거해 사회경제적 개혁이나 복지 확대를 추구하는 정책에 대해 필요하다면 헌법소원을 제기하겠다는 한나라당의 입장은, 열린우리당이 국회 내 다수를 활용해 그런 정책과 입법을 추구할 경우 헌법재판소의 판결을 통해 자신들의 자유주의적 이념과 가치를 방어하겠다는 것이기 때문이다. 이런 자유주의적 신념과 가치는 '큰 시장, 작은 정부'라는 모토하에서 가급적 모든 결정을 시장에 맡김으로써 정부의 역할을 축소시키겠다는 신자유주의에 의해 더욱 강화되었다.

신자유주의는 자본과 시장의 무제한의 자유를 옹호하는 시장 지상주의적 자유주의로서, 우선적으로 돈에 의해 뒷받침되는 시장에서의 자유는 사실상 강한 자의 자유와 전횡을 표상한다. 그리고 이들에게 정부는 비효율성과 무능 그리고 자유의 제한과 억압을 상징한다. 그러나 민주적 정부를 지지하는 세력들에게 정부는 다수의 지배, 공공성의 상징인 것이다. 따라서 사유재산의 존중과 자유 시장을 명분으로 사회적·정치적으로 중요한 사안을 개인의 자유와 자유방임적 시장에 맡기는 것은 민주적 통제를 포기하고, 공적인 사안을 강한 자의 전횡과 시장의 횡포에 맡기는 것이다. 다시 말해 공기업을 민영화하는 것, 국민 건강을 담보하는 의료보험 등 각종 복지 제도나 공공서비스를 민영화하거나 시장화하는 것은, 그것이 사회적 약자의 보호를 위한 공공적 규제 장치를 수반하지 않는 한, 자본과 시장의 자유를 극대화함으로써 민주적 통제의 영역을 포기하거나 축소하는 것이기 때문에 반민주적이 된다.[30] 이처럼 오늘날 한국 사회에 횡행하는 신자유주의는 공공성이 높은 수많은 의제들을 사사화privatization(사유화, 민영화)[31]하거나 시장화해 공적 영역의 밖에 둠으로써, 곧 시장과 자본 그리

30_필자는 2005년 헌법실무연구회에서 발표한 논문에서, 거의 무제한적으로 축적이 허용된 사유재산이 삼성의 비자금 조성 및 불법 로비 사건을 통해 나타난 것처럼 사적 영역에서 전제를 자행할 뿐만 아니라, 공적 영역에서의 정치적 민주주의마저 위태롭게 한다는 점을 지적한 바 있다. 또한 사유재산권의 엄격한 보호를 강조하는 자유주의는 사적 영역에서는 물론 공적 영역에서도 힘없는 다수를 거대한 경제적 부를 축적한 특권화된 소수의 전제에 방치할 가능성이 크다는 점을 강조했다. 그리고 한국 사회를 특징짓는 거대 기업(재벌), 거대 언론사, 사학 재단 등이 법상으로는 사유재산에 속하지만, 그 사유재산권의 행사는 접근 가능성(access)이나 영향(impact) 면에서 공공복리나 공공 필요에 지대한 영향을 미치기 때문에 공적 통제(public control)를 받는 것이 당연하다는 논지를 전개했는데, 이는 공정거래법의 입법 정신이기도 하다(강정인 2005 참조).

31_우리 정치학계에서는 '프라이비타이제이션'(privatization)을 '사유화' 또는 '사인화'로 번역하는 경향이 있는데 좀 더 정확한 번역어로는 사사화(私事化; '사사로운 일로 만든다'; 이로 인해 정치학에서는 부패의 의미도 함축한다)가 합당하다. 경제학에서 프라이비타이제이션은 국영기업의 '민영화'나 '국유화'에 대응하는 개념일 경우 '사유화'로 옮겨지는 등

고 개인들의 사적 결정에 맡기고 민주적 토론과 결정의 대상 밖에 설정함으로써, 민주주의의 범위를 극도로 제약하고 위축시키려 하고 있다.

서구의 역사를 보더라도, 보통선거권이 보장된 이후 다수의 지배로 인해 기득권을 수호하기 어렵게 된 자유주의 세력은 정치적 의제 설정권을 선점함으로써 다수의 지배가 관철되는 민주적 영역을 축소하고자 했다. 물론 이 과정에서 자유주의적 기본권(인권)을 '다수의 지배'에 의해서도 침해하지 못하게 한 것은 커다란 수확으로서, 자유민주주의 또는 입헌 민주주의의 귀중한 성취였다.[32] 그러나 자유주의는 또한 사유재산에 기반을 둔 개인의 자유로운 활동과 자유로운 시장의 결정에 방임되는 영역을 확대함으로써 민주적 결정의 범위를 축소하고자 했다. 그리하여 오늘날 시장 지상주의적 신자유주의는 고전적인 야경 국가관으로 돌아가 국제정치 영역, 즉 국가 안보나 치안 유지를 제외한 거의 모든 영역에서 비효율성이나 부패를 이유로 정부의 개입을 축소하고 개인과 시장의 자유에 내맡길 것을

다양하게 번역되고 있다. 경제학에서 프라이비타이제이션은 긍정적인 언어로, 정치학에서는 부정적인 언어로 사용되는데, 이런 사실 역시 민주주의와 자유주의(시장의 자유, 자본주의 등)의 갈등 관계를 시사하고 있다. 이와 달리 정치학에서 '정치화'(politicization)는 민주주의 체제하에서 긍정적인 개념으로 사용된다. 정치화는 일반 국민이나 국민의 대표자 또는 공직자들이 사적인 또는 사회적인 갈등을 정치화(정치 쟁점화, 정치 문제화)시켜 갈등을 정치적 언어(시민의 권리와 의무, 공공선과 정의, 자유와 평등 등)로 표현하고, 공적 영역에서 여러 가지 정치적 대안들을 심의·숙고하면서 정치적 해결을 강구하는 것이다. 예를 들어 우리가 '여대생 취업 문제, 직장에서의 성희롱 문제를 정치(문제)화하겠다'고 했을 때, 이는 이 문제를 사적인 영역에 국한된 개인의 자유와 책임의 문제, 시장의 자유에 맡겨야 하는 문제로 방치하지 않고, 공적인 영역에서 의제화하고 공적인 정책과 입법을 통해 해결책을 마련해 집행하겠다는 말이며, 이로 인해 그 문제가 사적인 또는 시장의 영역에서 민주적 결정, 다수의 결정이라는 공공의 통제로 이전되는 것을 뜻한다.

32_ 따라서 자유민주주의를 채택하고 있는 우리 헌법에서도 국민 기본권의 본질적 내용의 침해를 민주주의의 이름으로 정당화할 수 없다.

주장한다. 이와 달리 민주주의는 어느 것이 개인의 자유로운 활동과 자유로운 시장의 결정에 맡겨져야 하는지는 민주적 다수가 결정해야 한다는 입장을 취한다.

　민주주의와 자유주의와 충돌은, 자유민주주의가 주로 영국과 미국의 산물이듯이, 영미식 민주주의에 전형적인 것이다. 민주화가 영국이나 미국보다 늦게 시작된 유럽 대륙에서는 민주주의와 자유주의의 충돌이 영미처럼 두드러지지 않았다. 프랑스의 경우에는 국가와 공동체의 연대성, 애국주의, 시민의 참여를 중시하는 공화주의가 중심적 이데올로기로서 민주화를 선도했고, 또 사회주의(적 공화주의)가 정치에 적극적으로 참여했기 때문에 자유주의(적 공화주의)의 위력이 약했으며, 따라서 복지와 분배를 확대하는 정책에 대해 자유주의가 영국이나 미국에서처럼 강력한 반대를 제기하지 않았다. 독일에서도 비스마르크가 일찍이 1880년대부터 사회주의자들을 탄압하면서 권위주의적인 온정주의 전통에서 비롯된 보수주의적 정책의 일환으로 사회보장 정책을 선진적으로 도입했으며, 당시 세력이 약했던 자유주의자의 반대는 쉽게 무력화되었다. 전반적으로 볼 때, 제2차 세계대전 이후에도 공산당, 사회민주당, 노동조합 등 사회주의 세력이 상당한 정치적 지분을 확보하고 있던 유럽 대륙의 민주국가에서 자유주의는 분배와 복지 정책을 사유재산의 존중과 법의 지배를 주장하면서 효과적으로 무력화시킬 수 없었다. 이와 달리 정부의 간섭과 개입에 강하게 저항하는 개인주의적·자유방임주의적 자유주의의 전통이 강한 영국과 미국에서는 사회보장제도의 도입을 자유주의 세력이 강력하게 반대했다. 이런 역사적 전통의 차이 때문에 신자유주의가 득세한 이후에도 (신자유주의의 진원지인) 영국과 미국에서는 복지 제도가 신속하게 후퇴하고 해체된 반면, 프랑스·독일·이탈리아 등 사회민주주의의 전통이 강한 국가에서는, 비록 전 세계적인 신자유주의 압력에 점차 굴복하고 있기는 하지만, 여전히 사회복지제도의 감축이 점진적으로 진행되고 있다.

한국의 경우에는 전통 시대부터 권위주의 시대에 이르기까지 연고주의, 집단주의가 강하게 자리 잡고 있고 개인주의적 자유주의의 전통이 미약하기 때문에 시장지상주의적 자유주의의 정착은 쉽지 않았다고 할 수 있다. 하지만 1997년 금융 위기 이후 진행된 구조조정 정책으로 인해 노동의 유연성 확보를 포함한 신자유주의적 개혁이 강요되었고, 시장 지상주의적인 자유주의의 최대 수혜자로 떠오른 대기업을 중심으로 하는 세력들이 신자유주의를 적극적으로 전개해 왔다. 그리하여 전국경제인연합회와 긴밀한 관련을 맺고 있는 자유기업센터와 자유기업원, 한국 하예크 소사이어티 및 미국식 경제학의 세례를 받은 경제학자들이 신자유주의의 복음을 전파하는 데 앞장서 왔다. 한국 정치의 이념적 지형에서 이들이 상대적으로 막강한 자금·조직·지식·언론을 동원해 신자유주의 교리를 설파할 수 있었던 데 반해, 이를 저지할 수 있는 사회민주주의 세력은 모든 면에서 매우 취약했기 때문에, 이제 시장과 자본의 자유는 '선진화'라는 담론과 함께 공공재로서의 성격을 우선적으로 부여받게 되었고, 시장의 무제한한 자유에 반대하고 정부의 개입을 통해 분배와 복지를 추구하는 정책에는 '좌파'라는 딱지가 붙게 되었다.[33] 과거에는 사회주의를 지향하는 급진 세력을 좌파라고 불렀는데, 이제 시장의 무제한적 자유에 조금이라도 반대하는 모든 세력을 좌파라 부름으로써, 시장의 무한 자유에 발맞추어 좌파의 외연 역시 무한 확장되고 있음을 보여 준다. 바야흐로 이처럼 증폭된 '불온한 좌파들'은 우리 헌법이 허용하고 인정하는 민주 세력으로 더 이상 용납되지 못하고 '자유민주주의의 수호'를 위해 선제공격이 가해져야 할

33_다만 보수주의의 다른 요소인 '단일민족'이라는 보수적 민족주의의 신화와 '국리민복'이라는 유교적인 위민 사상의 전통 때문에 한국 사회에서 시장 지상주의자들이 원하는 만큼 신자유주의가 계속 위세를 떨칠 수 있을지는 의문이다.

잠재적 대상이 되었다. 그 결과 '진정한 좌파'는 물론 민주적 개혁 세력에게, 시장의 무한 자유를 옹호하는 '자유민주주의'는, 과거 권위주의 시대에 이른바 '공산주의자'를 무자비하게 탄압하던 '자유민주주의'처럼, 다시 한 번 '가까이 하기에는 너무나 먼 당신'으로 비쳐지게 되었다.[34]

5. 맺는말[35]

종래 한국 정치에서 보수주의는 국가권력을 장악한 집권 세력의 지배 이데올로기였다. 그러나 개혁적인 김대중-노무현 정부에 들어와 집권 세력의 교체가 상당한 수준에서 이루어지면서, 집권 보수 세력은 정국의 주도권을 상실하게 되었다. 이에 따라, 과거 집권 세력의 비호하에서 안주하고 있던 시민사회의 보수 세력과 보수 언론은 보수 행동주의, 뉴라이트 운동 및 포퓰리즘 담론 공세를 통해 조직적·이념적으로 보수 세력을 결집·동원해 시장경제와 자유민주주의 옹호를 명분으로 내세우면서, (이전 정권에 비해 상대적으로) 민주주의의 내포적 심화를 지향하며 복지와 분배를 강조하고 시민의 정치 참여를 활성화하고자 한 김대중-노무현 정부를 '친북 좌파'

---

[34] 뉴라이트 등 한국의 보수 세력이 자유민주주의를 이처럼 협소하게 해석하는 것을 경계하기 위해서는, 우리 헌법이 추구하는 자유민주주의가 복지와 분배에 중점을 두는 사회민주주의를 수용하고 있다는 점을 강조하면서 '자유민주적 질서'와 '민주적 질서', '사회민주주의'와 '자유민주주의'를 굳이 구분할 실익이 없다는 홍성방의 입장 역시 경청할 만한 가치를 지니고 있다(홍성방 2008, 91-93).

[35] 이 글의 결론 부분은 강정인(2008)의 주요 내용을 압축적으로 요약하거나 발췌한 것이다.

정권 또는 '포퓰리즘'(=중우정치) 정권으로 매도하며 맹공을 퍼부었다. 그리고 대안으로 신자유주의의 모토인 '큰 시장, 작은 정부'를 내세웠다.

여기서 '친북'이란 노무현 정부가 (북한 인민에게 유례없는 인권 탄압을 자행하는) 김정일 독재 정권을 상대로 북한의 인권 문제에는 침묵하면서 화해와 협력을 추구하는 정책을 취하는 것을 비판하기 위한 호칭이었지만, 동시에 노무현 정부에 포진해 있는 일부 386세대들이 과거 운동권 시절에 주체사상을 신봉한 이른바 '주사파'였다는 사실과 그들의 대북 정책을 연관시켜 대중의 불안감을 선동하는 색깔 공세도 내포하고 있었다. 그리고 '좌파'는 노무현 정부가 성장보다는 분배와 복지, 경쟁보다는 평등을 중시함으로써 시장경제를 부정하는 '좌파'적 정책을 추진한다는 점을 지칭하는 것이었다.

그런데 서구 민주주의에서는 좌파가 정당성을 가지는 개념인 데 반해, 앞에서 헌법 조문과 국가보안법상의 '자유민주적 기본 질서'를 논할 때, 그리고 이석연식의 자유민주주의를 검토하면서 언급했듯이, 한국 정치에서도 좌파는 민주화 이후에도 여전히 정치적 박해를 정당화하는 불온한 개념으로 남아 있다. 이처럼 좌파 개념이 지닌 선제적인preemptive 부정적 효과 때문에, 이제 한국 정치에서는 신자유주의에 맞서 시장에 대한 정부의 개입을 옹호하는 입장, 다시 말해 민주주의의 내포적 심화를 추진하는 세력은, 그 정도를 불문하고 또 그 목적과 이유의 정당성을 고려할 필요도 없이 과거의 '빨갱이'처럼 불온시되고 배척되는 담론 효과의 희생양이 된다. 이 점에서 뉴라이트의 좌파 개념은 다분히 의도적으로 설정되었다.[36]

36_그리고 이런 담론 효과에 압도된 나머지, 심지어 한국의 진보 진영마저 시장의 자유를 주장하는 뉴라이트에 '시장에 대한 정부의 개입'이라는 전통적 용어로 맞서는 대신 '시장' 대 '공공성'이라는 우회적 이분법을 사용해 맞서고 있다. 다시 말해, '시장의 자유'라는 무소불

보수 세력이 보수 행동주의와 뉴라이트 운동을 통해 김대중-노무현 개혁 정부를 '친북 좌파' 정권으로 몰아붙이는 한편, 보수 언론과 지식인들은 개혁 정부를 '포퓰리즘'이라는 담론 공세를 통해 압박했다. 포퓰리즘에 대한 비판은 노무현 정부에 들어와서 더욱 강화되었는데, "보수적 지식인들은 노무현 대통령이 사상 최초의 '온라인 대통령'이라는 점과 참여정부가 인터넷 여론을 매우 중시한다는 점에 주목해 '인터넷 포퓰리즘' 또는 '디지털 포퓰리즘'이라는 새로운 형태의 이데올로기적 담론"을 전개했다(이원태 2006, 95).[37]

'친북 좌파'라는 담론 공세가 일반 국민으로부터 개혁 정부를 고립시키려는 공세였다면, '포퓰리즘'이라는 담론 공세는 개혁 정부는 물론 이를 지지하는 국민들을 싸잡아서 '인기 영합주의'의 산물로, 민주주의의 타락된 형태인 '중우衆愚정치'의 표본으로 몰아세우는 담론 전략이었다.[38] 곧 포퓰리즘 담론을 통해 보수 세력은 노무현 정부가 제도권 정치, 특히 의회정치를 우회해 국민에게 직접 호소하고 국민을 동원함으로써 자신들의 정치 개혁을 정당화하고, 경제정책에 대한 지지를 이끌어 낸다고 비판했다. 그

위의 신에 맞서 '신의 섭리에 대한 인간의 간섭', 곧 '시장에 대한 정부의 개입'을 감히 주장하지 못하고 '시장 자유 대 공공성 강화'라는 우회로를 사용해야 하는 처지에 내몰리게 된 것이다.

37_여기서 자세히 논하지는 않겠지만, 인터넷 정치 참여는 대의제 민주주의를 보완할 수 있는 새로운 유형의 정치 참여이므로, 시민 참여 거버넌스로 적극 유도함으로써 질적 심화를 기하는 방향으로 순치되어야 할 것이다(이원태 2006, 100-101).

38_본래 '포퓰리즘'은 '대중 영합주의'와는 차이가 있는 개념인데, 보수 언론의 경우에는 '대중 영합주의'라는 단어를 병기함으로써, 라틴아메리카 포퓰리즘의 역사적 경험과 기억 속에서 포퓰리즘 정권의 '중하층 계급에 대한 분배위주의 정책으로 인한 경제 실정'을 선택적으로 추려 내어 '대중 영합주의' 또는 '대중 선동 정치'와 연관시켰다.

런 과정 속에서 보수 언론은 '포퓰리즘 = 다수의 지배 = 중우정치'라는 공식을 이끌어 냈다(홍윤기 2006, 22). 나아가 포퓰리즘에 대한 보수 진영의 공격은 인민민주주의, 민중민주주의 등의 용어를 섞어 사용함으로써 김대중-노무현 정부가 이념적으로 자유주의와 시장경제에 적대적인 좌파 정부라는 색깔 논쟁을 머금고 있기도 했다.

그러나 이 과정에서 보수 진영의 정치적 방어선이 자유민주주의라는 점은 민주화 이후 변화된 한국 정치의 이념적 지형을 반영하고 있다는 점에서 주목할 만하다. 첫째, 보수 진영은 이제 과거처럼 경제 발전의 필요성에 따라 권위주의를 옹호하고 자유민주주의를 비판하는 것이 아니라 자유민주주의의 '수호'라는 차원에서 포퓰리즘을 비판하는 논변을 구사했다. 둘째, 보수 진영의 이런 비판에는 한국 민주주의가 이제 거의 완성된 것이나 다름없는 적정 수준에 도달했기 때문에 더 이상의 추가적 민주화는 필요하지 않으며, 따라서 김대중-노무현 정부가 추구하는 '더 많은' 민주주의의 추구는 다만 민주주의의 타락된 형태인 중우정치나 포퓰리즘에 불과하다는 논리가 함축되어 있다. 이처럼 보수 진영은 사회경제적 평등의 강화를 추구하는 분배와 복지에 반대하면서 시장과 사유재산의 자유를 주장하고, 시민의 정치 참여의 활성화를 반대하면서 슘페터 Joseph Alois Schumpeter 가 주장한 바 있는 엘리트주의적(대의제적) 민주주의를 옹호하고 있다. 그러나 이들이 옹호하는 자유민주주의가 우리 헌법이 담아낼 수 있는 자유민주주의의 '최소한'이고 이들이 옹호하는 시장의 자유가 우리 헌법이 규정하는 사회국가의 원리를 심각하게 위협하고 있다는 점은 분명하다. 다시 말해, 서구와 달리 복지와 분배 정책이 미비한 신생 민주국가인 한국에서 이들이 옹호하는 극우적 자유민주주의가 경제 영역에서의 자유와 시장경제에 대한 강조를 통해 사회적 약자의 경제적 지위를 더욱 악화시키고 사회적 양극화를 심화시킨다면, 현재 성취한 정치적 민주주의의 존립마저 위태로울 수 있다.

제5부

서양 및 일본의 정치사상

| 9장 |

루소의 정치사상에 나타난 정치 참여에 대한 고찰

시민의 정치 참여에 공적인 토론이나 논쟁이 허용되는가?

1. 글머리에

서구의 근대사상가들 가운데 루소는 인민주권론을 가장 강력하게 제창하고, 시민의 직접적인 정치 참여를 통한 직접민주주의를 가장 일관되게 옹

● 이 논문을 집필하고 발표하는 과정에서 진지한 논평과 조언을 통해 귀중한 학술적 도움을 받았다. 특히 이 논문의 주제와 긴밀하게 관련된 최근의 해외 논문에 대한 소개는 이 글의 논지를 다듬고 발전시키는 데 커다란 자극이 되었다. 또한 두 번에 걸친 학술회의에서 이 논문의 해석과 반대되는 입장을 취하면서 치밀하고 치열하게 논박해 준 한국외국어대학교 김용민 교수에게 진심으로 감사드린다. 때로 너무나 따갑기도 했던 그의 토론은 좋은 토론자를 만나는 것이 학문하는 삶이 누릴 수 있는 소중한 행복이라는 점을 경험으로 일깨워 주었다.

호한 인물로 알려져 있다.[1] 그러나 루소의 시민들이 일반의지를 발견해 입법화하는 과정에서 공적인 토론이나 논쟁이 적극적으로 허용되는지의 여부가 분명하지 않기 때문에, 곧 『사회계약론』의 본문에는 이를 부정하는 듯한 구절들이 적지 않기 때문에, 루소의 시민들이 우리가 생각하는 것처럼 공적인 토론이나 논쟁을 통해 적극적으로 정치에 참여할 수 있는가에 관해 대다수의 서구학자들은 대체로 '부정적' 또는 '소극적'으로 해석해 왔다. 『사회계약론』 제2권 3장에 나오는 "적절히 정보를 제공받은 인민이 심의할 때 시민들이 자신들끼리 아무런 의사소통을 하지 않는다면, 다수의 작은 차이들로부터 항상 일반의지가 나올 것이고, 그 심의는 항상 좋을 것이다"라는 유명한 구절은 이런 해석의 대표적인 근거로 인용되어 왔다.[2]

그런데 시민 의회에서 이루어지는 시민들의 정치 참여가 실상 아무런 공적 토론이나 논쟁 없이 단순히 주어진 법률안에 대해 찬반 투표를 하는 데 국한된다면, 루소의 직접민주주의는 그 취지와 의미가 크게 퇴색하고 만다. 그리고 『사회계약론』, 『폴란드 정부에 관한 고찰』(이하 『고찰』) 등 루소의 저작 전반을 면밀히 살펴보면, 토론이나 논쟁이 '일정한 조건에 따라', 곧 '국가의 유형에 따라 그리고 일정한 규제를 받으면서' 용인되고 있음을 발견할 수 있다.[3] 그러므로 이 글은 루소가 시민들 간의 토론이나 논쟁을 전면적으로 배제했다는 종래의 부정적 해석론에 반대하며, 나아가 루소의 직접민주주의에서 허용되고 있는 시민들 상호 간의 공적인 토론이

1_물론 『폴란드 정부에 관한 고찰』(*Considerations on the Government of Poland*)에서 루소는 영토와 인구의 크기를 고려해 예외적으로 대의 민주주의를 받아들이고 있다.
2_이 구절은 이 논문의 전개 과정에서 좀 더 상세하게 분석·검토될 것이다.
3_지금 언급한 '일정한 조건에 따라'의 구체적 의미는 이 글의 4절에서 본격적으로 논의될 것이다.

나 논쟁에 주목하는 것이 루소의 직접민주주의를 평가하는 데 있어 매우 중요하다는 입장을 취한다.

따라서 이 글은 시민들 간의 토론이나 논쟁이 허용된다는 긍정적 해석론을 전개하고 옹호하기 위해, 먼저『사회계약론』제4권 1장에 서술된 국가의 유형을 그 부패 정도와 정치 참여의 양상을 중심으로 유형화해 검토하고, 이어서 루소적 시민의 정치 참여에 공적인 토론이나 논쟁이 허용되는지에 대한 다양한 해석론을 부정론과 긍정론으로 나누어 소개할 것이다. 그리고『사회계약론』,『고찰』등 루소의 주요 저작에 대한 분석을 통해 부정적 해석론에 대한 비판을 제기하는 동시에 기존의 긍정적 해석의 미비한 점을 보완하면서 긍정론을 강화하고자 한다.

2. 루소의 국가 분류: 국가의 부패 징도와 정치 참여의 양상

루소는『사회계약론』제4권 1장에서 국가의 유형을 주로 부패의 정도와 연관해 분류하고 있는데, 국가의 유형에 따라 시민들의 정치 참여의 양상과 결과 역시 판이하게 나타난다. 루소는 국가들에 대한 분류를 마친 후, 제4권 2장에서 이 점을 다음과 같이 언급하고 있다. "앞 장에서의 논의를 통해 일반적인 사안들이 처리되는 방식이 관습의 현황과 정치체의 건강성을 정확히 드러낸다는 점을 알 수 있다"(IV, ii, 109).[4] 그렇다면 루소적 시민

4_ 이 글에서 인용되는 루소(Jean-Jacques Rousseau)의『사회계약론』은 다음에 수록된 것이다.

들의 정치 참여에 공적인 토론이나 논쟁이 허용되는지 여부 역시 국가의 유형에 따라 살펴보아야 한다는 것이 이 글의 핵심적인 가정이다. 제4권 1장에서 루소는 국가의 유형을 세 가지로 분류하는데, 이 글에서는 제2권 3장과 제4권 2장 등의 논의를 고려해 네 가지로 분류할 것이며 이런 분류의 타당성은 이후의 해석을 통해 확인될 것이다.[5]

이상적 국가: 건강한 농민 공동체(국가유형 1)

루소는 소박하고 정직한 농민들이 "단일의 정치체"로서, "자신들의 공동의 보존과 일반적 복지에 관련된 오직 하나의 의지"에 따라 자신들의 공동사를 결정하는 국가를 매우 행복하고 이상적인 정치 공동체로 묘사한다. 그런 공동체에서 "공동선은 어느 곳에서나 명백히 드러나며, 이를 인지하기 위해서는 단지 건전한 양식good sense만이 필요할 뿐이다." 그리고 시민들

Roger D. Masters ed., *On the Social Contract with Geneva Manuscript and Political Economy*, Judith R. Masters trans., St. Martin's(1978). 지금 인용한 것처럼, 앞으로 본문에서 『사회계약론』을 인용할 때에도 이 영문 번역본을 사용할 것이며, 맥락을 분명히 밝히는 가운데 별도의 표기 없이 괄호 속에 권, 장, 쪽수의 순서로 기재할 것이다. 한글 번역본으로는 장 자크 루소, 『사회계약론』, 이환 옮김, 서울대학교 출판부(1999)를 참조했다.

[5] 국가의 유형을 네 가지로 분류하는 이 글의 해석은, 제4권 1장의 서술을 그대로 따르면서 국가를 세 가지로 구분하는 통상의 해석과 다른 것이다. 예를 들어 길딘은 국가를 세 가지로 분류하고 있다(Gildin 1983, 150-153 참조). 그러나 곧 논할 것처럼, 이 글은 루소가 『사회계약론』 제4권 2장에서 언급한 로마공화정 초기의 민회를 별도의 '준이상적 국가'로 간주한다. 민회를 루소가 제시하는 세 가지 국가유형 중의 어느 한 유형으로 귀속시킬 수 없기 때문이다. 로마공화정에서 하나의 기구에 불과한 민회를 독자적인 국가유형으로 분류하는 이 글의 입장에 대해 반론이 제기될 수도 있는데, 이에 대해서는 루소가 당시 원로원과 민회의 대립을 논하면서 로마공화정을 두 개의 국가가 하나로 합쳐진 것으로 묘사했다는 점을 지적하고자 한다(IV, ii, 109-110).

이 사적 이익을 추구하거나 파당, 결사 등 소규모 집단을 형성하지 않기 때문에, 개별 시민들에 내재한 특수의지와 일반의지 사이에는 아무런 충돌이 없으며, 따라서 시민들은 쉽게 만장일치의 결정에 도달한다. 시민들은 부패해 있지 않고, 또 공동선이 무엇인지 쉽게 식별하기 때문에 현명하게 국사를 처리한다(IV, i, 108). 이런 공동체에서 국사가 처리되는 양상에 대해 루소는 다음과 같이 서술한다.

> 이런 식으로 다스려지는 국가는 아주 적은 수의 법률들을 필요로 하며, 새로운 법률들을 선포하는 것이 필요한 만큼이나, 그 필요성이 보편적으로 느껴진다. 그런 법률들을 제안하는 첫 번째 사람은 단지 모든 이가 이미 느끼고 있는 것을 진술한 데 불과하다. 따라서 다른 사람들이 그렇게 할 것이라고 확신하자마자 각자가 이미 통과시키기로 결심한 것을 법률로 통과시키는 데는 아무런 음모나 능란한 화술(eloquence)이 필요하지 않다(IV, i, 108).

준이상적 국가: 초기 로마공화정의 민회(국가유형 2)[6]

한편 이 정도는 아니더라도, 루소는 로마공화정 초기의 민회가 준이상적

6_루소는 『사회계약론』에서 초기 로마공화정의 민회를 다룰 때, 이상적 농민 공동체와 달리 시민들의 결의가 만장일치로 통과되지는 않지만, 그렇다 하더라도 시민들 사이의 의견 차이가 상쇄 효과를 발휘함으로써 다수결 또는 압도적 다수결로 일반의지가 발현되는 상황을 자주 상정하고 있다. 그런데 이런 상황은 뒤이어 설명할 '부패가 상당히 진행된 국가'의 상태와는 여러모로 다르다. 그렇기 때문에 이 글에서는 '준이상적 국가'라는 범주를 설정했다. 또한 앞으로 살펴볼 것처럼, 『사회계약론』 제2권 3장에 나오는 일반의지의 형성과정 및 부분적 사회와 관련된 루소의 논의는 상당 부분 이 글에서 분류된 '준이상적 국가'에 해당한다. 이 같은 해석이 지니는 타당성은 이하의 서술에서 추가적으로 확인될 것이다.

국가 상태에 있었다고 본다. 루소는 "⋯⋯ 사실 가장 격동적인 시대에도 원로원이 간섭하지 않을 때에는 항상 평온하게 그리고 압도적 다수로 결정에 도달했다"는 점을 강조하면서, "시민들은 단 하나의 이익만을 가지고 있었기 때문에 인민은 오직 하나의 의지만을 가지고 있었다"고 언급한다(IV, ii, 109-110). 루소에 따르면 로마 평민들은 개별적으로는 특수한 사적 이익을 추구하기도 하고 따라서 만장일치에 도달하지 못하기도 했지만, 아직 여러 파당이나 결사들로 분열되어 있지 않았기 때문에 압도적 다수결로 의안을 통과시킬 수 있었다는 것이다.

루소의 이런 서술은 초기 로마공화정이 위에서 언급한 이상적인 농민공동체 국가와 구분되며, 또 비록 그 정도 수준은 아니지만 전체적으로 아직 건강한 정치체였다는 점을 인정하는 것이다. 루소는 정치 공동체에서 사적인 이익이 편파적으로 결집하는 계기가 되는 작은 집단이나 결사들이 형성되지 않는 한, 다시 말해 시민 의회에서 일부 시민들이 사적인 이익에 따라 참여하더라도 그것이 고립적이고 산발적으로 일어나는 한, 비록 '만장일치'는 아니지만 '다수결'에 따른 일반의지의 발현이 가능하다고 본다(II, iii, 61; IV, ii, 109-111). 다른 곳에서 시민들의 이런 심의 방식에 관해 루소는 다음과 같이 말하고 있다.

> 적절히 정보를 제공받은 인민이 심의할 때 시민들이 자신들끼리 아무런 의사소통을 하지 않는다면, 다수의 작은 차이들로부터 항상 일반의지가 나올 것이고, 그 심의는 항상 좋을 것이다(II, iii, 61; 이하 '구절 1').[7]

---

[7] 이 구절은 나중에도 자주 인용될 것이기 때문에 '구절 1'로 칭하겠다. 이 구절에 대한 프랑스어 원문은 다음과 같다. "Si, quant le peuple suffisamment informé délibére, les Citoyens n'avoient aucune communication entre eux, du grand nombre de petites

여기서 사적인 이익 추구의 결과 나타나는 "다수의 작은 차이들"이라는 표현의 의미에 대해 루소는 이렇게 서술한다.

> 모두의 의지[또는 '전체의지']와 일반의지에는 종종 커다란 차이가 있다. 후자는 단지 공통의 이익만을 고려하는 데 반해, 전자는 사적인 이익을 고려하며 따라서 오직 사적인 의지의 합계에 불과하다. 그렇지만 이 같은 사적인 의지들로부터 서로를 상쇄하는 초과분과 부족분을 제거해 버리면, 차이들의 누적적 합계는 일반의지다(II, iii, 61).

이 구절 역시 준이상적 국가가, 앞에서 서술한 바 있는 "공동선은 어느 곳에서나 명백히 드러나며, 이를 인지하기 위해서는 단지 건전한 양식good sense만이 필요"한 이상적 국가와는 달리, 만장일치적 결정에 쉽게 도달하지 못하는 독립된 유형이라는 점을 시사한다.

부패가 상당히 진행된 국가(국가유형 3)

루소의 정치사상에서 모든 정치 공동체는, 출발 시점에는 건강하더라도 필연적으로 부패하기 시작하며, 쇠락하기 마련이다. 따라서 루소는 '부패가 상당히 진행된 국가'에서 나타나는 시민들의 정치 참여 양상에 대해 다

---

différences résulteroit toujours la volonté générale, et la délibération seroit toujours bonne"(Rousseau 1964a, *Du Contrat Social*, II, iii, 371).
참고로 매스터스(Roger D. Masters)의 영문 번역문은 이렇다. "If, when an adequately informed people deliberates, the citizens were to have no communication among themselves, the general will would always result from the large number of small differences, and the deliberation would always be good"(II, iii, 61).

음과 같이 서술한다.

> 그러나 사회적 결속이 느슨해지고 국가가 쇠약해지기 시작할 때, 그리고 사적인 이익이 고개를 들고 작은 사회들이 큰 사회에 영향력을 행사하기 시작할 때, 공동의 이익이 훼손되고 적을 만나게 된다. 투표에서는 더 이상 만장일치가 이루어지지 않고, 일반의지는 모두의 의지에서 더 이상 발견되지 않으며, 의견의 대립과 논쟁이 분분하게 되고 최선의 조언[또는 제안]도 이의 제기를 거치지 않고서는 수용되지 않는다(IV, i, 108).

여기서 '준이상적 국가'와 '부패가 상당히 진행된 국가' 사이의 결정적 차이는 정치체에서 작은 파당, 결사, 사회 등의 형성 여부다. 후자의 국가에서 이제 시민들은 작은 집단들을 구성하고 일반의지보다 개인이나 집단의 이익, 즉 사적인 이익(또는 특수의지)에 따라 정치에 참여한다. 그런 국가를 이상적 또는 준이상적 국가와 비교하면서 루소는 이렇게 기술한다. "······ 투표자가 더 이상 사람들의 숫자만큼 있지 않고 단지 결사들의 숫자만큼 있다. 그러므로 차이들은 그 숫자가 줄어들고 [투표는] 덜 일반적인 결과를 산출한다"(II, iii, 61).

루소는 비슷한 대조를 다른 곳에서 이렇게 표현한다.

> 회의에서 더 많은 조화가 이루어질수록, 곧 의견들이 만장일치의 지지를 받는데 더 근접할수록, 일반의지 역시 더욱 두드러진다. 그러나 장시간에 걸친 논쟁, 의견의 분열 및 소란은 사적인 이익의 득세와 국가의 쇠퇴를 시사한다(IV, ii, 109).

이처럼 부패가 상당히 진행된 국가의 정치적 의사 결정 과정에서는 시민 모두의 의지(또는 전체의지)와 일반의지가 일치하지 않기 십상이며, 따라서 일반의지의 발현은 매우 드물게 된다. 그렇다 하더라도 "…… 최선의 조언도 이의 제기를 거치지 않고서는 수용되지 않는다"는 구절이 시사하는 것처럼, 일반의지의 발현이 전적으로 봉쇄되는 것은 아니다. 이런 사회에서 일반의지가 두드러지도록 하기 위한 루소의 처방은 가급적 원래의 상태와 유사하게 되도록 인위적으로 환원시키는 것으로, 소집단의 형성이 불가피하다는 전제하에 그런 집단의 숫자가 가급적 많도록 그리고 그들 사이의 힘이 균등하도록 조치를 취하는 것이다(II, iii, 61). 이런 조치가 성공적으로 실현되면, 준이상적인 국가에서처럼 모두의 의지는 자체적인 상쇄 효과를 통해 다수결 또는 압도적 다수결로 집약되어 종국적으로 일반의지에 수렴하게 될 것이다.

부패가 심각한 상태에 이른 국가(국가유형 4)

마지막으로 루소는 '부패가 심각한 상태에 이른 국가'에서 나타나는 정치 참여의 양상과 그 결말에 대해 다음과 같이 서술한다.

> 마지막으로 국가가 파멸에 즈음했지만 단지 가공적이고 공허한 형태로 존재하는 데 불과할 때, 사회적 유대가 모든 이의 심정에서 붕괴될 때, 가장 저급한 이익이 공공선이라는 성스러운 이름을 띠고 나타날 때, 일반의지는 침묵을 지키게 된다. 은밀한 동기에 의해 지배되는 모든 이들은 마치 국가가 존재하지 않은 상태에 처한 것처럼 자신들의 의견을 개진하기 때문에 더 이상 시민이 아니며, 사적인 이익만을 목표로 하는 부정한 법령이 기만적으로 법률의 탈을 쓰고 통과된다(IV, i, 108-109).

이런 정치 공동체에서 소집단은, 루소의 처방이 실패한 결과 그 숫자가 줄어들고 그들 사이의 힘의 균등도 철저히 파괴된 상태이다. "마지막으로 이런 결사들 가운데 하나가 너무 커서 다른 모든 결사들을 압도하게 될 때, 결과는 더 이상 작은 차이들의 합계가 아니라 단일의 차이다. 그렇게 되면 더 이상 일반의지가 드러나지 않게 되며, 우세를 차지한 의견은 단지 사적인 의견에 불과하다"(II, iii, 61).

제4권 2장에서 루소는 로마 제정에서 황제의 눈치를 보면서 결의를 하던 원로원 의원들의 "비참한 방식"을 예로 들면서 부패가 극에 달한 정치공동체에서의 참여 양상과 그 결과를 이렇게 서술한다.

> 반대 극단에 이르면 만장일치가 되살아난다. 그것은 시민들이 예속 상태에 빠져 더 이상 자유를 누리거나 의지를 행사할 수 없을 때이다. 그렇게 되면 두려움과 아첨은 투표를 만장의 갈채로 바꾸어 놓는다. 사람들은 더 이상 심의하지(deliberate) 않고, 오직 찬양하고(adore) 욕설할(curse) 뿐이다(IV, ii, 110).

특정한 집단(또는 개인)이 그 크기나 힘에 있어서 압도적 우위를 점하기 때문에 이제 시민회의에서 나머지 시민들은 그 집단(또는 개인)의 위세에 눌려 더 이상 반대 의견을 표출하지 못하고 두려움 속에서 아첨이나 욕설로 일관할 뿐인 것이다.

이 네 가지 국가유형 가운데 '이상적 국가'와 '준이상적 국가'는 적어도 시민들 대다수 사이에 소박함과 정직함이 존재하는 건강한 상태의 국가인데, 시민들 사이에 작은 파벌이나 당파가 형성되지 않은 초기 로마공화정이나 스파르타가 준이상적 국가에 해당하는 것으로 보인다. 다만 이상적 국가에서는 정치적 결정이 주로 만장일치로, 준이상적 국가에서는 주로 다수결로 이루어지는바, 이는 이상적 국가에 비해 준이상적 국가에서는 일부 시민들이 어느 정도 부패해 있기 때문이다. 이에 반해 부패가 상당한 수준에서 진행되고 있거나 아주 심각한 국가는 대다수의 시민들이 소박함과 정직함을 잃어버린 상태라 할 수 있으며, 루소가 비난하는 아테네 민회나 후기 로마공화정 및 로마 제정이 이에 해당할 것이다. 이 두 유형의 국가에서는 사적 이익의 결집에 따른 파벌이나 파당이 형성되어 있는바, '국가유형 3'에서는 파벌들의 숫자가 많고 그 영향력도 어느 정도 분산되어 있지만, '국가유형 4'에서는 파벌들의 숫자가 (독점이나 과점에 해당할 만큼) 소수로 줄어들고 영향력 역시 불균등하게 결집되어 있다고 할 수 있다.[8]

3. 시민의 정치 참여에 공적인 토론이나 논쟁이 허용되는가: 주요 해석론의 개관

이제 이 논문의 핵심 주제에 접근해 보자. 루소의 정치사상에서 시민들의 정치 참여에 공적인 토론이나 논쟁이 허용되는지의 여부는 흔히 상정되는 것과 달리 상당히 복잡하다. 그러나 그럼에도 불구하고 이 문제를 명시적으로 검토하고 이에 대한 자신의 해석을 제시하는 논자들은 의외로 별로 많지 않다. 한편 이 문제를 명시적으로 논하는 소수의 해석자들은 대부분 루소의 시민에게 공적인 토론이나 논쟁이 허용되지 않는다는 부정적 입장을 취한다. 하지만 이 문제에 대한 이 글의 결론적인 해석은 루소의 시민들에게 공적인 토론이나 논쟁이 '국가의 유형에 따라 그리고 일정한 규제를 받으면서' 허용된다는 긍정론이며, 또 그것이 마땅히 허용되어야 루소의 직접민주주의가 진가를 발휘할 수 있다는 것이다. 따라서 이런 해석의 적

---

[8] 그렇기 때문에 루소는 건강한 사회에서 부패한 사회로 이행함에 따라 공개투표에서 비밀투표로 투표의 방식 역시 변해야 한다고 주장한다(IV, iv, 119).

실성을 주장하기 위해서는 부정론자들의 입장을 설득력 있게 반박해야 하는데, 이 장에서는 먼저 해석의 쟁점이 되는 핵심적인 전거들을 제시한 후 부정적 해석론과 긍정적 해석론을 개관하고, 다음 장에서 이에 대한 비판과 함께 대안적인 긍정적 해석론을 개진하도록 하겠다.

부정론의 대표적인 전거들은 『사회계약론』 제2권 3장에 나오는 '구절 1'과 이미 제4권 1~2장을 중심으로 자세히 인용한 바 있는 이상적 국가에서 시민들 사이의 심의가 거의 불필요한 것으로 묘사한 구절 및 부패한 국가에서 목격되는 "장시간에 걸친 논쟁, 의견의 분열 및 소란"을 부정적으로 서술한 제4권 2장의 구절 등이다. 그리고 이 외에도 부정론의 근거로 원용되는 다음의 구절을 인용할 필요가 있다. 이 중요한 구절은 '일견' 부정론을 뒷받침하는 것처럼 보이지만, 시민들에게 토론이나 논쟁의 개연성을 열어 놓은 것으로도 해석될 수 있기 때문이다.

> 나는 주권자의 모든 활동에서 단순한 투표권 ─ 그 어떤 것도 시민들로부터 박탈할 수 없는 권리 ─ 에 관해 많은 논평을 할 수 있다. 그리고 정부가 오직 정부의 구성원들에게만 허용하기 위해 항상 각별한 신경을 쓰고 있는 권리, 곧 의견을 진술하고, 법률안을 제안하며, 분석하고 토론하는 권리에 관해서도 [많은 논평을 할 수 있다]. 하지만 이 중요한 주제는 별도의 논저를 필요로 할 것인데, 이 책에서 모든 것을 다룰 수는 없다(IV, i, 109; 이하 '구절 2').[9]

이제 이 주제에 대한 다양한 기존의 해석론을 소개하고자 한다. 이 글에서 검토한 학자들은, "일반의지에 투표하기: 결정 규칙에 대한 루소의 입

9_ 이 인용문에 대한 구체적인 해석은 나중에 본격적으로 이 글의 3, 4절에서 제시될 것이다.

장"Voting the General Will: Rousseau on Decision Rules(2008)이라는 논문을 최근 발표한 슈워츠버그Melissa Schwartzberg와 길딘Hilail Gildin을 제외하고는, 대부분 부정론을 견지하고 있다. 먼저 오래 전에 루소의 일반의지를 논하는 논문에서 제임스 맥아담은, '구절 1'의 뒤에 나오는 파당이나 결사에 대한 루소의 반대 입장을 염두에 두고, 루소가 "일반의지에 대한 결정에 이를 때 어떤 개인도 그 사안에 대한 자신의 생각을 다른 개인과 의사소통해서는communicate 안 된다"고 생각했다고 해석한다. 그리고 이런 해석의 타당한 근거로 "개인들 사이의 그런 의견 교환이" 파당 형성의 계기가 됨으로써 "부분적인 일반의지의 형성을 조장하고, 그렇게 되면 그런 부분적인 일반의지가 일반의지와 정면으로 경쟁해" 일반의지의 발견을 어렵게 한다는 논점을 제시한다(McAdam 1967, 503).

영미권에서 루소 정치사상에 대한 권위자 가운데 한 사람인 로저 매스터스는 『루소의 정치철학』The Political Philosophy of Rousseau 가운데 '구절 1'을 직접 인용한 대목에서나 자신이 편집한 『사회계약론』의 '구절 1'이 나오는 부분에서는 별도의 주석을 달지 않고 있다(Masters 1968, 386 이하; Rousseau 1978 참조). 그러나 『사회계약론』의 다른 곳에서 '구절 1'을 루소의 시민에게 공적인 토론이나 논쟁이 허용되지 않는다는 것을 입증하는 유력한 증거로 원용한다. 매스터스는 『사회계약론』의 '구절 2'에 붙인 편자 주석에서 다음과 같이 말하고 있다.[10]

자유로운 발언(free speech)에 대한 루소의 아이러니한 방어로 인해 [루소 저작의] 편집자들은 종종 혼란에 빠졌는데, 그 이유는 그들이 마지막 절['구절 2']

10_이 주석은 김용민 교수가 일러준 것이다.

을 원칙에 대한 진지한 서술로 독해했기 때문이다. 그러나 [『사회계약론』의] 제2권 3장['구절 1']은 물론 다음 장을 고려할 때 그런 해석은 성립하기 어렵다 (Rousseau 1978, 150 주 112).

독일의 사회철학자 하버마스 역시 『공론장의 구조변동』The Structural Transformation of the Public Sphere에서 부정론에 입각해 공공 영역에 대한 자신의 논변을 전개하고 있다.[11]

로크의 의견 법칙은 루소의 『사회계약론』을 통해 주권적이 되었다. 비공공적 의견(unpublic opinion)이 공공적 의견(opinion publique)이라는 다른 표제어를 통해 유일한 입법자의 지위로 고양되었는데, 이는 공공 영역에서 공공의 합리적이고 비판적인 논쟁의 배제를 수반하는 것이었다. 루소에 의해 구상된 입법과정은 이에 대해 어떤 의심도 남겨 놓지 않았다. 공동의 복지를 인지하기 위해서는 건전한 양식(bon sens; common sense; gesunder Menschenverstand)만으로도 족했다. 소박한 사람들, 곧 숙맥들은 공공 토론의 정치적 술책으로 인해 단지 짜증을 느낄 뿐이었다. 곧 장시간에 걸친 논쟁은 특수 이익을 부각시킬 것이었다. 루소는 언변이 좋은 연설가들의 위험한 호소력을 조화가 지배하는 집회와 대비시켰다. 일반의지는 논변(arguments)의 합치보다는 심정(hearts)의 합치의 소산이었다. 법(loi)이 뿌리 깊은 관습(opinions)과 부합하는 사회가 가장 잘 통치될 것이었다. 관습의 소박함은 "가시 돋친 토론(discussions épineuses)"에 대한 방호벽인 데 반해, 사치는 건강한 소박함을 타락시키며, 한 집단을 다른 집단에, 모든 집단을 모두의 의견(et tous a l'opinion)에 예속

11_ 인용된 하버마스의 주장 역시 김용민 교수가 일러 준 것이다.

시킨다(하버마스 2001, 188-189; Habermas 1989, 97-98; 인용문의 강조는 필자).[12]

하버마스의 인용문 자체가 하버마스가 왜 루소의 민주주의를 "공공적 논쟁 없는 민주주의"로 파악하는지에 대한 해석과 논거를 포함하고 있기 때문에 별도의 설명을 하지 않겠다. 하버마스는 자신의 해석의 근거로 『사회계약론』의 제4권 1~2장, 제3권 1, 4장을 각주에서 제시하고 있지만, 이에 대한 구체적인 분석을 붙이고 있지는 않다.

마지막으로 프랑스 정치학자인 버나드 마넹Bernard Manin은 영어로 번역되어 출간된 "정당성과 정치적 심의에 관하여"On Legitimacy and Political Deliberation라는 논문에서 비교적 상세한 전거와 분석을 제시하면서 루소의 시민들에게는 정치적 심의 과정에서 의사소통이나 토론이 허용되지 않는다고 해석하고 있다. 그의 논거를 요약해 제시하면 다음과 같다. 첫째, 그는 루소의 『사회계약론』에 나오는 심의délibération, délibérer를 (통상의 이해에 따라) 시민들이 상호 의사소통하면서 의지를 형성하는 "과정"이 아니라 "결정"decision 그 자체를 지칭하기 위해 사용된 단어로 해석한다. 그리고 그는 심의가 결정을 의미하는 용례로 『사회계약론』 제2권 3장의 두 구절과 『정치경제론』 The Discourses on Political Economy의 한 구절을 제시한다.[13] 그가 인용한 『사회

12_ 이 인용문에서는 영문 번역본을 참조하면서 한글 번역본의 구절을 다소 수정했다. 이어지는 구절에서 하버마스는 루소의 민주주의를 "비공공적 의견의 민주주의"(democracy of unpublic opinion), "공공적 논쟁 없는 민주주의"(democracy without public debate)로 특징짓는다(하버마스 2001, 190-191; Habermas 1989, 98-99).

13_ 이 글에서 그가 인용한 『정치경제론』의 구절을 다시 인용하지는 않겠다. 이에 대해서는 Manin(1987, 345)을 참조하라.

『계약론』 제2권 3장의 두 구절 중 하나는 앞에서 이미 인용한 바 있는 '구절 1'이며 다른 하나는 이것이다.

> 앞에서의 논의로부터 일반의지는 항상 올바르며 항상 공공선을 지향한다는 결론이 나온다. 그러나 인민의 심의가 항상 동일한 올바름(righteousness; rectitude)에 도달한다는 결론이 나오는 것은 아니다(II, iii, 61).

그는 이 구절과 '구절 1'에 나오는 '심의'가 분명히 "인민이 내린 선택들을 지칭하는 것"이지, "그런 선택에 이른 과정"을 지칭하지 않는다고 주장하면서, "과정을 놓고 도덕적으로 올바르거나 올바르지 않다고 말하는 것은 무의미하다"는 점을 논거로 제시한다(Manin 1987, 345). 둘째, 그는 루소의 시민이 시민 회의에서나 또는 개인적으로나 심의나 숙고를 하지 않으며, 결정해야decide 할 사안에 관해 "이미 결정된determined 의지"를 가지고 시민 회의에 참석해 투표 등을 통한 결정 과정에 참여한다고 주장한다(Manin 1987, 344). 이런 해석의 근거로 그는 제4권 1장에서 루소가 이상적인 국가에서 시민들이 정치적 결정을 내리는 과정을 서술하면서 언급한 "공동선은 어느 곳에서나 명백히 드러나며, 이를 인지하기 위해서는 단지 건전한 양식good sense만이 필요할 뿐이다"라는 구절을 인용한다. 곧 의사소통이나 토론을 전제로 하는 심의라는 것은 공공선이나 일반의지의 소재가 불확실한 상황에서 여러 가지 대안이 고려될 때 필요한 절차인데, 그것의 소재가 명백할 때에는 심의 과정 자체가 불필요하다는 것이다(Manin 1987, 344-346). 셋째, 마넹은 루소가 부패가 상당히 또는 심각하게 진행된 '국가유형 3'과 '국가유형 4'에서 시민들 사이의 토론, 논쟁 등이 초래하는 해악에 대해 비판적으로 언급한 구절들을 인용한다. 그는 루소가 심의 과정에서 시민들의 특수한 이익의 발현, 영향력의 행사, 능란한 화술을 통한 설득의 시도 등이 파당 형성의 계기가 되고 개별 시민들의 의지를 오염시키고 억압한다고 생각했기 때문에, 시민들 사이의 의사소통, 곧 토론과 논쟁을 배척했다고 해석한다(Manin 1987, 346).

한편 이 글에서 검토된 루소 사상의 해석자 가운데 길딘과 슈워츠버그가 예외적으로 루소적 시민의 정치 참여에 공적인 토론이나 논쟁이 허용될 수 있는 개연성을 열어 놓고 있는데, 필자 역시 이들의 해석에 대체로 동의한다. 먼저 길딘은 '구절 1'을 부분적인 결사나 파당의 해악을 염두에 두고 그런 결사나 파당을 결성하려는 시민들 사이의 '비밀스런 합의'secret agreements를 금지하는 것으로 해석한다(Gildin 1983, 57-58). 나아가 그는 『산에서 쓴 편지』Letters Written from the Mountain에서 루소가 제기한 불만을 인용하면서, '구절 2'에 대해 매스터스와 비슷하게 루소가 시민들의 공적 토론이나 논쟁을 허용했다는 해석을 내놓는다.

> [루]소의 언급은 때로 상당한 당혹스러움을 야기해 왔다. 그는 법률에 대한 투표권이 주권의 본질적 부분이라는 점을 명백히 선언한다. 그는 주권적 의회에 새로운 법률을 제안하고, 제안된 법률의 장점과 단점을 개진할 권리가 정부의 권한으로 유보(reserve)되어야 한다고 생각하는 것으로 믿어져 왔다. 그러나 그는 『산에서 쓴 편지』에서 제네바의 통치 위원회들에게 새로운 법률 제안권을 유보하는 것은 선호했지만, 그 법안에 관해 논쟁할 권한이 주권자에게 있음을 부정하는 것에 대해서는 불평을 하고 있다. …… 루소의 언급은 법률 제안권과 법률 심의권에 관한 다양한 배치들이 그의 원칙과 양립 가능하다는 점을 시사한다(Gildin 1983, 159).

이와 달리, 슈워츠버그는 앞서 인용한 논문에서 제2권 3장의 '구절 1'의 중요성과 이에 대한 주류적 해석을 받아들이지만, 그렇다 하더라도 시민들이 투표를 할 때 부분적으로 정치적 토론이나 논쟁이 허용되어야 한다는 주장을 조심스럽게 개진한다. 그의 이런 입장을 이해하기 위해서는 이 논문의 주제와 직접적인 연관은 없지만, 루소의 투표 규칙에 대한 그의 설명을 파악할 필요가 있다. 그는 루소가 시민들이 정치 참여를 통해 법률을 제정하거나 다른 정치적 결정을 내릴 때, 결과적으로 만장일치적 결정에 도달하는 것을 선호했지만, 여러 가지 이유로 단순 다수결 또는 가중된 다수결supermajority rule에 따른 결정을 채택했다고 해석하면서 그 이유로 "실용적 이유"pragmatic reason, "인식론적 이유"epistemic reason, "도덕적 이유"moral reason를 제시한다. 여기서 실용적 이유는 만장일치를 요구할 경우 소수의 시민들이 특수한 이익에 근거해 일반의지에 합치된 시민들의 결정을 부당하게 봉쇄할 수 있기 때문에 단순 또는 가중된 다수결에 따른 의사 결정 방식을 채택한다는 것이고, 인식론적 이유는 평균적 시민이 일반의지에 대한 판단을 내림에 있어 수반되는 오류 가능성을 감안할 때, 소수보다는 다수의 결정에 따르는 것이 올바른 결정에 도달할 확률이 높기 때문에 단순 또는 가중된 다수결에 따른 결정 방식을 취한다는 것이다. 그리고 도덕적 이유는 다수결에 따라 결정을 할 때 자신들의 입장이 부결된 소수가 자신들의 오류 가능성을 좀 더 쉽게 받아들일 수 있다는 것이다. 이 중 도덕적 이유에 대해 부연 설명하면, 만장일치적 결정의 경우에는 모든 시민들의 불가오류적infallible 판단 능력을 상정함으로써 소수파에 속한 일부 시민들이 자신들이 일반의지에 대해 잘못 판단했다고 시인하는 것을 어렵게 할 가능성이 있으며 특히 자긍심이 강한 소수는 거부권을 행사할 우려가 있는 데 반해, 다수결에 따른 결정의 경우에는 평균적인 시민들의 오류 가능성을 상정하기 때문에 소수가 자신들의 판단상의 오류 가능성과 특수의지에 따른 왜곡을 쉽게 수용하게 만드는 효과가 있다는 것이다(Schwartzberg 2008, 413).[14]

도덕적 이유를 논하면서 슈워츠버그는 시민들이 투표할 때 자신의 겸허함humility과 오류 가능성의 관점에서 다른 시민들의 의견을 고려하고, 자신의 결정이 올바른 것인지를 숙고하며, 필요에 따라서는 자신의 입장을 변경해야 하는바, 이를 위해서는 다른 시민들의 의견과 입장에 대한 사전적인 지식이 요구되며, 따라서 토론이 필요하다는 점을 강조한다. 다시 말해 그는 개별 시민이 만장일치적 결정이나 가중된 다수결에서 자신의 입장이 다수의 입장에 대해 사실상 비토를 행사하거나 또는 가중된 다수결에 이르지 못하도록 방해하는 결과를 초래하는지 고려하고, 그런 경우 도덕적 이유에 따라 자신의 입장을 고수할 것인지 또는 수정·변경할 것인지를 신중하게 재고해야 하기 때문에, 투표를 하기 전에 토론을 통해 무엇이 다수의 입장이고 그 논거가 무엇인지 알 수 있어야 한다는 것이다(Schwartzberg 2008, 417).

슈워츠버그는 문제가 되는 '구절 1'에 대해 마넹의 해석을 좇아 결정의 순간에 루소가 의사소통, 곧 토론을 배척했다는 점을 인정한다. 그러나 그는 제4권 2장에서 루소가 단순 다수결과 가중된 다수결 중 어느 하나를 선택하는 과정에서 '시간적 변수'를 정당화temporal justification의 논거로 내세웠다는 점에 주목해 다음의 구절을 인용하고 있다. "현안이 보다 신속한 처리를 요할수록, 의견들의 집계에서 [다수결이 성립하기 위한] 정해진 차이는 보다 적어야 한다. 따라서 즉석에서 결정되어야 하는 심의[결정]에서는 한 표차의 다수결로도 충분하다"(IV, ii, 111; Schwartzberg 2008, 417). 이 인용문에 대해 슈워츠버그는, 어떤 사안에 대한 결정을 내림에 있어 단순 다수결을 따르든 가중된 다수결을 따르든 투표 결과를 집계하는 데 소요되는 시

14_따라서 슈워츠버그는 도덕적 이유에 대해 다음과 같이 요약한다. "루소의 입장에서 볼 때, 우리는 전체적으로 우리의 동료 시민들이 거의 확실하게 올바른 결정에 도달했다는 점을 인정하고 우리 자신의 과오를 품위 있게 받아들일 때 비로소 올바르고 자유롭게 행동한 것이다." 나아가 그는 특별 다수결을 요구하는 결정이 시민들의 이런 도덕적 부담을 가중시킨다고 주장한다(Schwartzberg 2008, 418).

간상의 차이는 사실상 매우 사소해 무시할 수 있기 때문에 사안의 긴급성이 단순 다수결 또는 가중된 다수결을 결정하는 중대한 변수가 되어야 한다는 점에 의문을 제기하면서, 사실상 루소가 투표를 하기 전에 어떤 사안이 즉각적으로 처리되어야 하는 성격의 것인지 아니면 좀 더 시간을 두고 처리할 성격의 것인지에 대한 토론의 가능성을 열어 놓고 있다는 논점을 제기한다. 따라서 그는 "단순 다수결을 요구하는 사안과 가중된 다수결 또는 만장일치적 결정을 요구하는 사안"을 구분하기 위해 일정한 절차가 요청된다는 점, 그리고 "특별히 중요한 사안에 대해서는 무엇이 공동선인지 시간을 두고 인지하기 위한 수단"이 있어야 한다는 점을 논거로 "비록 적극적인 설득이 공식적으로 배척된다고 할지라도" 모종의 "수단", 곧 "토론"이 필요하다고 주장한다(Schwartzberg 2008, 417). 나아가 그는 '구절 1'에 나오는 "적절히 정보를 제공 받은 인민"이라는 부분에 대해, 시민들이 다른 사람들의 관점을 알게 되는 방식이 "웅변적인 호소, 활발한 논쟁, 심지어 협상의 형태"를 취할 수는 없지만, "적어도 부분적으로 논설적인 과정 discursive process"을 필요로 한다고 해석한다. 그는 자신의 논점을 보강하기 위해 이상적인 농민 공동체에서 시민들이 법률안을 제안하는 과정에도 주목한다. 그는 "공동선이 모두에게 명백해 보이지만, 어떤 개인도 다른 시민들 역시 사태를 비슷하게 보고 있다는 것을 확인하지 않고는 공동선에 대한 자신의 판단에 있어서의 진정한 확신을 사전에 품을 수 없다"고 말하면서 이런 확인을 위해 토론이 필요함을 강조한다. 따라서 슈워츠버그는 '구절 1'에 대해 다음과 같은 해석론을 최종적으로 제시한다. "의사소통이 최대의 위협을 제기하는 때, 그렇기 때문에 전적으로 금지되어야 하는 때는 투표의 순간이다. 그렇지만 이 점이 그 순간에 이르기 전까지 토론을 전적으로 배제한다는 논리를 당연히 수반하는 것은 아니다"(Schwartzberg 2008, 417-418).

다음 장에서 부정론을 본격적으로 반박하고, 긍정론의 미비한 점을 보강하기 위해서는 지금까지 소개된 두 입장을 어느 정도 정리할 필요가 있다. 맥아담, 매스터스, 하버마스, 마넹 등 부정론자들은 루소가 구상한 민주적 정치 공동체에서 시민들 사이의 공적인 토론이나 논쟁이 전적으로, 곧 정치적 맥락 및 국가의 유형과 상관없이 항상 부정되는 것으로 해석한다. 즉 그들은, 루소가 시민들 간의 의사소통을 금지한 이유로 '파당 형성'을 제시하면서도 의사소통이 금지되는 맥락은 분명히 밝히고 있지 않기 때문에, 제한적 부정론보다는 전면적 부정론을 취하는 것으로 보인다. 중요한 부정론자들 가운데 먼저 매스터스는 '구절 1'을 부정론을 뒷받침하는 것으로 받아들여 처음에는 이에 대해 아무런 주석을 붙이지 않다가, 길딘의 해석이 보여 주는 것처럼 '구절 2'가 시민의 정치 참여에 있어 시민의 법률 제안권은 물론 공적인 토론이나 논쟁을 포함시킬 가능성을 열어 놓고 있다는 점에 당혹해 한다. 그러나 여전히 '구절 1' 등에 주로 의존하면서 별다른 해석론을 제기함 없이 그런 가능성을 부정하고 있다.

다음으로 하버마스는 루소를 해석하는 과정에서 제2권 3장의 '구절 1'은 언급하지 않고 제3권 4장 그리고 앞에서 검토된 바 있는 제4권 1~2장을 근거로 부정론을 제기한다. 제3권 4장은 루소가 민주주의를 논하고 있는 장으로, 하버마스는 루소가 민주주의의 필요조건으로 제시한 "작은 국가", "업무의 번잡함과 가시 돋친 토론을 방지하는 관습의 소박함", "시민들 간의 평등", "사치의 부재" 등에 의존하면서 자신의 논지를 전개한다. 따라서 하버마스는 '국가유형 1'과 '국가유형 4'에 대한 루소의 서술을 주로 염두에 두고 루소의 민주주의관을 '공공적 논쟁 없는 민주주의'로 파악하고 있다.

마지막으로 마넹은 『사회계약론』에서 '심의'라는 단어가 사용된 맥락에 주목해 루소 사상에서 심의가 지칭하는 것은 "인민이 내린 선택들"이지 "선택에 이른 과정"이 아니라고 주장하면서, 심의가 시민들 간의 상호 작용적인 토론과 논쟁을 포함하지 않는다고 못 박는다(Manin 1987, 345). 아울러 그는 이런 해석의 근거로 '국가유형 1'과 '국가유형 4'에서 시민들 사이의 심의가 불필요하거나 또는 오히려 심각한 해악을 초래한다는 점을 들고 있다. 나아가 그는 루소가 토론과 논쟁을 수반하는 심의 과정이 시민들의 특수한 이익의 발현, 영향력의 행사, 능란한 화술을 통한 설득의 시도 등으로 인해 파당 형성의 계기가 되며 개별 시민들의 의지를 억압하고 오염시킨다고 보았다는 논점을 제시한다.

반면 긍정론을 취하는 길딘은 매스터스와 달리 '구절 2'를 루소의 원칙적 입장으로 보고 '구절 1'을 단지 제한적인 것으로 해석함으로써, 루소의 시민에게 정치 참여 과정에서 공적인 토론이나 논쟁이 보장될 가능성을 열어 놓고 있다. 그러나 그는 루소의 시민들이 과연 정치 참여 과정에서 활발한 토론이나 논쟁을 어떻게 전개할 수 있는지에 대해서는 침묵하고 있으며, 또 그의 해석을 뒷받침할 수 있는 구체적인 원전상의 증거를 제시하지 못하고 있다. 소극적 긍정론을 취하는 슈워츠버그는 대다수의 학자들이 취하는 부정론을 일단 존중하지만, 그렇다 하더라도 루소적 시민들의 정치 참여에 토론이 필요하며 『사회계약론』에 나오는 몇몇 구절들이 시민들 사이의 토론 가능성을 열어 놓고 있다는 해석을 전개한다. 그렇지만 그의 해석 역시 여전히 개연성의 차원에 머무르고 있으며, 길딘과 마찬가지로 원전상의 구체적인 전거를 제시하지 못하고 있다.

4. 부정론에 대한 비판과 대안적인 긍정론의 개진

지금까지 살펴본 바에 따르면, 루소의 시민들의 정치 참여에서 공적인 토론 또는 논쟁이 허용되는가라는 질문에 대한 답변으로 부정론과 긍정론 가운데 어느 것이 더 합당한가를 판정하기 위해서는 적어도 세 가지 문제를 검토해야 하는 것으로 보인다. 첫째는 앞에서 인용한 것처럼, 부정론자들은 시민들의 공적인 토론이나 논쟁에 대한 루소의 빈번한 부정적인 언급 그리고 '국가유형 1'과 '국가유형 4'에 대한 루소의 서술을 중심으로 시민들의 정치적 심의에 토론과 논쟁이 배제된다고 해석하고 있는바, 긍정론자들 역시 대체로 그런 국가유형에 초점을 맞추면서 소극적인 반론을 제기하는 데 그치고 있다는 점이다. 이 글 역시 두 유형의 국가에서 토론과 논쟁이 불필요하거나 오히려 유해하다는 해석은 수용한다. 그러나 앞으로 논할 것처럼 긍정론자와 부정론자 양자 공히 '국가유형 2'와 '국가유형 3'에서 과연 토론과 논쟁이 허용될 것인가에 대해서는 구체적인 논의를 회피하고 있는바, 이 글은 오히려 후자의 두 국가유형에서 토론과 논쟁이 유용하고, 또 필요하다고 해석한다. 둘째는 루소가 명시적으로 "시민들이 자신들끼리 아무런 의사소통을 하지 않는다면"이라는 조건절을 포함시키고 있는 '구절 1'과 시민의 공적인 토론·논쟁에 대해 다소 모호한 태도를 취하고 있는 '구절 2'를 어떻게 일관되게 해석할 것인가다. 그리고 셋째는 다른 정치적 저작에서 루소가 시민들의 정치 참여에 공적인 토론이나 논쟁을 긍정적으로 포함시키고 있는 구절을 발견할 수 있는가다.

긍정론의 입장을 취하는 이 글이 제시하는 첫 번째 문제에 대한 해석은 부정론자는 물론 기존의 긍정론자 모두에 대한 비판의 성격을, 두 번째 문제에 대한 해석은 특히 매스터스에 대한 반론의 성격을, 그리고 세 번째 문제에 대한 논의는 모든 부정론자들의 해석을 배척하면서 긍정론자의 입장을 강화하는 반대 증거 제시의 성격을 띠게 될 것이다. 따라서 각각의 문제에 대해 앞으로 제시할 해석이나 반론이 그 자체로는 미흡한 점이 있더라도, 상호 보완적으로 작용해 전체적으로는 부정론을 약화시키고 긍정론을 강화시키기에 충분한 것으로 판명될 것이다.

루소의 정치사상은 일반 시민의 정치 참여에서 시민의 공적 토론이나 논쟁을 '일반적으로' 배척하는가?

먼저 첫 번째 문제를 검토해 보자. 이 글은 루소가 『사회계약론』의 여러 구절들을 통해 시민들의 공적인 토론이나 논쟁에 대해 비판적인 많은 언급들을 쏟아 놓고 있지만, 그렇다 하더라도 공적인 토론이나 논쟁 그 자체를 전면적으로 배척하지는 않는다고 해석한다. 그리고 이런 해석을 앞에서 제시한 네 가지 국가유형과 관련해 전개하고자 한다.

첫 번째 국가유형인 이상적 농민 공동체의 경우 개별 시민이 제출한 법안은 별도의 공적인 토론이나 논쟁을 거치지 않고, 정확히는 '거칠 필요가 없이' 모두가 만장일치로 통과시킨다. 이런 상황은 시민의 공적인 토론이나 논쟁이 배척된다기보다는 오히려 불필요한 상태라고 판단하는 것이 합당하다. 이심전심으로 모든 시민의 심정이 합치되어 있기 때문이다.[15] 반대편 극단에 있는, 곧 패망이 임박할 정도로 부패가 심각한 상태에 이른 국가유형에서는 시민들이 모두 은밀하고 이기적인 동기에 좌우되어 자신들의 의견을 진술하기 때문에 공적인 토론이나 논쟁은 무용지물에 불과하거나 오히려 해악을 초래할 뿐이다. 이처럼 부패한 국가에서 이루어진 의사결정에는 일반의지가 존재하지 않으며, 시민들은 더 이상 자유롭지 않다(IV, ii, 111). 이 점에서 루소가 제시한 '국가유형 1'과 '국가유형 4'를 염두에 두고 시민들의 정치 참여에서 공적인 토론이나 논쟁이 허용되지 않는다고 해석하는 부정론은 상당한 설득력을 갖고 있다.

그렇다면 문제가 되는 것은 부정론은 물론 긍정론 역시 간과하고 있는

15_앞에서 언급한 것처럼 슈워츠버그는 이런 상황에서도 어느 정도 토론의 필요성을 인정하고 있는데, 그의 해석이 이 글의 해석을 위협하지는 않는다고 생각된다.

'준이상적 국가'와 '부패가 상당히 진행된 국가'에서 시민들의 정치 참여에 공적인 토론이나 논쟁이 허용되는가다. 먼저 '부패가 상당히 진행된 국가'를 살펴보면, 루소는 그런 사회에서 발견되는 시민의 공적 심의를 "장시간에 걸친 논쟁", "의견의 분열", "소란", "의견의 대립과 논쟁" 등의 표현을 통해 부정적으로 묘사하면서도, 시민의회에서 최선의 제안이 반론에 부딪히기는 하겠지만 이를 극복하고 일반의지로 입법화될 수 있는 가능성을 명시적으로 인정하고 있다(IV, i-ii, 108-109). 이 점에 관해 길딘은 "이와 같은 상황에서 루소가 일반의지의 효과에 대해 절망하지 않고 있다는 점에 주목하는 것이 중요하다"고 언급한다(Gildin 1983, 151). 따라서 이런 상황에서 토론이나 논쟁은 시민들의 의견에서 옥석을 가리기 위해 필요한 것으로 생각된다. 그렇다면 이제 남은 문제는 '준이상적 국가'에서 공적인 토론이나 논쟁이 허용되는가의 여부다. 필자는 이를 두 번째 문제, 곧 제2권 3장 '구절 1'의 "시민들이 자신들끼리 아무런 의사소통을 하지 않는다"라는 부분과 '구절 2'의 일관성에 대한 해석을 개진하면서 본격적으로 다루고자 한다. 앞에서도 살펴본 것처럼, '구절 1'에 대한 해석은 '준이상적 국가'에서의 공적 토론이나 논쟁과 긴밀하게 결부되어 있기 때문이다.

그러나 다음 절에서 보여 줄 것처럼, '준이상적 국가'에서 시민의 정치 참여에 공적인 토론이나 논쟁이 허용된다는 전제하에 하버마스나 마넹과 같은 논자들의 전면적 부정론을 검토하면, 그들은 이상적 국가에서처럼 공적인 토론이나 논쟁이 거의 불필요한 상태, 또는 부패가 심각한 국가에서처럼 그것들이 무용지물이거나 오히려 해악을 초래하는 상태를 염두에 두고, 루소가 '국가유형 2'와 '국가유형 3'을 포함한 모든 유형의 국가에서 시민들의 토론이나 논쟁을 허용하지 않았다고 과장되게 해석하는 것처럼 보인다. 하지만 루소가 시민들의 공적 토론이나 논쟁에 대해 부정적으로 언급할 때 거의 항상 "장시간에 걸친" 논쟁, "소란", "가시 돋친" 토론, "심의"에 대비되는 "찬양"과 "욕설" 등 부정적인 수식어나 구절을 사용한다는 점, 그리고 그가 그런 부정적인 구절을 사용한 맥락을 고려한다면, 그가 오직 부패가 심각한 '국가유형 4'에서만 시민들의 토론과 논쟁을 그 해악 때문에 부정할 뿐이며, 부패가 심각한 상태에 이르지 않은 '국가유형 2'와 '국가유형 3'에서는 토론과 논쟁의 필요성과 가능성을 열어 두고 있다고 해석하는 것이 온당하다.[16]

마지막으로, 첫 번째 문제와 관련해 루소 사상에서 '심의'가 의사 결정 '과정'을 포함하는 개념이 아니라 시민이 최종적으로 도달한 "선택들" 또는 "결정"을 '항상' 의미한다고 주장하는 마넹의 해석을 검토할 필요가 있다. 물론 마넹이 『사회계약론』의 일부 구절들을 근거로 "심의"가 "결정"을 의미한다고 분석한 것은 충분한 설득력을 갖는다. 그렇지만 『사회계약론』에는 심의가 상호 작용적인 토론이나 논쟁을 포함하고 있는 것처럼 보이는 구절들도 있는데, 그는 이런 부분들을 무시하고 있다. 대표적인 예로, 루소는 아주 부패한 국가에서 만장일치적 결정이 출현하는 것에 대해 "사람들은 더 이상 심의하지 않고, 오직 찬양하고 욕설할 뿐"(IV, ii, 110)이라고 서술하고 있는데, 이 구절에서 '심의'는 시민들의 활발한 의견 교환을 수반하는 '토론'과 '논쟁'을 포함하는 것으로 해석될 수 있다. 이 문맥에서 긍정적인 의미를 띠고 있는 '심의'와 대조를 이루는 단어가 '찬양'과 '욕설'이라는 상호 작용적인 단어들이라는 점을 고려할 때, '심의'를 단순히 시민들이 최종적으로 도달한 "선택들"이나 "결정"을 의미하는 것으로 받아들이기는 어렵기 때문이다. 또한 루소는 제2권 4장에서도 "심의"라는 단어를 사용하는데, 여기서도 그는 심의를 집단적인 상호 작용으로 보면서 긍정적으로 서

16_기존의 부정론이 논리의 비약이라는 필자의 비판은, 이후 루소가 시민의 정치 참여에 명시적으로 시민의 공적인 토론과 논쟁을 포함시키고 있는 구절을 제시할 때, 더욱 확고해질 것이다.

술하고 있는 것처럼 보인다. "이익과 정의의 이와 같이 훌륭한 조화는 공동의 심의common deliberation에 형평성을 부여하는바, 이는 사적인 사안의 토론에서는 사라져 버리는 것이다"(II, iv, 63). 이 구절에서 '심의'가 시민들의 결정만을 의미하는 것인지 또는 토론과 논쟁을 수반하는 결정 과정을 포함하는지는 일견 명백하지 않은 듯하다. 그러나 필자가 보기에, '공동의'라는 수식어에 의해서는 물론 뒤에 대조적으로 제시되는 '토론'이라는 단어에 의해서도 상호 작용적인 심의를 지시하는 것으로 판단된다.[17] 이렇게 볼 때 루소의 참여 이론에서 '심의'에 대한 마넹의 해석은 기껏해야 부분적으로 합당하고, 최악의 경우에는 독자를 호도하는 것이다.

'구절 1'과 '구절 2'에 대한 일관된 해석

앞에서도 언급한 것처럼, 맥아담, 매스터스, 마넹 등은 '구절 1'을 유력한 근거로 삼아 루소의 정치사상에서 시민들 사이의 공적인 의사소통인 토론이나 논쟁이 전면적으로 부정된다고 주장한다. 그러나 이 글은 '구절 1'에 나오는 "시민들이 자신들끼리 아무런 의사소통을 하지 않는다"라는 구절을 그들과 달리 제한적으로 해석하고자 한다. 그리고 이를 전개하는 과정에서 두 가지 논점을 제기할 것이다. 첫째, 이 글은 '구절 1'의 '의사소통 금지'를 길딘의 해석에 따라 개별 시민들 사이에서 파벌이나 담합 형성의 계기가 되는 '사적인 의사소통'이 금지된다는 의미로 받아들인다. 이런 해석

---

[17] 그 외에도 제4권 2장의 후반부에 나오는 다음의 구절을 제시할 수 있다. "공적인 심의에서 어떻게 일반의지가 특수의지로 대체되는지를 앞에서 설명하면서 나는 이런 남용을 방지할 수 있는 실제적인 수단을 충분히 지적한 바 있다"(IV, ii, 111). 여기서도 '심의'를 의사 결정의 '결과'라기보다는 의사 결정의 '과정'으로 해석하는 것이 적절한 듯하다.

에 따르면 '구절 1'은 회의장 안이나 밖에서 다양한 정치적 사안에 대한 사적인 또는 은밀한 의사소통을 금하는 것이다. 즉 배심재판에서 배심원들이 심의하는 것과 동일한 방식으로, 시민들 사이의 사적인 의사소통은 금하지만 회의장 안에서 공개적으로 전개되는 토론이나 논쟁은 허용하거나 아니면 적어도 관용했다고 볼 수 있다.[18] 둘째, 그렇다 하더라도 루소는 시민들의 공적인 토론이나 논쟁을 대체로 부정적으로 보았기 때문에, '구절 2'가 시사하는 것처럼 법률을 통과시키는 과정에서 정부의 개입 권한을 강화해 시민들의 공적 심의 방식을 일정하게 규제하는 한편, 나중에 세 번째 문제를 논의할 때 좀 더 명확히 드러날 것처럼, 정부가 이를 빌미로 개입 권한을 남용해 공적 토론의 자유를 억압하는 것을 방지하기 위해 고심했다고 해석할 것이다.

먼저 첫 번째 논점에 대해 서술하자면, 루소가 억제하고자 한 것은 파벌이나 담합 형성의 계기가 되는 의사소통이다. 여기서 우리는 '구절 1'에 바로 뒤이어서 루소가 부분적 결사나 파당에 대해 논한다는 점을 상기할 필요가 있다. 루소는 우리가 오늘날 '이익집단'의 정치 혹은 '자유주의적-다원주의적' 민주주의라 부르는 것에 반대한다. 이런 결사나 파당은 특수의지나 사적 이익이 담합을 통해 표출되는 것을 조장하며, 개별 시민의 공적 판단을 왜곡시킨다고 생각하기 때문이다. 그리고 시민들 사이의 은밀

18_필자는 미국의 배심재판에서도 비슷한 이유로, 정식으로 심의에 들어가기 전까지 배심원들은 자신들이 심리하는 사건에 대해 외부로부터 정보를 접하거나 수집하는 것이 금지되고, 심지어 배심원들 사이에서도 해당 사건에 대해 사전에 토의하는 것이 금지된다고 믿는다. 물론 배심들의 심의는 사법적인 반면에 루소적 시민의 심의는 입법적이라는 차이가 있지만, 입법적 심의의 경우에는 사법적 심의의 경우보다 더 활발한 공적 상호 작용이 필요하다고 생각된다. 전자는 정치 공동체 전체를 규율하는 일반적 사안에 대해, 그것도 불확실한 미래를 염두에 두고 심의를 하기 때문이다.

한 또는 사적인 의사소통은 작은 결사나 파당 그리고 사전적인 담합이나 음모가 형성되는 계기로 작용하기 십상이기 때문에, 루소가 그런 의사소통에 대해 우려한 것은 분명하다.

　루소에 따르면, 파당과 능란한 화술이 공공 집회에 지배적일 경우 시민들은 "심의"보다 그들 자신의 파당을 "찬양"하고 다른 경쟁 파당을 "욕설"하는 데 더 많은 시간을 들이며, 그 결과 "장시간에 걸친 논쟁", "의견의 분열" 그리고 "소란" 등이 시민들의 집회를 장악한다. 따라서 루소는 공적인 토론이나 논쟁을 그 자체로 부정하기보다는 그런 것들이 사적 이익으로 윤색되고 수사적인 화술로 치장되는 한에서 비판한다. 루소에게는, 건강한 정치체인가 아니면 부패한 정치체인가라는 '공적 심의의 맥락', 심의가 공동선을 발견하고자 하는가 아니면 단지 사적인 이익을 성취하고자 하는가라는 '공적 심의의 지도 원리', 심의가 수사적 화술에 의해 이루어지는가 아니면 소박하고 명료한 단어들로 진행되는가라는 '공적 심의의 발언 형식'이, 해당 심의에 수반되는 토론이나 논쟁을 긍정할 것인가 아니면 부정할 것인가를 판단하는 데 있어서 결정적인 기준이다.

　이처럼 루소가 공동체의 부패가 심각한 상태에 이르지 않고, 시민들의 심의가 전체적으로 공동선에 의해 조형되고 일반의지에 의해 지도되며, 나아가 시민들의 의견 표출이 소박하고 명료한 발언에 따라 진행되는 한 시민들 사이의 토론이나 논쟁 그 자체에 반대하지 않았다는 해석을 받아들인다면, 우리는 일견 당혹스러운 "시민들이 자신들끼리 아무런 의사소통을 하지 않는다"라는 구절을 루소가 파당이나 담합 형성으로 비화될 가능성이 높은 시민들 간의 은밀한 또는 사사로운 의사소통에 적대적이었다는 의미로 해석할 수 있다. 그런 의사소통은, 일반의지의 발견과 공동선의 추구에 해로운 부분적인 결사와 파당의 형성으로 귀결될 가능성이 농후하기 때문이다. 사적 이익과 정념은 시민들 사이의 은밀한 의사소통을 지배하고, 나아가 공적 심의에서야 비로소 가능한 다양한 의견, 관점 및 대안에 대한 전체적인 개관이 없는 상태에서 사람들의 마음과 판단을 뒤흔든다. 이로 인해 시민들은 자신의 독립적인 판단과 견해를 형성하기 전에 이미 특정한 방향으로 기울게 된다. 더불어 정치적 판단에 필요한 불편부당성不偏不黨性은 상실되거나 위축되기 마련이다.

그렇기 때문에 루소는 '구절 1'에 뒤이어 파당의 해악을 논한 후에, 앞에서도 인용한 것처럼 다음과 같이 자신의 주장을 보강한다. "따라서 일반의지가 잘 표출되기 위해서는 국가에 아무런 부분적인 사회가 없고, 시민 각자가 오직 자신의 의견만을 피력해야 한다는 점이 중요하다"(II, iii, 61). 다시 말해 시민들은 자신들의 의견을 피력함에 있어서 '부분적인 사회'의 집단적 특수의지에 좌우되지 않고, 오직 스스로 자신의 의견을 형성해야 하며, 이를 위해서는 파당 형성이나 편파적인 의견 형성의 계기가 되는 은밀한 의사소통이 시민들 사이에 최소화되어야 한다. 그래야만 루소가 강조하는 것처럼 파당이나 편파적 의견의 결집이 없는 상태에서 "다수의 작은 차이들"이 효과적으로 상쇄되어 일반의지가 발현되고 "심의는 항상 좋을 것"이기 때문이다(II, iii, 61). 이와 관련해 한 가지 더 추가하고 싶은 논점은 루소가 원하는 것처럼 시민들 사이의 의견의 차이가 효과적으로 상쇄되기 위해서는, 부정론자들이 주장하는 것과는 달리, 시민들 사이의 토론과 논쟁이 활성화되어야 한다는 것이다. 단순히 시민들이 주어진 의안에 대해 찬성과 반대의 의사표시만 하는 것으로는 시민들의 지닌 의견의 다양한 차이가 드러날 수 없고, 그 결과 일반의지의 발현을 위한 상쇄가 효과적으로 일어날 수 없기 때문이다.[19]

19_시민들 사이의 다양한 의견 차이가 상쇄되는 과정에 대한 길딘의 탁월한 설명 역시 주어진 의제에 대한 단순한 찬반을 넘어 시민들 사이의 다양한 의견 표출을 가정하고 있다(Gildin 1983, 55-57). 또한 여기서 상세히 논할 수는 없지만, 루소가 은유적으로 언급한 "초과분"

더욱이 정치 참여를 통한 시민들의 정치 교육의 효과를 극대화하기 위해서는 사적인 의사소통이나 은밀한 의견 교환이 가급적 배제된 상태에서 시민들이 자기 스스로 공적인 쟁점에 대해 독립적인 판단과 의견을 형성하고, 공동선과 일반의지에 비추어 공적인 쟁점에 관해 성찰하는 것이 필수적인 것으로 보인다. 그들이 파당이나 유력한 시민들의 의견과 판단에 영향을 받지 않은 상태에서, 오직 진지하고 명료한 성찰에 기초해 그들 자신의 판단과 의견에 도달할 때에만, 비로소 그들은 피상적이고 능란한 화술이나 논변에 쉽게 동요하지 않을 것이다.[20] 그리고 그런 경우에 비로소 정치 참여의 교육적 효과 또는 슈워츠버그가 말하는 단순 또는 가중된 다수결의 도덕적 효과, 곧 시민이 타인의 합당한 의견은 물론 자신의 잘못된 판단으로부터도 배울 수 있는 가능성이 극대화될 것이다.

이제 두 번째 논점으로 나아가면, 루소가 정부의 폭넓은 개입을 통해 시민들의 공적 심의 방식을 일정하게 규제하고자 했다는 이 글의 해석은 '구절 2'를 이해하는 데도 도움이 된다. '구절 2'에서 루소는 시민들에게는 단순히 투표권만을 부여하는 한편 법률안에 대한 의견 진술, 제안, 분석, 토론의 권리를 정부의 구성원들에게만 허용하는 것에 대해 언급하는데, 이를 자세히 설명하기 위해서는 "별도의 논저"가 필요할 것이라고 말하면서 구체적인 논의는 생략하고 있다(IV, i, 109).[21] 이 구절은 입법 과정에서

과 "부족분"이 구체적으로 무엇인지 결정하고 또 그것들을 상쇄하는 작업 역시 정부가 대신할 수 없으며, 시민들의 상호 작용적인 심의에 맡겨야 할 사안이라 생각된다.

20_ 앞에서 언급한 것처럼 이런 해석은 배심재판 제도에서 배심원들 사이의 심의가 공식적으로 시작되기 전까지, 그들이 심리하는 사건에 대해 법정 '안'에서나 '밖'에서 토론하는 것을 금지하는 취지와 부합한다.

21_ 루소가 입법 과정에서 행정부에 이처럼 적극적인 역할을 부여하는 것은 인민에 대한 그의 양면적 태도와 연관되어 있다. 루소는 인민을 참된 주권자로 설정하고 이런 목표를 달성하

행정부의 압도적 우위를 시사하고 시민들의 참여를 단지 수동적이고 소극적인 역할로 제한하는 것처럼 여겨지기 때문에 일부 학자들을 곤혹스럽게 만들어 왔다(Fralin 1978, 525-526). 이 점에서 루소적 시민 회의의 권한이 법률안 제안권을 포함해 폭넓은 권한을 부여했던 아테네나 로마의 민회보다 작은 것은 사실이다. 그렇다 하더라도 『사회계약론』의 여러 구절들을 통해 제시된 루소의 논변이 시민들의 적극적인 토론이나 논쟁을 배제하지 않는 것임은 분명하다. 또한 필자는 루소가 "별도의 논저"가 필요하다는 여운을 남기면서 글을 맺은 것은, 그가 한편으로 "장시간에 걸친 논쟁", "의견의 분열" 및 "소란"을 규제할 정부의 필요와 다른 한편으로 시민들의 공적인 심의권을 억압하기 위한 정부의 규제권의 남용 사이에서 어떻게 균형을 잡을 것인가에 대해 심각하게 고민했다는 점을 시사한다고 해석한다.[22]

공적 심의에서 시민들의 적극적인 토론이나 논쟁을 인정하는 구절

이제 세 번째 문제에 대한 합당한 증거, 곧 루소가 다른 정치적 저작에서 시민의 정치 참여에 공적인 토론이나 논쟁을 명시적으로 허용하고 있는 구절을 찾아서 제시하고자 한다. 이와 관련해, 루소가 『산에서 쓴 편지』에서 제네바 시민들이 시민 의회Conseil Général에서 자유롭게 발언권을 행사했

기 위해 많은 배려를 하고 있지만, 동시에 『사회계약론』에 산재해 있는 적지 않은 구절들이 잘 보여 주듯이, 다수 인민의 현명함에 관해 강한 불신을 품고 있었다. 정당한 국가를 수립하는 과정에서 입법가(a lawgiver)의 필요성을 강조한 대목이 대표적인 사례인데, 일단 국가가 수립된 이후에는 입법가 대신 행정부에 인민을 지도하는 역할을 맡기고 있다(Fralin 1978, 526).

22_루소의 이런 구상 그리고 이하에 제시되는 이 글의 추론은, 나중에 논할 것처럼 『고찰』에서 어느 정도 현실화되고 있다.

던 과거의 제도를 긍정적으로 서술하면서, 당시 제네바 통치 위원회가 치안을 앞세워 규제한 결과 시민들이 "아무것도 제의할 수 없으며, 토론할 수도 없으며, 심의할 수도 없"게 된 상황을 신랄하게 비판한 사실을 지적할 수 있다(루소 2007, 406-408 참조; 인용문은 406). 그러나 이는 루소가 당시 제네바의 정치 현실을 과거의 관행에 비추어 비판한 것으로, 이 구절만으로 루소가 시민들의 공적인 토론이나 논쟁을 적극적으로 추천 또는 제안했다고 해석하기에는 어려움이 따른다. 이는 인용된 구절에서 루소가 시민들에게 법률 제안권이 없는 것도 비판하고 있다고 해서, 이를 근거로 그가 시민들의 법률 제안권을 주장했다고 해석하는 것이 커다란 무리인 것과 마찬가지의 논리에서 그렇다.[23]

따라서 루소가 시민들의 공적인 토론이나 논쟁을 적극적으로 제안 또는 주장하고 있는 다른 구절을 찾아낼 필요가 있는데, 이를 루소의 최후의 정치적 저작인 『폴란드 정부에 관한 고찰』에서 발견할 수 있다. 이 저작에서 연방의회diet와 지역 의회dietine(시민들이 직접적으로 참여하는 의회)에서의 의사 진행을 서술할 때, 루소는 의사 진행에 기율을 부과하는 것보다 자유를 보장하는 것이 더 중요하다고 강조하면서 시민들의 집단적인 심의에 수반되는 발언권, 토론 및 논쟁을 허용할 것을 적극적으로 주장하고 있다.[24]

장시간에 걸친 무용한 장광설은 너무나 귀중한 시간을 낭비하기 때문에 커다

23_루소 사상 전반을 검토할 때, 루소는 일반적으로 시민들의 법률 제안권에 대해서 부정적이었다. 루소는 시민들이 법률을 제안했던 아테네의 관행을 "인간불평등기원론"(Discourse on the Origin of Inequality)의 "서문"에서 신랄하게 비판하고 있다(Rousseau 1964b, 82).
24_여기서 루소는 앞에서 인용한 바 있는 제네바 공화국에 대한 자신의 비판을 염두에 두고 있는 것처럼 보이기도 한다.

란 해악이다. 그러나 선량한 시민들이 무언가 유용한 것을 말하고자 할 때 발언하지 못하도록 막는 것은 훨씬 더 커다란 해악이다. 의회에서 일정한 사람들에게만 발언이 허용되고, 심지어 그들조차도 자유롭게 발언하는 것이 금지될 때, 머지않아 그들은 권세 있는 자를 기쁘게 하기에 적합한 것을 제외하고는 아무것도 말하지 않을 것이다(Rousseau 1986, 198; 196도 참조).

이 인용문이 보여 주듯이 루소는 다른 저작에서와 마찬가지로 "장시간에 걸친 무용한 장광설"의 해악을 강조하고 있지만 그렇다고 시민들의 발언을 억압해서는 안 된다는 점을 한층 더 강조하고 있다.

또한 이 인용문에 이어지는 다른 구절에서 루소는 "헛된 장광설"이나 "아첨"을 줄이기 위해 관리의 임명, 이익의 분배 등과 관련해 별도의 조치를 취할 필요가 있음을 지적하면서, 이에 덧붙여 시민들의 발언 방식을 일정하게 규제할 것을 주장한다.

터무니없는 수사학적 언사들의 뒤범벅을 일부라도 쳐내기 위해 여러분은 모든 발언자들에게, 소송 행위자들이 법정에서 그렇게 하듯이, 발언의 시초에 자신이 주장하고자 하는 제안의 개요를 진술하고, 또 논변을 제시한 후에는 결론을 요약해 진술할 것을 요구해야 한다. 그런 조치가 발언 시간을 줄이지는 못하더라도, 적어도 단지 말하기 위해서만 말하면서 쓸데없이 시간을 낭비하는 자들을 규제할 수는 있을 것이다(Rousseau 1986, 198).

『고찰』에서 끌어온 위의 두 인용문은, 이 글에서 지금까지 비판한 부정론이 루소의 사상 전체를 일관되게 해명하는 데 미흡하다는 점을 결정적으로 보여 준다. 나아가 두 인용문은 '구절 2'에 대한 이 글의 해석처럼, 루소가 시민들의 공적인 토론이나 논쟁이 남용되는 해악을 익히 알고 있기 때문에 이를 규제하기 위한 정부의 개입 권한을 인정하는 한편 동시에 그것이 과도하게 행사되는 것에 반대했다는 점을 분명히 보여 준다.

　마지막으로 우리는 루소가 『고찰』에서 자신의 이론을 적용할 대상으로 설정한 폴란드가 그가 이상화한 소규모의 농민 공동체가 아니며 인구와 영토가 광대하기 때문에 부분적으로 연방 차원에서 대의제를 수용했지만, 그렇다 하더라도 지역 의회에서는 소규모 정치 공동체를 모델로 하여 시민들의 직접적인 참여에 의한 공적인 토론이나 논쟁을 허용했다는 점에 주목할 필요가 있다. 이 지역공동체를 『사회계약론』에서 제시한 국가유형과 연관시켜 본다면 이는 이상적 공동체나 부패가 심각한 상태에 이른 국가가 아니라 '국가유형 2'와 '국가유형 3'의 중간 상태에 있는 국가로, 루소는 바로 이런 유형의 국가에서 시민들의 공적인 토론이나 논쟁을 명시적으로 옹호하고 있다. 이런 사실은 '국가유형 2'와 '국가유형 3'에 해당하는 정치 공동체에서 루소가 시민들의 공적인 토론이나 논쟁을 승인하고 또 그 유용성을 인정했을 것이라는 이 글의 해석을 지지하는 추가적인 논거라 생각된다.

5. 맺는말

지금까지의 논의에서 드러난 것처럼, 부정론자들은 해석론상의 명확한 출처나 엄밀한 논거를 제시하지 않은 채 단순히 자신들이 채택한 해석론에 맞추어 『사회계약론』에 나타난 여러 구절들을 선택적으로 확대해석한 데 불과하다는 혐의를 벗기 어렵다. 아울러 부정론자는 물론 긍정론자 역시 시민들의 정치 참여에 공적인 토론이나 논쟁이 허용되는가를 판단할 때 루소가 제시한 국가유형의 다양성을 구체적으로 고찰하지 않고 '국가유형 1'과 '국가유형 4'에 해석을 집중해 그로부터 일반론을 끌어오기 때문에,

양극단의 중간에 있는 '국가유형 2'와 '국가유형 3'에서야말로 공적인 토론이나 논쟁이 허용되고 또 유용하다는 사실을 간과하고 있는 것으로 보인다.

마지막으로 앞장에서 제시된 이 글의 반론에 대해 부정론자들은 여전히 루소 사상의 일반적 원칙은 시민들의 정치 참여에서 공적인 토론이나 논쟁을 배제하는 것이며, 『고찰』로부터 인용한 두 구절이나 『산에서 쓴 편지』에 나온 구절을 그런 원칙에서 벗어난 고립된 '일탈'이라고 주장함으로써, 이 글에서 제기한 비판을 비켜 가려고 할 법하다. 그러나 루소는 『고찰』에서 부정론자들이 상정할 법한 원칙과 일탈 사이의 모순을 전혀 의식하지 않고 있으며, 오히려 여러 군데에서 자신의 주장이나 진술이 『사회계약론』에서 제시된 원칙과 일관된다는 점, 달리 말해 『사회계약론』에서 제시된 원칙을 구체적으로 적용한 것이라는 점을 밝히고 있다(Rousseau 1986, 190; 195).

그렇다 하더라도 루소가 시민의 정치 참여에 공적인 토론이나 논쟁을 전폭적으로, 무조건적으로 용인한 것은 아니다. 지금까지의 논의에서 거듭 확인한 것처럼, 루소는 시민들의 공적인 토론이나 논쟁에 수반되기 십상인 다양한 사적 이익과 특수의지에서 비롯되는 파당의 형성, 의견의 분열과 대립 등이 소모적인 정치적 갈등을 빚어내기 때문에 이를 초래하는 토론이나 논쟁에 적대적이며, 갈등이 없는 만장일치나 압도적 다수결 등 조화로운 의사결정을 선호한다. 그러나 그렇다고 해서 루소가 공적인 심의에 불가피하게 수반되는 토론이나 논쟁을 그 자체로 거부했다고 단정하는 것은 루소 사상 전체에 대한 왜곡된 해석이다. 이는 루소가 『사회계약론』에서와 마찬가지로 『고찰』에서도 시민들의 "헛된 장광설"이나 "아첨"에 대해 여전히 비판적이면서도 시민들의 공적인 발언 자체를 억압하기보다는 규제하는 선에서 해결책을 찾으려 했다는 점에서, 그리고 이로써 정치적 갈등을 어느 정도 용인하려 했다는 점에서 확인된다.

지금까지 제시된 모든 논의를 고려할 때, 시민들의 정치 참여에 공적인 토론이나 논쟁이 허용되는가에 관해 이 글이 도달한 해석론은 일종의 '절제된 긍정론'이라 할 수 있다. 즉 루소가 『사회계약론』의 '구절 1' 등을 통해 시민들 사이의 의사소통을 억제하고자 했다면, 『사회계약론』의 '구절 2', 『산에서 쓴 편지』에서 인용된 구절 및 『고찰』에서 끌어온 두 인용문에서는 시민들의 공적인 토론이나 논쟁을 긍정적으로 인정하고 있다는 것이다. 그리고 시민들이 그 권리를 남발하는 것을 억제하기 위해 시민의 발언 방식을 규제하는 것을 포함해 정부가 개입할 수 있는 권한을 폭넓게 허용함과 동시에, 정부가 개입권을 남용할 위험에 대해서도 강력하게 경고하고 있다는 것이다. 마지막으로 이 글의 이런 해석은 루소 정치사상에서 시민의 정치 참여가 "법률 제안권과 법률 심의권에 관한 다양한 배치들"과 양립 가능하다는 길딘의 다소 막연하고 모호한 해석 그리고 루소가 시민의 정치 참여에서 토론이나 논쟁을 허용했을 것이라고 조심스럽게 추론하면서도 부정적인 다수설의 위세에 밀려 소극적인 입장을 취하는 슈워츠버그의 해석을, 보다 체계적인 분석과 이를 뒷받침하는 명시적인 전거 제시를 통해 강화한 것이라 할 수 있다.

| 10장 |

마루야마 마사오의 정치사상에 나타난 서구중심주의와 일본중심주의

『일본정치사상사연구』日本政治思想史硏究에 나타난
'자연과 작위의 이분법적 대립'에 대한
비판적 검토를 중심으로

1. 글머리에

제2차 세계대전 종전 이후 일본 학계에서 마루야마 마사오丸山眞男는 흔히 "마루야마텐노오"丸山天皇, 곧 '마루야마 천황'으로 불려 왔다고 한다(김용옥 1995, 11). 마루야마 마사오는 오쓰카 히사오大塚久雄와 함께, "일본의 전후를 대표하는 사상가"[1]이자 "전후 정신의 지주"로 일컬어진다(나카노 2005,

---

• 이 글의 일본어 발음은 〈국립국어원〉 외래어 표기법에 따라 표기했다. 따라서 이 글에서 사용된 일본어 발음 표기가 다른 국내 문헌이나 번역서에 나오는 일본어 발음 표기와 다를 수도 있다는 점을 미리 밝혀 둔다.

1_일본은 제2차 세계대전 패전 이후 오늘날에 이르기까지의 시기를 통상 '전후'(戰後)라고 부름으로써 이 시기를 그전 시기에 해당하는 '전시기'(戰時期)의 총력전 체제' 및 '식민주의' 시

9).[2] 특히 마루야마는 전쟁이 끝나기 전인 1940년대 초에 집필한 세 편의 논문을 한데 묶어 1952년에 출간한 『일본정치사상사연구』日本政治思想史研究에서, 일본 유학의 전개 과정에서 중국과는 구분되는 "주체적 작위"autonomous invention 개념을 발견하고, 이것이 일본 근대성의 뿌리가 되었으며 이런 사상적 요소의 존재 때문에 일본이 중국과 달리 성공적으로 근대화를 달성하고 근대국가 건설을 수행했다는 독창적인 해석론을 전개했다. 물론 마루야마는 종전 직후에 일본 파시즘 또는 초국가주의에 대한 뛰어난 몇 편의 논문을 저술함으로써 일거에 뛰어난 학문적 명성을 얻게 되었는데, 『일본정치사상사연구』는 일본의 근세(에도시대) 그리고 그 시대의 사상 문화에 대한 새로운 각도에서의 연구에 관심을 불러일으키는 데에 크게 이바지했다.

『일본정치사상사연구』의 한글본 번역자인 김석근은 그 책의 학문적 의의에 대해 이렇게 서술한다.

> 그 당시의 시국에 대한 비판을 시도하고 있었다. …… 그것은 마치 양날을 가진 칼과도 같았다. 한편으로는 중국과는 달리 일본에서는 '근대'가 내재적으로 준비되고 있었다는 것을 실증적으로 보여 주려고 했으며, 다른 한편으로는 당시 '근대의 초극'으로 불리는 보수 우익들의 시류에 영합하는 전체주의 논리와

기와 단절적으로 구분해 인식하는 경향이 있다.
2_일본의 진보적 지식인들은 전시기와 전후를 단절적으로 인식하려는 일본의 주류적 이해에 반기를 들면서 "총력전 체제와 연동하며 검출되고 있는 전시 사회와 전후 사회의 연속"을 강조하는 바(나카노 2005, 21), 나카노 도시오(中野敏男)는 이런 연속성을 일본 전후의 대표적 지식인인 오쓰카 히사오와 마루야마 마사오의 사상을 비판적으로 검토함으로써 보여 주고자 한다.

국수주의적 주장에 대해서 예리한 비판을 가하고자 했다. 그것은 외형상으로는 에도시대의 사상사를 다룬 논문이었지만, 내면적으로는 위세를 떨치고 있던 파쇼적 상황에 대한 일종의 '사상적 저항'이었던 것이다(김석근 1997, 24).

김석근의 이런 논평은 『일본정치사상사연구』에 붙인 마루야마의 "저자 후기"와 부합하며, 또 그 저작에 대한 일반적인 평가와도 대체로 일치한다고 생각된다.

그러나 이 글은 이런 일반적 평가에 비판적이고 회의적이다. 근대화가 성공한 후에 근대성의 사상적·문화적 요소가 일찍이 내재해 있었다는 '사후적 논리 구성'은 이른바 반증反證 불가능한 명제에 가깝기 때문이다.[3] 또한 역으로, 이 글이 앞으로 보여 줄 것처럼, 마루야마가 오규 소라이荻生徂徠의 유학에서 발견한 '주체적 작위' 개념을 통해 부각시킨 "주체적 인격의 절대화" 명제는 일본의 근대국가 건설 과정에서 근대성의 핵심인 개인주의화·자유주의화 과정을 거치지 못하고, 신도神道와 함께 천황 숭배 사상으로 이어짐으로써 일본의 초국가주의나 파시즘을 예비했다는 해석이 가능하다. 그러나 마루야마는 이런 해석의 가능성을 인지하지 못하고 있는

3_만약 마루야마식 사고의 틀과 발상을 비슷한 목적으로 활용한다면, 남한 역시 1987년 이후 민주화와 함께 근대화의 성공을 자축하면서, 한국 문화에 독특한 근대성의 사상적·문화적 요소를 추출해 이를 중심으로 정치사상사를 일관되게 재구성해도 무방할 것인가? 설령 근대 문명을 선발적으로 구축한 서구 문명에 대해서는 그런 작업이 설득력을 가질 수 있다 해도, 후발적으로 모방적인 근대화 또는 파생적인 근대화에 성공한 경우에는 이른바 전근대 시대에 근대를 예비하는 맹아적 요소가 있었다는 논리가 성립하기 어렵다(이에 대해서는 강정인 2004, 285-296). 또 일본만이 비서구권 국가들 가운데 유일하게 근대화에 성공했다면 예외주의적인 논리 구성이 어느 정도 가능할지도 모르지만, 남한이나 타이완 등 적지 않은 비서구권 국가들이 성공한 상황에서 그런 논리의 설득력은 더욱 떨어진다.

것처럼 보인다. 그리고 서구 문명이 창출한 근대성이 전쟁과 정복, 제국주의 및 식민주의를 본원적으로 내장하고 있다고 전제하는 이 글의 입장에서 볼 때, 메이지유신 이후 여러 차례의 침략 전쟁을 통해 조선과 타이완을 식민지로 병합한 메이지 전반기의 일본을 긍정적인 시대로, 군국주의와 초국가주의가 지배하던 1930~40년대의 일본을 예외적인 일탈 시대로 파악하고, 『일본정치사상사연구』를 당시 근대 초극론자들이 제시한 "파시즘적 역사학"에 대한 필사적인 저항으로 집필했다는 마루야마 자신의 저작 동기(나카노 2005, 2004; 마루야마 1995, 84)나 이에 수긍하는 일본 학계의 일반적 태도는 쉽게 납득이 가지 않는다. 마루야마의 이런 사상적 작업은 대다수의 일본 국민들로 하여금 메이지유신 이후 일본의 근대화를 전반적으로 긍정적으로 수용하게 하는 한편 1930~40년대의 일본의 만행을 일부 국수주의자의 소행으로 치부하게 함으로써, 많은 일본 국민들에게 긍지를 심어 주는 동시에 군국주의 및 침략 전쟁과 관련된 죄의식을 덜어 주고,[4] 이를 통해 전전戰前에서 전후前後로의 순조로운 그러나 '일견 단절적인' 이행을 가능케 했다고 할 수 있다.[5] 이처럼 뛰어난 기여를 통해 마루야마가 일

---

[4]_이 글에서 자세히 논하지는 않겠지만, 여기에는 주어진 정치 공동체를 단위로 하여 발원하는 정치사상이 단순히 학문적 차원을 넘어, 자민족중심적이고 집단적인 '자기 긍지'(collective self-pride) 또는 '자기 위안'(collective self-consolation)으로서의 본연의 기능을 행사한 면이 있다.

[5]_일본 총리 아베 신조(安倍晋三)는 2013년 4월 22일 일본 참의원 회의에 출석해 답변하는 과정에서, 과거 일본의 식민지 지배와 침략에 대해 사과한 1995년 무라야마 도미이치(村山富市) 총리의 담화에 대해 "아베 내각은 무라야마 담화를 그대로 계승하고 있는 것은 아니다"라고 발언했다. 그리고 다음날에는 "침략에 관한 정의는 학계에서도, 국제적으로도 정해져 있지 않다"라고 주장했다. 그 진의를 정확히 파악할 수는 없지만, 일본의 과거 식민지 지배와 침략을 부인하는 듯한 아베 총리의 발언은, 전전과 전후의 단절적 인식마저 부정함으로써 자유주의적인 마루야마식 눈가리개조차 이젠 거추장스럽다는 발상을 보여 주고 있

본 지성계의 '천황'으로 군림할 수 있었는지 모르지만, 마루야마의 해석을 학문적으로 납득하기는 어렵다. 이상의 비판을 정당화하기 위해, 먼저 이 글은 마루야마가 『일본정치사상사연구』에서 제시한 가장 독창적 해석이라 할 수 있는 자연과 작위의 이분법적 대립을 비판적으로 검토함으로써, 그 저작이 누리고 있는 일반적 평판의 타당성을 근본적으로 문제 삼을 것이다.

또한 마루야마의 일본정치사상사연구에서는 오규 소라이와 함께 후쿠자와 유키치福澤諭吉의 사상이 중심 테마를 이루고 있다. 이는 마루야마가 자신의 말년에 이르기까지 후쿠자와 연구에 천착하면서 그 결실인 『"문명론의 개략"을 읽는다』(1986)를 출간한 데서도 거듭 확인된다. 따라서 이 글은 『일본정치사상사연구』에 대한 비판의 연장선상에서 후쿠자와와 마루야마의 사상적 연속성을 '서구중심주의'와 '일본중심주의'로 파악하고 거기에 내재해 있는 제국주의적 성격을 탐색하고자 한다. 전체적으로 볼 때, 메이지유신 이래 일본의 대표적 정치사상가인 후쿠자와와 마루야마는 서구중심주의를 충실히 수용하면서 동시에 일본중심주의를 전개했다. 이들은 일본 근대화의 필요성을 역설하는 한편, 근대화에 어느 정도 성공한 이후에는 서구 제국주의와 대등한 반열에 서서 아시아에 대한 일본의 제국주의적 침략과 지배를 사상적으로 정당화하거나 적어도 묵인했다.[6]

지금까지 제시된 이런 해석을 뒷받침하기 위해 이 글은 다음과 같이 구

는 듯하다. 이는 일본의 전후가 전전의 연속이라는 일본의 비판적 지식인들의 입장을 극적으로 확인케 해주는 사건이다.

6_ 이 글의 선기(先記) 필자인 강정인은 2004년에 출간한 『서구중심주의를 넘어서』에서 서구중심주의의 아류로서 '일본중심주의'라는 개념을 고안하고 이를 '일본예외주의'와 '일본판 오리엔탈리즘'으로 나누어 분석한 바 있다. 이에 대해서는 강정인(2004, 73-77)을 참조.

성될 것이다. 먼저 마루야마 마사오의 『일본정치사상사연구』의 제2장(「근세 일본 정치사상에 있어서의 "자연"自然과 "작위"作爲」)을 비판적으로 검토하고자 한다. 이를 위해 이 글의 2절에서는 『일본정치사상사연구』 제2장의 주요 내용을 요약하겠다. 그리고 3절에서는 마루야마의 사상에 대해 "일본 유교를 통한 유교의 역류逆流적 일반화", "마루야마 마사오의 초학문적 동기", 그리고 "마루야마 마사오의 소라이徂徠와 노리나가宣長에 대한 해석의 문제"를 중심으로 살펴볼 것이다. 또한 4절에서는 마루야마 마사오의 사상을 후쿠자와 유키치의 사상과 대비하면서 양자의 사상을 "단선적 진보사관", "서구중심주의와 일본중심주의 그리고 탈아입구脫亞入歐", "일본 예외주의와 오리엔탈리즘의 합성물로서의 일본중심주의"라는 제목으로 비교·분석할 것이다. 마지막으로 5절 "맺는말"에서는 일본의 초국가주의를 근대성의 일탈로 보는 마루야마의 입장을 비판함으로써 그의 사상에 본원적으로 내재해 있는 제국주의적 성격을 드러낼 것이다.

2. 「근세 일본정치사상에 있어서의 "자연"과 "작위"」 (『일본정치사상사연구』 제2장)의 요약

『일본정치사상사연구』의 "저자 후기"에서 마루야마는 자신의 근본적인 저작 동기를 후일 다음과 같이 술회하고 있다. "어찌하여 중국은 근대화에 실패해 반半식민지가 되고 일본은 메이지유신明治維新에 의해 동양에서는 유일한 그리고 최초의 근대국가가 되었는가 하는 과제를 사상사의 측면에서 추구하고 있었던 것이다"(마루야마 1995, 83).[7] 이런 저작 동기에 따라 마루야마는 일본 정치사상사에서의 근대성의 맹아로 '작위' 개념의 대두를 지적하고 있다. 또한 '자연과 작위'에 대한 마루야마의 논의는 이 책의 가장 독창적인 부분으로서, 사상사의 전개 과정에서 중국 유교와 일본 유교의 결정적 차이점을 지적·부각하고 있다. 따라서 이 절에서는 『일본정치사상사연구』의 제2장인 「근세 일본정치사상에 있어서의 "자연"自然과 "작위"作爲」를 집중적으로 검토할 것이다. 이를 위해 제2장의 일본 유교의 독창적 전개 과정에 대한 마루야마의 해석을 개별 절節의 제목에 따라 요약하고 이어서 그의 해석에서 나타나는 문제점을 비판적으로 제기하도록 하겠다.[8]

제2장에서 제기된 마루야마의 사상사적 문제의식은 구체적으로 다음과 같다.

> 근세 일본 유교 사상의 전개는 봉건적 사회질서를 보는 시각 내지 기초 지워 주는 방식에 있어 어떤 차이점으로 되어 나타났는가, 그런 차이점이 갖는 보편적인 의의는 어디에 있는가, 그리고 소라이가쿠[徂徠學] 이후의 사상사는 거기서부터 무엇을 배웠는가 — 이런 측면에서 문제를 살펴본 것이 바로 이 글이다(321-322; 강조는 마루야마).[9]

7_ 이하에서 마루야마의 『일본정치사상사연구』를 인용할 경우에는 별도의 표기 없이 괄호 안에 쪽수를 표기하도록 한다. 또한 이 논문에서 인용된 일본 학자들의 문헌은 모두 한글 번역본에 근거한 것임을 밝혀 둔다. 따라서 문장의 말미에 붙인 괄호 속에 인용된 쪽수 역시 한글 번역본의 쪽수를 지시하는 것이다. 한글 번역본의 출처는 "참고 문헌"에 명기되어 있다.

8_ 여기서 제2장의 제6절은 도쿠가와 시대 후기에 소라이가쿠가 도입한 '주체적 작위' 개념의 전개 과정을 다루고 있는데, 이 글의 검토 대상이 아니기에 여기서는 요약하지 않겠다. 또한 이하의 요약은 나중에 제기될 비판을 위해 필요한 내용을 최소한으로 압축·요약한 것이기 때문에, 일본 정치사상에 익숙지 않은 독자에게는 이해되지 않는 대목이 많을 것임이 분명하다. 이에 대한 책임은 일차적으로 일본 정치사상에 대한 깊이 있는 이해가 부족한 필자들의 서투른 요약에 있겠지만, 이해를 돕기 위해 독자들에게 마루야마의 저작을 읽어 볼 것을 권한다.

9_ 이하의 인용문에서 굵은 글씨로 표기된 강조는 모두 마루야마에 의한 것이다.

마루야마의 해석에 따르면, 주자학과 소라이가쿠 둘 다 "봉건적 지배 관계 그 자체를 절대시하고 있다는 점에서는 아무런 차이가 없었다." 그러나 양자가 "봉건적 지배 관계"를 절대시하는 "논리적 과정"the logical bases을 살펴보면 "그야말로 정반대로 대립되고" 있었다. 마루야마는 이제 그런 대립을 설명하기 위해 "자연"自然, nature과 "작위"作爲, invention라는 "두 개념을 지표로 설정하고, 그런 대립이 단순한 봉건사회의 틀 내에 있어서의 'Wie (how)'의 문제"에 머물러 있는 것이 아니라, "오히려 중세적 사회=국가제도관國家制度觀과 근대적·시민적인 그것과의 대립이라는 세계사적인 과제를 내포"하고 있었다는 전제하에 그 이유를 밝히고자 시도한다. "나아가 '자연'과 '작위' 논리가 메이지 초기에 이르기까지 어떻게 전개되었는가 하는 양상을 검토해, 근세 일본 사상이 그런 과제를 과연 어디까지 해결했는가"하는 점을 해명하고자 한다(322).

주자학과 자연적 질서사상(제2장의 2절)

마루야마가 도쿠가와 시대 관학의 시조가 된 하야시 라잔林羅山의 사상을 분석하면서 근세 초 일본의 주자학에서 초점을 맞추는 부분은, 그것이 유교의 윤리적 규범을 이중적 의미에서 자연화시킨다는 점이다. 히야시 라잔의 사상에 따르면 이제 규범은 외재적 측면에서는 하늘과 땅 등 세계를 구성하는 '자연적 질서'로 군림하고, 내재적 측면에서는 "사람의 마음", 곧 "인간의 윤리"를 규율하며, 이에 따라 인간의 정치 질서인 "국가" 곧 "현실의 봉건적인 계층제"를 "자연적 질서natural order로 승인"한다(330). 그렇다면 이런 승인은 어떻게 가능한가? 주자학에 따르면 "하늘과 땅 그리고 모든 사물은 전부 리理, Principle와 기氣, Ether의 결합"에 의해 이루어진다. "리는 우주의 궁극적인 근거로서 모든 사물에 통하는 보편적인 성격을 갖는데, 기의 작용에 의해 사물에 특수성이 부여된다"(327). 그런 특수성은 우열의 가치를 내포하는바, 모든 사물과 인간은 하늘로부터 부여받은 기품의 맑음과 탁함, 정교함과 거침에 의해 서열화된다. 즉 라잔의 표현에 따르면, "거친 것을 품수받은 아둔하고 어리석은 사람들[이] 성현·군주의 신하로서 성현이 명령하는 것을 따르는 것은, 하늘의 명天命이 본래 그러하게 한 것本然이다"(331). 이런 식으로 이기理氣 패러다임에 의한 사회질서와 신분에 따른 차별이 외재적·내재적으로 견고하게 정당화되었다.

마루야마 마사오는 이런 세계관을 하야시 라잔의 말을 인용해 제시한다.

> 하늘은 저절로 위에 있고 땅은 저절로 아래에 있다. 이미 높고 낮은 어떤 지위가 정해질 경우에는 위에 있는 사람은 귀하고 아래 있는 사람은 천한 것이다. 자연의 리에 질서가 있는 것은 바로 그런 것을 보고서 알 수 있는 것이다(330).

마루야마에 따르면 구마자와 반잔熊澤蕃山, 야마가 소코山鹿素行와 같은 일본의 양명학자들 역시 오륜 내지 예악이라는 규범의 타당한 근거를 자연에서 구했다(332-333). 물론 이토 진사이伊藤仁齋의 경우 인의예지 등 "사회규범"을 "자연법칙" 또는 "인간 본성"과 같은 것으로 등치하는 주자학의 입장을 비판하기도 했지만, 마루야마는 이토 진사이에게 있어서 사회규범은 "인간존재"에 대해 여전히 "선천적 타당성을 보유하는 것"으로 규정되기 때문에, 이런 비판이 큰 의미를 가질 수 없었다고 해석한다(334).

소라이가쿠徂徠學에 있어서의 선회旋回: "자연적 질서" 논리의 파괴 공작
— 그 실천적·정치적 지향(제2장의 3절)

마루야마는 오규 소라이를 봉건사회의 이완기를 배경으로 "누가"who, 즉 "주체적인 인격"an autonomous personality의 문제를 "근세 일본에서 가장 먼저 제기한 사람"으로 평가하고 있다. 주자학에 대한 소라이의 기본적인 문제의식은 "사회관계를 '자연'에 의해 기초 지우는 주자학적 사유"가 "이미 이완弛緩・붕괴崩壞의 조짐"을 보여 주고 있던 당대의 계층적 질서를 여전히 "자연적"이라 간주함으로써, 소라이 자신이 추구하는 이른바 "제도制度의 재건"reconstruction of institution을 저해한다는 것이었다(336). 이를 타개하기 위해 소라이는 두 가지 방향에서 해석의 혁신을 추구한다. 첫째, 그는 주자학에서 종래 연속적으로 존재하던 "우주적 자연"과 "인성적人性的 자연" — "본연本然의 성性"으로 불리던 — 을 분리하고, "우주적 자연을 성인의 길道의 대상에서 배제"시켰다(337). 그리하여 그는 "우주적 자연에 의한 길道의 근거 지움을 모조리 부정하고, 오히려 거꾸로 유교 자연철학의 제 범주를 치국평천하治國平天下의 수단手段으로서 성인의 길道에 예속"시켰다(338). 이는 곧 "하늘의 길天道로부터 하늘의 명天命에로의 전환이 주체적 인격을 기저로 하는 그[소라이]의 전체 사유 방식을 표현한 하나의 형태"였다는 점을 의미한다(339). 둘째, 소라이는 "길道[規範, the normative system]을 오로지 예禮, rites・악樂, music이라는 외부적・객관적 제도에 한정시켜 버림으로써 길을 '인성적人性的 자연自然'the innate qualities of human nature을 넘어서 있는 것超越化으로 만들어 버렸다"(339).

그러나 소라이는 이와 같은 작업만으로는 이토 진사이와 같은 학자들과 별다른 차별성을 가질 수 없었다. "자연적 질서의 논리를 완전하게 극복하기 위해서는 스스로의 배후에 있는 어떤 규범을 전제로 하지 않고서 거꾸로 규범을 만들어 내고 그것에 처음으로 타당성을 부여하는 인격을 사유의 출발점에 두는 수밖에 없"었기 때문이다(340). 그리하여 소라이는 "길道이란 사물이 당연히 그러해야 할 이치理도 아니며, 또 하늘과 땅 그리고 자연의 길도 결코 아니다. 그것은 바로 성인the Sages께서 세우고 만드신 길이다"라고 선언했다(336에서 재인용). 여기서 소라이의 사상적 혁신의 특성은 성인 개념에서 선천적인 자연적 질서를 전제로 하는 "보편적・이데아적 의미"를 배제하고 이를 "완전히 구체적・역사적 존재로서의 선왕先王에 한정"시키는 방향으로 나아갔다는 데 있다. 즉 소라이는 "'성인은 배워서 이를 수 없다'(『弁道』)고 하면서 [성인의] 비인격적인 이념화"를 차단함으로써 "선왕에게 길을 절대적으로 만든 사람絶對的 作爲者으로서의 논리적 자격을 부여"했던 것이다 (341). 마루야마가 보건대, "사회적·인간적 존재가 자연적 존재와 연속되어 있다는 생각에서는 역사적 발생을 말하는 것은 동시에 자연적 발생을 말하는 것이며, 그런 한에 있어서 역사를 만드는 주체는 끝내 물을 수 없게" 되는바, 이 때문에 소라이가 "선왕의 작위作爲의 절대적 시원성始原性을 일관되게 밀고" 나갔다는 것이다(345).

마루야마의 해석에 따르면, "같은 유교에 속하면서도" 주자학적인 논리와 소라이가쿠적인 논리의 대립은 본질적으로 "이데아ideas가 인격 persons에 선행하며, 인격은 그런 이데아를 체현한 존재인가 아니면 인격이 현실재現實在로서 존재하고 이데아는 인격에 의해서 비로소 실재성實在性을 부여받게 된 것인가 하는 철학의 근본 문제와 연결된 대립이었다." 그리고 이와 관련된 마루야마의 관심은 "그런 대립이 구체적인 사회관社會觀·제도관制度觀에 어떻게 나타났는가" 하는 데 있었다(345-346). 당대의 현실에서 소라이가 당면한 정치적 과제는 두 가지였는데, 첫째는 "봉건사회가 의거하고 있는 근본규범에 대해 새로운 기초를 마련하는 것"이고, 둘째는 "현실의 사회적 혼란을 극복하기 위해 강력한 정치적 조치를 제시하는 것"이었다. 첫 번째 과제는 "그 근본규범의 타당성을 절대화된 성인의 작위作爲에 귀속시키는 것"으로 충족될 수 있다. 하지만 이것만으로는 새롭게 "강력한 정치적 조치를 제시"해야 하는 두 번째 과제가 자동적으로 정당화되지 않는다. "'작위'의 논리가 고대 성인에 한정되고 오로지 역사적 과거"에 갇혀 버리게 되면, 이는 다시 "성인의 길"이 "객관화된 이데아"로, 그리하여 "자연적 질서관"으로 회귀하는 결과를 낳게 되고, "그로부터는 현실 사태에 대한 어떤 정치적 결단political decision도 나오지 않게" 되기 때문이다. 그리하여 소라이는 성왕 또는 "'선왕의 작위'의 논리를 모든 시대에 유추"시킨다. 그 결과 소라이에게 있어 "성인의 길은 시대와 장소를 넘어선 보편타당성"을 지니지만, "그것은 결코 스스로 실현되는 이데아가 아니라 각 시대의 나라를 연開國 군주에 의한, 그때그때마다의 작위를 매개로 하여 실현되는 것이다"(347-348).

소라이의 이런 논리에 따르면, "도쿠가와 개국開國 시조 이에야스家康"가 수행했어야 할 "성인의 길道"에 따른 제도의 수립이라는 작위作爲가 큰 혼란大亂의 후유증으로 인해 제대로 진척되지 않았고, 그 결과 "제도가 없는 그런 상태로 오늘에 이르게 된 것"이었다. 따라서 "소라이는 이에야스가 했어야 할 제도의 작위作爲를 8대 쇼군 요시무네吉宗가 대신하도록 하려 했다"고 마루야마는 해석한다(348). 그러나 소라이가 확립하고자 한 제도의 "근본적인 기조基調는 복고적復古的, restoration of the past"이었다(349). 마루야마는 이런 소라이의 사상적 입장에 대해 거기에는 소라이가 그토록 저주했던 "게젤샤프트적인 논리가 내포"되는 "역사의 아이러니"가 녹아 있었다고 지적한다(352). 마루야마가 보기에 소라이의 이런 입장은 "게마인샤프트Gemeinschaft적인 의식이 쇠퇴하고 게젤샤프트Gesellschaft적인 그것이 만연"하게 된 당대 사회 현실을 반영하는 것이었다(351).

"자연"自然으로부터 "작위"作爲에로의 추이推移와 그 역사적 의의: "작위" 논리의 근대성 — "주체적 인격의 절대화" 문제(제2장의 4절)

그렇다면 어떤 점에서 소라이가쿠의 주체적 작위가 게젤샤프트적인 논리를 내포한다고 주장할 수 있는가? 이를 이해하기 위해서는 마루야마가 퇴니스Ferdinand Tönnies 등의 사상적 자원을 어떻게 활용하는지에 주목해야 한다. 이 부분의 논리를 재구성하면 "본질 의사"本質意思, Wesenwille, natural will → "유기체적 세계관"(사회를 자연적·자족적인 형태로 파악) → "게마인샤프트" = "중세 사회"中世社會라는 도식과 "형성 의사"形成意思, Kürwille, rational will → "기계적 세계관"(사회를 원자적·기계적 구성으로 파악; 외재적·역동적 주체를 상정하고 주체에 의해 설정된 목적과 수단을 중시) → "게젤샤프트" = "근대사회"近代社會라는 도식이 성립된다(353-358). 이와 함께 마루야마는 주자학의 "자연 = 본질 의사 → 유기체적 세계관 → 봉건적 신분 질서의 정당화"와 소라이가쿠의 "작위 = 형성 의사 → 기계적 세계관 → 근대사회의 맹아"라는 도식을 궁극적으로 그려 내고 있다(362-370).

이런 논리 구조는 작위를 강조한 소라이가 가진 복고적 성향에 대한 또 다른 해명을 요구한다. 이에 대해 마루야마는 유럽에서도 "자연적 질서 사상 내지 유기체설이 일거에 작위적 질서 사상의 완성 형태로서의 사회계약설 내지 기계관機械觀, the mechanistic outlook에 의해 대체된 것이 결코" 아니라는 점을 상기시킨다(363). 즉 첫째, 마루야마는 기계관을 갖기 이전의 유럽이 최초의 주체성의 자각자로서 절대군주의 출현이라는 과도기를 거쳤다는 점을 지적한다(363-364). "중앙집권적 통일국가의 수립에 성공한 절대군주는 필연적으로, 모든 규범 질서의 내재성內在性으로부터 해방되고 거꾸로 모든 규범 질서를 자신의 자유의사에 따라 제정하여, 그것에 마지막 타당성을 부여해 주는 인격으로 등장"했다는 것이다(365). 둘째, 마루야마는 중세의 스콜라 철학에서 최초의 근세 철학자 데카르트René Descartes로 이어지는 "철학사가 신의 절대성=초월성을 강화強化해 간 역사"라는 점에서 역설적이었다는 점에 주목한다(365). 이는 "신神 중심적인 신학"을 전개한 캘빈Jean Calvin은 물론 근세 계몽주의 사상의 기초를 닦은 데카르트에게서도 선명하게 확인되는바, 데카르트에게 "현실재現實在로서의 신[은] 전지전능한 주권자로서 아무 것도 없는 데서 가치 질서를 만들어" 내는 존재였다(366-367). 이런 초월적 존재자로서의 "신의 영상"이 근세 초기에 "모든 규범 질서를 자유의사로 제정"하는 "절대군주"라는 정치적 인격의 "이념형"이었던 것이다(368). 이제 마루야마는 "자연적 질서 사상의 전환에 있어서 저쪽에서 신이 맡았던 역할이 이쪽에서는 소라이가쿠의 성인의 역할에 다름 아니었다"고 강조함으로써 소라이가쿠에 의한 일본 사상사의 획기적 전회轉回가 지닌 의미를 강조한다(368-370).

쇼오키昌益와 노리나가宣長에 의한 "작위"作爲 논리의 계승: "작위" 논리의 정치적 귀결(제2장의 5절)

마루야마는 소라이가쿠가 도입했던 주체적 작위 사상이 봉건사회에서 가진 정치적 기능을 두 가지로 나누어 지적한다. 첫째는 "그것이 봉건적 질서의 변혁, 새로운 질서수립의 무기가 될 수 있다는 것"이다(380). 이는 소라이의 작위 개념이 "궁극적 가치를 이데아the idea로부터 인격the Person"으로 옮기고 이와 함께 "인간의 질서에 대한 [작위 또는 인간 의사의] 우위"를 확립함으로써 이제 "모든 질서는 인간의 의사意思에 의해 자의적恣意的으로 개변改變될 수 있다는 점"을 가르쳐 주었기 때문이다(372-373). 둘째는 소라이가쿠가 "봉건적 사회관계 및 그 관념적 유대[五倫·五常]로부터 실질적 타당성의 근거를 박탈하고 그것을 형해화形骸化했다는 것"이다(380). 봉건사회의 특징이 "내재적 가치의 계층적 체계"hierarchic structure of immanent values라고 할 때, 사회규범의 "공적公的·정치적인 것으로의 승화昇華"는 "그런 규범이 인간을 내면內面에서 의무 지워 주는 힘을 잃어버렸다는 것"을 의미했다(377, 379). 마루야마에 따르면 적극적인 전자의 기능은 "주로 메이지유신 이후"에 실현될 것이었으며, 소극적인 후자의 기능은 에도막부 말기에 "봉건적 지배"를 "그 태내에 파고들어 가 …… 내면에서 계속 부식"시킬 것이었다(380). 마루야마는 비록 막부 말기에 자연경제가 상당 부분 붕괴되고 상업 자본이 크게 성장했지만, 주체적 작위 사상을 근세 유럽의 경우처럼 진화해 나가도록 할 사회경제적 조건이 미성숙했기 때문에 적극적인 전자의 기능이 메이지유신 이전에 현실화되지 못했다고 설명한다. 사회경제적 조건의 미성숙이 결국 "소라이가쿠를 근대적인 '사람이 만들었다는 학설'人作

說로까지 끌어올릴 힘"을 결여하게 만들었던 것이다(382).

마루야마는 소라이의 뒤를 이어 "'자연'과 '작위'의 대립의 발전적 적용 위"에서 "봉건적 사회질서 및 그 모든 관념형태를 철저하게 비판하고 부정"한 사상가로 안도오 쇼오키安藤昌益에 주목한다(384). 쇼오키는 한편으로 "모든 사람들이 스스로 일하면서 생활하는 인간 본래의 상태"에 해당하는 "스스로 그런自然 세상the world of nature"과, 다른 한편으로 "다른 사람이 농사지은 것을 빼앗고 다른 사람을 자신에 종속시키는 관계"에 해당하는 "법으로 만든 세상"法世, the world of law을 구분한 후, 전자에서 후자로의 역사적 전환을 "도착倒着 현상"으로 규정한다(388). 따라서 그에게 역사의 전개 과정은 전자에서 후자로의 타락의 과정인바, 쇼오키는 "소라이가 모든 가치의 근원으로 돌렸던 성인의 작위에서 실로 모든 타락이 시작되었다"고 비판한다(389). "성인이야말로 지금까지 면면히 이어져 오는 위아래上下의 지배관계 — 군신의 귀천, "오륜", "사농공상"이라는 계급, "사치스러움" 및 "모든 악"의 근원과 연관된 — 를 "처음으로 만든" 장본인이기 때문이라는 것이다(388). 따라서 쇼오키는 이에 대한 유일한 해결책은 "성인이 만들기 이전의 '스스로 그런 세상'으로 되돌아가는 길"밖에 없다고 주장한다(389). 쇼오키의 이런 사상에 대해 마루야마는, 주자학적 사유에서 자연적 질서와 동일시되던 봉건적 질서가 "소라이가쿠에 있어 성인의 작위作爲에 의해 근거 지워짐에 따라 자연적 질서는 봉건사회로부터 소외"되었는데, 쇼오키는 "바로 그런 소외된 '자연'自然으로 성인의 '작위'로서의 봉건사회를 부정"했다고 해석한다. 변증법적으로 표현하면 "소라이가쿠적 작위"가 "주자학적 자연"의 "부정"否定이라면 "쇼오키적 자연"은 "다시 부정의 부정"이라는 것이다(397-398).

마루야마는 "근세 일본의 지배적인 사조였던 유교에 대한 적대자로서 출현했던" 고쿠가쿠國學의 완성자인 모토오리 노리나가本居宣長의 사상에서 "근세 일본 유교의 마지막 단계로서의 소라이가쿠와 다양하고도 깊은 구조적 연관성"을 발견한다(399). 노리나가는 쇼오키와 더불어 자연주의를 표방한다. 그러나 자연의 회복을 지향한 변화를 추구한 쇼오키와 달리 노리나가는 현존하는 봉건 체제를 부정하지 않고 있다. 그렇다면 어떤 점에서 이런 노리나가와 그의 고쿠가쿠가 소라이적인 작위의 계승으로 평가받을 수 있는가? 마루야마의 해석에 따르면, 첫째 "노리나가의 신"과 "소라이의 성인"은 모두 "이 세상의 모든 제도와 문물文物의 궁극적 근거"인 "체계적 지위"에 있어 고도의 유사성을 가지기 때문이다(407-408). 둘째, "소라이에서 슌다이에 이르는 유교 규범의 외면화·형식화 과정"은 고쿠가쿠샤國學者들로 하여금, "바로 그런 규범의 인간성人間性으로부터의 소외를 이용하여, 내면적 심정 세계의 불가침성을 선언"하도록 했기 때문이다(404). 현존 세계의 질서에 복종하는 것은 "통상적인 윤리적 가치판단을 넘어서 있는 절대적 인격"인 "신께서 하시는 일"이기 때문이지, 그것 자체의 선악善惡 판단을 전제로 한 것은 아니다(408-409). 따라서 정치적 복종 역시 질서의 내재적 가치와는 무관하다. 따라서 마루야마는 노리나가의 이런 사유가 "질서의 타당성이 순수하게 형식적 실정성에서 유래하며, 그런 내재적 가치 — 진리성眞理性 내지 정의성正義性 — 와 전혀 관계없다는 홉스적 실증주의"에 수렴한다고 해석한다. 이런 식으로 소라이가쿠에 있어서는 예기치 않은 결과인 "규범의 가치적 소외"가 봉건사회의 개혁을 주장하게 만든 반면에, 노리나가의 사상에서는 그 소외가 정상적인 현실로 받아들여지면서 무조건적인 정치적 복종과 불가침적인 내면의 평정을 유지하라는 명제로 출현했던 것이다. 그러나 마루야마는 이처럼 상반된 처방을 내린 노리나가 사상의 경우에도 "작위"의 논리가 현실 긍정의 "사유 구성"을 통해 "발효醱酵하기 시작"했다고 해석한다(409-410).

3. 『일본정치사상사연구』 제2장에 대한 문제 제기와 비판

일본 유교를 통한 유교의 역류逆流적 일반화

지금까지 요약하면서 살펴본 것처럼, 마루야마의 『일본정치사상사연구』 제2장은 주자학의 일본적 전개를 논하고 있다. 그러나 이것이 함의하는 논리적 귀결은 주자학의 일본적 전개만이 아니라, 주자학과 그것을 포함하는 유교 일반의 문제로 확장된다. 즉 주자학의 일본적 전개에서 발견되는 문제, 그것의 특수성이 유교 전반의 보편적인 문제로 인식·확장되어질 수 있다는 것이다. 이와 관련해 다음 구절을 살펴보자.

> 그들은 유교의 제 범주를 "시좌"(視座, Aspektstruktur, frame of reference)로 받아들였으며, 그리고 오로지 그 시좌를 통해서만 봉건적 사회질서를 보았다(322-323).

> …… 그 시대의 학자들이 모두 정치적·사회적 현실을 벗어나 경서에 대한 논의에만 몰두하고 있었던 것으로 생각해서는 안 된다. 다만 그들의 인식 지향과 현실의 사회관계의 얽힘은 언제나 '오류'라는 매개를 수반하지 않으면 안 되는 그런 정도였다(323).

여기서 우리는 '시좌'라는 용어가 가진 의미에 주목해야 한다. 'Aspektstruktur'를[10] 한국의 헤겔 연구자인 임석진은 '인식과 존재의 시각 구조'라고 번역한다. 그리고 이 '시각 구조'의 구체적인 의미를 알기 위해서는 칼 만하임Karl Mannheim의 『이데올로기와 유토피아』를 참조할 필요가 있는데, 만하임에게 "시각 구조란 누군가가 어떤 방법으로 하나의 실물을 보고 거기서 무엇을 파악하며 또 나아가서는 그가 어떻게 사유 속에서 하나의 사실관계Sachverhalt를 구성하느냐 하는 그 양식을 뜻"한다(만하임 1991, 353).

만하임에 따르면, 서로 다른 시각 구조를 가지면 "하나의 단어나 똑같은 개념이 사회적으로 각기 상이한 층을 차지하는 사람이나 사상가의 입을 통해서 대개는 서로가 전혀 다른 뜻"을 지니게 될 가능성이 있다. 예를 들어 보수주의자와 자유주의자가 말하는 '자유'는 동일한 용어라도 그 개념상의 의미가 완전히 달라질 수 있다는 것이다(만하임 1991, 353-354). 그런데 더 중요한 것은 "각기 상이한 입장에 따라서 개념의 구체적 의미 내용만이 다양해지는 것이 아니라" 그런 개념들의 "분류 체계"와 이를 통해 구축되는 "사고 모형"이 달라진다는 점이다(만하임 1991, 355-357). 즉 "사유의 시각 구조"에서 핵심적인 것은 개념의 본래적 의미가 아니라, 그런 의미를 구성하는 입장이 무엇인가라는 것이다. 그래서 만하임은 "한마디로 해서 문제의 발단이나 그때마다의 문제의 국면 또는 우리가 도달하고자 하는 추상화의 단계나 구체화의 단계 등은 모두가 동일한 양식으로 사회적 존재에 의한 구속을 받는다"라고 주장한다(만하임 1991, 359).

마루야마 마사오 역시 이런 관점을 토대로 논의를 진행하고 있는 듯하다. 323쪽 각주 1에서 그는 이렇게 서술한다.

> 오륜이 현실의 사회관계를 모두 포함한다고 생각할 수 있는 것은, 근세 도쿠가와 봉건사회의 구조적 특질을 생각한다면 결코 무리한 것이 아니었다. …… 신분적 계층 관계의 정비라는 점에서 본다면 오히려 사회제도로서의 봉건 체제

10_'Aspektstruktur'를 『이데올로기와 유토피아』에서는 '사유의 시각 구조'로 번역한다. 이제부터는 이 용어를 쓸 것이다.

는 그 시대에 들어서 비로소 완성되었다고 할 수 있을 것이다. 그것은 무엇보다도 봉건적 결합 양식인 주종(主從) 관계의 보편화로 나타나고 있다(323-324).

이 인용문은 주자학적 사유의 시각 구조와 당시의 시대적 상황, 그리고 그것이 형성한 사회적 존재 간의 연관성을 지시하는 구절이다. 그런데 여기서 우리가 놓치지 말아야 할 것은 사유의 시각 구조는 사회적 존재에 의해 구속받지만, 또한 이는 사회적 존재의 존립 근거이기도 하다는 점이다. 이는 특히 지배 권력의 정당화 문제와 연관될 때 더욱 그러하다. 지배적인 사회적 존재의 사유의 시각 구조만이 해당 정치체에 존재할 때, 또는 그것이 다른 사유의 시각 구조에 대해 압도적인 헤게모니를 행사하고 있을 때, 비록 사회 변화의 객관적인 조건이 성숙했다 하더라도 해당 정치체는 변화의 추동력을 획득할 수 없는 것이다. 마루야마는 이런 사고를 전제로, 에도시대 일본의 사회경제적 양상이 게젤샤프트에 근접함에도 불구하고 "거기에 침투해 있는 의식"에 중점을 두어 고찰한다면 여전히 게마인샤프트에 머물러 있었던 것이라 주장한다. 여기서 "침투해 있는 의식", 즉 일본 봉건사회의 다양한 사회적 결합을 "가족 내에 있어서의 어버이·자식 관계"로 표상케 했던 것이 바로 주자학이었다(355-356).

그런데 우리가 여기서 고민해야 할 부분은 사유의 시각 구조가 사회적 존재에 구속되고 또한 거꾸로 여기에 존립 근거를 제공한다고 했을 때, 마루야마의 주장은 기껏해야 주자학의 일본적 전개라는 범위 내에서만 타당성을 가질 수 있다는 점이다. 바로 여기서 마루야마는 오류를 범하고 있는 것으로 보인다. 그는 일본 주자학의 문제를 주자학 일반의 문제로 확장시킴으로써 주자학을 하나의 완결된, 그리고 고착화된 사유의 시각 구조로 파악하고 있는 것이다. 물론 주자학은 하나의 완결된 사상 체계이고, 이것은 일정한 사유의 시각 구조를 형성한다. 그러나 마루야마는 사유의 시각 구조로서의 주자학이 이것을 수용하는 사회적 존재, 그리고 그들이 준거하는 정치·사회·역사적 조건에 따라 변형될 수 있다는 점을 잘 이해하고 있음에도 불구하고 이를 적절히 활용하지 않고 있다.

다시 말해 마루야마가 다루고 있는 것이 어디까지나 에도시대 일본 학자들에 의해 해석된 유교라는 점에 주목할 필요가 있다. 이 점을 명확히 하지 않을 때, 수용자의 유교가 발원지의 유교를 규정하는 역류적逆流的 일반화가 발생하게 된다. 그 대표적인 예가 "유교가 봉건사회의 시좌 구조視座構造, Aspektstruktur를 이루고 있는 한, 유교의 '길'道을 보는 시각은 그대로 사회 제도에로 옮겨지게 된다. 주자학적 사유로부터는 위에서 본 것처럼 봉건사회의 자연적 질서관이 도출되었다"라는 구절이다(346). 이런 구절은 마루야마의 논의가 일본에만 한정된다면 큰 문제가 되지 않을 수 있다. 그런데 『일본정치사상사연구』 제1장의 머리말에서 서술한 것처럼, 마루야마는 중국을 "역사의 유년 시대"로 규정한 헤겔의 구절을 인용하면서, 책 전체에 걸쳐 "중국의 정체성"에 대한 "일본의 상대적 진보성"을 사상사적 관점에서 치밀하게 논증하려 하고 있다(106, 83). 그에 따르면 주자학적인 유교가 지배 이념인 한 그 사회는 신분 사회를 벗어날 수 없다는 것이다.

그러나 이와 관련해 우리는 주자학의 평등주의적 성격을 강조한 시마다 겐지島田虔次의 다음 서술에 주목할 필요가 있다.

> 송학[주자학_필자]은 사대부의 학문이며 사대부의 사상이다. 사대부란 누구인가. 당대의 과거 제도의 확립과 함께 일어나 송대에 이르러 확고부동한 세력으로 자리 잡게 된 독특한 지배계급이다. 경제적으로 보면 대체로 지주이지만, 그러나 그것이 반드시 필수 조건인 것은 아니다. 사대부의 특징은 무엇보다도 먼저 지식계급이란 점에서, 다시 말하자면 유교 경전의 교양을 가진 지식계급이란 점에서, 즉 '독서인'이라고 하는 점에서 찾아볼 수 있다. ……
> 한대의 사회는 흔히 호족의 사회라고 말해진다. 그러나 이 호족은 반드시 지식

계급은 아니었다. …… 이어서 육조 시대[위진남북조 시대]는 흔히 귀족의 시대라고 불린다. 그러나 육조의 귀족은 반드시 학문적인 교양을 제일 우선시했던 것이 아니라 출생, 가문이 귀족이 되는 조건이었다. …… 이들과 비교해 볼 경우, 사대부의 특징은 가장 선명하다. 그것은 출생을 원리로 하는 폐쇄적인 신분이 아니라 능력을 원리로 하는 개방적 계급이며, 그 능력이란 유교 경전적인 교양 능력이었다. 그런 한에서 그 지적 관심은 매우 광범했다. 그리고 교양과 능력이 정치에 직결된다는 빛나는 전망이 화폐경제가 낳은 사회의 활기와 함께 이 계급에 독특한 생기와 이상주의를 가져다주었던 것이다.

나의 이와 같은 견해에 대해서 물론 반대도 있을 수 있다. …… 그러나 많은 소설이나 전기가 말해 주는 것은 이런 과거[科擧]의 평등주의가 상당한 정도까지 사실상의 평등주의였음을, 즉 상당히 하층사회에서도 과거에 의해서 사대부층에 편입되어 가는 것이 결코 드문 현상이 아니었음을 알 수 있다 …….

무엇보다 당대에서는 사대부와 맞선 구귀족들이 아직도 완강했다. 그러나 그들이 당 말기, 오대의 혼란 사이에서 몰락해 버리고, 새로이 성립한 송조는 명확하게 학술을 존중하는 정책을 내세웠다. 과거는 전국적인 규모에서 부활되고, 목판 인쇄술의 발달은 이를 비약적 추세로 보급시켰다. 사대부들에게 실로 장밋빛의 시대가 시작되었던 것이다. …… 송학이란, 요컨대 이와 같은 사대부의 고양된 의식과 교양이 이론화되고 조직화되었던 것일 따름이다(시마다 겐지 2001, 20-23).

길게 인용된 주자학의 평등주의적 성격에 대한 시마다 겐지의 논의는, 마루야마가 주자학의 형이상학 해석에서 기氣의 특수성·차별성에만 착목함으로써 리理의 보편성·동등성을 간과하고 있다는 점을 보여 준다. 즉 모든 인간은 리에 있어 동등하며, 자신의 기를 잘 갈고 닦으면修身 누구나 성인이 될 수 있다는 사유의 정치적 귀결을 무시하고 있는 것이다. 그리고 위의 인용구가 보여 주는 것처럼, 수·당 시대에 위로는 군주와 구귀족, 아래로는 민과의 구별짓기를 통해 자신들의 존립 기반을 확보해야 했던 송대의 사대부 또는 독서인 계층의 시각 구조를 인식하지 않으면, 리理의 동등성, 기氣의 차별성이란 주자학의 테제를 정확하게 이해할 수 없는 것이다.[11] 주자학은 이런 시대적 조건과 사회적 존재로서의 사대부 계층에 의해 수립된 사유의 시각 구조였다. 그러나 일본은 동아시아에서 가장 다층적인 신분 질서를 가진 사회였으며, 게다가 이는 매우 폐쇄적이고 위계적이었다. 에도시대에는 아무리 돈이 많고 검술에 능해도 사무라이의 아들이 아니면 사무라이가 될 수 없었다. 이런 점에서 일본에 수용된 주자학의 '분류 체계'와 '사고 모형'은 일본의 사회질서에 따라 변형되었고, 그로 인해 일본 유교는 위계화된 사유 구조로 특징지어졌을 것이라는 추론이 가능하다. 이 점에서 마루야마는 일본 유교의 특수성을 동아시아 유교의 일반성으로 무리하게 확장시킴으로써 일본중심주의적 오류를 범하고 있다고 해석할 수 있다.[12] [13]

---

[11] 다시 말해, 모든 인간은 성인이 될 수 있다는 점, 즉 도덕적 완성 가능성에서 동등하다. 그러나 이런 가능성은 인간의 욕구 성향을 의미하는 기(氣)의 제약을 받는다. 사대부들은 유교적 수양을 통해 기의 제약을 극복하고 인간의 도덕적 완성 가능성을 구현하고 있다는 것을 근거로 출생과 가문을 배경으로 하는 구귀족 세력에 맞서 자신의 독자성을 주장하고, 동시에 평민들에 대해서도 자신의 우월성을 주장한 것이다.

[12] 완전하지는 않지만 필자들의 지적과 동일선상에 놓여 있다고 보아도 좋은 마루야마의 자기비판이 "영역판 저자 서문"에 서술되어 있다(72-73).

[13] 이런 점에서 조선의 유교도 분석해 볼 필요가 있다고 생각된다. 공식적으로는 천민을 제외한 모든 사람이 과거에 응시할 수 있었으나, 비공식적 제약에 의해 이를 저지당하던 상황에서 리의 동등성과 기의 차별성은 어떤 부분에 초점을 맞추고 있었는가? '분류 체계'와 '사고 모형'에 있어 어떤 변화를 가지고 왔는가? 또한 후기에 들어와 비공식적 제약에 의해 신분질서의 폐쇄성이 이완되면서 사상적으로는 어떤 반응이 일어났는가하는 것이다.

마루야마 마사오의 초학문적 동기

마루야마는 "유교나 고쿠가쿠國學에 대한 나 자신의 이해의 얕음"을 "저자 후기"에서 자기비판하고 있다. 그는 "중국의 정체성"에 대해 집필하면서 당시 일본 중국사 연구자들의 "공통된 문제의식"을 무비판적으로 수용했음을 시인한다(83). 그리고 이 책 전반의 논리 구성이 자신의 초학문적 동기에서 비롯된 것이었음을 밝힌다. 그 초학문적 동기에 대해서는 저자 자신이 영역판 서문에서 상세히 설명하고 있다. 이 책은 집필 당시 일본을 풍미했던 "근대의 초극"론에 대한 반박이며, 일본 파시즘에 저항하기 위한 "필사적인 거점"이었다는 것이다(67, 84). 그렇다면 이 책에서 이런 저자의 동기는 어떻게 발현되고 있는가?

이를 알기 위해서는 앞서 인용한 구절로 돌아가 소라이적 작위의 약한 고리가 무엇인지를 살펴볼 필요가 있다. 소라이는 "봉건사회가 의거하고 있는 근본규범에 대해 새로운 기초를 마련하는 것과 …… 현실의 사회적 혼란을 극복하기 위해 강력한 정치적 조치를 제시"하기를 바랐고, "성인의 길은 시대와 장소를 넘어선 보편타당성"을 지니고 있지만, "그것은 결코 스스로 실현되는 이데아가 아니라 각 시대의 나라를 연開國 군주에 의한, 그때그때마다의 작위를 매개로 실현"되어야 한다고 믿었으며, 이에 따라 이에야스가 하지 못한 "제도의 작위作爲를 8대 쇼군 요시무네吉宗가 대신"해야 한다는 주장을 폈다(347-348). 그런데 여기서 그의 개혁 기조가 복고적이었음을 논외로 한다 하더라도, 왜 제도의 작위를 꼭 8대 쇼군인 요시무네가 해야 하는가라는 의문이 제기될 수 있다. 즉 요시무네가 아닌 새로운 개국 군주를 요청할 수는 없었는가 하는 점이다. 예를 들어 "예악·제도가 한 번 정해지고 나서 수백 년이 흐른 후에는 그것이 비록 성인이 만든 것이라 하더라도 반드시 폐단이 생기게 되며, 그런 폐단으로 인해 세상은 어지러워지는 것"(『太平策』, 374)이라는 소라이의 주장은 때에 따라 얼마든지 혁명적인 사상으로 발전할 수 있는 가능성이 있었던 것이다. 그러나 마루야마의 해석에 따르면 봉건사회의 시대적 한계와 일본적인 특수성으로 말미암아 그런 가능성은 외부로 표출되지 못하고, 안으로 침전해 봉건사회의 내재적 가치를 잠식했다. 그리하여 이는 쇼오키로 하여금 봉건사회의 제반 제도를 부정하는 결과를 낳았고, 노리나가로 하여금 정치권력과는 별도의 내면적 가치를 불가침의 영역으로 형성토록 했다. 마루야마에 따르면, 이 모두는 소라이적 작위로부터 비롯된 근대의 맹아다. 그 후 개국은 이런 맹아를 싹 틔울 수 있도록 하는 사회경제적 조건을 마련했으며 이것이 메이지 시대의 자유 민권 운동으로, 다이쇼 데모크라시로 이어졌다는 것이다.

그러나 이는 어디까지나 마루야마의 해석일 뿐이다. 단적으로 '성인이 한번 만든 예악·제도라도 수백 년이 지나면 반드시 폐단이 생기게 마련'이라는 소라이의 언급은, "자연의 동일성"(또는 불변성)에 대한 "역사의 변화성"(또는 가변성)이란 "무기를 들고 주자학에 다가섰다"고 읽히기보다는, 많은 유학자들이 그랬듯이 예악·제도는 시간이 지남에 따라 폐단이 생기게 마련이며, 그때마다 이를 반복해서 경장更張해야 한다는 순환사관으로 읽힐 소지가 있다. 하지만 여기서 우리가 일단 주목해야 할 점은 마루야마가 초학문적 동기에서 구성하고 있는 일본 역사의 필연적 진행 과정, 그것의 합법칙성이다. 마루야마 마사오가 말하고 싶었던 것은 일본의 근대가 서구 문명의 도래로부터 부과된 것이 아닌 일본 역사의 내재성이 발현된 결과이며, 서구 문명의 도래는 그런 내재성이 발현되도록 한, 결정적인 그러나 촉발적인 계기였다는 점이다. 즉 집필 당시의 일본 파시즘 체제는 그런 필연을 거스르는 일탈이며 역행이라는 견해를 피력하고자 했던 것이다. 그가 존왕양이 사상의 근원이 되며, 천황 절대주의의 근간이 되었을 고쿠가쿠를 조명한 데에도 이런 의도가 개입되었을 가능성이 크다. 그는 고쿠가쿠사國學者 중의 하나인 노리나가를 통해 고쿠가쿠가 욕망의 전통적 규범으로부터의 해방이라는 측면에서 근대를 예비하는 사상이었다는 점은 인정하지만, 다른 한편 존왕양이 또는 천황 절대주의가 고쿠가쿠와 관련성이 있다는 혐의는 가급적 피하고자 했던 것 같다. '일본 혼', '일본 정신'이라는 기치 아래, 근대를 서구 침략의 산물로, 다이쇼 데모크라시를 잠시 동안의 일탈로 규정했을 법한 일본 파시즘 집권자들에 대한 나름의 저항이었던 것이다.

마루야마 마사오의 소라이와 노리나가에 대한 해석의 문제, 그리고 그 해석이 일본 파시즘의 논리적 귀결을 거부할 수 있다는 것에 대해

그렇지만 마루야마 마사오의 이런 시도가 성공했는가에 대해서는 논란의 여지가 있다. 다시 말해, 소라이와 노리나가에 대한 마루야마의 해석을 일본 파시즘 형성의 논리, 그것의 필연적 형성을 예언하는 것으로 볼 수 있는 개연성 역시 열려 있다.

소라이와 노리나가에게서 공통적으로 발견되는 것은 현실의 정치적 지배자가 평가 대상이 되지 않는다는 것이다. 소라이는 "리理로 성인을 헤아리는 것을 모독冒瀆"으로 여긴다(408). 노리나가는 현실의 정치 질서는 "신께서 하시는 일"로 아랫사람은 자신의 호오를 따지지 말고, 정치적 지배자에게 순응하며 살아야 한다고 주장한다(408-409). 마루야마는 이런 점이 역설적으로 근대를 함의하고 있는 것이라고 나름대로 설득력 있게 해석하고 있다.

앞에서도 인용했듯이, 마루야마는 소라이를 일본의 홉스Thomas Hobbes로 평가하는 듯한 구절을 여러 곳에서 언급하고 있다. 홉스가 『리바이어던』에서 절대군주에게 그랬던 것처럼, 소라이 역시 성인에게 절대권을 부여했고 이것은 결국 중앙집권적 근대국가라는 귀결을 낳았다는 것이다. 또한 홉스의 이론이 그 내부에 역설적으로 자유주의를 함의했으며 이것이 로크와 루소의 사회계약론으로 이어진 것처럼, 소라이의 사상도 일본의 근세사에서 비슷한 궤적을 보여 주고 있었다는 것이다. 그러나 과연 그런

가? 홉스의 『리바이어던』은 자기보존의 욕구를 가지고 있는 개인들이 자신들의 안전을 위해 개개인에게 분산된 힘을 주권자에게 양도함으로써 출현한다. 이를 세이빈George Sabine과 솔슨Thomas L. Thorson은 다음과 같이 평가한다.

> 홉스의 철학을 당대에 가장 혁명적인 이론으로 만든 것은 다름 아닌 이 명백한 개인주의였다. …… 국가는 국가가 행하는 바가 훌륭하다는 유용성의 차원으로 전락하며, 그나마도 개인의 안전을 지켜 주는 종복에 불과하게 된다. …… 계약의 이행은 그 불이행을 응징할 효율적인 정부가 존재할 때만 합리적인 기대가 가능하다(세이빈·솔슨 2002, 708).

필자들은 소라이가 홉스의 도식을 그대로 답습했어야 한다고 주장하는 것은 결코 아니다. 그러나 마루야마가 주장했던 것처럼, 역설은 그 역설을 현실화할 수 있는 순조로운 역사적·이론적 계기가 존재할 때 발생한다. 분명 홉스의 이론이 전개된 역사적 맥락에는 이처럼 순조로운 계기가 존재했다. 그러나 소라이에게서는 그런 계기를 발견하기 어렵다는 것이 필자들의 판단이다.

소라이와 홉스의 사상을 거시적인 관점에서 거칠게 비교해 볼 때, 소라이에게 민民은 계약의 당사자가 아니라 성인이 작위를 통해 만든 제도를 수용해야 하는 피동적인 대상일 뿐이다. 소라이에게 성인이 작위를 통해 만든 제도는 홉스에게서처럼 유용성에 따라서만 평가되어지지 않는다. 그것은 분명히 유용성 여부를 떠나 지켜져야 하는 당위적 규범의 측면이 강하다고 할 수 있다. 또한 소라이의 성인은 홉스의 주권자처럼 개인들의 안전보장이라는 유용성을 위해서 요청된 존재도 아니다. 그리고 "성인은 배워서 이를 수" 없는 경지로서 '날 때부터 아는'生而知之 자다(341). 성인은 이미 지배자로서의 자질과 능력을 민과의 관계를 초월해서 실체적으로 보유한 존재인 것이다. 무엇보다 그는 자기 행위에 대한 타인의 평가를 초월한 존재다.

　물론 위에서 필자들이 언급한 것처럼, 소라이의 논리 내에서도 홉스적인 근대적 주권자의 계기나 징후를 탐색할 수 있는 것은 사실이다. 그러나 이는 후세의 해석에 따라 현재화顯在化될 수도 있고, 현재화되지 않을 수도 있는 계기다. 마루야마의 소라이에 대한 해석 방식을 따르면, 맹자 역시 근대를 예비한 셈이라고 읽을 수 있다. 그는 정치적 지배자의 교체를 직접적으로 요구했기 때문이다. 심지어 맹자뿐만 아니라 주자학을 포함한 유교 자체가 근대적인 사상으로 평가될 수 있을 것이다. 공자에서 맹자로, 그리고 한당 유학을 거쳐 주자학으로 이어지는 유교의 역사는 군주의 권력을 '평가의 영역'으로 끌어들이고자 했던 역사다. 어찌 보면 주자학의 자연주의가 애초에 의도한 바 역시 여기에 있을 수 있다. 인격을 초월한 원리를 설정함으로써, 군주의 인격적 지배를 보편적인 원리를 통해 규제하고자 했던 것이다. 요컨대 소라이의 사상에서 게젤샤프트를 지향하는 역설을 순조롭게 현실화할 수 있는 계기가 발견되지 않는 한, 마루야마 마사오의 해석은 미완의 상태로 남아 있을 뿐이다.

　이와 달리 마루야마 마사오가 일본의 캘빈으로 지목하는 노리나가에게서는 일본 파시즘의 맹아를 읽어 낼 수 있다. 토마스주의, 캘빈주의 및 데카르트가 모두 신의 절대적 주권성을 강조했지만(365-366), 그렇다고 현실의 정치 지배자를 신과 마찬가지로 작위(또는 작위적 질서 사상)의 절대적 주체로 파악한 것은 결코 아니었다. 그러나 노리나가의 문제는 그의 신이 곧 아마테라스 여신의 후예인 천황을 상정하는 것일 수 있다는 점이었다. 즉 캘빈의 신이 가진 절대주권은 현실의 통치자에게 분급되지 않는 반면, 노리나가의 신이 가진 절대적 주권은 천황 한 사람에게 양도·집중될 가능성이 높은 것이다. 요컨대 노리나가 사상에는 일본 파시즘 형성의 경로와 일치할 수 있는 계기가 분명히 존재한 것이다.

이처럼 단편적인 해석을 종합해 볼 때, 소라이에서 노리나가까지의 사상적 흐름은 마루야마의 해석과 논리적으로 전혀 다른 방향으로 귀결될 수도 있다. 먼저 소라이의 성인은 쇼군이 아닌 천황으로 대체된다. 천황은 일본의 제도를 작위하는 주체이지만 평가의 대상은 아니다. 제도는 시대의 변천에 따라 폐단을 일으킬 수 있다. 그런데 이 지점에서 노리나가식의 논리가 추가된다면 소라이가 가지고 있던 최소한의 상대적 진보성마저 사라진다. 일본의 신들은 신의 길을 제정해서 일본인들을 평온하고 즐겁게 살도록 해주었다. 천황은 일본 조상신의 후예로서 곧 신이다. 그러므로 천황은 평가받을 수 있는 존재도 아니며 교체될 수도 없다. 천황은 쇼군에게 부여했던 권력을 그의 잘못을 이유로 신의 명령을 통해 회수했다. 과거 일본은 신의 길을 상실했기 때문이다. 이제 천황은 신의 길을 계승한 체현자로서 신의 길을 회복해야 한다. 그리고 소라이와 노리나가가 주장했던 것처럼 아랫사람은 자신의 호오를 떠나 천황에게 순순히 복종해야 한다.

이와 같이 마루야마 마사오가 인용하고 해석한 소라이와 노리나가의 언술들의 일부를 약간의 가필을 통해 변형시키면 '일본 혼', '동양 정신', '근대의 초극', '팔굉위우'八紘爲宇, '천업회홍'天業恢興 등을 구호로 내세웠던 일본 파시즘의 논리적 근거가 어렵지 않게 도출된다. 물론 마루야마의 논리와 필자들의 잠정적 해석 모두 진실성을 검증하기 힘든 관념적인 구성물이다. 즉 소라이의 작위가 메이지유신과 자유 민권 운동의 기원이 되었다는 마루야마의 주장이나 아니면 소라이의 작위가 존왕양이尊王攘夷 운동이 지닌 종교성과 일본 파시즘의 기원이 되었다는 필자들의 잠정적 해석 모두 실증적 증거를 통해 뒷받침하기 어렵다. 그러나 자유 민권 운동가 대부분이 후일 국가주의로 어렵지 않게 '귀순'했던 역사적 사례를 고려한다면, 소라이와 노리나가의 논리가 일본 파시즘을 향한 계기를 예비하고 있었다는 필자들의 주장은 마루야마의 해석보다는 더 설득력이 있는 역사적 타당성을 획득할 수 있다. 바로 이런 해석의 가능성이 열려 있다는 점을 깨달

았기 때문에, 만년晚年의 마루야마는 「쇼와 천황에 대한 회상」(1989)에서 전시의 입장을 바꿔, "천황제가 일본인의 자유로운 인격 형성……에 치명적인 장애물이라는 결론"에 이르러 근대 천황제에 대해 "중학 시절부터 가져온 믿음에 마침표를 찍었다"고 술회했을 법도 하다(나카노 2005, 178에서 재인용). 이 구절을 통해 마루야마가 『일본정치사상사연구』에 제시된 소라이와 노리나가에 대한 자신의 해석에 문제가 있다는 점을 실토했다고 보는 것은 무리일까?[14]

14_마지막으로 전통과 근대를 분별하는 통념적인 이분법인 "자연=전근대" 대 "작위=근대"라는 도식의 문제를 철학적인 관점에서 비판적으로 검토할 수 있겠지만, 여기서는 그 논의를 생략하겠다. 마루야마를 비롯해 많은 서구의 근대 철학자들이 근대를 "기계론적 자연관의 등장과 자유의 존재로서의 인간의 자기 이해의 시작으로 빚어진 상황"으로 이해하는 전통적 통념에 대해 강영안은, 그와 반대로 "자연 개념을 토대로 인간과 신과 자연을 연속적인 계열에서 이해해 보고자 한 스피노자, 자연과 자유의 이분법을 통해 근대 자연과학의 정당성을 수용하면서 동시에 도덕성을 확보하고자 한 칸트, 그리고 칸트와 스피노자를 거쳐 독특한 방식으로 자아와 자연의 관계를 존재론적 연속성에서 통합한 셸링의 철학"을 제시하고 있다(강영안 1998, 10, 12). 이에 따르면 '자연'과 '작위'(또는 '자유')를 단순히 대립적으로 파악하는 마루야마의 입장은 일원론적이고 경직된 이분법에 빠진 것이라 비판받을 수 있다. 서구 근대 철학자들이 '자연'과 '자유' 개념에 대해 가지고 있었던 다양한 입장에 대한 강영안의 설명은, '근대성'이 마루야마가 상정한 것처럼 단일하지 않다는 (뒤에 나오는) 필자들의 주장을 뒷받침한다.

4. 마루야마 마사오와 후쿠자와 유키치 사상의 비교

단선적 진보사관

마루야마 마사오나 후쿠자와 유키치 모두 근대 서구 문명의 진보사관에 따라 '단일의 근대성'과 근대성에 이르는 '단일한 경로'가 있다는 가정을 수용한다. 그 결과 후쿠자와는 서구 문명을 보편 문명으로 상정하고 일본의 근대화를 '서구화'의 방향에서 추진하고자 했고, 마루야마는 1940년대의 시점에서 일본의 근대화가 중국과 달리 어느 정도 성공적으로 진척되었고, 근대성의 특징이 '작위(=자유)의 발견'에 있다는 전제하에, 일본 정치사상사에 대한 해석을 통해 '작위 개념의 출현'을 추적했다. 그러나 우리는 일본, 한국 등을 포함한 비서구 국가들의 근대성이 어느 정도 모습을 갖춘 20세기 말의 역사적 현실을 목도하면서, 특히 1970년대부터 강력하게 등장한 탈근대주의post-modernism나 탈구조주의post-structuralism의 관점에 서서 볼 때, '근대성'이 단일하지 않고 다원적인 모습을 띠고 있으며 (설령 단일하다 할지라도) 근대성에 이르는 경로 역시 다양하다는 점을 점차 깨닫고 있다.[15] 이 점에서 후쿠자와나 마루야마는 19세기 후반과 20세기 중반의 활동가이자 사상가로서 당대의 시대적 한계에 갇혀 있었다고 볼 수 있다. 따라서 계몽주의의 산물인 단선적 진보사관에 입각한 후쿠자와의 근대화 주장이나 마루야마의 일본 정치사상사에 대한 해석은 근본적인 재검토를 요한다.

---

[15] 필자들의 이런 지적이 탈근대주의와 탈구조주의의 입장을 취하지 않으면서도 근대성의 다양성과 다원성을 인정할 수 있는 입장을 배제하는 것은 물론 아니다.

따라서 이하에서는 마루야마와 후쿠자와의 사상을 비교하면서 양자에서 발견되는 공통점과 미묘한 차별점을 서구중심주의와 일본중심주의 및 일본 파시즘을 중심으로 논하고자 한다. 이 4절의 논의는 필자들이 현재 상태에서 갖고 있는 기본적인 아이디어의 개요만을 거칠게 제시한 데 불과하다. 향후 추가적인 작업을 통해서 치밀한 보완 작업이 필요할 것이라는 점을 미리 밝혀 두고자 한다.

서구중심주의와 일본(중심)주의 그리고 탈아입구脫亞入歐

콜럼버스Christopher Columbus의 아메리카 발견 이래 서구 문명의 전 세계적 팽창을 뒷받침한 것은 물리적 권력과 문화적 권력이라 할 수 있다. 그 문화적 권력을 필자들은 서구중심주의로 파악한 바 있다. 서구중심주의는 '서구 문명의 최고성', '서구 문명의 보편성' 및 '문명화/근대화/전지구화'라는 세 가지 테제로 압축된다. 또한 서구중심주의는 서구예외주의와 오리엔탈리즘의 결합물이기도 하다(강정인 2004, 제2장). 후쿠자와와 마루야마는 이런 서구중심주의를 충실히 수용해 일본의 근대화를 인식하고자 했고, 일본의 정치사상사에서 (서구적) 근대성의 맹아를 발견하고자 했다. 이 과정에서 후쿠자와와 마루야마는 일본을 중심으로 그리고 아시아(=동양)를 주변으로 하여 일본(중심)주의를 전개했다. 서구중심주의의 아류로서 아시아를 대상으로 전개된 일본중심주의 역시 일본예외주의와 일본판 오리엔탈리즘으로 구성되어 있다. 여기서 '일본예외주의'는 다른 아시아 국가들과는 달리, 그러나 서구 국가들과 마찬가지로 일본이 예외적으로 일본 역사에서 근대성의 맹아를 갖추고 있었다는 담론을 전개하는 것이고, '일본판 오리엔탈리즘'은 서구의 오리엔탈리즘을 다른 아시아 국가에 투영해 그 국가들은 그런 근대성의 필요조건을 갖추지 못하고 있었다는 담론을 구성하는 것이다. 따라서 서구중심주의의 아류로서 전개된 일본중심주의는 당연히 '아시아의 야만'을 벗어나 '유럽의 문명 상태'로 진입하고자 하는 '탈아입구'脫亞入歐의 명제를 수반하는 한편,[16] 서구 제국주의와 동일한 반열에서 아시아, 곧 '일본의 오리엔트(=동양)'에 대한 제국주의적 지배와 침략을 공공연히 정당화하거나 적어도 묵시적으로 그에 동조하게 되었다. 그리고 곧 이어 살펴볼 것처럼, 이런 탈아입구적 요소는 일본중심주의를 통해 후쿠자와에게서는 물론 일본정치사상사에 대한 마루야마의 작위적 해석에서도 면면히 계승되고 있다.

일본예외주의와 오리엔탈리즘의 합성물로서의 일본중심주의

후쿠자와와 마루야마의 일본중심주의는 한편으로는 아시아에서 예외적으로 일본만이 자율적으로 근대화를 추진할 수 있는 요소를 구비하고 있었다는 '일본예외주의'와 다른 한편으로는 주로 중국을 주된 대상으로 논

---

[16]_사토 고에츠(佐藤貢悅)는 후쿠자와의 '탈아론'(脫亞論)에서 이탈하고자 하는 것이 이른바 유교를 포함한 '아시아적인 모든 것'이 아니라 "중화 세계 제국 질서로부터의 이탈인 동시에, 이른바 서양 근대의 세계 질서(엄밀히 말하자면 웨스트파리아 체제일 것이다)에의 참가"를 의미한다는 주장을 통해 '탈아입구'의 의미를 정치적인 면에 국한해 제한적으로 해석하고자 한다(사토 2006, 306). 다시 말해 중국 문명권에 지배적인 '화이사상'(조공과 사대교린을 위주로 한 국제 질서 등)이 서구 열강과의 자유롭고 평등한 통상 교섭 및 이에 따른 동아시아 국가들의 개혁 개방을 방해하기 때문에 이에 반대하고자 했다는 것이다(사토 2006, 304-306). 사토의 이런 해석은 마루야마의 '탈아론'에 대한 이해와 유사한다(이에 대해서는 나카노 2005, 205-206 참조). 그러나 "서양 근대의 세계 질서"에 안착한 후일의 일본이 서구의 제국주의를 모방해 타이완과 조선을 병합하고 중국을 침략한 사실에 미루어 볼 때, 사토의 주장이 이 글에서 사용된 탈아입구의 의미에 영향을 미치는 것은 아니다. 그것은 중국적인 문명과 야만에 대한 관념에서 서구적인 관념으로 이행하고, 뒤이어 그 관념을 실행에 옮긴 것에 불과하기 때문이다.

의를 전개하면서 다른 아시아 국가들은 자율적으로 근대성으로 이행할 수 있는 내재적 계기를 갖추지 못했다고 주장하는 '일본판 오리엔탈리즘'으로 구성되어 있다. 물론 이런 역사관은 역사에는 '선험적'으로 보편적이고 필연적인 흐름이 있다는 기독교적인 또는 헤겔적인 목적론적 역사관에 근거한 것으로서, 근대 서구 문명으로 대표되는 근대성이 세계사의 보편적이고 필연적인 귀결이라는 가정에 입각해 있다. 또한 이런 역사관은 넓게는 계몽주의의 산물로 마르크스주의 역시 이런 가정에서 자유롭지 못하다. 그러나 인류사의 장구한 과정을 성찰해 볼 때, 필자들은 다음과 같은 입장을 취한다. 첫째, 역사에는 선험적으로 보편적이고 필연적인 흐름이 존재하지 않는다. 둘째, 역사가 보편사적으로 수렴하거나 수렴하는 것처럼 보일 때에도 그것이 내재적·논리적인 이유로 수렴하는 것은 아니다. 즉 그것은 지배적인 문명/국가/인종/민족/집단들이 권력power과 헤게모니hegemony를 통해 자신들의 중심주의를 보편적으로 관철시키려 한 노력과, 이에 대해 불리한 입장에 처해 있는 문명/국가/인종/민족/집단들이 '동화적/역전적/혼융적' 전략을 전개함으로써 귀결된 투쟁의 총화로, 부분적 또는 전체적으로 수렴하는 것이다(강정인 2004, 11장). 이런 시각을 취할 때, 우리는 동일한 근대 문명이지만 서구 문명과 일본 문명 사이에 공통적 요소와 이질적 요소가 공존한다는 점, 동일한 사회에서도 전근대적·근대적·탈근대적 요소가 혼재한다는 점, 그리고 동일하게 전근대 문명으로 호칭되지만, 서구의 봉건사회와 아시아의 전통사회 사이에도 공통적 요소와 이질적 요소가 공존한다는 점을 쉽게 납득할 수 있다.

    그러나 후쿠자와와 마루야마는 서구중심주의의 근저에 흐르는 단선적인 진보사관에서 벗어나지 못하는 시대적 한계에 갇혀 일본중심주의를 전개하고 있다. 물론 메이지유신 이후 근대화의 길목에서 제시된 후쿠자와의 일본중심주의와 근대화가 어느 정도 성공적으로 진척된 이후 전개된 마루야마의 일본중심주의 사이에는 미묘한 차이가 있다. 그러나 근본적인 측면에서 양자는 일본중심주의를 공유하고 있기 때문에, 우리는 후쿠자와를 '메이지 시대의 마루야마'로, (『일본정치사상사연구』를 집필한 시점에서의) 마루야마를 '1940년대의 후쿠자와'로 비유해도 무방할 것이다. 그렇다면 양자 사이에는 어떤 차이가 있는가?

먼저 사상가思想史家라기보다는 문필 활동을 통해 근대화의 문턱에서 서구 문명을 보편 문명으로 삼아 근대화의 필요성을 역설했던 후쿠자와는 일본의 사상사를 심층적으로 재해석해 일본 역사에 근대성의 맹아가 예비되어 있었다는 체계적인 주장을 내놓을 지적·시간적 여유가 없었다. 따라서 후쿠자와는 근대성의 핵심이 무엇보다도 자유의 정신이며, 따라서 자율적인 개인을 그 필요조건으로 요구한다는 점에 착안해 저 유명한 "일신독립, 일국독립"이라는 테제를 주장했다. 그러고 나서 그는 일본 역사에 자유의 기풍이 있었다는 점을 발견하려고 고심했다. 그 결과 후쿠자와는 비록 아시아 문명은 유럽 문명에 비해 자유의 기풍이 약하다는 점을 시인하기는 했지만, 중국과 일본을 비교하면서, 중국에서는 황제의 독재 지배를 통해 "지존至尊의 지위와 지강至强의 힘"이 일사불란하게 결합되어 자유의 공간이 들어설 수 없었던 데 반해, 중세 일본에서는 지존(=천황)과 지강(=쇼군)이 분립되어 힘의 독점이 붕괴되었고, 그 결과 그 사이에 "한 가닥의 이성理性"이 끼어들 수 있었으며, 따라서 "자유의 기풍"이 생기지 않을 수 없었다는 일본예외주의를 전개했다(후쿠자와 1989, 29-32).

후쿠자와의 이런 해석은 매우 기발한 착상이라 할 수 있지만, 프랑스의 역사가이자 정치가인 기조François Guizot가 저술한 『유럽 문명의 일반사』 *A General History of Civilization in Europe*에서 영향을 받은 바가 크다. 기조는 그 책에서 유럽의 중세에서 자유의 정신이 출현하게 된 원인을 교권(=교황)과 속권(=세속적 군주)의 대립에서 찾았고, 이는 서구 사상사에서 한동안 통설로 인정받아 왔기 때문이다. 따라서 후쿠자와 역시 이런 식의 해석을 통해 일본예외주의를 정립한 후, 일본의 역사를 검토해 (중국에서 건너온) 전통 시대의 불교는 물론 유학도 일본인들의 자유를 억압해 왔다고 신랄하게 비판하고, 근대화를 추진함에 있어서 이들은 대안적인 사상적 자원이 될 수 없다고 주장했다. 특히 후쿠자와는 도쿠가와 시대의 엄격한 신분제도를 포함해 유학의 해독을 극력 비판했다(후쿠자와 1989, 182-192). 그는 『문명론의 개략』 도처에서 유학의 원산지인 중국 문명을 오리엔탈리즘의 입장에서 노골적으로 비판하고 있는데, 이 역시 유교에 대한 그의 전면적 비판과 맥을 같이한다고 할 수 있다.

그렇다면 마루야마 마사오는 어떤가? 사상적으로 훨씬 성숙한 시대에 살았던 마루야마는 노골적인 오리엔탈리즘에 입각한, 중국에 대한 직접적 비판을 자제하는 세련됨을 보여 주고 있다. 그러나 누구나 쉽게 포착할 수 있듯이, 『일본정치사상사연구』의 제1장 1절이 '중국 역사의 정체성停滯性과 유교'로 시작한다는 점은 의미심장하다. 거기서 마루야마는 중국 문명의 정체성에 대한 헤겔의 유명한 논의를 인용하고 있다(108-109). 이처럼 마루야마는 중국 문명을 직접적으로 비판하기보다는 서구의 저명한 철학자인 헤겔을 인용함으로써 중국 역사의 정체성을 규정한 후 "중국 제국과 마찬가지로 중국학계도 참된 사상적 대립을 경험하지 못했다"고 짧게 언급한다(109).

물론 중국에 대한 정체성 사관만으로는 근대화에 대한 일본의 성공을 설명하지 못한다. 따라서 앞에서도 논의한 것처럼, 마루야마는 일본의 사상사에서 일본으로 하여금 아시아에서 유일하게 근대화에 성공하게 한 요소를 찾아야 한다는 과제를 스스로에게 부과한다. 아마 마루야마는 후쿠자와가 일본의 에도시대에 존재했던 이른바 '지존과 지강의 분립'으로부터 도출한 '자유의 정신'을 근대성의 맹아로 보기에는 너무 단순하고 거칠다고 생각했음이 분명하다. 그것은 다음의 두 가지 이유에서 그렇다. 첫째, 중세 서구 문명의 경우 교권과 속권의 대립에서 자유의 정신이 탄생했다는 기조의 주장을 받아들인다 할지라도, 서구에서의 교권과 속권의 대립은 치열하고 팽팽했으며, 교황은 실질적으로 보편적인 가치와 권위를 표상하고 있었던 데 반해, 일본 역사에서 천황은 신화적인 가치 이외에는 보편적인 가치와 권위를 표상하지 못했기 때문에 사실상 유명무실했으며, 그 결과 지존과 지강의 '허구적' 대립에서 자유의 정신이 배양되어 왔다는 (기조의 논의를 서투르게 흉내 낸) 후쿠자와의 논리는 다분히 억지스럽기 때문이다. 그런 논리는 도쿠가와 시대에 지존과 지강의 실질적인 갈등과 대립이 없었다는 역사적 사실에 의해 쉽게 무너진다. 두 번째로 후쿠자와는 중국은 황제의 독재에 의해 지존과 지강이 일체로 결합되어 있어 자유의 정신이 싹틀 수 없었다고 주장하지만, 유학이나 주자학은 천명, 천도, 천리 개념을 통해 세속적 권력을 초월한 일종의 자연법적 원리에 기초해 세속적인 군주의 권력을 비판할 수 있는 이론적 공간을 확보할 수 있었다. 중국과 조선의 역사는 이 점을 역력히 보여 주었으며, 이 점에서 유학적 소양을 갖춘 지배계급은 군주의 권력에 대항하는 자유의 공간을 가지고 있었다고 할 수 있다.

마루야마 역시 이 점을 깨닫고 있었으리라 판단된다. 그러나 중국이나 조선의 유학자들과는 달리 도쿠가와 막부 시기 일본의 유학자들은 다이묘大名나 막부幕府에 대해 유교적 원리에 따라 충성 또는 반대하기보다는 일종의 무사 정신에 입각해 거의 일신적이고 절대적인 충성을 바쳐 왔다. 그렇기 때문에 마루야마는 일본 유학에서 자유의 공간을 다른 방식으로 찾을 수밖에 없었는데, 궁극적으로 이를 중국 유학에 대한 일본 유학자들의 다소 '민족주의적인 비판 및 반발'과 '원리보다는 작위를 강조하는 경향'에서 발견했던 것이다. 따라서 마루야마는 후쿠자와처럼 동아시아의 유학을 근대화에 방해가 되는 전통이라는 이유로 전면적으로 기각하기보다는, 일본 유학과 중국 유학을 차별화하고, 도쿠가와 시대 일본의 유학과 국학이 발전시키기 시작한 중국 유학과의 차별성에서 근대성의 맹아를 찾는 좀 더 정교한 해석론을 전개했다. 이는 유럽 근대사의 전개 과정을 가톨릭이 봉건성을 대표하고, 프로테스탄트가 근대성을 대표하는 것으로 해석한 것과 놀랄 만큼 유사하다. 우리는 마루야마의 이런 해석론에서 그의 탁월성을 발견할 수 있으며 후쿠자와보다 훨씬 진일보한 일본중심주의의 세련된 전개를 확인할 수 있다.

5. 맺는말:
초국가주의, 곧 일본 파시즘은 근대성의 일탈인가?

마루야마는 『일본정치사상사연구』의 "저자 후기"에서 책에 수록된 논문이 집필된 전시戰時의 상황을 염두에 두고 "근대적 요소의 성숙"에 주목하는 것이 당시 근대 초극론자들에 의해 제시된 "파시즘적 역사학"에 저항하는 "필사적 거점"이었다고 밝히고 있다(84). 이런 집필 동기가 시사하는 것처럼, 마루야마는 일본의 파시즘 또는 초국가주의를 근대성의 일탈, 곧 병리적인 유형으로 보는 듯하다. 그리고 이런 가정에 근거해, 마루야마는 전시 초국가주의 체제와 전후 민주주의, 곧 전시 동원과 전후 계몽을 단절적 계기로 파악한다고 판단할 수 있다. 그러나 필자들은 파시즘을 '일탈적 근대'로 파악하는 마루야마의 입장에 대해 다분히 회의적이다. 나카노 도시오 역시 마루야마의 "근대적 요소에 대한 옹호를 곧 파시즘에 대한 대항으로 받아들이려면, '근대'와 '파시즘'이 범주적으로 대립한다고 보는 인식이 전제"되어야 하는데, 오히려 마루야마는 자신이 학생시절에 쓴 논문인 "정치학에서 국가의 개념"에서 "근대적 시민사회야말로 그 '전환' 끝에 파시즘 독재에 봉사하는 사유형식을 낳는다"는 주장을 통해 "파시즘을 '근대적인 것'의 극한"에 두었다고 지적한다(나카노 2005, 110).[17]

이와 관련해 우리는 존 로크와 존 스튜어트 밀 등 자유주의자들은 물론 헤겔의 『정신현상학』이나 『역사철학』에서도 분명히 드러나 있듯이, 유럽에서 계몽주의의 이상이 식민주의와 제국주의를 그 이면으로 내포하고 있었다는 사상사적 측면에 주목할 필요가 있다. 이렇게 거시적인 시각에서 볼 때, 우리는 파시즘과 나치즘의 출현 및 그로 인한 제2차 세계대전을 유럽 계몽주의 이상으로부터의 일탈이 아니라, 제1차 세계대전의 패배로 해외의 식민지를 박탈당한 국가들이 자국에 도입한 유럽적 식민주의의 일환으로 해석하는 견해에 더 공감하게 된다(Young 1990, 8). 프랑크푸르트학파인 호르크하이머Max Horkheimer와 아도르노Theodore W. Adorno가 『계몽의 변증법』Dielectic of Enlightenment에서 독일을 비롯한 서구 문명이 제국주의는 물론 파시즘이나 나치즘이라는 광기에 휘말리게 된 원인을 계몽주의와 더불어 본격적으로 전개되기 시작한 '도구적 이성'에서 발견하고, 유럽의 근대와 계몽주의에 전면적인 비판을 가한 것은 바로 이런 시각에 입각한 것이었다.

그러나 마루야마는 메이지 전반기에는 사상적으로 "개인주의와 국가주의, 국가주의와 국제주의"가 건강하고 훌륭하게 균형을 이루고 있었던 데 반해, 1930~40년대에 이르면 이런 "훌륭한 균형"이 깨어지고 "'황국'의 사명론과 일본 군국주의의 무한한 도덕적 미화라는 근본적으로 다른 정신적 태도"가 나타나고 있다고 지적하면서도, 일본의 초국가주의에서 드러난 이처럼 대조적인 정신적 태도에 대해 철저하게 규명하기보다는, 이를 단순히 '근대성의 일탈' 또는 '일시적인 탈선' 정도로 치부하고 있다(나카노 2005, 203-209). 이로 인해 마루야마의 사유 구조에는 19세기 말부터 20세

17_이어서 나카노는 왜 마루야마 사상에서 그런 변화가 일어났는가를 추적하면서 마루야마 사상의 모순성을 비판적으로 검토하고 있다(나카노 2005, 110-112).

기 초에 걸쳐 일본 제국주의가 타이완과 조선을 병합해 식민지화한 역사적 사실 그리고 그런 역사의 연장선상에서 중일전쟁과 태평양전쟁을 이해해야 한다는 인식 — 한국인이나 중국인에게는 너무나 상식적인 인식 — 이 결여되어 있다.

필자들은 또한 『일본정치사상사연구』의 제1장에 수록된 논문인 「근세 일본 유교의 발전에 있어서 소라이가쿠의 특질 및 고쿠가쿠와의 관련성」이라는 논문이 원래 중일전쟁이 한창이던 무렵에 집필되었고, 그 논문의 모두에서 마루야마가 '중국 역사의 정체성'을 언급하고 있다는 의미심장한 사실을 상기시키고 싶다. 이 점에서 필자들은 마루야마가 『일본정치사상사연구』 등 사상사에 관한 저술을 통해 일본 파시즘의 총력전 체제에는 반대했는지 모르지만, 전전 일본의 제국주의와 식민주의에 묵시적으로 동조하고 있었다는 느낌을 떨치기 어렵다. 아울러 만약 마루야마가 사상사적으로 일본의 초국가주의에 대한 근본적이고 철저한 해명을 시도하고자 했다면, 이 글의 3절에서 이미 지적했듯이, 에도시대 오규 소라이 등이 제시한 '자연에 대한 작위의 우위' 및 '작위의 주체로서 성인과 선왕이라는 절대적인 인격적 존재의 상정'이라는 근대성의 맹아적 요소에 대한 치열한 비판을 감행했어야 할 것이다. 이 두 요소야말로 천황제와 일본 파시즘의 절묘한 결합을 가능케 한 필수적 요소였을 법하기 때문이다.

그러나 이런 비판은 두 가지 점에서 마루야마로서는 스스로 떠맡기 어려운 작업이었으리라 생각된다. 첫째, 그는 스스로 유럽의 절대군주제에 상응한다고 해석한 일군 만민의 천황제가 메이지 일본의 근대화에 긍정적이고 필수적인 기능을 수행해 왔다고 믿었고, 둘째, 이런 비판은 사실상 『일본정치사상사연구』에서 자신이 제기한 가장 독창적인 해석, 곧 근대성의 표상으로서 '자연에 대한 작위의 우위' 테제를 근본적으로 붕괴시킬 것이기 때문이다. 이는 일본중심주의에 깊이 몰입되어 있던 마루야마에게는 감당하기 어려운 작업이었음이 분명하다.

| 책을 내고 나서 |

넘나듦通涉의 정치사상

하나의 여정

책을 내고 나니 '책을 내는 것이 궁극적으로 어떤 의미를 갖는가'라는 근원적 물음부터 시작해서 만감이 교차한다. 그렇지만 또 하나의 새로운 시작을 위해 이제 이 책에 작별을 고해야 한다. 다만 책의 제목을 '넘나듦通涉의 정치사상'으로 정한 것에 대한 개인적인 설명과 함께 그런 생각이 발아하고 숙성해 온 학문적 여정을 간략히 회고하면서 착잡한 마음을 정리하고자 한다.

1.

중학교 시절 영어 공부를 하다가 "구르는 돌에는 이끼가 끼지 않는다"A rolling stone gathers no moss라는 잘 알려진 영어 속담을 접하게 되었다. 당시에는 '여기저기 옮겨 다니는 사람은 돈을 벌지 못한다'(또는 돈, 재산, 친구를 모으지 못한다)는 부정적인 뜻으로, 곧 긍정적인 표현으로 바꾸면 우리 속담으로 '한 우물을 파라'는 뜻으로 배웠다. 그러나 '이끼'라는 것은 습기 찬 곳에서 자라는 다소 음습한 식물이자, 어쩌다 밟으면 발을 미끄러뜨리는 위험한 존재로 생각한 필자로서는 '이끼가 안 끼는 게 좋은 것 아냐?'하고 반문하면서 그런 해석이 잘 받아들여지지 않았다. 더욱이 집이나 성벽, 담 등 인간이 지은 건조물이 낡고 제대로 관리되지 않을 때 이끼가 끼기 때문에 그런 해석에 왠지 거부감을 느꼈다. '끼다'는 표현도 먼지, 성에, 때 등 부정적인 것이 쌓일 때 자주 쓰는 표현이기 때문에, 더욱 그러했다.

    그러나 속담의 뜻을 배운 대로 받아들임에 따라 막연하게나마, 영어에서는 '이끼'가 긍정적인 가치를 지닌 어떤 성과물을 의미하나 보다하고 그 함의를 달리 생각할 수밖에 없었다. 그러다가 공해가 심해진 오늘날, 산성비가 많이 내리면서 계곡이나 습기 찬 곳 등 으레 이끼가 끼어야 할 곳에 이끼가 생기지 않는다는 말을 듣고, '건강한 생태계에는 당연히 이끼가 있어야 하는구나'라는 생각과 함께 이끼를 긍정적인 식물이자 상징으로 받아들이게 되었다. 사실 우리가 '끼다'라고 해석하는 영어의 '개더'gather가 본래 '모으다'라는 뜻이라는 점을 상기하고, '구르는 돌은 이끼를 모으지 못한다'라고 해석을 바꾸어 보았더라면, '모으다'라는 단어의 다소 긍정적인 함의에 편승해 이끼 역시 좋은 것일 수 있다는 점을 쉽게 받아들였을 법도 하다. 보통 좋은 것을 모으지, 나쁜 것을 모은다는 말은 잘 쓰지 않기 때문이다.

    그렇지만 나이가 들어서도 '구르는 돌에는 이끼가 끼지 않는다'는 영어 속담을, 위에서 언급한 학습 효과에도 불구하고, 긍정적인 의미로 받아들이려는 생각의 습성이 여전히 잔존해 있었다. 그리고 이 책은 이런 습성을 반영한 공부 습관의 산물이라 할 수 있다. 다시 말해 필자는 1979년 정치학을 처음 공부하러 미국으로 유학을 떠난 이래 정치학, 특히 정치사상을 공부해 온 지난 34년 동안 '이곳저곳 많이 돌아다녀 보면, 타성에 젖지 않고 고정관념에 빠져들지 않는다'는 생각에서 정치학의 여러 분야를 공부하는 것을 즐겨 했고, 또 정치사상 분야 내에서도 한 영역에 머무르지 않고 '이곳저곳 돌아다니면서' 배우는 것을 좋아했다.

따라서 정치사상은 물론 미국 정치학의 주요 분야인 비교정치학 및 국제정치학을 두루 공부했고, 동아시아는 물론 라틴아메리카 지역 정치 관련 과목 등도 수강했다. 박사 학위 자격시험 역시 정치사상, 비교정치 및 국제정치 세 분야를 선택해서 치렀다. 정치학을 공부한다면 당연히 굵직한 분야를 널리 섭렵해야 한다고 믿었기 때문이다. 후일의 사후적 해석이 덧붙여진 것이긴 하지만, 한국이라는 분단국이자 약소국 출신의 학자로서 국제정치학에 대한 이해는 필수라고 생각했다. 나아가 비서구권 출신의 학생으로서 주로 비서구권 국가의 정치를 다루는 비교정치학 분야를 소홀히 할 수 없었다. 특히 미국에서 정치사상을 공부하면서 당연히 '서양' 정치사상을 전공할 수밖에 없었지만, 비교정치학 공부는 적어도 소재의 측면에서 제3세계 출신의 정치학도로서 정체성의 주요한 표지이기도 했다. 더욱이 정치사상 연구 역시 수많은 국민국가들의 다양한 역사와 전통 및 복잡한 현대 정치의 양상 등 국가별 차이를 염두에 두고 반영하는 비교정치학적인 시각을 유지할 때 비로소 맹목적으로 보편적인 사상이나 이론에 매몰되는 것을 방지할 수 있을 것이라고, 또 연구 대상인 정치 공동체를 고립된 단위로 설정해 이론화할 것이 아니라 그 공동체가 위치하고 있는 세계에 대한 국제관계적이고 전 지구적인 시각에서 조망해야 한다고 믿었다.

이런 공부 습관과 관련해서 흥미로운 일화가 하나 있다. 지금은 이미 25년이 넘은 얘기지만, 미국에서 박사 학위 논문을 마무리하는 단계에서 국내 어느 대학의 정치사상 분야 교수직 채용에 지원한 적이 있는데, 제출된 필자의 논문을 검토한 해당 학과의 정치사상 전공 교수는 그 논문이 정치사상 분야의 논문이 아니라고 주장하면서 지원 자격(전공 자체)을 정면으로 문제 삼았다. 물론 그런 언행의 배후에 모종의 동기가 개입되어 있었겠지만, 일단 그 명분에만 초점을 맞춘다면 그분의 주장이 전혀 일리가 없는 것은 아니었다. 그 논문은 '정치 참여란 무엇인가'라는 문제의식을 갖고 '정치 참여의 의미, 개념 및 형식'을 정치사상적 관점에서 검토한 것이었다. 따라서 논문의 초반에서 서양 근대 정치사상가를 몇 명 검토해 정치 참여의 개념을 분석한 후에는 주제를 확장해, 현대 민주정치 일반과 관련해 정치 참여의 의미, 개념 및 형식을 탐구했다. 또한 다양한 시각에서 정치 참여(나아가 정치 불참, 정치적 무관심, 정치적 동원, 정치적 소외 등)란 무엇인가를 논의하는 과정에서, 당시 미국 비교정치학계에서 유행하던 근대화 이론에 내재한 정치 참여 개념을 비판적으로 검토했다. 그리고 근대화 이론이 '위로부터의 근대화'를 추진하는 엘리트를 중요시하다 보니, 대중을 사실상 자발적인 참여의 주체가 아니라 위로부터의 동원의 대상으로 상정하고 있다는 점을 밝혀냈다. 따라서 필자는 근대화 관련 문헌을 분석해 이런 논점을 부각시키면서 근대화 이론에 내재한 반민주적·권위주의적 성격을 비판했던 것이다. 그런데 필자의 논문을 검토한 그 교수는 (사실 그 논문의 일부에 불과하지만) 근대화 이론을 소재로 삼았다는 사실 그 자체에 주목해 그 논문이 정치사상 분야의 논문이 아니라고 꼬집은 것이었다.

그분의 그런 지적은 '정치사상이란 무엇인가'에 대한 오랜 학문적 논쟁 및 고민과 연관되어 있다. 이 자리에서 이 질문에 대한 답변을 명쾌하게 제시한다는 것은 매우 어려운 일이기에 간략하지만 모호하게 시도한다면, '정치사상은 정치란 무엇인가'라는 질문을 근원적인 차원에서 탐구하는 정치학의 한 분야라 할 수 있다. 물론 비교정치, 정치과정, 국제정치, 정치학 방법론 등 정치학의 모든 세부 분야 역시 궁극적으로 '정치란 무엇인가'에 대한 일정한 가정이나 답변을 공유하고 있기 때문에 그런 분야들 역시 그 질문으로부터 자유로운 것은 아니다. 그러나 정치사상은 '정치란 무엇인가'라는 문제를 좀 더 순수한 차원에서 직접적으로 다루는 분야라 할 수 있을 것이다. 다시 말해 정치란 무엇인가를 규범적이고 윤리적인(또는 이와 반대로 '몰규범적인'), 철학적이고 논리적인(또는 이와 반대로 '과학적인'), 또는 역사적인(또는 이와 반대로 '초역사적인') 차원에서 성찰하는 것이라 할 수 있다. 그렇기 때문에 정치사상은 연구 대상이나 소재에서 다른 정치학 분야와 구분되는 경우도 있겠지만 반드시 그래야만 하는 것은 아니다.

정치사상이 정치학의 다른 분야와 소재를 공유할 수 있다는 점을 보여주기 위해 저 자신이 비교정치학 분야의 이론에 정치사상적 접근법을 적용해 집필한 논문을 또 다른 사례로 제시할 수 있다. 1989년 서강대학교에 임용된 이후 1995년 안식년을 처음 맞이해 미국의 하버드대학교(하버드-옌칭연구소)에 체재하면서, '서구중심주의'라는 주제에 흥미를 느껴 처음으로 이 주제를 체계적으로 공부하게 되었다. 그리고 미국의 유명한 정치학자인 새뮤얼 헌팅턴 Samuel P. Huntington이 1974년 포르투갈의 민주화를 시발로 하여 전 세계에 걸쳐 진행된 민주화를 이론적으로 분석해 1991년에 펴낸 『제3의 물결』 The Third Wave이라는 책을 접하게 되었다. 당시 전 세계적인 민주화에 고무되어 비교정치학 분야에서는 민주주의 이행론이 유행하고 있었다.

헌팅턴의 저작 역시 이행론을 포괄적으로 다룬 수작이라 할 수 있는데, 특이하게도 그 책은 민주주의와 종교의 관계에 대해 상당한 지면을 할애했다. 그는 종교/문화와 민주주의의 관계를 논하며 한국의 민주화 등을 예로 거론하면서, '기독교의 팽창은 민주주의의 발전을 촉진하고, 유교와 이슬람은 민주주의에 장애물이다'라는 주장을 내세웠다. 만약 비교정치학자라면 헌팅턴의 이런 주장의 타당성을 논하기 위해 과연 기독교가 지배적인 국가에서 민주화가 촉진되고 유교나 이슬람이 지배적인 국가에서는 민주화가 저지되는가를 통계학적 방법 등을 사용해서 경험적으로 검토했어야 할 것이다. 그러나 필자는 세계의 종교들 가운데 오직 기독교만이 민주주의에 우호적이라는 주장을 '서구예외주의'로, 유교나 이슬람이 민주주의에 장애물이라는 주장을 '오리엔탈리즘'으로 규정한 후 사상사적인 차원에서 기독교와 자유주의/민주주의의 관계를 재음미하면서, 19세기 이후 진행된 유럽의 민주화 역사를 거시적으로 검토하면서, 그리고 한국을 비롯한 동아시아 국가의 민주화 경험을 헌팅턴과 다른 시각에서 분석하면서, 그의 주장이 서구예외주의와 오리엔탈리즘의 복합체인 서구중심주의의 산물임을 밝히고자 했다.[1] 필자가 제시한 주장의 구체적인 타당성을 떠나, 이런 분석은 비교정치학의 방법론에 의존한 것이라기보다는 정치사상 연구의 기법에 주로 의존한 것이기 때문에, 연구 대상은 당시 비교정치학에 친근한 '민주화'라는 소재였지만, 접근 방법에 있어서는 비교정치학보다 정치사상적 연구에 더 가깝다고 할 수 있었다.

이런 식으로 여러 분야에서 글을 쓰다 보니, 필자는 정치사상 분야에서 서양 정치사상은 물론 (비록 서툴지만) 동양·한국 정치사상 분야에서도 논문을 집필하고, 정치학 내에서도 비교정치학이나 국제정치학은 물론 심지어 북한학 분야를 넘나들면서 글을 쓰는 유목민적 성격 또는 잡식성 동물의 성격을 띠는 연구자가 된 듯하다. 정치사상을 연구하는 국내의 대부분의 학자들이 과거나 현대의 위대한 동서양 사상가들의 정치철학(또는 정치사상) 또는 정치사상의 중요한 흐름(패러다임) — 자유주의, 정의론, 민주주의, 보수주의, 사회주의, 페미니즘, 생태주의, 다문화주의 등 — 그 자체(또는 그 안에서 제기되는 개별적 문제들)에 우선적인 관심을 갖는 것과 대비해 볼 때, 저와 같이 여러 분야를 넘나들면서 잡식을 하는 학자들은 어쩌면 '순수한' 또는 '정통적인' 정치사상(또는 정치철학) 연구자가 아닌 것처럼 보일 법도 하다.

그러나 필자는, 한 우물을 열심히 파는 학자들의 연구 관행을 나무랄

1_이 논문은 2004년에 펴낸 『서구중심주의를 넘어서』 제7장에 수록되어 있다.

생각은 추호도 없지만, 동시에 유목민적 성향의 학자의 존재도 생태계의 평형과 생물 다양성의 차원에서 옹호하고 싶다. 그렇기 때문에 앞에서 인용한 '구르는 돌에는 이끼가 끼지 않는다'는 영어 속담을 한편으로는 '한 우물만 열심히 파라'는 정주민적 삶의 태도를 옹호하는 해석으로 수용하지만, 다른 한편으로는 필자가 본래 취하고 싶었던 '(열심히) 구르는(일하는) 사람은 때가 묻지 않는다, 기술이 녹슬지 않는다'라는 뜻으로, 곧 유목민적 삶을 옹호하는 해석으로도 수용하고 싶다. 다시 말해 '둘 중 어느 하나의 해석만이 맞다'가 아니라 '둘 다 맞다'는 식으로 받아들인다는 것이다. 처음 그 속담이 쓰이게 되었을 때는 사회가 정주민적 삶을 중요시했기 때문에 "한곳에 정착하지 않고 여기저기 옮겨 다니면 이루는 것이 없을 것이다"라는 부정적인 의미로 받아들여진 듯하다. 그런데 미국에서도 요즘은 그 속담이 긍정적인 의미로 사용된다고 한다. 꼭 한곳에만 정착하는 것이 좋다고만 볼 수 없는 사회가 되면서 속담의 함의도 바뀌어서 이제는 '계속 옮겨 다니는 사람은 의무나 책임에 얽매이지 않는다' 또는 '활동가는 녹슬지 않는다'는 의미를 지니게 된 것이다. 따라서 정치사상 연구자로서 비교적 다양한 분야를 넘나들면서 편력한 바 있는 필자로서는, 한때 이런 경험에 대해 회의적이기도 했지만, 이제는 이를 긍정적으로 받아들이고자 한다.

이제는 꽤 오래 살아온 삶의 역정을 돌이켜 보면, 형제들 중에서 물리적으로나 정신적으로나 유독 이탈이나 방랑이 잦았던 것 같다. 여러 가지 이유로 어렸을 때부터 가족과 떨어져 산 경험도 많았지만, 장래 희망과 관련해 정신적으로도 이리저리 옮겨 다닌 것 같다. 청소년기에는 작가나 철학자를 꿈꾸면서 문학작품이나 철학서를 탐독하기도 했지만 때론 미국에 계신 고모에게 편지를 보내 '조기 유학'을 조르기도 했다. 고등학교 2학년 때에는 부모님의 권유에 따라 의대를 지원하기로 하고 이과와 문과 중 이과를 선택했다. 당시 의사가 되기를 희망하면서 서양의학을 배운 후에는 반드시 동양의학을 배워 양자를 통합하겠다는 다부진(?) 결심을 하기도 했다.

그러나 두 가지 이유로 단념했다. 하나는 의대를 가라고 권하는 어른들의 말씀을 흔쾌히 받아들일 수 없었기 때문이다. 아주 어렸을 때 교통사고를 당해 장애인이 되었는데, 부모님이나 학교 선생님이 의대를 가라고 권하실 때, 으레 하시는 말씀이 '(장애인이기 때문에) 기술을 가져야 차별받지 않고 잘 살 수 있다'는 것이었다. 어린 나이지만, 물론 그분들의 말씀에 담긴 경험적 지혜를 수긍할 수 있었다. 그렇다 하더라도 '의사란 인술을 베풀고 슈바이처처럼 남에게 봉사할 수 있는 좋은 직업이니 의사가 되라'고 권했더라면 그 제안을 선뜻 받았을 법도 한데, 내게 부가된 그 특별한 이유가 싫었기 때문에 의대 진학을 포기했다. 또 하나는 가끔 커다란 체구를 앞세워 동생을 괴롭히기도 했던 둘째 형과는 (부모의 사랑을 둘러싸고) 공부에서도 라이벌 관계이기도 했는데, 형이 의대에 입학해서 다니니까 왠지 가기가 싫었기 때문이다. 이처럼 의대 지망을 거부하게 된 두 가지 이유는 아마도 사회적이고 가족적인 차원에서 정체성 형성을 위한 사춘기 시기의 투쟁에 해당하는 것으로도 해석된다.

그리하여 3학년에 올라가면서 이과에서 문과로 전과를 했다. 그러다 보니 법과대학에 들어가게 되었는데, 결국 여러 가지 이유로 법조인이 되는 것도 포기하게 되었다. 그중 하나는 — 물론 그 이유 때문에 결정적으로 포기한 것은 아니었지만 — '정인아! 고시 붙으면 여자들이 줄서서 기다린다'는 어머니의 달콤한(?) 유혹이자 권고였다. 그 말씀에 담긴 어머니의 가슴 아픈 뜻을 헤아리지 못하는 바는 아니지만, 그래도 싫었다. 아마도 '내 직업 때문이 아니라 나 자신의 고결한 인격으로 사랑해 달라'는 (청소년기에 으레 품기 마련인) 이상적이고 낭만적인 저항감이 작용했기 때문이리라. 결국 한 번 낙방한 적이 있는 사법시험의 지속적인 응시를 포기하고 미국으로 유학을 가면서, 이번에는 전공을 법학에서 정치학으로 바꾸었다. 이래저래 두 차례 전과를 한 셈이었다. 학위를 마치고 귀국했을 때에는 학부 때 전공이 정치학이 아니면 명문 대학의 정치외교학과에 채용되기 어렵다는 말을 들었다. 전과轉科가 전과前過로 화했고, 결과적으로 구르는 돌에는 이 끼가 잘 끼지 않는 셈이 되었다. 그 정확한 원인은 다를 수 있겠지만, 서강 대학교를 제외한 다른 명문 대학의 채용 관행을 보면, 적어도 당시에 이 말은 사실이었고 — 교양과정부나 다른 전공 학과로 들어갔다가 대학의 학제가 통폐합될 때 정치외교학과로 흡수·충원된 사례는 있었다 —, 최근 들어서야 그 관행이 점차 바뀌는 추세인 것 같다.

한비야처럼 유명한 방랑은 아니지만, 필자 나름의 소소한 방황의 이력을 돌이켜 보면서, 앞에서도 언급한 것처럼, 영어 속담을 처음 대했을 때 애초에 부여했던 전향적인 해석을 고집하는 한편, 형제들 중에서는 유독 방랑벽이 심한 말띠인 저를 두고 '점을 쳐보니 역마살이 끼었다'[2]고 종종 말씀하시던 돌아가신 어머님의 '푸념'을 또한 천성이자 유훈(?)으로 되새기면서, 이 책의 제목을 '넘나듦通涉의 정치사상'으로 정했다. 결과적으로 동서 의학을 관통하겠다던 애초의 부질없던 결심은 서양 정치사상을 전공하면서도 동양 정치사상에 미련을 느껴 (물론 양자를 통합하거나 관통하지는 못하고) 가끔 넘나드는 정도로 마무리된 것 같다.

책의 제목에 '통섭通涉'을 포함시키다 보니 본의 아니게 최근 유행하는 학문의 '통섭統攝'이나 '융합' — 특히 자연과학과 인문학의 통섭이나 융합 — 이라는 개념에 무임승차한 듯한 느낌이다. 그러나 이 글에서 사용하는 통섭通涉과 흔히 사용되는 통섭統攝은 개념적으로 구분할 필요가 있다. 〈위

2_2004년에 펴낸 『서구중심주의를 넘어서』의 "저자 후기"에서는 자신이 우연히 겪게 된 '자동차 사고'를 (스스로 기독교 신자도 아니면서) '13일의 금요일'이라는 기독교적 터부(금기)와 연결시킨 사례를 제시하면서 너무나도 서구화된 자화상을 고발한 적이 있는데, 이 글에서는 이제 자신의 방랑벽을 오히려 동아시아의 십이지(十二支)에 따른 운세로 풀이하고 있다. 실로 대단히 흥미로운 변신이다. 그렇다면 필자의 탈서구중심적 지향이 어느 정도 성과를 거둔 것일까?

키백과〉에 수록된 바에 따르면 통섭統攝은 아래와 같이 정의된다.

통섭(統攝, Consilience)은 "지식의 통합"이라고 부르기도 하며 자연과학과 인문학을 연결하고자 하는 통합 학문 이론이다. '큰 줄기를 잡다, 모든 것을 다 스린다, 총괄하여 관할하다'라는 의미의 제목처럼 학문 간의 경계를 뛰어넘어 학문의 대통합을 이루어야 함을 역설하는 용어이다.

〈위키백과〉에 따르면, 우리나라에서는 통섭을 '학문간 동등하고 상호적이며 양방향적 관점의 합일'로 오해하는 경향이 우세한데, 20세기 말 통섭이라는 개념을 유포시키는 데 결정적인 기여를 한 미국학자 에드워드 윌슨Edward O. Wilson의 통섭統攝 개념은, 위의 〈위키백과〉에 서술된 것처럼 '인문학이 자연과학에 흡수되는 통합'을 뜻하는 것이다. 이 점에서 그것은 한자의 자의字意가 지시하는 것처럼 '전체를 도맡아 다스림'이라는 의미가 강하며, 따라서 '모든 것에 대한 이론'으로서 환원주의적 성격이 두드러진다. 그러나 이 글에서 사용하는 '통섭'通涉은 '서로 왕래함'이라는 뜻으로 시간과 공간을 달리하는 사물들이 수평적으로 내왕하고 소통하면서 네트워크(연결망)를 구축하고, 이를 통해 다양성을 호흡하되 '일원적이 아닌 다중적 정체성'not unitary but multiple identities을 유지한다는 의미를 담고 있다.

2.

지난 10여 년 동안 다양한 시각과 기법을 적용해 분석한 동서고금의 정치사상 관련 논문들을 한데 묶기 위해 '넘나듦通涉의 정치사상'이라는 다소 인위적인(?) 제목을 붙이기는 했지만, 지난 20년을 돌이켜 보니 정치사상 연구에서 이런 실천은 1990년대부터 대학원 세미나에서 동양 정치사상 강의를 실험적으로 시도해 왔고, 안식년을 마치고 1996년 귀국한 후에는 더욱 적극적으로 그런 실험을 해왔다는 사실을 통해서도 소급적으로 확인되는 듯하다. 이와 관련해 1995~96년에 미국에서 보낸 안식년은 중요한 의미를 지닌다. 당시 미국정치학회의 "소식지"에서 스티븐 솔커버Stephen G. Salkever라는 서양 정치사상 연구자가 자신의 수업에서 중국의 고전과 서양의 고전을 학생들과 함께 읽은 경험을 흥미롭게 묘사한 기사를 읽었는데, 그것은 하나의 훌륭한 지적 자극이었다. 그리고 1996년도 봄에는 하버드 대학교에 있으면서 인도계 영국 학자인 비쿠 파레크Bhikhu Parekh 교수가 교환교수로서 정치학과에서 (서양) 근대 정치사상을 강의하는 것을 접한 적이 있었다. 그는 자신의 강의계획서에 서양 근대 정치사상의 통상적 고전인 마키아벨리, 홉스, 로크, 루소 등의 저작을 포함시킨 후 마지막에 '간디'를 태연하게(?) 포함시켰다. 물론 필자는 파레크가 간디를 포함시킨 것을 정당화했는지의 여부를 알지 못한다. 여하튼 지금 보면 어리석기 짝이 없는 필자로서는 당시, '아무리 간디가 위대한 인물이라고 해도, 어떻게 감히 간디를 마키아벨리나 루소와 같은 근대 정치사상가의 반열에 올려놓지?' 하고 반문하면서 놀라움과 함께 분노를 금치 못했다.

그러나 당시 서구중심주의를 비판적으로 연구하고 있던 제게 파레크 교수의 충격적인 그 행위는 그것이 지닌 의미에 대한 지속적인 탐문과 함께 필자의 연구 활동의 기조저음基調低音으로 오랫동안 울릴 것이었다.[3] 따

3_또한 파레크 교수와 대화를 나누면서 한국 정치학계의 서구중심주의적 경향에 대해 자조적(自嘲的)으로 이야기를 했는데, 그가 "인도 정치사상의 빈곤"(The Poverty of Indian Political Theory)이라는 자신의 논문을 읽어 보라고 권해 그 논문을 구해 탐독했다. 1992년에 출간된 그 논문 역시 서구중심주의에 침윤된 인도 학계의 정치사상 연구 경향을 질타

라서 국내에 돌아온 후 저 역시 실험적으로 동서양 정치사상의 고전을 함께 수업에서 읽히게 되었다. 하지만 이것도 처음부터 그렇게 시작한 것이 아니라 사실 무척 흥미로운 실험을 거쳐 도달한 것이었다. 처음에는 '고·중세 정치사상(사)' 또는 '근대 정치사상(사)'라는 제목의 과목을 '서양 고·중세 정치사상' 또는 '서양 근대정치사상(사)'으로 바꾸었다. 어차피 다루고 있는 사상가들이 그리스를 포함한 서양 정치사상가들이라면 보편적인 제목을 정할 것이 아니라 '서양'이라는 지역적 수식어를 붙이는 것이 합당하다고 생각했기 때문이다. 이 점에서 한때 필자는 '보편적인' 서양을 '지역화'하는 다소 파격적인 혁신을 감행했다고 할 수 있다.[4] 그러나 나중에는 생각을 바꾸어 파레크의 본을 따르기로 했다. 그리하여 다시 '서양'이라는 수식어를 제외하고 보편적인 제목, 곧 '고·중세 정치사상(사)' 또는 '근대 정치사상(사)'으로 환원했다. 대신 이번에는 (비록 대학원 수업에만 한정되는 한계가 있었지만) '고·중세 정치사상(사)'에서 플라톤과 아리스토텔레스, 그리고 (유가에 국한된 것이기는 하지만) 공자와 맹자를 함께 읽고 학생들에게는 일정한 주제를 중심으로 동서양 정치사상가를 교차 비교하는 논문을 쓰게 했다. 이런 발상은 '근대 정치사상(사)' 과목에도 적용되어, 마키아벨리, 로크, 루소 등 서양 근대사상가와 한국·중국·일본에서 유길준, 캉유웨이康有爲 및 후쿠자와 유키치福澤諭吉의 저작을 동서를 가로질러 읽고 양쪽 사상가를 비교하는 논문을 쓸 것을 학생들에게 주문했다. 그런 세미나는 나중에 확인된 것처럼, 넘나듦의 정치사상, 달리 말하면 동서 비교정치사상

하고 나름대로 대안을 제시한 것으로서 초기 단계에 있던 필자의 서구중심주의 연구에 중요한 영감과 발상을 제공했다.

4_전임 교수가 없어서 자주 개설되지는 않았지만, 서강대학교 정치외교학과에는 '동양'과 '한국' 정치사상(사) 과목도 교과목에 포함되어 있다.

연구를 실험적으로, 심지어 파레크보다 더 파격적으로 수행한 셈이었다. 이런 발상은 2012년 가을 학기에 서강대학교 대학원에서 "정치사상 특강: 동서 비교정치사상"이라는 제목의 과목 개설로 확장되었다. 그 세미나에서는 동아시아와 서구의 정치사상을 다양한 주제들 — 인륜과 인권, 과거사 정리, 페미니즘, 반정反正, 보수주의, 현실주의, 민주주의 등 — 을 선정해 비교했다.

그러나 적잖은 사람이 예상할 법한 것처럼 이런 시도에 대해서는 예리한 비판이 가능하다. 서양 정치사상이나 동양 정치사상 어느 한편에도 깊은 지식이 없는 상태에서 수박 겉핥기식으로 — 그것도 한 학기라는 단기간 동안에 — 동서양 정치사상(가)을 비교하는 작업은 매우 피상적인 연구성과를 내기가 십상이라는 지적이 그것이다.[5] 사상 연구라는 작업이 고전의 원문에 대한 정밀한 독해와 정교한 분석을 요구하는데, 동서를 교차로 비교할 때에는 그런 독해와 분석을 수행하기 어렵기 때문이다. 이런 비판은 매우 합당한 것으로 여겨진다. 서양 근대의 사회계약론자들을 예로 든다면, 우리는 대표적으로 홉스, 로크, 루소 등의 사상을 분석하면서 그들이 자연 상태, 자연법과 자연권, 시민사회, 자유 및 평등, 동의 등의 개념을 어떻게 사용했는지, 그리고 정당한 권위나 시민의 복종의 의무는 어떻게 발생하고 그 범위나 내용은 무엇인지에 대해 심도 있게 비교 검토할 수 있을 것이다. 이는 개별 사상가의 사상을 분석하는 경우에도 적용될 것인바, 예

5_이런 비판을 면하기 위해서는 예를 들어, 먼저 서양 정치사상 과목을 개설하고 이어서 동양 정치사상 과목을, 마지막으로 비교정치사상 과목을 개설하는 것도 이론적으로 가능하다. 그리고 이런 실험이 소기의 성과를 올리기 위해서는 관련 과목이 적어도 3학기에 걸쳐 연속적으로 개설되어야 하고, 수강생도 지속적으로 이를 수강할 수 있어야 한다. 그러나 국내 대학의 일반적 여건상 이는 거의 실천 불가능하다.

를 들어 루소 사상을 분석할 때에도 그 과정에서 홉스 및 로크와의 비교를 부분적으로 수행할 수 있을 것이기 때문이다. 더욱이 세 명의 사상가가 근대 유럽의 문화적 전통이나 정치적 상황을 공유했고 서로 영향을 미쳤다면, 이들 사상가들을 비교 분석하는 작업은 매우 세밀한 노력을 요구한다. 동시에 동일한 개념이나 주제를 어떻게 비슷하게 또는 어떻게 달리 다루었는가를 비교 분석하는 것은 지적으로도 고도의 훈련을 쌓는 계기가 된다.

이와 달리 예를 들어 홉스와 후쿠자와 유키치, 또는 로크와 유길준 등을 횡단적으로 비교하는 작업은 두 사상가들이 처한 정치적·문화적 맥락이 근본적으로 다르기 때문에 비교의 합당한 지평을 설정하기 매우 어려운 작업일 뿐만 아니라, 비교의 학문적 의미를 부여하거나 부각시키기도 쉽지 않다. 그러나 동서 정치사상을 비교하는 작업은 비교를 하지 않았더라면 제기할 수 없었을 참신한 문제의식을 획득할 수 있는 새로운 기회를 제공한다. 예를 들어 동서의 근대 정치사상가를 가로질러 비교하는 작업은 거시적으로 서구의 사상가들이 자신의 문명 내에서 원초적으로 근대성을 고안·혁신한 지적 노력의 산물인 '원초적인 근대화'(의 정치사상)와, 동아시아의 사상가들이 서구 근대 문명에 접해서 자신의 전통 문명과 서구의 근대 문명을 어떻게 접목시킬 것인가를 고민한 노고의 성과인 '파생적인 근대화'(의 정치사상)를 비교한다는 점에서 매우 독창적인 과제를 부과한다.[6] 이런 과제는 우리로 하여금 동서양이 직면했던 근대성(또는 근대화)의 판이한 성격을 강렬하게 대면하게 하고, 이를 거시적인 틀에서 다루어야 할 필요성을 제기한다. 아직 이런 과제를 거시적인 차원에서 다룰 수 있

6_'원초적' 근대화와 '파생적' 근대화의 구분에 대해서는 『서구중심주의를 넘어서』(강정인 2004), "프롤로그"를 참조할 것.

는 개념적 도구나 이론적 틀이 개발되지 않아 어떻게 접근할지에 대해 막연한 느낌이 드는 점을 부정할 수 없다. 그러나 동시에 이는, 서구의 사회계약론 연구로 돌아가 자연 상태, (묵시적) 동의, 정당한 정부와 시민의 의무, 저항권 등의 개념을 놓고 홉스나 로크 및 루소를 정교하고 미시적인 차원에서 비교하는 것이 서구 정치사상 연구에서는 나름 중요한 과제일지 모르지만, 동아시아의 근대성을 논하거나 또는 동서 비교사상 연구를 수행할 때에는 오히려 지엽적인 의제라는 ― '문제의식의 서구화'에 해당할 수 있다는 ― 새로운 관점을 우리로 하여금 깨닫게 한다.

이런 각성을 통해 우리는 동아시아의 근대 정치사상(사)을 (재)구성할 때, '사회계약론 자체가 서구와 달리 동아시아에서 어떤 정치적 의미를 획득할 수 있는가', '정치 공동체에서 구성원의 기본적인 권리(인권), 정당한 권위 등은 어떻게 정초해야 하는가?', '서구의 사상가들은 새로운 사상을 발명하거나 혁신할 때, 자신들의 전통을 어떻게 수정하거나 쇄신했는가' 등의 거시적이고 새로운 문제를 제기할 수 있게 된다.[7] 좀 더 구체적으로 우리는 이런 질문을 던질 수 있다. 영국과 프랑스에서 기원한 서구 근대의 사회계약론이 자유주의나 공화주의의 전개에 심대한 영향을 미쳤다는 점을 인정하더라도 그 사회계약론은 왜 자연 상태나 시민사회에서 '민족(국민)의 형성' 또는 '민족주의'의 문제에 대해서는 침묵을 지키게 되었는가? 이와 달리 독일 등 여타 중동부 유럽 지역 그리고 동아시아에서는 근대성이 왜 사회계약론이 상정하는 자유주의나 공화주의보다 민족의 형성, 국가와 민족의 안위, 국민국가의 건설, 따라잡기식의 근대화 등 민족주의와 관련된 의제로서 우선적으로 다가오게 되었는가? 사실 이런 문제의식은

7_이에 대한 상세한 논의로는 이 책의 1장을 참조할 것.

선발적으로 근대국가를 구축한 영국과 프랑스의 위용과 압박에 직면해 독일의 후진성을 절감하던 독일의 철학자 피히테J. G. Fichte에 의해 제시되었다. 그는 근대국가가 형성되는 상이한 계기에 주목해 '상호성'을 중심으로 수립된 '계약 국가'와 '공동성'을 중심으로 형성된 '민족국가'를 구분하고 양자의 관계에 주목했던 것이다.[8] 그러나 단순히 우리가 근대국가 형성의 계기로서 영국과 프랑스의 사상가들이 제안한 사회계약론에만 주목할 경우, '사상적으로' 민족주의의 문제는 사라져 버린다. 다시 말해 서구 근대 문명의 본격적인 침략과 함께 근대성을 추구하기 시작한 동아시아 국가들이 근대 국민국가 형성 과정에서 (피히테가 제기한 바 있는) 계약 국가의 수립과 민족국가의 수립이라는 동시적 과제에 직면했을 때, 양자의 긴박한 충돌에 의해 자유주의적 의제가 압도, 왜곡 또는 소실되어 버리는 현상을 사회계약론의 틀 내에서는 설명할 수 없다. 곧 비교정치사상은 그것이 서양 정치사상을 연구할 때에도 서구 사상가들이 자신들의 문명이나 전통 내에서는 던지지 않은 새로운 질문을 제기하는 것을 가능케 한다.[9]

그러나 달리 보면, 이런 비교정치사상의 과제는 서구 선발국을 제외한 비서구 후발국들이 일상적으로 직면하고 수행해 오던 과제라 할 수 있다. 예를 들어 서구 문명의 강압적인 침공과 함께 19세기 후반 유길준, 엄복嚴復, 후쿠자와 유키치 등 수많은 한국·중국·일본의 지식인들 — 특히 전통

8_이에 대해서는 다음을 참조할 것. 임금희, "피히테(J. G. Fichte)의 사상에서 정치 공동체의 언어적 토대 문제 연구: '모국어(Muttersprache)' 관념을 중심으로," 이화여자대학교 정치외교학과 박사 학위 논문, 2007, 118-120쪽.

9_물론 민족주의의 문제는 영국, 프랑스와 달리 독일 등 중동부 유럽에서 심각하게 제기되었고, 이어서 동아시아 등 다른 비서구 지역에서도 매우 첨예하게 부각되었다. 그러나 동일한 민족주의 문제라 할지라도 그것이 중동부 유럽과 동아시아에서 시간과 공간을 달리해 제기된 양상은 현저하게 달랐다.

유학의 소양을 먼저 쌓은 후 서구 문명을 학습해야 했던 지식인들 — 은 근대 서구 문명을 수용하고 번역하는 과정에서 그것을 자신들의 전통 문명과 접목시키고자 부단히 노력했고, 이 과정에서 시간적으로 전통과 근대, 공간적으로 동과 서의 사상을 비교 분석하는 작업, 곧 '넘나듦의 정치사상'을 필생의 과업으로 수행해야 했던 것이다. 그러나 서구적 근대화가 이제 당연한 추세로 받아들여져서 그런지, 아니면 정치사상 연구가 대학교육이 요구하는 전문화된 분업 구조에 포획되어서 그런지, 국내의 학계에서 비교정치사상 연구는 약간의 예외를 제외한다면, 부재하거나 부진한 편이다.[10] 다른 한편 한국 현대 정치사상 — 자유주의, 보수주의, 사회주의, 민족주의 등 — 을 주제로 한 연구에는, 명시적이든 묵시적이든, 한국과 서구의 비교라는 문제의식이 배어 있기 마련이다. 다만 대부분의 경우 비교의 지평을 서구중심적으로 설정해 한국과 서구의 역사적 맥락에서의 차이를 무시하고, 한국 현대 정치사상을 서구적인 것에 대한 일탈이나 왜곡으로 서술하는 경향이 지배적인데, 이는 시정되어야 할 것이다.

　　지금까지 책의 제목을 '넘나듦通涉의 정치사상'이라고 정한 경위에 대해 장황하게 서술한 감이 없지 않다. 비교정치사상의 필요성에 대한 필자의 강조는 이 책의 1~2장에 실린 논문의 주된 문제의식이라 할 수 있기에, 독자들이 그 장들을 통해 좀 더 명확하게 이해할 수 있으리라 생각된다. 다만 다시 한 번 강조하건대, 시간적으로 '전통'과 '근대'('현대'), 공간적으로 '동'과 '서'를 넘나드는 정신을 비교정치사상의 기본적 원칙으로 제시한다.

---

[10] 과문한 편이라 조심스럽지만, 동아시아 정치사상 전공자 중에서는 일단 이승환, 이상익 교수의 시도가 돋보인다. 서구 정치사상 전공자 중에서는 황태연 교수가 최근 내놓고 있는 논저들이 참신하다.

3.

'넘나듦의 정치사상'의 필요성은 앞에서 서술한 것처럼 이론적으로만 숙성된 것이 아니라 지난 15년 동안의 공부 습관에서 자연적으로 발효되어 나온 것이기도 한다. 이런 경험은 1998년 1월부터 시작한 '동서양 정치사상 세미나'(나중에 붙여진 명칭) 모임의 구성에서 시작되었다 할 수 있다. 1998년 서구중심주의라는 주제를 설정해 연구하면서 그 분야의 좋은 책을 번역하기 위해 서강대학교 정치외교학과의 대학원생들 — 이원태, 이충훈, 공진성, 고재광 등이 초기 멤버이다 — 과 함께 강독을 시작했는데, 그 모임이 종국적으로는 동서 정치사상의 주요 고전들을 교차로 읽어 가면서 매주 공부하는 모임으로 발전하게 되었다. 그 모임의 초창기에 지금은 한서대학교에 몸담고 있는 안외순 교수, 부산교육대학교에 적을 두고 있는 이상익 교수가 잇달아 합세했다. 그리고 같은 해 9월, 지금은 전북대학교에서 가르치고 있는 박동천 교수가 합류했다. 그리하여 한국과 동아시아 정치사상을 전공한 안외순과 이상익, 서구 정치사상을 전공한 강정인과 박동천이 4인방이 되어 초창기 세미나를 이끌게 되었다. 그러나 몇 년이 지난 후에는 이 분들이 차례대로 대학에 자리를 잡게 됨에 따라 여러 선생님들 — 정승현, 전재호, 오문환, 문지영, 하상복, 오향미, 이원택, 공진성, 이진옥, 김은실, 최일성, 서희경 등 — 이 일정 기간 동안 세미나에 참여해 도움을 주었다. 그리고 우리의 초청에 따라 특강 형식으로 참석해 부족한 지식을 메워 준 학자들도 적잖다.

당시부터 지금까지 한 번도 정식 명칭이 확정된 적은 없기에 모임의 명칭도 다양했다. '동서양 정치사상학회', '동서양 정치사상세미나' 또는 '정치사상연구회'가 일반적인 명칭이긴 했지만 적지 않은 별칭도 존재했다. 동서 정치사상을 가로질러 공부하기 때문에 '동분서주회'東奔西走會, 이를 줄여서 '분주회'奔走會라 이름하기도 했고, 동서고금을 누비고 다니기 때문에

'종횡무진회'縱橫無盡會로 칭하기도 했다. 세미나가 끝난 후 술을 마시는 경우가 잦아지자, 농담으로 '술 마시는 데 바쁘다'는 의미에서 '분주회'奔酒會라 부르기도 했다.

 금년 2013년은 '분주회'가 창립된 지 어느덧 15주년이 되는 해이고 이에 따라 조촐한 기념행사를 갖기도 했다. 그동안 운영하면서 여러 가지 어려움도 있었지만, 분주회는 필자가 모임의 성원들과 함께 학문적으로 성장하는 데 비옥한 기반을 제공해 주었다. 이 책의 출간과 함께 이런 학문적 여정의 성실한 동반자였던 분주회의 역사를 간략하게나마 회고하고 15주년의 의미를 되새길 수 있는 기회를 갖게 되어 기쁘기 그지없다. 15주년을 맞이해 '소년은 늙기 쉽고 학문은 이루기 어렵다'는 말, 이제 세는 나이로 60세를 맞이해 '날은 저무는 데 갈 길은 멀다'는 말을 새삼스럽게 되새겨본다.

| 참고 문헌 |

1장

강정인. 2004. 『서구중심주의를 넘어서』. 아카넷.
_____. 2006. "우리 안의 보편성." 『경제와 사회』 72호.
이동수. 2010. "지구시민의 정체성과 횡단성." 『21세기 정치학회보』 20-3호.
이승환. 1997. "누가 감히 전통을 욕되게 하는가?" 『전통과 현대』 여름호.
임현묵. 2012. "문화다양성의 정치 연구." 서강대학교 정치외교학과 박사 학위 논문.
헌팅턴, 새뮤얼. 1997. 『문명의 충돌』. 이희재 옮김. 김영사.

Appiah, Kwame Anthony. 2006. *Cosmopolitanism: Ethics in a World of Strangers*. W. W. Norton & Company.
Barry, Brian. 2001. *Culture and Equality: An Egalitarian Critique of Multiculturalism*. Harvard University Press.
Dallmayr, Fred. 1999. "Introduction: Toward a Comparative Political Theory." Fred Dallmayr ed. *Border Crossing: Toward a Comparative Political Theory*. Lexington Books.
Fairbank, John King & Edwin O. Reischauer & Albert M. Craig. 1989. *East Asia: Tradition & Transformation*. Rev. ed. Harvard University Press.
Friedrich, Carl J. 1968. "Constitutions and Constitutionalism." *International Encyclopedia of Social Sciences* 3.
Gray, John. 1995. *Enlightenment's Wake: Politics and Culture at the Close of the Modern Age*. Routledge.
_____. 1998. "Where Pluralists and Liberals Part Company." *International Journal of Philosophical Studies* 6-1.
Hahm, Chaihark. 2000. "Confucian Constitutionalism." J. S. D. Dissertation. The Harvard Law School Graduate Program.
Jung, Haw Yol. 1995. "The Tao of Transversality as a Global Approach to Truth: A Metacommentary on Calvin O. Schrag." *Man and World* 28.
_____. 1999. "Postmodernity, Eurocentrism, and the Future of Political Philosophy." Fred Dallmayr ed. *Border Crossings: Toward a Comparative Political Theory*. Lexington Books.

_____. 2009a. "Transversality and the Philosophical Politics of Multiculturalism in the Age of Globalization." *Research in Phenomenology* 39.

_____. 2009b. "Transversality and Public Philosophy in the Age of Globalization." Jin Y. Park ed. *Comparative Political Theory and Cross-Cultural Philosophy: Essays in Honor of Hwa Yol Jung.* Lexington Books.

Kymlicka, Will. 1989. *Liberalism, Community and Culture.* Clarendon Press.

_____. 1995. *Multicultural Citizenship: A Liberal Theory of Minority Rights.* Clarendon Press.

Levinas, Emmanuel. 1999. *Alterity and Transcendence.* Michael B. Smith trans. Columbia University Press.

Linklater, Andrew. 1990. "The Problem of Community in International Relations." *Alternatives* XV.

Lummis. 2002. "Political theory: why it seems universal, but isn't really." *Futures* 34.

Murphey, Rhoads. 2010. *East Asia: a New History.* 5th ed. Longman.

Parekh, Bhikhu. 1996. "Moral Philosophy and its Anti-pluralist Bias." David Archard ed. *Philosophy and Pluralism.* Cambridge University Press.

_____. 1998. "Cultural Diversity and Liberal Democracy." Gurpreet Mahajan ed. *Democracy, Difference and Social Justice.* Oxford University Press.

_____. 2006. *Rethinking Multiculturalism: Cultural Diversity and Political Theory.* 2nd ed. Palgrave Macmillan.

_____. 2008. *A New Politics of Identity: Political Principles for an Interdependent World.* Palgrave Macmillan.

Simpson, J. A. & E. S. C. Weiner eds. 1989. *The Oxford English Dictionary.* 2nd ed. Clarendon Press.

Taylor, Charles. 1999. "Conditions of an Unforced Consensus on Human Rights." Joanne R. Bauer & Daniel A. Bell eds. *The East Asian Challenge for Human Rights.* Cambridge University Press.

Taylor, Peter J. 2000. "'Ization' of the World: Americanization, Modernization and Globalization." Colin Hay & David Marsh eds. *Demystifying Globalization.* University of Birmingham.

Wallerstein, Immanuel. 1997. "Eurocentrism and its Avatars: The Dilemmas of Social Science." *New Left Review* 226.

2장

강정인. 1994. "북한연구 방법에 대한 새로운 제언."『역사비평』 26호.
_____. 2002. "정치·죽음·진실: 1991년 5월 투쟁을 중심으로."『한국정치학회보』 36-3호.
_____. 2004.『서구중심주의를 넘어서』. 아카넷.
_____. 2005. "율곡 이이의 경장론과 개념의 혁신: 대동·소강 개념을 중심으로."『율곡학연구』 1호.
_____. 2006. "우리 안의 보편성."『경제와 사회』 72호.
김영명. 2006.『우리 정치학 어떻게 하나』. 오름.
김영수. 2005. "조선 공론정치의 이상과 현실 (I): 당쟁 발생기 율곡 이이의 공론정치를 중심으로."『한국정치학회보』 39-5호.
마루야마 마사오. 1998.『일본정치사상사 연구』. 김석근 옮김. 통나무.
마키아벨리, 니콜로. 2003.『로마사 논고』. 강정인·안선재 옮김. 한길사.
문지영. 2004. "한국에서 자유주의와 자유주의 연구: 문제와 대안적 시각의 모색."『한국정치학회보』 38-2호.
박명림. 2005. "헌법, 헌법주의, 그리고 한국 민주주의: 2004년 노무현 대통령 탄핵사태를 중심으로."『한국정치학회보』 39-1호.
박홍규·이세형. 2006. "태종과 공론정치: 유신의 교화."『한국정치학회보』 40-3호.
양현아. 1999. "한국의 호주제도: 식민지 유산 속에 숨쉬는 가족제도."『여성과사회』 10호.
이상익. 2001.『유가 사회철학 연구』. 심산.
_____. 2004.『유교전통과 자유민주주의』. 심산.
이승환. 1998.『유가 사상의 사회철학적 재조명』. 고려대학교 출판부.
장 훈. 2002. "한국 대통령제의 불안정성의 기원."『한국정치학회보』 35-4호.
정용화. 2006. "근대적 개인의 형성과 민족: 일제하 한국자유주의의 두 유형."『한국정치학회보』 40-1호.
최정운. 1999.『오월의 사회과학』. 풀빛.

Hahm, Chaihark. 2000. "Confucian Constitutionalism." J. S. D. Dissertation. The Harvard Law School Graduate Program.
Kim, Hee-Kang. 2007. "Locating Feminism beyond Culture and Gender: A Case of the Family-head System in South Korea." *Discourse 201* 10:1.
Nietzsche, Friedrich Wihelm. 1957. *The Use and Abuse of History*. Adrian Collins trans. Bobbs-Merrill Educational Pub.
Parekh, Bhikhu. 1992. "The Poverty of Indian Political Theory." *History of Political Thought* 13-3.

____. 2003. "Non-Western Political Thought." Terence Ball & Richard Bellamy eds. *The Cambridge History of Twentieth-century Political Thought*. Cambridge University Press.

Tocqueville, Alexis de. 1955. *The Old Regime and the French Revolution*. Stuart Gilbert trans. Anchor.

____. 1969. J. P. Mayer ed. *Democracy in America*. George Lawrence trans. Anchor.

Tucker, Robert ed. 1978. *The Marx-Engels Reader*. 2nd ed. W. W. Norton.

Wolin, Sheldon. 2004. *Politics and Vision*. Expanded ed. Princeton University Press.

3장

다이시, 알버트. 1993. 『헌법학입문』. 안경환·김종철 옮김. 경세원.
베버, 막스. 1996. 『유교와 도교』. 이상률 옮김. 문예출판사.
____. 1998. 『프로테스탄티즘의 윤리와 자본주의 정신』. 박성수 옮김. 문예출판사.
성백효 역주. 1991. 『논어집주』. 전통문화연구회.
____. 1991. 『맹자집주』. 전통문화연구회.
소공권. 1988. 『중국정치사상사』. 최명 옮김. 법문사.
아리스토텔레스. 1986. 『니코마코스 윤리학』. 최명관 역주. 서광사.
____. 1994. 『정치학/시학』. 나종일·천병희 옮김. 삼성출판사.
윤오영 역주. 1976. 『순자』. 현암사.
이상익. 2001. 『유가 사회철학 연구』. 심산.
이승환. 1998. 『유가사상의 사회철학적 재조명』. 고려대학교 출판부.
이재룡. 2000. "한국의 법제도와 예규범." 『전통과 현대』 11호.
장현근. 1994. "선진정치사상에서 법의 의미." 『한국정치학회보』 27-2호.
전병재. 2000. "한국의 법과 전통문화." 『전통과 현대』 11호.
정병석·이진우. 1996. "덕치와 법치." 철학연구회 편저. 『윤리질서의 융합』. 철학과 현실사.
플라톤. 1997. 『국가·정체』. 박종현 역주. 서광사.
한비자. 1999. 박건영·이원규 역해. 『한비자』. 청아출판사.

Barker, Ernest. 1959. *The Political Thought of Plato and Aristotle*. new ed. Dover Publication.

Frank, Andre Gunder. 1995. "The Modern World System Revisited: Rereading

Braudel and Wallerstein." Stephen K. Sanderson ed. *Civilizations and World Systems: Studying World-Historical Change*. AltaMira Press.
Friedrich, Carl J. 1968. "Constitutions and Constitutionalism." *International Encyclopedia of Social Sciences*. Macmillan.
Gaus, Gerald F. 1994. "Public Reason and the Rule of Law." Ian Shapiro ed. *The Rule of Law: Nomos* XXVI. New York University Press.
Hahm, Chaihark. 2000. "Confucian Constitutionalism." J. S. D. Dissertation. The Harvard Law School Graduate Program.
Macedo, Stephen. "The Rule of Law, Justice, and the Politics of Moderation." Ian Shapiro ed. *The Rule of Law: Nomos* XXVI. New York University Press.
Maddox, Graham. 1989. "Constitution." Terrence Ball ed. *Political Innovation and Conceptual Change*. Cambridge University Press.
Plato. 1937. *Laws*. Benjamin Jowett trans. Random House.
Richter, Melvin. 1977. *The Political Theory of Montesquieu*. Cambridge University Press.
Shapiro, Ian ed. 1994. *The Rule of Law: Nomos* XXVI. New York University Press.
Solum, Lawrence B. "Equity and the Rule of Law." Ian Shapiro ed. *The Rule of Law: Nomos* XXVI. New York University Press.

『論語集註』. 1991. 성백효 역주. 전통문화연구회.
『孟子集註』. 1991. 성백효 역주. 전통문화연구회.
『荀子』. 1976. 윤오영 역주. 현암사.
『韓非子』. 1999. 박건영·이원규 역해. 청아출판사.

4장

강정인. 2002. "덕치와 법치: 양자의 겸전 필요성을 중심으로." 『정치사상연구』 6호.
김용민. 1999. "루소 연구서설." 『계간 사상』 가을호.
_____. 2001. "루소의 일반의지에 나타난 권력개념: 정당성을 중심으로." 『정치사상연구』 5호.
_____. 2003. "루소의 정치철학에 있어서 일반의지와 애국심." 『정치사상연구』 8호.
김용욱. 1988. 『조선 시대 정치체제: 체제유지와 붕괴』. 원광대학교 출판부.
김용직. 1998. "한국정치와 공론성(1): 유교적 공론정치와 공공 영역." 『국제정치논총』 38-3호.
김운태. 1995. 『조선왕조정치·행정사(근세편)』. 박영사.

김주성. 1993. "노직의 최소국가론 비판: 의무론적 정당성 확보의 실패." 한국사회윤리학회 편. 『사회계약론 연구』. 철학과현실사.
로크, 존. 1996. 『통치론』. 강정인·문지영 옮김. 까치사.
루소, J. J. 1994. 『사회계약론 외』. 이태일 외 옮김. 범우사.
박호성. 1989. "루소의 평화사상: 국가연합 논의를 중심으로." 『평화연구』 8-1호.
이상익. 2001. 『유가 사회철학 연구』. 심산.
_____. 2004. "정치적 정당성의 유교적 근거: 천명·민심·공론." 『유교문화연구』 7호.
이상희. 1993. 『조선조 사회의 커뮤니케이션 현상연구』. 나남.
정두희. 1994. 『조선 시대의 대간 연구』. 일조각.
플라톤. 1997. 『국가·정체』. 박종현 역주. 서광사.
한국사회윤리학회 편. 1993. 『사회계약론 연구』. 철학과 현실사.

杜而未. 民國 72년. 『中國古代宗教研究』. 學生書局.
王治心. 民國 49년. 『中國宗教思想史大綱』. 中華書局.

Crocker, Lester G. 1967. "Introduction." Lester Crocker ed. *The Social Contract*. Washington Squre Press.
Masters, Roger D. 1978. "Introduction." Jean-Jacques Rousseau. *The Social Contract*. Maurice Cranston trans. Penguins.
Palmer, Paul A. 1967. "The Concept of Public Opinion in Political Theory." Carl Wittke ed. *Essays in History and Political Theory in Honor of Charles Howard McIlwain*. Russel & Russel.
Riley, Patrick. 2001. "Rousseau's General Will." Patrick Riley ed. *The Cambridge Companion to Rousseau*. Cambridge University Press.
Rousseau, Jean-Jacques. 1968. *The Social Contract*. Maurice Cranston trans. Penguins.
_____. 1978. Roger D. Masters ed. *On the Social Contract with Geneva Manuscript and Political Economy*. Judith R. Masters trans. St. Martin's.
Shklar, Judith N. 1973. "General Will." Philip P. Wiener ed. *Dictionary of the History of Ideas* 2. Charles Scriber's Son.
_____. 1985. *Men & Citizens: A Study of Rousseau's Social Theory*. Cambridge University Press.

『論語集註』.
『大學章句』.
『孟子集註』.

『書傳大全』.
『世說新語』.
『續資治通鑑』.
『栗谷全書』.
『毅菴集』.
『資治通鑑』.
『周易』.
『朱子大全』.
『中庸章句』.
『增補文獻備考』.
『擇里志』.
『淮南子』.

5장

강정인. 2005. "율곡 이이의 경장론과 개념의 혁신: 대동(大同)·소강(小康) 개념을 중심으로." 『율곡학 연구』 1호.
미야자키 이치사다. 1983. 조병한 편역. 『중국사』. 역민사.
이상익. 2001. 『유가 사회철학 연구』. 심산.
_____. 2004. 『유교전통과 자유민주주의』. 심산.
장현근. 2004. "도덕군주론: 고대 유가의 성왕론." 『한국정치학회보』 38-1호.
_____. 2011. "초기유가 '화동(和同)' 논의의 정치철학적 의미." 『동양정치사상사』 11-1호.
_____. 2012. "방벌과 선양의 이중주: 초기 유가사상의 정권에 대한 정당화." 『한국정치학회보』 46-1호.
정재서. 2009. "선양인가? 찬탈인가?: 고대 중국의 왕권신화에 대한 해체론적 접근." 『중국어문학』 54호.
장승구. 2000. "유교의 민본주의 사상과 그 현대적 의미." 김형효·최진덕·장승구·김석근·박홍기·정해창. 『민본주의를 넘어서』. 청계.

付希亮. 2009. "中國禪讓制度是母系社會高辛女皇擇壻制度." 『理論界』 1.
徐中舒. 1998. "論堯舜禹禪讓與父系家族私有制的發生和發展." 『徐中舒歷史論文選輯』. 中華書局.
王樹民. 1999. "堯舜禹禪讓的歷史眞相." 『河北學刊』 4.
島田虔次. 1997. "堯舜民主政?" 『隱者の尊重: 中國の歷史哲學』. 筑摩書房.

Arendt, Hannah. 1965. *On Revolution*. Viking.
Bernal, Martin. 1987. *Black Athena: The Afroasiatic Roots of Classical Civilization* 1. Rutgers University Press.
Finley, Moses I. 1973a. *Democracy Ancient and Modern*. Rutgers University Press.
_____. 1973b. *The Ancient Economy*. University of California Press.
_____. 1983. *Politics in the Ancient World*. Cambridge University Press.
Loewe, Michael ed. 1994. *Early Chinese Texts: a Bibliographical Guide*. University of California Press.
Springborg, Patricia. 1992. *Western Republicanism and the Oriental Prince*. Polity Press.
Vlassopoulos, Kostas. 2007. *Unthinking the Greek Polis: Ancient Greek History beyond Eurocentrism*. Cambridge University Press.
Wolff, Eric. 1982. *Europe and the People without History*. University of California Press.

『論語集註』. 1991. 성백효 역주. 전통문화연구회.
『孟子集註』. 1992. 성백효 역주. 전통문화연구회.
『明夷待訪錄』. 2009. 김덕균 옮김. 한길사.
『史記 本紀』. 1994. 사마천·정범진 외 옮김. 까치사.
『書經集傳(上·下)』. 1998. 성백효 역주. 전통문화연구회.
『與猶堂全書』.
『譯註 國語』. 2005. 허호구 외 옮김. 전통문화연구회.
『譯註 春秋左氏傳(4)』. 2007. 정태현 역주. 전통문화연구회.
『禮記集說大全』.

6장

강정인. 2005. "율곡 이이의 경장론과 개념의 혁신: 대동(大同)·소강(小康) 개념을 중심으로." 『율곡학 연구』 1호.
송하경. 2007. "이율곡의 도통론에 관한 고찰." 율곡학회 편. 『율곡학연구총서(논문편 9)』.
이상익. 2001. 『유가사회철학연구』. 심산.
_____. 2007. "주자(朱子)와 진량(陳亮)의 왕패논쟁(王覇論爭)에 대한 재검토." 『동방학지』 138호.
이승환. 1998. 『유가사상의 사회철학적 재조명』. 고려대학교 출판부.
장숙필. 1992. 『율곡 이이의 성학연구』. 고대민족문화연구소 출판부.

전세영. 2005. 『율곡의 군주론』. 집문당.
황의동. 1998. 『율곡 사상의 체계적 이해 2: 경제사상 편』. 서광사.
황준연. 1995. 『율곡 철학의 이해』. 서광사.
_____. 2000. 『이율곡, 그 삶의 모습』. 서울대학교 출판부.

『國譯 栗谷全書(II-VII)』(재판 2쇄). 1996. 한국정신문화연구원.
『孟子集註』. 1992. 성백효 역주. 전통문화연구회.
『書經集傳(上)』. 1998. 성백효 역주. 전통문화연구회.
『禮記集說大全』. 1979. 전통교재편찬위원회 편. 경인문화사.
『朝鮮王朝實錄』(http://sillok.history.go.kr/inspection/inspection.jsp?mTree=0).
이이. 1985. 『성학집요(하)』. 장숙필 옮김. 을유문화사.
_____. 2005. 『동호문답』. 안외순 옮김. 책세상.
_____. 2007. 『성학집요』. 김태완 옮김. 청어람미디어.

7장

강정인. 2004. 『서구중심주의를 넘어서』. 아카넷.
_____. 2008a. "개혁적 민주정부 출범 이후(1998~) 한국의 보수주의: 보수주의의 자기쇄신?" 『사회과학연구』 16-2호.
_____. 2008b. "민주화 이후 한국정치에서 자유민주주의와 법치주의의 충돌." 『법학』 49-3호.
강정인·공진성·안외순·정승현. 2008. "민주화를 중심으로 본 한국 현대 정치사상의 흐름과 변화." 『신아세아』 15-2호.
김동춘. 1996. "사상의 전개를 통해 본 한국의 근대 모습." 역사문제연구소 편. 『한국의 근대와 근대성 비판』. 역사문제연구소.
_____. 1997. "80년대 후반 이후 한국 맑스주의 이론의 성격 변화와 한국 사회과학." 『한국 사회과학의 새로운 모색』. 창작과비평사.
_____. 2006. 『(1997년 이후) 한국사회의 성찰: 기업사회로의 변환과 과제』. 길.
마루야마 마사오. 1997. 『현대정치의 사상과 행동』. 김석근 옮김. 한길사.
_____. 1998. 『일본의 사상』. 김석근 옮김. 한길사.
문지영. 2004. "한국에서 자유주의와 자유주의 연구: 문제와 대안적 시각의 모색." 『한국정치학회보』 38-2호.
박명림. 1996. "분단시대 한국 민족주의의 이해." 『세계의 문학』 여름호.
박찬표. 2007. "법치 민주주의 대 정치적 민주주의." 최장집 외. 『어떤 민주주의인가』. 후마니타스.

볼, 테렌스 & 리처드 대거. 2006. 『현대 정치사상의 파노라마』. 정승현 외 옮김. 아카넷.
이근식. 2001. "자유주의와 한국사회." 이근식·황경식 편. 『자유주의란 무엇인가』. 삼성경제연구소.
임영일. 1991. "한국사회의 지배이데올로기." 한국산업사회연구회 편. 『한국사회와 지배이데올로기』. 녹두.
임지현. 1999. 『민족주의는 반역이다: 신화와 허무의 민족주 담론을 넘어서』. 소나무.

Bloch, Ernst. 1991. *Heritage of Our Times*. University of California Press.
Durst, David. C. 2002. "Ernst Bloch's Theory of Nonsimultaneity." *The German Review* 77-3.
Halperin, Sandra. 1997. *In the Mirror of the Third World*. Cornell University Press.
Hirschman, Albert O. 1991. *The Rhetoric of Reaction*. The Belknap Press.
Jameson, Fredric. 1991. *Postmodernism, Or, the Cultural Logic of Late Capitalism*. Duke University Press.
Klemperer, Klemens von. 1973. "Conservatism." C. D. Kernig ed. *Marxism, Communism and Western Society: A Comparative Encyclopedia* 2. Herder and Herder.
Langewiesche, Dieter 2000. *Liberalism in Germany*. Macmillan Press.
Schwartz, Frederic J. 2001. "Ernst Bloch and Wilhelm Pinder: Out of Sync." *Grey Room* (Spring).

8장

강정인. 1998. 『세계화, 정보화 그리고 민주주의』. 문학과지성사.
_____. 2005. "한국에서 자유민주주의와 헌정주의." 2005년 12월 헌법실무연구회 발표문(미출간).
_____. 2008. "개혁적 민주정부 출범 이후(1998~) 한국의 보수주의: 보수주의의 자기쇄신?" 『사회과학연구』 16-2호.
계희열. 2005. 『헌법학(상)』(신정2판). 박영사.
김경제. 2005a. "신행정수도건설을위한특별조치법 위헌결정(2004 헌마 554, 566 병합)의 헌법적 문제점: 적법성요건 판단과 관련하여." 『헌법학연구』 11-1호.
_____. 2005b. "신행정수도건설을위한특별조치법 위헌결정(2004 헌마 554, 566 병합)의 헌법적 문제점: 본안판단과 관련하여." 『공법연구』 33-4호.
김영수. 2001. 『한국헌법사』(수정증보판). 학문사.
김종철. 2004. "노무현대통령탄핵심판사건에서 헌법재판소이 주요논지에 대한 비판적

　　　　검토." 『세계헌법연구』 9호.
_____. 2005. "'정치의 사법화'의 의의와 한계: 노무현정부 전반기의 상황을 중심으로."
　　　　『공법연구』 33-3호.
김철수. 2001. 『헌법학개론』(제13전정판). 박영사.
_____. 2006. 『헌법학신론』(제16전정신판). 법문사.
마르크스, 칼. 1987. 『프랑스 혁명사 3부작』. 허교진 옮김. 소나무.
박명림. 2005. "헌법, 헌법주의, 그리고 한국 민주주의: 2004년 노무현 대통령 탄핵사태를
　　　　중심으로." 『한국정치학회보』 39-1호.
성낙인. 2008. 『헌법학』(제8판). 법문사.
이광일. 2003. "성장·발전주의 지배담론의 신화와 딜레마." 조희연 편, 『한국의
　　　　정치사회적 지배담론과 민주주의 동학』. 함께읽는책.
이석연. 2003. "이석연 변호사(전 경실련 사무총장)의 헌법적 가치관(인터뷰 기사)."
　　　　『월간조선』 10월호.
_____. 2004. "자유시장·기본권 존중이 헌법정신의 토대다(강연요약기사)." 『월간조선』
　　　　10월호.
이원태. 2006. "인터넷 포퓰리즘과 한국 민주주의." 『시민사회와 NGO』 4-1호.
정종섭. 2007. 『헌법학원론』(제2판). 박영사.
최장집. 2005. "민주주의와 헌정주의: 미국과 한국." 달, 로버트. 『미국 헌법과
　　　　민주주의』(제2판). 박상훈·박수형 옮김. 후마니타스.
한태연. 4293[1960]. 『신헌법』. 법문사.
홍성방. 2008. 『헌법학』(개정5판). 현암사.
홍윤기. 2006. "한국 "포퓰리즘" 담론의 철학적 검토: 현실능력 있는 포퓰리즘의
　　　　작동편제와 작동문법 탐색." 『시민사회와 NGO』 4-1호.

Ackerman, Bruce. 1991. *We The People*. The Belknap Press.
Ferejohn, John & Pasquale Pasquino. 2003. "Rule of Democracy and Rule of
　　　　Law." José María Maravall & Adam Przeworski eds. *Democracy and the
　　　　Rule of Law*. Cambridge University Press.
Marshall, T. H. 1965. *Class, Citizenship, and Social Development*. Doubleday.

대한민국 국회. 1960. "제35회 국회임시회의속기록." 국회사무처

『국민일보』 2004/10/21, "[수도이전 특별법 위헌 파장 — 정치권 반응] '할 말 없다' —
　　　　'사필귀정'"(http://news.naver.com/main/read.nhn?mode=LSD&mid=sec&si
　　　　d1=100&oid=005&aid=0000181388).
『동아일보』 2004/08/08, "[여론조사/현대리서치] '수도이전 반대' 51% → 57.4%"(http://

　　　　www.donga.com/fbin/output?f=a_s&n=200408080189&main=1).
『세계일보』 2004/10/22, "盧대통령 '관습헌법 처음 듣는 이론'"(http://www.segye.com
　　　　/Articles/News/Politics/Article.asp?aid=20041021000254&subctg1=&subct
　　　　g2=&DataID=200410211702000259).
『중앙일보』 2008/05/17, "18대 의원 85% '대운하 폐지·보류'"(http://article.joins.com/
　　　　article/article.asp?ctg=1001&Total_ID=3148939).
『프레시안』 2004/10/22, "'헌재 판결에 승복해야' 여론이 다수"(http://www.pressian.co
　　　　m/scripts/section/article.asp?article_num=30041022085232&s_menu=
　　　　미디어).
『한겨레신문』 2003/02/26, "'행정수도 이전해야' 57%…대선전보다 18%P 높아져"(http:/
　　　　/www.hani.co.kr/section-005000000/2003/02/005000000020030226190641
　　　　4.html).
『한겨레신문』 2004/06/14, "행정수도 이전 찬반 '팽팽'"(http://www.hani.co.kr/sectio
　　　　n-005000000/2004/06/005000000200406131822019.html).
『한겨레신문』 2008/05/23, "부유·빈곤층 가구 소득격차 사상 최대"(http://www.hani.
　　　　co.kr/arti/society/society_general/289197.html).

9장

루소, 장 자크. 1999. 『사회계약론』. 이환 옮김. 서울대학교 출판부.
＿＿＿. 2007. 『학문과 예술에 대하여 외』. 김중현 옮김. 한길사(『산에서 쓴 편지』 수록).
하버마스, 위르겐. 2001. 『공론장의 구조변동』. 한승완 옮김. 나남출판.

Fralin, Richard. 1978. "The Evolution of Rousseau's View of Representative
　　　　Government." *Political Theory* 6-4.
Gildin, Hilail. 1983. *Rousseau's Social Contract: the Design of Argument*. The
　　　　University of Chicago Press.
Habermas, Jürgen. 1989. *The Structural Transformation of the Public Sphere*.
　　　　Thomas Burger trans. The MIT Press.
McAdam, James. 1967. "What Rousseau Meant by the General Will." *Dialogue* 5-4.
Manin, Bernard. 1987. "On Legitimacy and Political Deliberation." *Political Theory*
　　　　15-3.
Masters, Roger D. 1968. *The Political Philosophy of Rousseau*. Princeton
　　　　University Press.
Rousseau, Jean-Jacques. 1964a. *Oeuvres completès* vol. III. Bernard Gagnebin &

Marcel Raymond eds. Éditions Gallimard(『사회계약론』 프랑스어본 수록).
_____. 1964b. Roger D. Masters ed. *The First and Second Discourses*. Judith R. Masters trans. St. Martin's Press.
_____. 1978. Roger D. Masters ed. *On the Social Contract with Geneva Manuscript and Political Economy*. Judith R. Masters trans. St Martin's Press.
_____. 1986. Frederick Watkins ed. *Political Writings*. Frederick Watkins trans. The University of Wisconsin Press(『폴란드 정부에 관한 고찰』 수록).
Schwartzberg, Melissa. 2008. "Voting the General Will: Rousseau on Decision Rules." *Political Theory* 36-3.

10장

강영안. 1998. 『자연과 자유사이』. 문예출판사.
강정인. 2004. 『서구중심주의를 넘어서』. 아카넷.
김석근. 1997. "변혁시대를 산 한 지성인이 양심과 저항." 마루야마 마사오. 『현대정치의 사상과 행동』. 김석근 옮김. 한길사.
김용옥. 1995. "해제." 마루야마 마사오. 『일본정치사상사연구』. 김석근 옮김. 통나무.
나카노 도시오. 2005. 『오쓰카 히사오와 마루야마 마사오: 일본의 총력전 체제와 전후 민주주의 사상』. 서민교·정애영 옮김. 삼인.
마루야마 마사오. 1995. 『일본정치사상사연구』. 김석근 옮김. 통나무.
만하임, 칼. 1991. 『이데올로기와 유토피아』. 임석진 옮김. 청아출판사.
사토 코에츠. 2006. "후쿠자와 유키치의 유교관과 「탈아론」의 사상적 지평." 『일본사상』 10호.
세이빈, 조지 & 토마스 솔슨. 2002. 『정치사상사 2』. 성유보·차남희 옮김. 한길사.
시마다 겐지. 2001. 『주자학과 양명학』(제2판). 김석근·이근우 옮김. 까치사.
후쿠자와 유키치. 1989. 『문명론의 개략』. 정명환 옮김. 광일문화사.

Guizot, François. 1844. *General History of Civilization in Europe*. 3rd ed. D. Appleton and Company.
Horkheimer, Max & Theodor W. Adorno. 1973. *Dialectic of Enlightenment*. Seabury Press.
Young, Robert. 1990. *White Mythologies: Writing History and the West*. Routledge.